基礎刑事訴訟法

第2版

田淵浩二 著

日本評論社

はしがき

本書は、法学部や法科大学院において刑事訴訟法の初学者が刑事訴訟法の基礎を体系的に学習できることを目的として執筆した概説書である。基礎の理解に必要と思われる内容を取捨選択してコンパクトな分量におさえつつも、裁判の執行手続を除き一通りの学習ができるようにカバーした。実定法は法解釈に必要な知識を体系的に理論付けながら学習する必要がある。現在の多くの教科書が刑事訴訟法を当事者主義と適正手続の保障の体系に沿いながら理論付けており、この点は本書も異ならない。しかしながら、個々の条文やその解釈が一つの体系の中に綺麗に収まるわけではなく、実務家が結論の妥当性を追求する中で、理論は必要な修正を迫られ発展してきた。その結果、学説は時の流れと共に細分化し、対立点の理解も難しくなる傾向にある。また、実定法は時代とともに絶えず新しい立法課題が生じ、法律が改正され、条文は増加していく。近年は刑事法の分野における立法は活発であり、刑事訴訟法の条文も細分化が進んでいる。こうした目まぐるしく変化する時代だからこそ、基礎固めの大切さが増している。本書は、判例・学説や立法の最新情報をカバーしながら刑事訴訟法の基礎を正確に理解できるよう心掛けたが、限られた紙幅の中で抽象的な説明にとどめた箇所も少なくない。説明が抽象的で理解しがたい項目は授業や参考文献を通して理解を深めていただきたい。本書には参考文献として単行本の一部のみを記載したが、刑事訴訟法の学問分野においても膨大な数の論文の蓄積がある。参考文献を調べる程、おそらく教科書における通説的な説明すら議論があることにすぐに気づくだろう。刑事訴訟法を学問として探求したい学生はぜひ通説を一つ一つ疑ってほしい。その一方で、実定法の知識は事例に適用して使いこなせるようになってこそ意味がある。これを法の応用能力と呼ぶならば、法律の世界においては実務に付かなくても事例問題に対する演習を通じて基本的な応用能力を培うことができる。法曹を目指す学生は、本書を読んで一通りの基礎知識を備えた後、演習問題を解くステップに進んでいただきたい。

筆者が大学において刑事訴訟法の講義を担当するようになってから既に30年が経過した。定評のある教科書が何冊も出版されている中、今になって屋上屋を架すように講義ノートを教科書として取りまとめる決意に至ったのは、たまたまその機会に恵まれたこともあるが、自らの研究生活のひとつのけじめとしたかったことが大きい。この間、九州大学刑事法講座の先輩及び同僚教員並びに学会における研究仲間や研究交流のある多くの実務家の方々、さらには今まで交流のあった数えきれない学生からも、絶えず学問的刺激を受けて来られたことは幸運であった。筆者を刑事訴訟法研究の道に導いてくれた恩師の故庭山英雄先生と光藤景皎先生に本書を捧げたい。日本評論社の上村真勝氏には当初の出版計画より三年以上も遅れてしまったことを心よりお詫びしなければならない。また、出版事情の厳しい折、本書の出版を認めていただいた日本評論社の串崎浩社長に深く感謝したい。最後に、本書の出版にあたって九州大学法政学会より刊行助成をいただけたことに心よりお礼を申し上げる。

2022年1月

田淵　浩二

改訂にあたって

2023年に二つの重要な刑事訴訟法改正法が成立し、条文がかなり追加されたことから、この機に改訂することにした。2023年改正に対応した他、解説の補充、重要判例の更新を行った。なお、2022年の刑法改正（令和4年法律67号）により懲役と禁錮の区別が廃止され「拘禁刑」に統一されたことから、刑事訴訟法の改正法においては拘禁刑の用語を使用した上で、刑法改正法の施行期日（公布日から3年以内の政令指定日）までは、付則（令和5法律第28号）に経過措置として読替え規定を設ける対応が取られている。この点、本文では単に改正条文に即して記述してある。本文の増筆に伴い、紙幅の調整のために旧版に掲載した参考文献は全て削除し、参照判例も減らすことにした。初版において複数の校正漏れが見つかった他、文意に関するいくつかの意見・質問も頂いた。改訂にあたり必要な修正補筆を行ったが、なおも思わぬ誤りや分かり難い文章があるかも知れない。読者からのご意見・ご質問はメール等で著者宛にお送りいただけると大変有り難い。最後に、改訂版の出版にあたっても、引き続き日本評論社の上村真勝氏にお世話になった。円滑に改訂作業を進めることができたことに心より感謝申し上げる。

2024年1月

田淵　浩二

目　次

凡例

【法令】

・刑事訴訟法は、とくに断らない限り、単に条・項・号で示している。例：60条1項1号

・刑事訴訟規則は、例えば、規則143条の3というように表記した。

・その他の略語は、以下のとおりとする。

刑	刑法
警察	警察法
警職	警察官職務執行法
刑事収容	刑事収容施設及び被収容者等の処遇に関する法律
憲	日本国憲法
検察	検察庁法
検審	検察審査会法
裁	裁判所法
裁判員	裁判員の参加する刑事裁判に関する法律
自由権規約	市民的及び政治的権利に関する国際規約
少年	少年法
捜査規範	犯罪捜査規範
犯被保護	犯罪被害者等の権利利益の保護を図るための刑事手続に付随する措置に関する法律
弁護士	弁護士法
民訴	民事訴訟法

【判例】

・日本の判例については、読者の便宜を考えて元号表記にしたほか、一般の例にならい、以下のように略記した。最高裁大法廷の判例はその旨を明記した。
例：最大判昭37・11・28（最高裁大法廷判決昭和37年11月28日）

・判例集は、以下のように略記した。

・出典が複数ある判例は、学生が閲覧しやすい文献のみ記載した。

刑録	大審院刑事判決録
刑集	最高裁判所刑事判例集又は大審院刑事判例集
民集	最高裁判所民事判例集
裁判集	最高裁判所裁判集刑事
高刑集	高等裁判所刑事判例集
高刑特	高等裁判所刑事裁判特報
高刑速	高等裁判所刑事裁判速報集
東高時報	東京高等裁判所刑事判決時報
下刑集	下級審裁判所刑事裁判例集

刑月　刑事裁判月報
訟月　訟務月報
判時　判例時報
判タ　判例タイムズ

【参照文献】

・参照文献は以下の略記法によった。それ以外は、通常の引用法に従った。

渥美東洋『全訂刑事訴訟法〔第2版〕』（有斐閣、2009年）
池田修＝**前田**雅英『刑事訴訟法講義〔第7版〕』（東京大学出版会、2022年）
池田公博＝**笹倉**宏紀『刑事訴訟法』（有斐閣、2022年）
石井一正『刑事実務証拠法〔第5版〕』（判例タイムズ社、2011年）
井戸田侃『刑事訴訟法要説』（有斐閣、1993年）
井上正仁『刑事訴訟における証拠排除』（弘文堂、1985年）
井上正仁『捜査手段としての通信・会話の傍受』（有斐閣、1997年）
井上正仁『強制捜査と任意捜査〔新版〕』（有斐閣、2014年）
植村立郎『骨太刑事訴訟法講義』（法曹会、2017年）
臼井滋夫『刑事訴訟法』（信山社出版、1992年）
宇藤崇**ほか**『刑事訴訟法〔第2版〕』（有斐閣、2018年）
小野清一郎『犯罪構成要件の理論』（有斐閣、1953年）
加藤康榮『刑事訴訟法〔第2版〕』（法学書院、2012年）
上口裕『刑事訴訟法〔第5版〕』（成文堂、2021年）
川出敏裕『別件逮捕・勾留の研究』（東京大学出版会、1998年）
川出敏裕『判例講座刑事訴訟法〔捜査・証拠篇〕第2版』（立花書房、2022年）
川出敏裕『判例講座刑事訴訟法〔公訴提起・公判・裁判篇〕第2版』（立花書房、2023年）
岸盛一『刑事訴訟法要義〔新版5版〕』（廣文堂書店、1971年）
葛野尋之『刑事司法改革と刑事弁護』（現代人文社、2016年）
葛野尋之＝**石田**倫識編著『接見交通権の理論と実務』（現代人文社、2018年）
江家義男『刑事証拠法の基礎理論〔訂正版〕』（有斐閣、1952年）
後藤昭『捜査法の論理』（岩波書店、2001年）
後藤昭『伝聞法則に強くなる〔第2版〕』（日本評論社、2023年）
小林充『刑事訴訟法〔新訂版〕』（立花書房、2009年）
斎藤司『刑事訴訟法の思考プロセス』（日本評論社、2019年）
酒巻匡『刑事訴訟法』（有斐閣、2015年）
椎橋隆幸**ほか**『ポイントレクチャー：刑事訴訟法』（有斐閣、2018年）
白取祐司『刑事訴訟法〔第10版〕』（日本評論社、2021年）
鈴木茂嗣『刑事訴訟法〔改訂版〕』（青林書院、1990年）
高田昭正『基礎から学ぶ刑事訴訟法演習』（現代人文社、2015年）
高田卓爾『刑事訴訟法〔2訂版〕』（青林書院新社、1984年）
田口守一『刑事訴訟法〔第7版〕』（弘文堂、2017年）
田宮裕『刑事訴訟法〔新版〕』（有斐閣、1996年）

団藤重光『新刑事訴訟法綱要〔7訂版〕』（創文社、1967年）
辻本典央『刑事訴訟法』（成文堂、2021年）
寺崎嘉博『刑事訴訟法〔第3版〕』（成文堂、2013年）
中川孝博『刑事訴訟法の基本〔第2版〕』（法律文化社、2023年）
中島宏ほか『刑事訴訟法』（日本評論社、2022年）
平場安治『改訂刑事訴訟法講義』（有斐閣、1955年、オンデマンド版2001年）
平野龍一『刑事訴訟法』（有斐閣、1958年）
平野龍一『刑事訴訟法概説』（東京大学出版会、1968年）
平良木登規男『刑事訴訟法Ⅰ・Ⅱ』（成文堂、2009年、2010年）
福井厚『刑事訴訟法講義〔第5版〕』（法律文化社、2012年）
福島至『基本講義刑事訴訟法』（新世社、2020年）
松尾浩也『刑事訴訟法上〔新版〕、下〔新版補正第2版〕』（弘文堂、1999年）
三井誠『刑事手続法(1)〔新版〕』（有斐閣、1997年）
三井誠『刑事手続法Ⅱ・Ⅲ』（有斐閣、2003年、2004年）
緑大輔『刑事訴訟法入門〔第2版〕』（日本評論社、2017年）
光藤景皎『刑事訴訟法Ⅰ・Ⅱ』（成文堂、2007年、2013年）
光藤景皎『口述刑事訴訟法下』（成文堂、2005年）
村井敏邦編著『現代刑事訴訟法〔第2版〕』（三省堂、1998年）
安冨潔『刑事訴訟法講義〔第5版〕』（慶應義塾大学出版会、2021年）
吉開多一ほか『基本刑事訴訟法Ⅰ・Ⅱ』（日本評論社、2020年、2021年）
渡辺修『基本講義刑事訴訟法』（法律文化社、2014年）

〔注釈書・解説〕

伊丹俊彦ほか編『逐条実務刑事訴訟法』（立花書房、2018年）
河上和雄・中山善房ほか編『大コンメンタール刑事訴訟法〔第2版〕〔第3版〕第1巻～第11巻』（青林書院、2010～23年）
河上和雄ほか編『注釈刑事訴訟法〔第2版〕〔第3版〕第1巻～第7巻』（立花書房、2011～20年）
後藤昭＝白取祐司編『新・コンメンタール刑事訴訟法〔第3版〕』（日本評論社、2018年）
田中康郎監修『令状実務詳解』（立花書房、2020年）
松尾浩也監修『条解刑事訴訟法〔第5版〕』（弘文堂、2022年）
林眞琴ほか『逐条解説刑事収容施設法〔第3版〕』（有斐閣、2017年）
三井誠ほか編『新基本法コンメンタール刑事訴訟法〔第3版〕』（日本評論社、2018年）
ジュリスト増刊『シリーズ／新シリーズ・刑事訴訟法の争点』（有斐閣）
別冊ジュリスト『刑事訴訟法判例百選〔各版〕』（有斐閣）
ジュリスト臨時増刊『各年度重要判例解説』（有斐閣）

第1編 総説

1. 刑事訴訟法の基礎

1.1. 刑事訴訟法の意義

刑事訴訟法は犯罪の刑事責任を追及するための手続を定めた法律である。刑事手続は捜査、公判及び刑の執行の三つの過程からなる。捜査は公判に向けた準備の段階である。公訴の提起によって刑事責任の正式な追及が開始する。刑事責任が追及されている者を、公訴提起前は被疑者、公訴提起後は被告人という。公判手続は公判の裁判により終結する。公判の裁判に対して上訴があれば、上級審の手続が継続する。裁判は上訴により争えなくなった時に確定する。刑の執行は刑の言渡しの裁判が確定してから行われる。裁判確定後も非常救済手続（再審・非常上告）を利用できる。以上の刑事手続に関係する諸規定を法典化したものが、形式的意義における刑事訴訟法である。法典としての「刑事訴訟法」は、第一編（総則）、第二編（第一審）、第三編（上訴）、第四編（再審）、第五編（非常上告）、第六編（略式手続）及び第七編（裁判の執行）により構成されている。捜査及び公訴に関する規定は第二編（第一審）に含まれている。第七編は、刑の執行方法や執行の停止、刑事施設への収容方法、没収物の取扱い等に関する規定のみを設けている。刑事施設や受刑者の処遇に関するルールは別の法律が定めている。

形式的意義における「刑事訴訟法」の他にも、刑事手続に関する規定を設けている法規は多数ある。①「犯罪捜査のための通信傍受に関する法律」は、捜査法の一部を独立の法律にしたものである。②「日本国憲法」には刑事手続に関する基本原則が定められている。③「裁判所法」、「検察審査会法」などの司法組織に関する法律の中にも、刑事手続に関する規定が含まれている。④「裁判員の参加する刑事裁判に関する法律」は「刑事訴訟法」と「裁判所法」の特別法である。⑤刑事手続に付随する手続に関する法律として、「犯罪被害者等の保護を図るための刑事手続に付随する措置に関する法律」、「刑事訴訟費用等に関する法律」、「刑事補償法」、「刑事確定訴訟記録法」等がある。⑥「刑事収容施設及び被収容者等の処遇に関する法律」の中の未決拘禁者の処遇に関する規定も刑事手続と関係する。⑦「少年法」には少年の刑事手続に関する特別規定も設けられている。⑧刑事手続に関する裁判所規則として、最高裁判所が制定した「刑事訴訟規則」、「裁判員の参加する刑事裁判に関する規則」、「犯罪捜査のための通信傍受に関する規則」等がある。裁判所規則には法律が委ねている事項や法律に定めのない細則が定められている。⑨捜査に関する行政規則としては、国家公安委員会が制定した「犯罪捜査規範」、「被留置者の留置に関する規則」、「被疑者取調べ適正化のための監督に関する規則」等がある。刑事手続に関するルールは国際法にも定められている。日本が批准している刑事手続に関係する条約として、⑩「市民的及び政治的権利に関する国際規約」（自由権規約）や「拷問及び他の残虐な、非人道的な又は品位を傷つける取扱い又は刑罰に関する条約」（拷問禁止条約）がある。日本では国が締結した条約はそのまま国内法としての効力を持つため、裁判所は条約と整合するよう国内法を解釈する義務を負う（憲98条2項）。これらの刑事手続に関する法規の総体を、実質的意義における刑事訴訟法という。

1.2. 刑事訴訟法の目的

(1) 実体的真実の発見

刑罰権を適正に行使するためには、まず真実を明らかにしなければならない。あらゆる事件には現実に生起した真実がある。この意味での「実体的真実」の発見を刑事訴訟法の目的として重視する考え方を、実体的真実主義という。刑訴法1条が刑事訴訟法の目的につき、「事案の真相を明らかにし、刑罰法令を適正……に適用実現すること」と定めているのは、そうした訴訟の実体面を指していると理解されている（団藤28頁）。裁判所が事案の真相解明のために審理を尽くすことは被告人の人権保障に資する面もある。しかしながら、何が実体的真実であるかは訴訟関係者にとって自明ではないから、実体的真実は現実には嫌疑の追求の結果としての「裁判官の心証に投影された真実」に他ならない。それゆえ、実体的真実主義は、第一に、真実発見の過程において、被疑者・被告人に嫌疑の程度に見合った手続的負担を課すことを正当化する原理として機能し、第二に、当事者的活動は実体的真実をゆがめる危険性のある行為として制限することを正当化する原理として機能し、第三に、裁判所の心証に投影された真実を実体的真実に最も近いものとして正当化する原理として機能する。実体的真実主義が被告人の防御活動に及ぼすこうした不利益を緩和するため、実体的真実主義を、犯人を逃すことがあってはならないという方向の積極的実体的真実主義と、誤って無辜（無実の者）を罰することがあってはならないという方向の消極的実体的真実主義に区別し、実体的真実の追及は後者の方向で行われるべきことが強調されてきた（団藤210頁、高田193-194頁）。確かに、刑事訴訟法の鉄則である「疑わしきは被告人の利益に」の原則に代表されるように、消極的実体的真実主義の考え方が刑事訴訟法の基礎となっていることは間違いない。しかしながら、犯人処罰と無辜の不処罰は表裏の関係にあり、消極的実体的真実であれ嫌疑を追及した結果として解明できるともいえる。むしろ、実体的真実主義自体を犯人処罰に傾斜する原理として捉えるべきだろう（松尾上12頁、田宮4頁、福井12頁）。そこで、嫌疑の追求過程における適正手続の保障を実体的真実主義に対抗する原理に据え、実体的真実は適正手続の保障の限度において明らかにされるべきであるという意味において、消極的実体的真実主義を適正手続の保障を支える思想に位置付ける考え方が一般化している（光藤Ⅱ4頁、福井14頁、上口12頁）。

(2) 適正手続の保障

日本国憲法31条は「何人も法律の定める手続によらなければ、……刑罰を科せられない。」と定めている。当該規定は単に法定手続による処罰を求める趣旨ではなく、法律の定める適正な手続（デュー・プロセス）によらなければ処罰されないことを保障する趣旨と解するのが現在の通説であり[1]、判例でもある（参照、最大判昭37・11・28刑集16巻11号1577頁、同1593頁、最

1　なお、憲法31条のモデルとなったアメリカ合衆国憲法第5修正は、何人も「法の適正な過程」(due process of law) によらなければ、生命、自由、財産を奪われることはないと定めている。そして、この「法の適正な過程」による処罰の要求は、第14修正を通じてすべての州法域に保障される。

大判昭40・4・28刑集19巻3号203頁)。憲法31条の趣旨をこのように理解すれば、刑訴法1条が「公共の福祉の維持と個人の基本的人権の保障とを全うしつつ、事案の真相を明らかにし、刑罰法令を適切且つ迅速に適用実現することを目的とする」と定めている意味は、適正手続を保障しつつ、その結果として解明できた真実の範囲において、刑罰法令を適正迅速に適用実現することを、刑事訴訟法の目的とする趣旨と解することができる。そこで、憲法31条の要請する適正手続の内容が問題となる。この点、消極的実体的真実主義に基づく冤罪を防止するための基本的枠組みを欠けば、適正な手続が保障されているとはいえない。また、刑事手続の過程で起きる人権侵害は冤罪に尽きるわけではない。たとえ冤罪に結びつかなくても、刑事訴訟法がその目的を果たすために課している人権の制約が過剰であれば、法定手続により処罰を求めること自体の意義が損なわれる。そこで、刑事手続における人権制約が過剰なものとならないための基本枠組みが備わっていなければ、やはり適正な手続とはいえない。こうした原理的考察により適正手続の内容が一義的に定まるわけではないが、少なくとも日本国憲法が32条から39条において明記している諸原則は刑事訴訟における適正手続の内容を構成している。すなわち、憲法は、刑事手続における過度な人権侵害を防止するために、令状主義(憲33条、35条)、被抑留・拘禁者の弁護人依頼権と拘禁理由の開示(憲34条)、拷問の禁止(憲36条)、自己負罪拒否特権(憲38条1項)、自白法則(同条2項)、自白の補強法則(同条3項)及び二重の危険の禁止(憲39条)を定めている。また、被疑者・被告人の公正な裁判を受ける権利を保障するために、裁判を受ける権利(憲32条)、公開・迅速・公平な裁判の原則(憲37条1項)、証人審問権・強制的証人喚問権(同条2項)、被告人の弁護人依頼権・国選弁護人請求権(同条3項)を定めている。さらに、誤って刑事訴訟の負担を強いられた者の損害を回復するために刑事補償(憲40条)を定めている。その他、自由権規約14条2項の定める無罪推定原則、捜査法の基本原則である強制処分法定主義、証拠法の基本原則である証拠裁判主義も憲法31条の適正手続の内容をなすものといってよい。

ところで、適正手続論は人権論そのものではなく、人権保障と犯人処罰の要請との利益衡量論であると説明されることもある(鈴木17頁、宇藤ほか4頁)。確かに、基本的人権は公共の福祉による制約を伴っており(憲13条)、適正手続の内容は人権保障と犯人処罰の二つの要請の権衡の上で定まるということができる。例えば、憲法33条の令状主義は捜査のための逮捕が正当であることを前提として設けられている。しかしながら、憲法33条が適正手続の保障の内容をなす以上、真相究明のためには被疑者の逮捕が必要であるという理由だけで、無令状逮捕が正当化されることはない。この意味において適正手続の保障は被疑者・被告人の人権保障の原理といってよい。他方で、適正手続の保障は刑事訴訟法の基本理念として法律の解釈に間接的な影響を及ぼすに留まることもある（例えば、違法収集証拠排除法則〔20.5. 参照〕）。このように、適正手続の保障は刑事手続の合憲性の審査基準としてだけではなく、法解釈において考慮されるべき理念としての柔らかな意味で用いられる場合があることに注意を要する。

1.3. 刑事訴訟法の基本構造

(1) 訴訟構造

刑事訴訟法の目的を実現するために誰にいかなる役割を担わせるかは、刑事訴訟法の基本構造についての考え方が反映されている。刑事訴訟の基本構造には糺問主義と弾劾主義がある。糺問主義とは裁判所が職権で刑事責任の追及を開始する訴訟形式をいう。糺問主義の下では訴訟は裁判所と被告人の二面構造をとる。被告人は裁判所による尋問対象であり、被告人尋問を通じた真実究明が訴訟の中心を占める。これに対し、弾劾主義とは訴追者による訴えの提起を受けて裁判所が審理を開始する訴訟形式をいう。弾劾主義の下では訴訟は裁判所、訴追者及び被告人の三面構造をとる。ヨーロッパにおける古代史を除く刑事裁判の歴史を大きく時代区分すれば、①古代から中世にかけての、実質的な証拠によらず、雪冤宣誓、神判、決闘により裁判が行われていた時代、②中世から近世にかけての、神判を廃止して実質的証拠に基づく裁判が行われるようになるが、拷問を用いて自白を獲得することを許容する糺問訴訟（ヨーロッパ大陸法諸国）や、あるいは事実の認定を市民に委ねる陪審制（イギリス）が登場し、普及して行った時代、③近代人権思想の普及により拷問が廃止され、糺問訴訟に代わり、弾劾形式の公判審理を通じて真実を明らかにする近代弾劾訴訟が登場する時代の三つに分けることができる。18世紀から19世紀に糺問訴訟から弾劾訴訟への改革を行ったフランス、ドイツ等のヨーロッパ大陸諸国は、糺問主義の遺物として、裁判所に実体的真実を発見する義務を課し、そのために必要な権限を与える、職権主義を採用した。これに対し、陪審制度の伝統があるイギリスでは、裁判官は訴訟の指揮進行役に徹し、訴訟当事者である検察官と被告人に主張・立証の責任を負わせる、当事者主義を採用してきた。現在の日本の刑事訴訟法も当事者主義を基本構造としているものの、捜査を通じた真相解明と検察官による公判請求事件の選別を重視する「疑似当事者主義」であるとも指摘されてきた（松尾上15頁）。

訴訟構造は現行法解釈の根拠としても用いられている。解釈論としての当事者主義論は多義的に用いられており、主張・立証の責任は当事者が負うべきであるという意味での当事者主義を、当事者追行主義という。これは両当事者に自己に有利な主張・立証をさせ、裁判所は判断者の立場に徹する方がより真実は明らかになるという「技術的当事者主義」の考え方によって支えられている（平野概説10頁）。もっとも、通常、被告人は防御活動を行うための必要な法的知識や技能を有さない。また、被告人の自由な活動は逃亡や罪証隠滅を防ぐために制限される場合がある。それゆえ、当事者追行主義が有効に機能するためには、被疑者・被告人に検察官と対等に攻撃・防御できる権利を認めた上で、かつ防御権行使のために資格のある弁護人の実質的な援助を受けられるようにすることが欠かせない。このような意味での当事者主義は当事者対等主義ないし実質的当事者主義と呼ばれている。ところで、私人間の紛争解決を目的とする民事訴訟においては、当事者間に争いのない事実は証拠によらず認定できる。また、当事者間の和解によって訴訟を終わらせることもできる。このような意味での当事者主義は当事者処分権主義と呼ばれている。これに対し、刑事訴訟においては真実に基づく裁判がより重視されるため、当事者間の争いのない事実を証拠によらず認定してよいことにはならない。また、裁判所が当事者間の量刑に関する合意に拘束されるということもない。

(2) 捜査構造論

訴訟構造をあるべき捜査のモデルとして応用した議論を「捜査構造論」と呼んでいる。捜査を捜査機関が被疑者の取調べ等を通じて真相を究明していく過程と捉える見方を、糺問的捜査観といい、捜査は捜査機関と被疑者のそれぞれが公判に向けて行う準備活動であると捉える見方を、弾劾的捜査観という（平野 83-84 頁）。さらに、捜査を検察官による起訴・不起訴処分の獲得を目的とする捜査機関と被疑者双方の主体的な攻撃・防御活動と理解する、訴訟的捜査観も唱えられた（井戸田 25 頁）。捜査構造論は日本の犯罪捜査が取調べを中心に糺問的に行われてきた現実を踏まえ、捜査の弾劾化あるいは被疑者の訴訟主体としての地位の強化を図るための法解釈の根拠とする実践的な目的から、議論が展開されてきた（田宮 47 頁）。これに対し、弾劾的捜査観に基づく法解釈だけでは現代型犯罪を克服できないことや（渥美 49 頁）、長時間の取調べの背景には、高度な訴追基準を設定することで高い有罪率を維持してきた日本型刑事司法の特色（「精密司法」と名付けられている）があることを踏まえた、「偏りの是正」のための解釈論の必要性が説かれてきた（松尾上 16 頁）。

(3) 犯罪被害者の地位

犯罪被害者及び被害者遺族は刑事訴訟の当事者ではないものの、一般に犯人の処罰に特別の関心を有しており、刑事訴訟においても一定の権利が認められている。捜査との関係では被害者等には告訴権（230 条）が与えられている。告訴が受理されれば捜査義務が発生する他、親告罪においては告訴が訴訟条件となる。次に、検察官の不起訴処分に対し、検察審査会への審査申立権（検審 2 条 2 項）が与えられている。これに対して、公判においては証人としてしか位置付けられてこなかったが、現在は証人としての関与以上の特別の地位が認められており、心情等に関する意見陳述を行うことや（292 条の 2）、法律の定める犯罪類型の刑事訴訟において被害者参加人として訴訟に参加することができる（316 条の 33 以下）。また、犯罪被害者が刑事訴訟において二次被害を受けることを防止するために、被害者特定事項を手続全般にわたり秘匿するための特別の保護措置が設けられている（201 条の 2、207 条の 2、271 条の 2、271 条の 6、290 条の 2、299 条の 3、312 条の 2 等）。犯罪被害者にとっては犯人の処罰だけでなく被害の回復も重要である。被害回復は以前は完全に民事訴訟によっていたが、現在は民事上の和解を刑事裁判の公判調書に記載することで、裁判上の和解と同一の効力を付与する刑事和解制度や（犯被保護 19 条以下）、刑事訴訟の結果を利用して刑事事件係属裁判所が損害賠償命令を行う制度が設けられている（犯被保護 23 条以下）。

1.4. 現行刑事訴訟法の沿革

日本における近代刑事訴訟法の制定は1880年の「治罪法」にさかのぼる。治罪法はフランス法をモデルに起草された。明治政府は1879年の太政官布告により拷問の廃止を宣言したが、治罪法は拷問に代わる自白獲得手段として、予審のための密室監禁制度を設けていた（1889年廃止）。予審には弁護人は付かず、糺問的審理が行われた。捜査機関の作成した聴取書を証拠に用いることは禁止されていなかった。1890年にドイツ法をモデルにした裁判所構成法が制定されたことに合わせ、治罪法を廃止し、明治刑事訴訟法（旧々刑事訴訟法）を公布した。しかし、この時は治罪法からの原理的な変更はなかった。その後、1922年にはドイツ刑事訴訟法をモデルとする大正刑事訴訟法（旧刑事訴訟法）が制定された。大正刑事訴訟法は、予審に弁護人を付し、捜査機関作成の聴取書を原則として証拠から排除し、未決勾留期間の制限と要件の厳格化を図るなど、部分的に脱糺問的な改革を行った。また、1923年には刑事裁判への国民の理解と信頼を高めるために陪審法も制定され、1928年より施行された。ところが、戦時中の1943年に陪審法は停止され、現在まで停止状態が続いている。

1946年に刑事訴訟における人権保障規定を多数盛り込んだ日本国憲法が制定された。これにより大正刑事訴訟法の全面改正が必要になったが、改正準備が間に合わず、1947年に「日本国憲法の施行に伴う刑事訴訟法の応急的措置に関する法律」を制定し、同年の新憲法の施行を迎えた。1948年には、検察官の公訴権行使に民意を反映させることを目的とした検察審査会法が制定された。また、同年に旧刑訴法を全面改正した昭和刑事訴訟法（現行刑事訴訟法）が公布され、1949年より施行された。現行刑訴法は、英米法の影響を受け、刑事訴訟の基本原理を職権主義から当事者主義へと転換した。しかし、実体的真実の究明を重視する旧刑事訴訟法からの連続性もみられ、全く英米法的な制度に作り変わったわけではない。当事者主義論や適正手続論は、旧法と現行法の連続性を弱め、新しいモデルによる改革を進めることを意識した理論的営みであった。現行法制定後、1953年と58年に補正が必要となった事項の改正が行われた後、長い間、実質的な法改正はなかった。運用上の重要な出来事としては、60年代から70年代にかけて適正手続の保障を重視する判例が出現したこと、他方において疑似当事者主義が進展して

70年代以降は無罪率が著しく低下したこと、80年代に死刑再審無罪事件が連続したこと（免田事件〔83年〕、財田川事件〔84年〕、松山事件〔84年〕、島田事件〔89年〕）、90年に捜査段階からの刑事弁護の充実を図るために日弁連刑事弁護センターが設置され、順次、全国の弁護士会で当番弁護士制度の取組が開始したこと等を指摘できる。

前世紀終わり頃から、捜査の高度化、刑事手続における被害者の権利利益の保護、刑事司法の民主的基盤の強化、被疑者・被告人の防御権の強化等の刑事司法をめぐる新たな課題に対応すべく、立法の動きが活発化する。まず、1999年に組織犯罪対策のひとつとして通信傍受法が制定された。また、刑事政策の分野において犯罪被害者学が発展し、刑事手続における被害者の地位を強化するために、2000年に証人及び被害者の保護のための諸制度を新設する重要な改正が行われた。今世紀初頭に司法の基盤強化と国民的信頼の向上のための制度改革が政治課題となり、2004年改正による公判前整理手続、被疑者国選弁護制度の新設、「裁判員の参加する刑事裁判に関する法律」（裁判員法）の制定、検察審査会法の改正による起訴強制手続の導入等の大改革が行われた。さらに、2007年には犯罪被害者参加制度等が導入される。取調べ偏重の捜査から脱却するために、2016年改正による取調べの録音・録画制度や協議・合意制度の新設等が続いた。2023年には被害者の匿名化の強化や保釈中の逃亡防止措置の強化のための法改正が行われた他、刑事手続における情報通信技術の活用のための改正作業が進行中である。

【現行刑事訴訟法の主な改正】

(1) **刑事訴訟法の一部を改正する法律〔第一次改正〕**（昭和24年号外法116）
保護観察付執行猶予の新設に伴う改正等。

(2) **刑事訴訟法の一部を改正する法律〔第二次改正〕**（昭和28年法172）
検察官の一般的指示権の及ぶ範囲の明確化、勾留期間の延長、権利保釈の除外事由の追加、簡易公判手続の新設、控訴審における事実の取調べの範囲の拡張等。

(3) **刑事訴訟法の一部を改正する法律〔第三次改正〕**（昭和33年法108）
緊急逮捕の対象犯罪の拡大、証人尋問の際の被告人の退廷規定の新設等。

(4) **刑事訴訟法の一部を改正する法律〔第四次改正〕**（昭和51年法23）
国による訴訟費用の補償範囲の拡大等。

(5) **刑事訴訟法の一部を改正する法律〔第五次改正〕**（平成11年法138）、**犯罪捜査のための通信傍受に関する法律**（平成11年法137）
電気通信の傍受を行う強制処分の創設、証人等特定事項の尋問制限規定の新設等。

(6) **刑事訴訟法及び検察審査会法の一部を改正する法律**（平成12年法74）
証人の付添人制度、証人尋問の際の遮蔽措置及びビデオリンク方式による証人尋問手続及び被害者等の意見陳述制度の新設、性犯罪に係る親告罪につき親告期間の制限の撤廃等。

(7) **刑事訴訟法等の一部を改正する法律**（平成16年法62)、**裁判員の参加する刑事裁判に関する法律**（平成16年法63）
公判前整理手続の新設及び証拠開示制度の拡充、連日的開廷の確保のための規定等の整備、被疑者国選弁護制度の創設、検察審査会の起訴強制手続の導入等、裁判員制度の創設。

(8) **裁判員の参加する刑事裁判に関する法律等の一部を改正する法律**（平成19年法60）
部分判決制度の創設等。

(9) **犯罪被害者等の権利利益の保護を図るための刑事訴訟法等の一部を改正する法律**（平成19年法95）
犯罪被害者参加制度、犯罪被害者等による損害賠償請求について刑事手続の成果を利用する制度及び犯罪被害者等の氏名等の情報保護制度の創設、刑事訴訟記録の閲覧及び謄写の範囲の拡大。

(10) **刑法及び刑事訴訟法の一部を改正する法律**（平成22年法26）
人を死亡させた犯罪のうち、法定刑に死刑が定められているものについて公訴時効の対象から除外、法定刑に懲役又は禁錮が定められているものについて公訴時効期間を長期化。

(11) **情報処理の高度化等に対処するための刑法等の一部を改正する法律**（平成23年法74）
記録命令付差押えの新設その他の電磁的記録に係る記録媒体に関する証拠収集手続の規定の整備。

(12) **刑事訴訟法等の一部を改正する法律**（平成28年法54）
取調べの録音・録画制度の創設、公判前整理手続請求権の付与、証拠一覧表開示手続の導入、被疑者国選弁護制度の対象事件の範囲の拡大、証人等の氏名等の情報保護制度の新設、刑事免責制度及び証拠収集等への協力及び訴追に関する合意制度の新設、犯罪捜査のための通信傍受の対象事件の範囲の拡大・効率化等。

(13) **刑事訴訟法等の一部を改正する法律**（令和5年法28）
犯罪被害者等の個人特定事項秘匿制度の拡充、保釈中の者の監督者制度及び位置情報取得制度の新設、被告人や刑が確定した者の逃亡防止、出頭確保及び裁判の執行確保手段の強化等（施行期日については同法附則第1条参照)。

(14) **刑法及び刑事訴訟法等の一部を改正する法律**（令和5年法66）
性犯罪の公訴時効期間の見直し、いわゆる「司法面接」の録音・録画媒体の伝聞例外規定の新設等（施行期日については同法附則第1条参照)。

1.5. 刑事訴訟の担い手

(1) 裁判所

すべての司法権は裁判所に属する（憲76条1項）。裁判所には司法行政事務と裁判事務があり、司法行政事務の単位となる裁判所を国法上の裁判所、裁判事務の主体となる裁判所を訴訟法上の裁判所という。国法上の裁判所には、憲法の定める最高裁判所と法律の定める下級裁判所がある（憲76条1項）。最高裁は訴訟に関する手続や裁判所の内部規律等の事項についての規則制定権を有している（憲77条1項）。下級裁判所としては、高等裁判所、地方裁判所、家庭裁判所及び簡易裁判所が設置されている（裁2条1項）。司法行政事務は、各裁判所において裁判官会議の議により行われる（裁12条、20条、29条、31条の5、37条）。司法行政上の監督権については、最高裁はそこに所属する職員並びにすべての下級裁判所及びその職員を、また高裁以下の下級裁判所はそこに所属する職員並びに管轄内のより下級の裁判所及びその職員を監督する、ピラミッド構造をとっている（裁80条）。訴訟法上の裁判所には、複数裁判官による「合議体」と一人の裁判官による「単独体」がある。最高裁には、15人の合議体で行われる大法廷と5人の合議体で行われる小法廷がある（裁9条）。高裁の裁判は3人の合議体で行われる（裁18条）。地裁の裁判は、単独体、3人の裁判官による合議体（裁26条）又は裁判官と裁判員による合議体（裁判員2条）によって行われる。簡裁の裁判はすべて単独体で行われる（裁35条）。日本国憲法76条3項は「すべての裁判官は、その良心に従い独立して職務を行い、この憲法と法律にのみ拘束される。」と定めており、裁判事務は司法行政上の監督を受けない。

裁判官の種類には、最高裁判所長官、最高裁判所判事、高等裁判所長官、判事、判事補及び簡易裁判所判事があり（裁5条）、それぞれ任命資格が異なる。最高裁判所の裁判官の数は長官を含めて15名と定められており（裁5条）、そのうち5名までは法曹有資格者以外から任命することができる（裁41条1項）。下級裁判所の裁判官は法曹有資格者から任命される。ただし、簡裁判事は裁判所書記官等からも任命できる（裁44条1項4号）。判事は基本的に判事補として10年の経験を得た者の中から任命される（キャリア・システム）。これに対し、英米法諸国においては、一定期間弁護士としての経験を積んだものの中から判事や検事を任命する、法曹一元制度が採用されている。日本にも弁護士任官制度はあるが運用枠はごく僅かである。判事補は、他の法律に特別の定めがある場合を除いて、一人で裁判をすることができない（裁27条）。特別の定めとして、「判事補の職権の特例等に関する法律」は、5年以上の経験を有する判事補に判事と同等の職権を与えることを可能にしている。下級裁判所の裁判官は最高裁の指名者名簿によって内閣が任命する。任期は10年で、再任できる（憲80条1項、裁40条3項）。最高裁による指名の透明性をはかるため、最高裁に下級裁判所裁判官指名諮問委員会が設けられている。裁判官の身分は憲法で保障されており、公の弾劾若しくは国民審査による場合、又は裁判により心身の故障のために執務ができないと決定された場合以外は、その意思に反して、免官、転官、転所、職務の停止又は報酬の減額をされることはない（参照、憲78条及び79条、裁48条乃至50条）。裁判事務に携わる裁判所の職員として、裁判官の他に、裁判所調査官、裁判所書記官、裁判所事務官等がいる。裁判所調査官は裁判官の命を受けて、事件の審理及び裁判に関して必要な調査等の事務を掌る（裁57条2項）。裁判所書記官は裁判所書記として、事件に関する記録その他の書類の作成及び保管等を行う（裁60条2項）。裁判所事務官は廷吏として、法廷において裁判官の命ずる事務を行う（裁63条1項）。

(2) 検察

検察官は、刑事訴追、刑の執行の監督その他公益を代表する事務を行う機関であり、かつ捜査機関でもある（検察4条、6条）。検察官は一人ひとりが独任制の官庁として検察事務を行う。検察事務を統轄する組織として、検察庁が設置されている（検察1条）。検察官は自らの権限で仕事を行うものの、全国的に統一的・階層的な組織をなし、上命下服の関係において一体的な検察事務を行う仕組みが取られている（検察7条乃至12条参照）。これを検察官同一体の原則という。検察庁は裁判所に対応して、最高検察庁、高等検察庁、地方検察庁、区検察庁が設けられている（検察2条）。最高検の長である検事総長はすべての検察庁職員に対する指揮監督権をもつ（検察7条1項）。高検の長である検事長、地検の長である検事正及び区検の上席検察官は、その庁及び管轄区域内にある下位の庁の職員に対する指揮監督権を有する（検察8条乃至10条）。さらに、法務大臣も検察官に対する指揮監督権を有する。法務大臣の指揮監督権は、強大な権限をもつ検察が独善に陥ることを防ぐため、内閣を通じた民主的統制を及ぼすために認められたものである。法務大臣の指揮監督により各検察官の職務の政治からの独立性が損なわれないよう、個々の事件の取調べ又は処分に関する具体的指揮は検事総長に対してのみ行うよう制限されている（検察14条）。

検察官の種類には、検事総長、次長検事、検事長、検事及び副検事がある（検察3条）。副検事は検察事務官等の法曹有資格者以外の者から任命することができる（検察18条2項）。検察官は行政官ではあるが司法に携わることから、裁判官に準じた身分保障がなされており、定年、検察官適格審査会の議決に基づく罷免、乗員による欠位または懲戒処分による以外は、その意思に反して、官を失い、職務停止又は俸給を減額されることはない（検察25条）。検察庁には検察官の他に検察事務官等が配置されている。検察事務官は、検察庁の事務を掌理し、検察官を補佐し、また検察官の指揮のもと捜査する権限を有する（検察27条）。なお、検察庁法を制定した当時は検察官の数が不足していたことから、法務大臣は、当面の間、検察官が足りないため必要と認めるときは、区検察庁の検察事務官にその庁の検察官の事務を取り扱わせることができることとされている（検察36条）。

(3) 警察

警察は、「個人の生命・身体及び財産の保護に任じ、犯罪の予防、鎮圧及び捜査、被疑者の逮捕、交通の取締その他公共の安全と秩序の維持に当たること」が、その責務と定められている（警察2条1項）。これらのうち犯罪の捜査と被疑者の逮捕を司法警察、それ以外の責務を行政警察と呼んでいる。旧刑訴法までは、警察官は検事の輔佐としてその指揮を受けて捜査を行うものとされており、現行犯逮捕以外の強制捜査権限は与えられていなかった。これに対し、現行刑訴法は、警察を自らの責任で捜査を行う一次的捜査機関に位置付け、司法警察の担い手としての役割を強化した。現行警察法は、国家組織である警察庁が全国統一的な警察行政を担い、自治体組織である都道府県警察が各区域で警察の責務を遂行することを基本としている（但し、皇宮警察は例外〔警察5条4項16号〕）。警察の政治的独立性を図るために、国民の代表委員からなる会議体である国家公安委員会の管理下に警察庁を、都道府県公安委員会の管理下に都道府県警察を置いている（警察5条4項、38条3項）。その一方で、国家公安委員会の委員長に国務大臣を充てることで、警察行政に関する内閣の責任を明確にしている（警察6条1項）。警察庁は、警察法5条4項各号の定める多様な警察行政事務や警察権限に属する事務を掌る他、同条5項、6項の事務について国家公安委員会を補佐するものとされている（警察17条）。警察庁長官は警察庁の庁務を統括し、所部の職員を任免し、及びその服務についてこれを統括し、並びに警察庁の所掌事務について都道府県警察を指揮監督する権限を持つ（警察16条2項）。都道府県警察は、各区域において警察の責務を果たす基本単位である（警察36条2項）。東京都の警察本部として警視庁が、道府県の警察本部として道府県警察本部が設置されており、警視総監及び道府県警察本部長がそれぞれの自治体警察の事務を統括し、所属の警察職員を指揮監督する仕組みとなっている（警察48条）。警察庁長官を除く警察官の階級には、警視総監、警視監、警視長、警視正、警視、警部、警部補、巡査部長及び巡査がある（警察62条）。都道府県警察の職員のうち警視正以上の階級にある警察官は一般職の国家公務員の身分となるため（警察56条1項）、国家公安委員会が都道府県公安委員会の同意を得て任免する（警察55条3項）。都道府県警察の経費の一部については国庫が負担している（警察37条1項、3項）。こうした人事や予算等を通じて都道府県警察にも国の統制を及ぼしている。

(4) 弁護士

弁護士はあらゆる法律事務を取り扱うことのできる法律専門職である（弁護士3条1項）。弁護士資格は原則として司法試験に合格し司法修習を終えることで得られる（弁護士4条）。有資格者が弁護士として業務を行うためには、日本弁護士連合会の弁護士名簿に登録する必要がある。登録は入会しようとする弁護士会を経て、請求しなければならない（弁護士8条、9条）。弁護士会は地方裁判所の管轄区域ごとに設立されている。現行弁護士法は、旧法下で認められていた弁護士及び弁護士会に対する司法大臣の監督を廃止し、弁護士自治の原則を確立した。弁護士自治の原則は、とりわけ検察官と対峙する立場にある弁護士にとって極めて重要である。弁護士会と日弁連への二重の強制加入制がとられており（弁護士36条、47条）、各弁護士は弁護士会及び日弁連の監督の下にある。弁護士法は、「弁護士は、基本的人権を擁護し、社会正義を実現することを使命とする。」と定めている（弁護士1条1項）。これは、法律事務を独占している弁護士に対し、私益の追求に堕することなく、基本的人権の擁護と社会正義の実現という点において社会的福利の増進に努めるべき高度な職業倫理を要求する趣旨である。日弁連は弁護士の職務に関する倫理と行動規範を明確にするために、「弁護士職務基本規程」を制定している。当該規程は会規（懲戒規範）としての拘束力を有している。

第2編 捜査

2. 捜査総説

(1) 捜査の意義

捜査とは、捜査機関が特定の犯罪を認知したとき、犯罪の真相究明と犯人の刑事責任の追及のために、証拠を収集・保全し、又は被疑者を特定・確保するための活動のことである。捜査においては、犯罪を繰り返している蓋然性のある者が次の犯罪を実行するまで監視し、実行現場で確実に犯人を逮捕することがある。あるいは、「おとり捜査」のように、捜査機関が特定人物を摘発することを目的に犯罪を実行するよう働きかけることもある。一般に犯罪発生前の監視行為は防犯活動として行われる。これに対し、犯罪発生後の確実な犯人検挙を目的として行われる監視や早期介入は捜査に位置づけ、刑事訴訟法の規律を及ぼすべきとの考え方が有力である（井上〔1997〕149頁、酒巻19頁）。判例にも、犯罪が発生する相当高度な蓋然性がある場所における不特定事件を対象とした継続的ビデオ撮影を、「犯罪捜査のための写真撮影」の許容性の問題として取り扱ったものがある（参照、東京高判昭63・4・1判時1278号152頁＝判タ681号228頁）。もっとも、発生前から被疑事実を特定することの困難性を踏まえれば、未発生の犯罪を被疑事実とする強制捜査までは認めるべきではない。実際、強制捜査のための令状請求の際には「罪を犯した」と思料されるべき資料の提供が義務づけられている（規則156条1項）。これに対し、通信傍受法はこれから発生する蓋然性の高い犯罪も被疑事実として令状を発付することを認めているが、同法も発生した犯罪の嫌疑とは無関係に、犯罪が発生する蓋然性があることだけを理由に通信傍受を認めているわけではない（8.4.(2)参照）。

(2) 捜査の開始と終了

捜査機関が特定の犯罪の発生を認知したとき捜査を開始する義務を負うかが問題となる。この点について、刑訴法189条2項は、「犯罪があると思料するときは、犯人及び証拠を捜査するものとする」と定めており、「捜査しなければならない」という義務的表現を用いていない。当該条文は、犯罪があると思料する場合の捜査の開始につき、捜査機関の合理的な考慮の余地を認める趣旨と解するのが通説である。被害者が監禁されている可能性が高いと判断でき、かつ被害者の生命身体に対する具体的かつ切迫した危険性の存在を容易に認識し得たにも関わらず、捜査権を行使しなかったことが違法とされた事例がある（参照、東京地判平20・11・7判タ1305号125頁）。例外として、告訴・告発を受理した事件については捜査義務が生じる（242条）。訴訟条件（13.5.参照）は公訴提起の条件であって、捜査の条件ではない。したがって、親告罪や告発を待って受理すべき罪（4.2.参照）であっても、公訴提起までに告訴・告発を得られる可能性があれば捜査を開始できないわけではない。しかしながら、捜査は公判に向けた準備活動であるから、訴訟条件を満たす可能性がなくなった後も捜査を続けることは許されないと解するのが通説である。親告罪において告訴権者が告訴権を放棄する意思を表明したときも、同様に解するべきであろう。

公訴の提起は捜査が終了してから行われる。しかし、公訴提起によって捜査権が失われるわけではなく、必要があれば被告事件の補充捜査を行うことは可能である。現に刑訴法は被告人に対する捜索・差押え・検証等も予定している（219条）。ただし、被告人の訴訟当事者としての身分を損なう形や、公判中心主義に反する形で取り調べることは許されないと解されている（6.1.(3)参照）。確定判決を受けた者に対する公訴権は消滅するため、判決確定者を被疑者とする再捜査は許されない。判決確定後に別に真犯人がいる疑いが生じたときに捜査を再開することはできる。

(3) 捜査権の制限

捜査は主権が及ぶ地域であれば原則的に誰に対しても行うことができる。ただし、公益保護の理由から、特定の地位にある人物に対する捜査権が制限される場合がある。天皇は不可侵であり、その地位にある限り訴追されないと解するのが通説である。摂政も在任中は訴追されない（皇室典範21条）。訴追できない以上、捜査もできない。両議院の議員は法律の定める場合を除いては国会の会期中逮捕されず、会期前に逮捕された議員はその議院の要求があれば会期中これを釈放しなければならない（憲50条）。さらに、外交関係に関するウィーン条約、領事関係に関するウィーン条約、日米安保条約第6条に基づく米軍地位協定等の国際条約にも、種々の捜査権の制限規定が設けられている。

(4) 国際捜査

外国領域内における捜査は外国政府の承諾を得て行うのが原則である。その理由として、学説上は、(a) 刑訴法の適用は国内に限定されており、国外においては捜査権を有さないが（属地主義）、外国の承認がある場合には例外的に国外で捜査できるとする説（参照、東京地判昭36・5・13下刑集3巻5=6号469頁）と、(b) 刑訴法の適用は国内に限定されず国外においても捜査権を有するが、外国領域内における捜査権の行使は外国の主権を侵害することになるため、外国政府の承認がない限り許されないとする説（参照、東京地判昭53・12・20刑月10巻11=12号1514頁）がある。いずれも外国政府の承認を得なければ捜査できない点では結論は異ならない。しかし、前説によれば、外国政府の承認がない場合、外国領域における捜査機関の活動は捜査権の行使とすら認められないのに対し、後説によれば単なる違法な捜査権の行使に留まることになる。なお、サイバー犯罪条約32条は、(a) 締約国の同意なく、公に利用可能な蔵置されたコンピュータ・データにアクセスすること（当該データが地理的に所在する場所を問わない）や、(b) コンピュータ・システムを通じて当該データを自国に開示する正当な権限を有する者の合法的なかつ任意の同意が得られる場合に限り、自国の領域内にあるコンピュータ・システムを通じて、他の締約国に所在する蔵置されたコンピュータ・データにアクセスし又はこれを受領することを許容している。したがって、条約締結国間であれば、同条約32条の定める範囲において外国政府の承認を得ずに他国に蔵置されているコンピュータ・データに対する捜査が可能と解されている（参照、最決令3・2・1刑集75巻2号123頁）。

外国における証拠の収集や犯罪人の引渡しは、該当国の協力を得て行われる。国際協力を求める手段としては、①外交ルートを通じて共助要請する方法、②二国間条約に基づき外交ルートを経由せずに共助要請する方法、③国際刑事警察機構（ICPO）ルートを通じて国際手配する方法がある。外交ルートを通じた共助要請は国際礼譲に基づき相互主義の下に行われる。相手国政府が要請に応じる義務はない。そこで近時は、国際組織犯罪防止条約やサイバー犯罪条約など共助の実施を締約国の義務とする多国間条約が締結されている。二国間条約に基づく捜査協力の場合、単に相互協力義務を定めるだけでなく、中央当局間で直接的に共助要請を可能にすることで手続の効率化が図られている。現在までにアメリカ、韓国、中国、香港、ロシア、EUとの間で、中央当局間の直接的な刑事共助条約が締結されている。逃亡犯罪人の引渡しに関しては、米国及び韓国とのみ二国間条約が締結されている。ICPOルートを通じた手配とは、ICPO加盟国の警察機構（国家中央事務局）からの依頼により、ICPOの事務総局が発行した国際手配書に基づき、関係する加盟国の国家中央事務局が自国の警察組織を通じて、国外逃亡被疑者の所在発見、被手配者の正確な人定事項、犯罪経歴等に関する情報提供、あるいは逃亡犯罪人の引渡しを目的として、逃亡犯罪人の身柄の拘束を行うものである。

他方、国内の捜査機関が外国からの捜査共助やICPOからの捜査協力要請に応じる場合は、「国際捜査共助等に関する法律」に基づき手続がとられる。また、外国から逃亡犯罪人の引渡し請求を受けた場合は「逃亡犯罪人引渡法」に基づき手続がとられる。その他、国際刑事裁判所の捜査、裁判及び刑の執行等についての必要な協力に関する手続として、「国際刑事裁判所に対する協力等に関する法律」が定められている。

3. 捜査機関

捜査権を有する機関を捜査機関という。刑事訴訟法は司法警察職員（189条、190条）と検察官・検察事務官（191条）の二種類の捜査機関を定めている。司法警察職員には司法警察員と司法巡査の身分があり、身分に応じて捜査権限に差がある。司法警察員のみに認められている権限としては、①接見指定（39条3項）、②逮捕状の請求（199条2項）、③逮捕後の諸手続（203条1項）、④捜索・差押え・検証等の令状請求（218条3項、224条1項、225条2項）、⑤代行検視（219条2項）、⑥告訴・告発の受理（241条1項）、⑦検察官への事件の送付・送致（242条、246条）等がある。

(1) 一般司法警察職員

警察官は、司法警察職員として全ての犯罪につき捜査権を有している（189条1項）。旧刑訴法における司法警察官吏は検察官を輔佐として、その指揮を受けながら捜査を行うに過ぎなかった。これに対し、現行法は、司法警察職員を独立の一次的捜査機関としている（同条2項）。警察官に関する司法警察員及び司法巡査の指定は、国家公安委員会規則及び各都道府県公安委員会規則が行っている。国家公安委員会の「司法警察員等の指定に関する規則」は、原則として巡査部長以上の階級の警察官を司法警察員、巡査の階級の警察官を司法巡査と定めた上で、警察庁長官又は管区警察局長の判断による例外的な指定も認めている（同規則1条1項、2項）。

(2) 特別司法警察職員

警察官の活動が及び難い場所における犯罪や行政取締法規違反につき監督官庁の職員が捜査に必要な専門的知識を有する犯罪については、法律で特別に司法警察職員を定めることができる（190条）。司法警察職員を定めた法律には「司法警察職員等指定応急措置法」と個別法がある。捜査できる犯罪が限定されている他は、特別司法警察職員と一般司法警察職員との権限の違いはない。なお、収税官吏は犯則事件を調査するため必要があるときは所属官署の所在地を管轄する裁判所の裁判官の許可を得て、臨検、捜索又は差押えを行うことができる（国税通則法132条）。この場合の捜索や差押えは、犯則調査のために認められた行政権限を司法審査を経て行使するものであって、捜査ではない。もっとも、収税官吏が犯則事件を告発したときは、差押え物件又は領置物件は検察官に引き継がれ（同法159条2項）、当該物件は検察官が刑事訴訟法の規定によって押収した物とみなされる（同条4項）。そこで、犯則調査機関は「準捜査機関」とも呼ばれている。同様の規定は、税関職員による犯則事件調査（関税法121条、148条）、公正取引委員会職員による犯則事件調査（独占禁止法102条、116条）、証券取引委員会の職員による犯則事件調査（金融商品取引法211条、226条）等にも見られる。

(3) 検察官・検察事務官

検察官は必要と認めるとき自ら捜査をすることができる（191条1項）。検察事務官は、検察官の指揮を受けて捜査を行うことができる補助的捜査機関

特別司法警察職員の種類

根拠法令	職務を行うべき者
司法警察職員等指定応急措置法	・営林管理局署勤務ノ農林水産事務官及農林水産技官（3条4号、4条4号、応急措置法2条） ・公有林野ノ事務ヲ担当スル北海道庁ノ地方事務官及地方技官（3条7号、4条7号） ・遠洋区域、近海区域又ハ沿海区域ヲ航行スル総噸数二十噸以上ノ船舶ノ船長並びに甲板部、機関部及事務部ノ海員中其ノ各部ニ於テ職掌ノ上位ニ在ル者（6条）
警察法69条3項	・皇宮護衛官
刑事収容施設及び被収容者等の処遇に関する法律290条	・刑事施設の長 ・刑事施設の職員であって、刑事施設の長がその刑事施設の所在地を管轄する地方裁判所に対応する検察庁の検事正と協議をして指名したもの
自衛隊法96条	・自衛官のうち部内の秩序維持の職務に専従する者
海上保安庁法31条	・海上保安官及び海上保安官補
麻薬及び向精神薬取締法54条	・厚生労働省の職員のうち麻薬取締官に任命されたもの ・都道府県の職員のうち麻薬取締員に任命されたもの
労働基準法102条など	・労働基準監督官
船員法108条など	・船員労務官
鉱山保安法49条	・鉱務監督官
漁業法128条	・漁業監督官及び漁業監督吏員であってその所属する官公署の長がその者の主たる勤務地を管轄する地方裁判所に対応する検察庁の検事正と協議をして指名したもの
鳥獣の保護及び狩猟の適正化に関する法律76条	・鳥獣の保護又は狩猟の適正化に関する取締りの事務を担当する都道府県の職員であってその所属する都道府県の知事がその者の主たる勤務地を管轄する地方裁判所に対応する検察庁の検事正と協議をして指名したもの

＊なお、財務省設置法27条は、国税監察官に、国税庁の所属職員による職務に関する犯罪行為に対する捜査権を付与している。しかし同法は、刑事訴訟法190条の定める特別司法警察職員として指定する形式をとらなかったことから、国税監察官は「特別法による捜査機関」と呼ばれている。

である（同条2項）。通常、検察官は司法警察員から送致された事件の処理に必要な範囲で補充捜査を行うにとどまる。これに対し、捜査の政治的中立性が特に求められる高度な政治事件や詳細な法律知識を要する経済事件及び脱税事件については、検察官による独自捜査が行われることがある。東京、大阪及び名古屋地方検察庁には独自捜査の専門部署として特別捜査部が設置されている。

現行法は検察官と司法警察職員をそれぞれ独立の捜査機関とし、双方が犯罪捜査において相互に協力すべき義務を定めている（192条）。しかし、司法警察職員は捜査機関として検察官と全く対等な立場にあるわけではなく、検察官には捜査を円滑かつ適正に進行させるために、司法警察職員に対する以下の指示・指揮権が与えられている（193条）。

①**一般的指示権**（1項）：検察官は、「捜査を適正にし、その他公訴の遂行を全うするために必要な事項」につき一般的な準則を定めて、管内区域の司法警察職員に対して指示することができる。例えば、「司法警察職員捜査書類様式例」についての検事総長による一般的指示や、刑訴法246条但書によるいわゆる「微罪事件」の送致の特例（捜査規範198条参照）についての各検事正による一般的指示がある。

②**一般的指揮権**（2項）：検察官は犯罪の捜査が行われる場合に、管内の司法警察職員に対して捜査の協力を求めるために必要な一般的指揮を行うことができる。必要な補充捜査の指揮や複数の捜査機関の間で捜査方針を調整するために必要な指揮等が該当する。

③**具体的指揮権**（3項）：検察官は自ら捜査を行う場合に、管内の司法警察職員に具体的な捜査の補助をさせるために必要な指揮を行うこともできる。検察事務官が検察官の指揮を受けて捜査を行う場合も、司法警察職員に対して検察事務官の捜査の補助をするよう具体的指揮を行うことができると解してよかろう。

司法警察職員が正当な理由なく検察官の指示又は指揮に従わなかった場合、検察官は当該司法警察職員を懲戒又は罷免する権限を有する者（警察官の場合は国家公安委員会又は地方公安委員会）に、懲戒罷免の訴追を請求することができる（194条）。

4. 捜査の端緒

捜査機関が特定の犯罪を認知するに至った契機を捜査の端緒という。捜査の端緒を得るための職務活動は捜査ではないが、実効的な捜査の着手を可能にするために捜査機関の権限として認められている。刑事訴訟法は捜査の端緒を得るための手続として、検視、告訴・告発及び自首に関する規定を設けている。また、犯罪捜査規範59条は、「警察官は、新聞紙その他の出版物の記事、インターネットを利用して提供される情報、匿名の申告、風説その他広く社会の事象に注意するとともに、警ら、職務質問等の励行により、進んで捜査の端緒を得ることに努めなければならない。」と定めている。

4.1. 検視

検視（229条）とは、「変死者又は変死の疑いのある死体」に対して行われる死因の検査である。人の死は、死因によって自然死（病死、老衰死）と不自然死に区別できる。さらに不自然死は、非犯罪死（災害等による事故死、自殺）と犯罪死（犯罪による死亡）に区別できる。「変死者」とは不自然死の原因が犯罪によるものかどうか明らかでない死者のことであり、変死者密葬罪（刑192条）の客体となる。これに対し、「変死の疑いのある死体」とは、例えば白骨死体のように、そもそも自然死であったか不自然死であったかの判別すら困難な死体の全部又は一部を指す。捜査上両概念を区別する実益はなく、国家公安委員会の検視規則は両方合わせて「変死体」と呼んでいる。検視の結果、犯罪死と認めれば捜査が開始する。刑事訴訟法は検視を検察官の権限とした上で（229条1項）、検察事務官又は司法警察員に検視を代行させることを認めている（同条2項）。代行検視の手続、方法その他必要な事項は検視規則に定められている。検視は任意処分の範囲でしか行うことはできない。検視の結果、犯罪死と認められたとき、検視の現場で検証を行うためには検証令状（218条1項）を取得する必要がある。また、捜査のために死体を解剖して死因の分析を行うためには、捜査機関から医師への鑑定の嘱託（223条1項）と鑑定処分許可状（225条1項）の取得が必要である。

検視の結果、犯罪死でないとされた死体であっても、政令で定める地を管轄する都道府県知事は、その地域内における伝染病、中毒又は災害により死亡した疑のある死体その他死因の明らかでない死体について、その死因を明らかにするため監察医を置き、これに検案をさせ、又は検案によっても死因が判明しない場合には、遺族の承諾なく解剖させることができる（死体解剖保存法8条）。監察医による解剖は鑑定のための解剖（司法解剖）と区別し「行政解剖」と呼ばれている。行政解剖の結果、犯罪死の疑いが生ずれば、24時間以内に警察に届け出る義務がある（同法11条）。監察医を置く都道府県は多くなく、警察の取り扱う死体の解剖率は極めて低かったことから、2012年に警察における死因の検査体制を強化することを目的に「警察等が取り扱う死体の死因又は身元の調査等に関する法律」が制定された。同法により、死因を明らかにするために特に必要があるときは、警察署長の判断で、警察が遺族の承諾なく死体の解剖を実施又は大学に実施を委託できることとなった（同法6条1項、3項）。

4.2. 告訴・告発・請求

被害者やその遺族が捜査機関に対して犯罪事実を申告し、その犯人の処罰を求める意思表示を行うことを告訴という。これに対し、第三者による犯罪事実の申告とその犯人処罰の意思表示を告発という。被害届や目撃者による通報が事実行為であるのに対し、告訴・告発はそれを受理したときに捜査義務が生じる訴訟行為である（242条参照）。無実の人に刑事処分を受けさせる目的で虚偽の告訴、告発その他の申告をすることは、虚偽告訴等の罪（刑172条）に当たる。告訴・告発又はその取消しは書面又は口頭で検察官又は司法警察員に対して行わなければならない（241条1項、243条）。捜査機関が口頭による告訴・告発又はその取消しを受けたときは、調書を作らなければならない（同条2項）。検察官は告訴・告発者に対し、事件の処理結果を通知する義務を負う（260条）。また、告訴・告発者の請求があれば不起訴理由を告知する義務を負う（261条）。

告訴が訴訟条件となる犯罪を「親告罪」という。かつては、強制わいせつ罪、強姦罪、わいせつ目的誘拐罪等の起訴によって事件が公になることで被害者の名誉が著しく害される可能性のある犯罪類型も親告罪とされていたが、2017年の刑法改正により全て非親告罪となった。現在は、個人的法益に対する犯罪のうち、被害者が処罰を望まない限り公益的観点からは刑事事件として取上げる必要性に乏しい犯罪類型のみが親告罪の対象となっている[2]。親告罪に類似の制度として、公務員が告発義務を負う罪の中には「告発を待って受理すべき事件」[3]がある。その他、国家的・社会的法益に対する罪につき、法律の定める被害を代表する地位にある機関による訴追を求める意思表示（「請求」という）を待って受理すべき事件もある[4]。親告罪の場合、公訴権の行使が告訴権者の意思に左右されるため、公訴権の行使が過度に不安定にならないよう、告訴期間、告訴の取消しの制限、告訴不可分の原則が定められている。

(1) 告訴権者

告訴権者は、①犯罪により害を被った者（230条）、②被害者の法定代理人（230条1項）、③被害者が死亡した場合の配偶者、直系の親族又は兄弟姉妹（同条2項）、③被害者の法定代理人が被疑者又は被疑者と一定の親族関係にある場合の被害者の親族（232条）、及び④死者の名誉を棄損した罪及び名誉を棄損した罪の被害者が告訴をしないで死亡したときは、死者の親族又は子孫（233条）である。さらに、⑤親告罪の告訴権者がいない場合、刑事責任の追及が不可能にならないよう、検察官が、利害関係人の申立てにより告訴をすることができる者を指定することができる（234条）。230条のいう「犯罪により害を被った者」とは、当該犯罪の構成要件が規定している保護法益の主体又は行為客体となった者をいうと解するのが通説である。国・地方公共団体、法人、法人格のない社団・財団が被害者である場合は、当該団体の代表者による告訴が必要と解されている（参照、大判明37・4・7刑録10輯766頁、大判明37・11・7刑録10輯2136頁）。告訴権者の代理人による告訴は有効である（240条）。

(2) 告訴能力と告訴意思

告訴が有効であるためには、告訴能力のある告訴権者による告訴意思の表明が要件となる。告訴能力とは、自ら犯人の犯罪となるべき行為による被害を受けたという客観的経緯を認識し、これについて被害感情を持ち、犯人に

2　現在残っている刑法の申告罪規定は以下のとおりである。①刑法135条（133条〔信書開封罪〕、134条〔秘密漏示罪〕）、②刑法209条〔過失傷害罪〕、③刑法229条（224条〔未成年者略取誘拐罪〕及びこれらの罪を幇助する目的で犯した227条1項並びに同条3項〔被略取者収受等の罪〕並びにこれらの罪の未遂罪）、④刑法232条（230条〔名誉棄損罪〕、231条〔侮辱罪〕）、⑤刑法244条2項（配偶者、直系血族又は同居の親族以外の親族との間で犯した235条〔窃盗罪〕、235条の2〔不動産侵奪罪〕又はこれらの罪の未遂罪）、⑥刑法264条（259条〔私用文書等毀棄罪〕、261条〔器物損壊罪〕）。

3　告発を待って受理すべき罪に関する規定として、①独占禁止法96条1項、②公職選挙法238条の2第2項及び253条2項、③国税通則法159条第1項、④地方税法22条の30第1項、⑤関税法148条1項等がある。

4　請求を待って受理すべき罪として、刑法92条、労働関係調整法42条、義務教育諸学校における教育の政治的中立の確保に関する臨時措置法5条1項がある。

対して公の制裁を望むだけの能力を指す。告訴意思は、特定の犯罪の犯人処罰を求める意思の表示でなければならない。単に、被告訴人を困惑させる意図あるいは公開の刑事裁判における証言や公開された捜査内容等を自己の民事訴訟等において利用しようとする意図の下に行う告訴は、有効な告訴意思に欠ける。

(3) 親告罪の告訴期間

親告罪の告訴期間は原則として犯人を知った日から６ヶ月に制限されている（235条１項本文）。ただし、名誉に対する罪につき外国又は外国の使節が行う告訴については、告訴期間の制限はない（同項但書）。これは、外交関係を損なわないよう特別に配慮したものである。告訴権者が複数存在する場合は、各告訴権者につき独立して告訴期間の計算が行われる（236条）。告訴権者が犯罪継続中に犯人を知っても、犯罪行為終了後の日が告訴期間の起算日となる（参照、最決昭45・12・17刑集24巻13号1765頁）。235条１項のいう「犯人を知った」とは、告訴権者が犯人が誰であるかを知ることをいい、犯人の住所氏名などの詳細を知る必要はないけれども、少なくとも犯人の何人たるかを特定し得る程度に認識することを要する（参照、最決昭39・11・10刑集18巻9号547頁）。加えて、単に犯人を特定し得る程度に認識しただけでは告訴すべきかどうかの判断が困難な特別の事情がある場合は、それ以上の情報も含め、告訴するか否かを通常決めることができる程度に犯人についての知識を得たときと解されている（参照、東京高判平9・7・16高刑集50巻2号121頁）。告訴権者の法定代理人は、犯人の処罰を求めるか否かを選択できる程度に犯罪事実の重要な部分について知るに至ったとき、「犯人を知った」ことになる（参照、東京地判平13・11・2判時1787号160頁）。

(4) 告訴の取消し

告訴の取消しは公訴の提起までしか行うことができない（237条１項）。告訴の取消し後は、告訴権は消滅する（同条２項）。237条３項が「請求を待って受理すべき事件」に１項及び２項を準用していることから、同条は親告罪を前提にした規定と解されている。同条３項に「告発を待って受理すべき事件」が含まれていないのは、告発を待って受理すべき事件は公務員が告発義務に基づき告発するため、告発の取消しが考え難い一方、もし公務員が誤った告発をしたときは、公訴の提起後であっても公訴権の安定的行使より告発の取消しを優先させてしかるべきであることが、その理由として考えられる。なお、237条1項が親告罪における公訴提起後の告訴の取消を認めていないことから、告訴に「示談が成立した場合を除き」といった付款（条件）が付けられ、公訴提起後に条件が満たされたとしても、付款が無効であり、告訴は有効というべきである。これに対し、付款が無効ならばそもそも告訴していなかったという場合は、有効な告訴意思に欠けるというべきである。

(5) 告訴不可分の原則

親告罪や告発又は請求を待って受理すべき事件における、告訴・告発等の申立て及びその取消しの効力は、一罪の関係にある範囲ですべての事実に及ぶと解するのが通説である（告訴の客観的不可分）。ただし、科刑上の一罪（刑54条）は本来的に数罪であるから、告訴権者の意思を尊重し、例外を認める余地はある。まず、複数の親告罪が科刑上の一罪の関係にあり、かつ事実毎に被害者を異にするならば、被害者毎の告訴意思を尊重すべきであるから、例外が認められる（参照、大判昭6・7・6刑集10巻389頁）。次に、非親告罪と親告罪が科刑上の一罪の関係にあり、かつ告訴権者があえて非親告罪の部分に限定して告訴した場合、親告罪の事実にまで告訴の効力を及ぼさなくても、親告罪に関する告訴の不可分の原則には抵触しない（参照、浦和地判昭44・3・24刑月1巻3号290頁）。親告罪の共犯事件において、共犯者の一人に対して行った告訴・告発等の効力又は告訴・告発等の取消しの効力は全員に及ぶ（告訴の主観的不可分）。238条1項のいう「共犯」には、共通の犯罪により刑事責任が問われている範囲の者が含まれ、共同正犯、教唆犯、幇助犯だけでなく、必要的共犯も該当すると解されている。両罰規定に係る親告罪についても主観的不可分を定めている法律が多くみられる（例えば、種苗法73条2項、特許法201条2項、放送法189条2項等）。相対的親告罪（刑244条2項）の共犯事件において親告罪とはならない身分関係のない共犯者に限定して告訴することは、親告罪に関する告訴不可分の原則には抵触しないから、告訴の効力は親告罪である身分関係のある共犯者にまでは及ばない。

4.3. 自首

自首は、捜査機関に犯罪又は犯人が発覚する前に、犯人自ら犯罪事実を申告し、処分を委ねる意思表示のことである。犯罪発覚前の自首は捜査の端緒になる。犯罪発覚後でも犯人発覚前の段階の申告であれば自首に該当する。犯人発覚後は、所在不明であった犯人が出頭しても自首は成立しない（参照、最判昭24・5・14刑集3巻6号721頁）。一般に自首は裁量的減軽事由となる（刑42条1項）。その他にも自首の効果として必要的な刑の免除や減軽を定めた特別法が存在する（例えば、刑80条〔必要的免除〕、爆発物取締罰則11条〔必要的免除〕、銃砲刀剣類所持等取締法31条の5、10、12及び13〔必要的減免〕、組織的犯罪処罰法6条1項〔必要的減免〕）。自首のためには犯罪事実の概要の申告で足り、申告内容の一部に虚偽が含まれていても自首にあたる（参照、最決昭60・2・8刑集39巻1号1頁、最決平13・2・9刑集55巻1号76頁）。自首は犯人による自発的な申告でなければならず、余罪の取調べの結果、自白しても自首には当たらない。捜査機関による措置が可能な状態に本人の身を委ねることが必要であり、代理人による自首は認められない（245条は240条を準用していない）。本人が単に犯罪事実を申告する書面を送付し、あるいは電話を通じて口頭で伝えるだけでは、捜査機関による処分に身を委ねたことにはならない。これに対し、本人が第三者に依頼して自らの犯罪を捜査機関に通報してもらった上で、自ら捜査機関による措置が可能な状態に身を置いたときは自首に当たる（参照、最判昭23・2・18刑集2巻2号104頁）。

自首にも241条が準用されており、検察官又は司法警察員でなければ自首を受理できない。しかしながら、検察事務官又は司法巡査が誤って自首を受理したときは、その時点で捜査機関に犯罪及び犯人が発覚したことになり、自首が成立しなくなってしまうのは不合理である。そこで、検察事務官又は司法巡査が誤って自首を受理した場合も、その時点で自首は成立したものと解するべきである。自首の申告を受ける際は黙秘権を告知する必要はないが、自首の受理の際に申告された犯罪事実の詳細を聴取するときは、黙秘権の告知を要するというべきである。司法警察員が自首を受理した場合も、速やかに検察官に自首に関する書類及び証拠物を検察官に送付しなければならない（245条、242条）。いったん自首が成立すれば、その後で否認に転じても自首の撤回ではない。

4.4. 職務質問

警察官職務執行法（警職法）は、警察官が行政警察上の職務を遂行するために必要な手段と権限を定めることを目的とした法律である。警職法２条の定める職務質問は、犯罪を未然に防ぐ手段であると同時に、捜査の端緒を得るための手段でもある。

(1) 職務質問の要件

警職法２条１項は、職務質問の要件につき、「警察官は、異常な挙動その他周囲の事情から合理的に判断して何らかの犯罪を犯し、若しくは犯そうとしていると疑うに足りる相当な理由のある者又は既に行われた犯罪について、若しくは犯罪が行われようとしていることについて知っていると認められる者を停止させて質問することができる。」と定めている。このうち、「異常な挙動その他周囲の事情から合理的に判断して何らかの犯罪を犯し、若しくは犯そうとしていると疑うに足りる相当な理由」は不審事由と呼ばれている。また、相手に不審事由がなくても、後段に該当する情報知悉者であれば職務質問の対象となる。職務質問の結果、特定の犯罪の嫌疑を認めるに至った後の質問の続行は、任意捜査としての取調べに該当する。その場で質問することが本人に対して不利であり、又は交通の妨害になると認められる場合においては、質問するため、その者に付近の警察署、派出所又は駐在所に同行することを求めることができる（同条２項）。

(2) 職務質問の際の有形力行使

職務質問を実施するためには、質問の間、相手にその場に留まってもらう必要がある。そこで、相手が停止の求めに応じない場合、有形力を用いて停止させることが許されるかが問題となる。この点、職務質問の際に、刑事訴訟に関する法律の規定によらずに、職務質問の相手の身体を拘束し、又はその意に反して警察署等に連行し、若しくは答弁を強要することは禁止されている（同条３項）。もっとも、判例は、捜査手段としての任意処分と強制処分の区別と同様、職務質問の際も「強制に至らない程度の有形力の行使」を許容してきた。警職法上の手段には警察比例の原則が妥当しており（警職１条２項）、停止させるための有形力行使が強制に当たらないとしても、必要性に照らして相当な範囲で許容されるものと解されている。有形力を用いた職務質問が適法とされた事例として、(1) 職務質問をするため、逃走者の腕に手を掛けた行為（参照、最決昭29・7・15刑集８巻７号1137頁）、(2) 警察官が自動車運転席の窓から手を差入れ、エンジンキーを回転してスイッチを切り運転を制止した行為（参照、最決昭53・9・22刑集32巻6号1774頁）、(3) 歩行者の胸元をつかみ歩道上に押し上げようとした行為（参照、最決平1・9・26判時1357号147頁＝判タ736号111頁〔反対意見あり〕）、(4) 相手の抵抗を排して内ドアを押し開け、客室に入った行為（参照、最決平15・5・26刑集57巻5号620頁）等がある。これに対し、有形力を用いた職務質問が違法とされた事例としては、(5) 約6時間半以上にわたり職務質問の現場に留め置いた行為（参照、最決平6・9・16刑集48巻6号420頁）、(6) 警察官らが約30分間にわたり全裸の被告人をソファーに座らせて押さえ続けた行為（参照、最決平15・5・26刑集57巻5号620頁）等がある。

(3) 職務質問の際の所持品検査

警職法2条4項は被逮捕者の凶器の所持につき検査ができる旨を定めているが、これ以外に職務質問の際に所持品検査を行えるかについて言及していない。この点、憲法35条は「何人も、その住居、書類及び所持品について、侵入、捜索及び押収を受けることのない権利は、第三十三条の場合を除いては、正当な理由に基いて発せられ、且つ捜索する場所及び押収する物を明示する令状がなければ、侵されない。」と定めており、職務質問の際の所持品の捜索及び押収はできないと言わなければならない。所持品検査といってもその態様は、①外部から観察して所持品の質問をする行為、②所持品の提示を求め、任意に提示された所持品を検査する行為、③所持品の有無や形状を確認するため外部から触れる行為、④警察官自ら所持品を取り出して検査する行為など様々である。①は職務質問そのものであり、また②も相手が任意に応じる限り、捜索に該当することはない。これに対し、③や④については捜索に該当すれば許されないことになる。しかし、ここでも「捜索に至らない程度の所持品検査」を肯定する余地があるかが問題となる[5]。

当該論点につき、最判昭53・6・20刑集32巻4号670頁（米子銀行強盗事件）は、職務質問の際の所持品検査は職務質問の附随行為として警職法2条1項に基づき許容されるとの立場を明確にした。そして、その許容性の要件として、①口頭による質問と密接に関連し、かつ、職務質問の効果を上げ

5　この点、アメリカでは不審事由のあるものを短時間停止させて武器を所持していないか身体の捜検を行うこと（stop and frisk）は、不合理な捜索・押収の禁止を定めた合衆国第4修正に違反しないと解されている。Terry v. Ohio, 392 U.S. 1 (1968).

るため必要・有効な範囲にとどまること、②相手の承諾を得るのが原則であること、③捜索に至らない程度の行為であり、強制にわたらないこと、及び④必要性、緊急性、これによって害される個人の法益と保護されるべき公共の利益とを衡量して、後者が前者を上回る限度において行われることを要求した。すなわち、職務質問の際の所持品検査を令状主義の例外として許容したのではなく、捜索に至らない限度において、必要性、緊急性に照らして相当な範囲で許容されるとした。本件事案では、相手が逃走中の銀行強盗犯である容疑が濃厚であり、凶器を所持している可能性もあったことから、容疑を確認する緊急性を肯定できる一方、相手の所持するボーリングバッグの施錠されていないチャックを開披し内部を一瞥したことの法益侵害性は大きいものではないことから、当該所持品検査が適法とされた。所持品検査が捜索に至っているかどうかの判断は、検査対象の性質、検査の態様、取出し行為の強制性の観点を組み合わせて行われている。最判昭53・9・7刑集32巻6号1672頁は、警察官が、職務質問中、相手が覚せい剤を使用している疑いを抱き、承諾を得ずに上衣左側内ポケットに手を差入れて所持品を取出して検査した行為につき、その態様において捜索に類することを理由に相当性を欠き違法としたが、捜索に当たると断定することは回避した。その他に所持品検査が適法とされた事例として、最決平15・5・26刑集57巻5号620頁（財布の検査）、違法とされた事例として、最決昭63・9・16刑集42巻7号1051頁（靴下の検査）、最決平7・5・30刑集49巻5号703頁（自動車内検索）等がある。

4.5. 自動車検問

警察が一定の行政警察目的で自動車を停止させて必要な質問を行う活動を自動車検問という。自動車検問にはその目的に応じて、①交通違反の取締り目的で行われる交通検問、②一般犯罪の予防・発見目的で行われる警戒検問、及び③逃走犯人の発見を目的として行われる緊急配備検問がある。また、その態様に応じて、不審車両のみを停止させて行う場合と、不審車両であるか否かに係らず停止を求めて行う一斉検問がある。不審車両の停止を求める行為は警職法に基づく職務質問といってよいが、一斉検問についてはその法的根拠が問題となる。この点、過去には、警職法2条1項は職務質問の要件の存否を確認するため自動車利用者に停車を求める権限をも合わせて与えたものと解した判例もみられた（参照、大阪高判昭38・9・6高刑集16巻7号526頁）。しかし、職務質問の要件を確認するために停止を求めることまで警職法2条1項に基づき許されるのであれば、そもそも同条が職務質問の要件を定めている意味が失われてしまう。これに対し、最決昭55・9・22刑集34巻5号272頁は、「警察法2条1項が『交通の取締』を警察の責務として定めていることに照らすと、交通の安全及び交通秩序の維持などに必要な警察の諸活動は、強制力を伴わない任意手段による限り、一般的に許容されるべきものである」とした上で、「警察官が、交通取締の一環として交通違反の多発する地域等の適当な場所において、交通違反の予防、検挙のための自動車検問を実施し、同所を通過する自動車に対して走行の外観上の不審な点の有無にかかわりなく短時分の停止を求めて、運転者などに対し必要な事項についての質問などをすることは、それが相手の任意の協力を求める形で行われ、自動車の利用者の自由を不当に制約することにならない方法、態様で行われる限り、適法なものと解すべきである。」と判示した。当該決定は、警察法2条1項の定める警察の責務を果たすための正当な活動であれば、相手の任意の協力を求める形で行われる限り、一斉検問のための個別の授権規定がなくても許容してよいとする趣旨に理解できる。したがって、一斉検問は相手の任意の協力を求める形で行わなければならず、道路を完全に封鎖する等の方法で停車を余儀なくすることは、自動車の利用者の自由に対する不当な制約であって、違法というべきである（三井（1）105頁、光藤Ⅰ14頁、渡辺26頁）。

5. 任意捜査

5.1. 捜査の基本原則

捜査は多少なりとも対象者に不利益を及ぼすことから、その目的を達するために必要な限度で行うことができる（捜査比例の原則）。刑訴法197条1項本文はその趣旨を定めた規定と解することができる。ただし、強制処分は刑事訴訟法に定めがなければ用いることはできない（強制処分法定主義）。刑訴法197条1項の前身である旧刑訴法254条1項は、但書において「強制ノ処分ハ別段ノ規定アル場合ニ非サレハ之ヲ為スコトヲ得ス」と定めていた。

当該規定は、予審判事に与えられていた強制処分権限のうち、別段の規定があるものしか捜査機関は行使できない旨を定めたものに過ぎなかった。これに対し、現行法は予審制度を廃止し、強制処分権限を捜査機関に付与した上で、さらに「この法律に特別の定めがある場合」でなければ強制処分を用いることができないという文言に変更した。そこで、現行法の197条1項但書は、どのような種類の強制処分をいかなる要件及び手続の下で許容するかを、国民の代表機関である国会の定める法律に拠らしめることを要求する旨の規定と解することができる（井上〔2014〕28頁）。強制処分は立法的統制に加えて、令状主義（憲33条、35条）による司法的統制も受ける（**8.2.(1)**参照）。このように強制処分には厳格な法的統制が施されていることから、197条1項は、捜査は任意捜査によって進めることを原則とする趣旨を含むものと解されている（任意捜査の原則〔捜査規範99条参照〕）。なお、現行法の強制処分法定主義は強制処分に立法的統制を及ぼす趣旨に理解できるが、行政法分野における「法律の留保」とは異なり、強制処分のような権利侵害性の高い手段を用いるときは規律密度の高い根拠規定を要求する趣旨と理解すべきである（斎藤31頁、緑53頁）。逆にいえば、197条1項本文がそうであるように、任意捜査であれ対象者に不利益を及ぼす以上、何らかの法的根拠は必要である。その他にも任意処分に関する根拠規定はいくつかある。強制処分法定主義の意義に関するこうした理解を規律密度説と呼ぶことができる。

強制処分には、直接に対象に物理的有形力を行使して目的を遂げる直接強制と、命令に従わない者に対して過料や刑罰の制裁を科す間接強制がある。刑事訴訟法の定める捜査のための強制処分の種類のうち、身体の拘束手段としては、逮捕（199条、210条、213条）、起訴前勾留（207条）及び鑑定留置（224条）がある。また、証拠の収集手段としては、差押え、記録命令付差押え、捜索、検証（含む身体検査）（218条、220条）、領置（221条）、電気通信の傍受（222条の2）、鑑定のための必要な処分（225条）及び第一回公判期日前の証人尋問請求（226条、227条）がある。刑事訴訟法が定める強制処分以外の強制処分は新たな立法によらなければ認められない。もっとも、判例は、裁判官が既存の種類の令状に適切な条件を付す形で、現行法が予定していなかった捜査手法であっても既存の令状で対応できる場合があることを肯定してきた（参照、最決昭55・10・23刑集34巻5号300頁〔強制採尿事例〕、最決平11・

12・16刑集53巻9号1327頁〔電話傍受事例〕)。他方で、最大判平29・3・15刑集71巻3号13頁は、「事案ごとに、令状請求の審査を担当する裁判官の判断により、多様な選択肢の中から的確な条件の選択が行われない限り是認できないような強制の処分」を認めることは、強制処分法定主義の趣旨に沿わないと述べており、法の欠缺を令状に条件を付すことにより補うことに限界があることも認めている。

5.2. 任意捜査と強制捜査の区別

任意捜査と強制捜査（強制処分を用いた捜査）の区別は刑事訴訟法における重要な基本論点である。相手の明示又は黙示の承諾を得て行う捜査は任意捜査である。もっとも、一般に相手の承諾を期待できない捜査手段を用いるときは、外形上相手の承諾を得られたとしても、拒否できる状況の下での真摯な承諾であったかを慎重に判断する必要がある。犯罪捜査規範107条及び108条が、相手の承諾を得て女子を裸にする身体検査や家宅捜索を行うことを許していないのは、これらの処分が通常は真摯な承諾を期待できないことから、一律に禁止することにしたものと理解できる。

逆に、相手の承諾を得ずに用いる捜査手段が全て強制処分に当たるかも問題となる。この点、最決昭51・3・16刑集30巻2号187頁は、任意同行後の有形力を用いた留置きの適法性が争点となった事案において、「強制手段とは、有形力の行使を伴う手段を意味するものではなく、個人の意思を制圧し、身体、住居、財産等に制約を加えて強制的に捜査目的を実現する行為など、特別の根拠規定がなければ許容することが相当でない手段を意味するものであって、右の程度に至らない有形力の行使は、任意捜査においても許容される場合があるといわなければならない。」と定義した。本決定における強制処分の定義は「意思制圧基準」と呼ばれている。そして、強制手段にあたらない有形力の行使であっても、何らかの法益を侵害し又は侵害するおそれがあることを理由に、必要性、緊急性なども考慮したうえ、具体的状況のもとで相当と認められる限度において許容されるとした。この点は、任意捜査にも捜査比例の原則による統制を及ぼす趣旨と理解されており、それまでは任意であれば必要性が認められる限り適法とされてきた任意捜査の許容性の判断枠組みの発展をもたらした。任意捜査の範囲内でもさらに比例原則が妥当すべきことは、職務質問の際の所持品検査の許容性が争点となった前述の最判昭 53・6・20 刑集 32 巻 4 号 670 頁（米子銀行強盗事件）において、より明確に示されている。

任意捜査の限界の判断枠組み

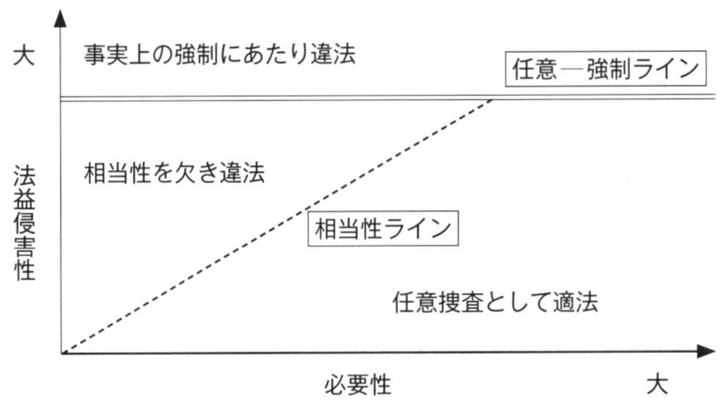

最高裁昭和 51 年決定は、任意捜査の適法性の判断枠組みの発展をもたらした一方で、意思の制圧に至らない程度の有形力行使を承認したことにより任意捜査の範囲を広げてしまった側面もある。強制採尿のための令状の請求から発付に至るまでの数時間、警察官が有形力を用いつつ被疑者を留め置いたことの適法性が争点となった事案において、場所的移動の制約が、令状が発付されるまで対象者の所在を確保するための必要最小限度にとどまっていたことを理由に、任意捜査として適法とした事例すらみられる（参照、東京高判平 21・7・1 判タ 1314 号 302 頁、東京高判平 22・11・8 高刑集 63 巻 3 号 4 頁）。また、有形力を用いた留置きが違法とされた事例においても、留置きが強制に至っていたことを理由とするのではなく、単に任意捜査としての限度を越えていたことを理由とするものが多い（参照、東京高判平 20・9・25 東高時報 59 巻 1～12 号 83 頁、東京高判平 27・10・8 判タ 1424 号 168 頁、東京高判令 1・6・25 判タ 1472 号 124 頁、東京高判令 3・6・23 高刑速（令 3）190 頁）。

これに加えて、意思制圧基準には、それを秘密撮影・秘密録音のような相手に気付かれずに行われる非有形力行使型の捜査に形式的に適用すると、すべてが任意捜査となってしまい、結論の妥当性を欠いてしまうという問題があった。そこで、意思制圧基準に従って結論の妥当性を維持するためには、「かりに相手が撮影・録音されていることに気付いていればどうか」という、仮定的な判断の下で意思の制圧の有無を問う必要が出てくる。しかし、そうした仮定的判断は、意思の制圧の有無という事実を問題にしているのではなく、「ある捜査手法により侵害される権利・利益が、社会通念上それを甘受してまで意思に従って行動することを困難にする程重要なものか否か」を評価しているのに他ならない。そこで、意思制圧基準より汎用性のある基準として、強制処分を「重要な権利・利益に対する実質的な侵害ないし制約を伴う処分」と定義する「重要な権利・利益侵害基準」が提唱され（井上〔2014〕12頁）、現在は多数説を形成するに至っている。もっとも、重要性は単なる評価概念であるから高度なものにも設定しうる。そこで、重要な権利・利益の侵害に限定しない説（田宮71頁、村井編82頁、三井（1）81頁）もみられる。この点、有形力行使型捜査において意思制圧基準が確立した判例基準となっていることから、これとの対比において、「ある捜査手段に社会通念上それを甘受してまで意思に従って行動することを困難にする程度の権利・利益の侵害が伴うとき」は、重要な権利・利益の侵害を肯定すべきである。

重要な権利・利益侵害基準に依拠した判例として、最決平21・9・28刑集63巻7号868頁は、捜査機関が宅配便荷物につき、宅配業者から任意提出を受け、荷送人や荷受人の承諾を得ることなく、外部からエックス線を照射して内容物の射影を観察したことにつき、「荷送人や荷受人の内容物に対するプライバシー等を大きく侵害するものである」ことを理由に、検証としての性質を有する強制処分に当たるとした。また、最大判平29・3・15刑集71巻3号13頁は、GPS捜査は、「個人の意思を制圧して憲法の保障する重要な法的利益を侵害する」ことを理由に、強制処分に当たるとした。GPS捜査につき、密かに対象物にGPS機器を装着しても、尾行する際の補助手段として利用するに留めることができないわけではない。しかし、最高裁平成29年判決は、GPS機器の装着により対象者の位置情報を通じてその者の行動を継続的・網羅的に把握可能な状態に置くこと自体が、憲法35条が保障する令状によらず私的領域へ侵入を受けることのない権利の侵害であって、強制処分に当たると判断した。また、当該判決はGPS捜査により侵害される権利の内容を、個人の所有物への機器の装着時に生じるプライバシー侵害ではなく、その性質上、対象車両及びその使用者の位置情報から個人の行動を逐一把握されてしまう状態になる点に認めている。

証拠収集行為の強制性の判断において、対象物から取得可能な情報の性質が重視されたものもある。東京高判平28・8・23高刑集69巻1号16頁は、捜査官がDNA採取目的を秘した上、コップに注いだお茶を飲むよう被告人に勧め、被告人に使用したコップの管理を放棄させて回収し、そこからDNAサンプルを採取したことの適法性が争点となった事案において、「本件警察官らが行った行為は、なんら被告人の身体に傷害を負わせるようなものではなく、強制力を用いたりしたわけではなかったといっても、DNAを含む唾液を警察官らによってむやみに採取されない利益（個人識別情報であるDNA型をむやみに捜査機関によって認識されない利益）は、強制処分を要求して保護すべき重要な利益であると解するのが相当である。」と判示した。しかしながら、DNA鑑定を目的とする場合であっても、ごみ等の現場遺留物を回収するだけであれば領置に該当し、令状は不要である（参照、最決平20・4・15刑集62巻5号1398頁）。したがって、令状主義を通じた個人情報の保護がある程度可能であるとしても、それには限界がある。また、IT技術を活用して行われる現在の捜査においては、収集した証拠から私的領域に属する多くの情報を引き出すことが可能になっており、捜査取得情報の分析・利用が濫用に至らないよう、事前の司法審査以外の方法による立法的規制が課題である。

5.3. 任意捜査としての許容性

(1) カメラ撮影

住居内等の他人に見られることを想定していないプライバシー空間に監視カメラを設置することは、憲法35条が禁止する私的領域への典型的な侵入行為であり、強制処分に該当すると解するのが通説である。これに対し、他人に見られることを想定している公道や公共施設等の公共空間におけるカメラ撮影であれば、私的領域への侵入には当たらない。しかしながら、公共空間における撮影とはいえ、撮影した映像を記録に残し、個人に関する情報として利用することは、個人情報の自己コントロールを失わせる意味において、権利ないし法的利益の侵害を伴うといわなければならない。そこで、公的空間におけるカメラ撮影の許容性が問題となる。

この点、最大判昭44・12・24刑集23巻12号1625頁（京都府学連事件）は、公道上で行われた違法なデモ行進の写真撮影の適法性が争われた事案において、憲法13条を根拠に、何人も、その承諾なしに、みだりにその容ぼう・姿態を撮影されない自由を有することを肯定した上で、「現に犯罪が行なわれもしくは行なわれたのち間がないと認められる場合であって、しかも証拠保全の必要性および緊急性があり、かつその撮影が一般的に許容される限度をこえない相当な方法をもって行なわれるとき」は、捜査機関が本人の同意を得ずに無令状で個人の容ぼう等の撮影をすることが許されると判示した。また、最判昭61・2・14刑集40巻1号48頁は、自動速度監視装置による運転者及び助手席にいる同乗者の写真撮影の合憲性が争点となった事案において、最高裁昭和44年判決を引用しつつ撮影を適法とした。これらの判例については、捜査のための写真撮影は検証と近似した性格を持っており、令状なく強制処分を行える場合に準じた要件が必要とする立場と理解する学説もみられた（光藤Ⅰ169頁）。しかし、その後は、これらの判例が現行犯又は現行犯類似状況に言及したのは、証拠保全の必要性、緊急性が高い状況にあったことを説明したものに過ぎず、現行犯又は現行犯類似状況になくても、公共空間において捜査のために写真撮影する一定の必要性がある場合は相当と認められる範囲で撮影を適法とする解釈が定着している（参照、東京高判昭63・4・1判時1278号152頁、最決平20・4・15刑集62巻5号1398頁）。

なお、X線撮影により身体・所持品内の隠匿物を探す行為のように、特殊な性能のカメラを用いて肉眼で判別できないものを撮影することは、どの場所で撮影しても私的領域への侵入であって、強制処分というべきである。また、公共空間における特定人物の行動の継続的・網羅的な把握が可能な状態を作り出すことは、GPS捜査と同様、強制処分に当たるといわなければならない。これに対し、公共空間に属する特定の場所を監視カメラで継続的に監視することは強制処分とまでは解されていない（参照、東京高判昭63・4・1判時1278号152頁、東京地判平17・6・2判時1930号174頁）。任意か強制かは別にして、現在はコンピュータによる顔画像認識技術の発展により、大量の人物画像の中から特定人物の有無を短時間のうちに割り出すことが可能になっている。そこで、個人の顔画像データも、指紋やDNA型と同様、それをデータベース化しておくことで、防犯カメラ等に映った犯人の個人識別をすることが可能な時代になっており、この点でも、捜査によって取得した個人情報保護のための法整備が新たな課題となっている。

(2) 秘密録音

憲法21条2項は通信の秘密の不可侵を定めており、また、刑訴法222条の2は、通信の当事者のいずれの同意も得ない電気通信の傍受を強制処分と位置付けている。電気通信以外であっても、第三者に聞かれないことが期待できる状況下での会話をいずれの側の同意も得ることなく密かに録音する行為は、強制処分に当たるといわなければならない。これに対し、捜査官が、マンションのベランダにおける携帯電話による通話の肉声を、上階のベランダから録音した行為については、任意捜査として適法とした事例がある（参照、東京高判平22・12・8東高時報61巻1～12号317頁）。通信や会話は、相手がその内容を第三者に伝えないことを期待してよい特別の情況下で行われた場合を除き、相手に通信内容の処分が委ねられているということができる。そこで、捜査機関が通信・会話の一方当事者として密かに録音することや、あるいは捜査機関が通信・会話の一方当事者の同意を得て録音することは、任意捜査として許容できると解されている（参照、東京地判平2・7・26判時1358号151頁＝判タ737号62頁、千葉地判平3・3・29判時1384号141頁）。私人による相手の同意を得ない会話録音も、目的が正当なものであれば違法とは解されていない（参照、最決昭56・11・20刑集35巻8号797頁〔記者による取材目的の電話会話の録音〕、最決平12・7・12刑集54巻6号513頁〔詐欺被害者による証拠保全目的の電話会話の録音〕）。

(3) おとり捜査

おとり捜査とは、身分を秘匿した捜査官や捜査協力者がおとり役（「アジャン・プロヴォカトゥール」〔agent provocateur〕。）となり、捜査対象者に禁制品の取引を持ちかける等のやり方により犯罪の実行を誘導し、対象者がこれに応じて犯罪を実行した時点で犯人を逮捕する、事前介入型の捜査である。詐欺の実行犯を逮捕するために騙されたふりをして犯人をおびき出すことや、窃盗の常習犯の逮捕のために被害に合いやすい状況を作り出すことも事前介入型の捜査ではあるが、おとり役が犯罪に加担するわけではないので、「なりすまし捜査」とか「現場設定捜査」と呼ばれている。捜査対象者に犯罪を実行させてから摘発する捜査としては、海外からの禁止薬物や銃器等の禁制品の移送の情報を獲得しても、上陸時点で所持者を摘発することなく、それが目的地に届くまで追跡し、どこに届いたかを確認した上で、関係者を一斉に摘発する「コントロールド・デリバリー」と呼ばれている捜査もある(麻薬特例法3条、4条参照)。

おとり捜査においては、おとり役が犯罪の共謀、準備又は実行に関与することになる。そこで、麻薬及び向精神薬取締法58条や銃砲刀剣類所持等取締法27条の3は、捜査官が捜査にあたり法禁物を譲り受ける行為を行った場合、事前の許可を条件に違法性を阻却している。こうした法令がなくても、おとり捜査による適法な職務行為である限り、刑法36条の正当行為として違法性は阻却される。おとり捜査は相手に犯罪の実行を強制するものではない。おとり捜査がなければ犯罪を実行していなかったとしても、そもそも犯罪の実行を選択する自由は法的利益でないから、おとり捜査の相手が重要な権利・利益の侵害を受けているとはいえない。この意味で、おとり捜査は基本的に任意捜査といってよかろう。しかしながら、対象者の選定や犯罪の内容に捜査機関の意図が介入すること、おとり役が身分を秘して証拠収集を行う過程で捜査法の潜脱が起きうること、おとり捜査に失敗したときはおとり役の身体の安全に危険が及びうること、検挙に失敗し犯罪が成功する可能性も皆無ではないこと等の点で、捜査の公正さや捜査機関に対する信頼を害する危険を伴う捜査手法である。そこで、おとり捜査は通常の任意捜査より高度な必要性と相当性の基準が要求されるべきである。

おとり捜査が盛んなアメリカでは、おとり捜査の許容性基準に関する判例理論として、犯罪性向のない者を犯罪に誘引した場合は犯罪の成立自体を否定して無罪とする「わなの抗弁」が認められてきた。これに対し、相手の犯意の形成自体を問題とする主観的アプローチではなく、捜査機関が犯罪性向のない者であっても犯罪に誘引されてしまう程度の働きかけを行うことを違法とする客観的アプローチも有力である。日本の判例はおとり捜査によって犯意を誘発された者の犯罪構成要件該当性、違法性又は責任は阻却されるものでないとの立場をとっており(参照、最決昭28・3・5刑集7巻3号482頁、最判昭29・11・5刑集8巻11号1715頁)、「わなの抗弁」は認められていない。その代わりに、任意捜査の限界を問題とする客観的アプローチがとられてきた。

すなわち、最決平16・7・12刑集58巻5号333頁は、少なくとも、①直接の被害者がいない薬物犯罪等の捜査において、②通常の捜査方法のみでは当該犯罪の摘発が困難である場合に、③機会があれば犯罪を行う意思があると疑われる者を対象におとり捜査を行うことは、④刑訴法197条1項に基づく任意捜査として許容されるものと解するべきであるとの判断基準を示している。①の事情は、一般に直接の被害者がいる犯罪であれば密行性が低下するため、おとり捜査による必要性に影響する事情といえる。また、直接の被害者が生じる犯罪を実行するよう働きかけることは、任意捜査の相当性にも影響する。②については、おとり捜査が通常の捜査手法より捜査の公正さを害する危険が高いことから、おとり捜査による必要性が高い事案に限定する趣旨に理解できる。③については、犯行の機会をうかがっていない者に犯意を誘発させてまで摘発しなければならない必要性に乏しい一方、通常は機会提供型に比べて相手への干渉の程度が大きくなることを踏まえ、原則的に許容性を否定する趣旨に理解できる（犯意誘発型のおとり捜査に当たり違法とされた例として、札幌地決平28・3・3判時2319号136頁）。いずれにせよ、④の任意捜査としての許容性は具体的事情を基に事案毎に判断されるべきであるから、①から③の事情が認められる場合であっても、働きかけの程度や内容によっては任意捜査としての許容性が否定される可能性は残ると言うべきである。

おとり捜査が違法であった場合の法的効果については、(a) 刑罰権の行使を正当化できないので免訴にすべきという見解（団藤159頁、鈴木63頁、田口49頁）、(b) 公訴棄却にすべきという見解（田宮70頁、三井Ⅱ100頁、渡辺修44頁、白取128頁）、(c) おとり捜査によって獲得した証拠を違法収集証拠として排除すれば足りるという見解（高田340頁）、(d) 違法な犯意誘発型のおとり捜査は公訴棄却とすべきであるが、機会提供型のおとり捜査が違法である場合は違法収集証拠として排除すべきという見解（光藤Ⅰ33頁）が唱えられている。事実上の問題としては、違法捜査の法的効果として違法収集証拠が排除される結果、嫌疑不十分で不起訴になる場合や情状に影響し起訴猶予となることはあり得る。さらに違法なおとり捜査が公訴の提起自体を無効にすることがあるかは違法捜査に基づく公訴提起に共通する問題であり、公訴権濫用論（13.4. 参照）の中で説明する。

6. 取調べ

6.1. 取調べの形態

取調べは供述を得るための捜査手段である。被疑者の取調べ（198条1項）と、被疑者以外の事件につき知識を有すると思われる者（「参考人」と呼ばれている。）の取調べ（223条1項）がある。いずれの場合も、捜査機関に出頭を求められた者は、逮捕又は勾留されている場合を除いては、出頭を拒み、又は出頭後、何時でも、取調べを拒んで退去することができる（198条1項、223条2項）。犯罪の捜査に欠くことのできない知識を有すると明らかに認められる参考人が取調べのための出頭又は供述を拒んだ場合には、第一回公判期日前に限り、検察官は裁判官にその者の証人尋問を請求できる（226条）。現行法上、取調べのために逮捕されていない被疑者の出頭を強制する手段はない。

(1) 任意取調べ

捜査機関は、被疑者や参考人に対して取調べ場所に出頭するよう求めて、取り調べることができる（198条1項、223条2項）。出頭要請は、捜査官が取調べ対象者のもとに出向き、同行を求める形で行われることもある。任意同行による場合、それが実質逮捕でなかったかが争点となることがある。任意同行による取調べが実質逮捕に当たるか否かは、①同行に対する被疑者の承諾の有無・程度だけで判断するのではなく、②同行を求めた際の時間的・場所的関係、③同行の方法、④同行後の留置きや取調べの状況、⑤同行時の逮捕状の発付の有無等の客観的事情を総合的に検討して判断されている。実質逮捕に当たるとされた事例として、(1) 逮捕状を取得して任意同行し、約8時間後に逮捕した事案（参照、神戸地決昭43・7・9下刑集10巻7号801頁）、(2) 任意同行後、16時間以上にわたる任意取調べを行い深夜零時過ぎに逮捕した事案（参照、富山地判昭54・7・26判時946号137頁＝判タ410号154頁）、(3) 任意同行後、二夜にわたり警察官と同宿させた上で取調べを継続し、三日目の夜に逮捕した事案（参照、東京地決昭55・8・13判時972号136頁）がある。

任意取調べにも捜査比例の原則が妥当するため、単に出頭・滞留を強制できないというだけでなく、事案の性質、被疑者に対する容疑の程度、被疑者の態度等諸般の事情を勘案して、社会通念上相当と認められる方法ないし態様及び限度において適法に行うことができると解されている。もっとも、(4)被疑者の承諾を得て四夜にわたり捜査官の手配した所轄警察署近辺のホテル等に宿泊させて取調べを続行した事案（参照、最決昭59・2・29刑集38巻3号479頁）や、(5)任意同行してから逮捕するまで一睡もさせず徹夜で20時間以上にわたって取調べが行われた事案（参照、最決平1・7・4刑集43巻7号581頁）であっても、社会通念上相当と認められる限度を超えていないとされた事例がある。他方、社会通念上相当性を欠き違法とされた事例として、(6)特段の事情がないのに深夜に及ぶ取調べが行われた事案（参照、青森地決昭52・8・17判時871号113頁、大阪高判昭63・2・17高刑集41巻1号62頁）、(7)任意の宿泊を伴う取調べが9泊10日に及んだ事案（参照、東京高判平14・9・4判時1808号144頁）がある。被疑者が承諾していても、連続して長時間取り調べることや深夜・早朝に取り調べることは社会通念上問題のある取調べであり、特別の必要性がある場合に限定すべきである。この点、国家公安委員会が制定した「被疑者取調べ適正化のための監督に関する規則」は、警察署長等の事前の承認を得ることなく、午後10時から翌日の午前5時までの間に被疑者取調べを行うこと、あるいは、一日につき8時間を超えて被疑者取調べを行うことを、監督対象行為とみなし、監督対象行為にあたる被疑者取調べを取調べ監督官による中止その他の措置要求の対象としており、社会通念上の相当性判断の参考になる。

(2) 逮捕・勾留中の取調べ

198条1項但書は、被疑者が逮捕又は勾留されている場合を除いて、出頭・滞留義務を否定しているため、実務ではこれを反対解釈し、逮捕・勾留中の被疑者に対しては出頭・滞留義務ないし取調べ受忍義務を課した取調べが行われてきた。これに対し、学説においては、黙秘権保障と両立しないことを理由に、逮捕・勾留中であっても取調べ受忍義務を否定する見解が多数説である（平野106頁、田宮132頁、後藤〔2001〕152頁ほか）。また、出頭・滞留義務と取調べ受忍義務を区別し、前者を肯定した上で、取調べに応じる説得が長時間に及ぶことは許されないとする説（松尾上67頁、池田＝前田159頁も同旨）や、出頭・滞留は拒否できないが、取調べは拒否できるとする説（酒巻85頁）も有力である。この点、最高裁は、198条1項但書が逮捕・勾留中の被疑者に出頭・滞留義務を課す趣旨を含む規定であると解することが、直ちに憲法

38条1項に違反するものではないとの立場をとっている（参照、最大判平11・3・24民集53巻3号514頁）。確かに、取調べのために出頭・滞留義務を課すことが直ちに憲法38条1項違反とはいえないだろう。しかし、現行法の下では、取調室の密室性や弁護人の立会いの可否の点において、被疑者の防御主体としての地位は被告人のそれに比べて低く、被疑者が取調べの際に黙秘を続けることが容易でないことが問題であり、取調べ受忍義務の否定は、198条1項の解釈によってこうした現状を改めさせる手段として多数説を形成してきた。これに対し、受忍義務肯定説は黙秘権の実質的保障の問題を自白法則（319条1項）の解釈に委ねる立場ということができる。

当該問題を比較法的に見れば、日本国憲法38条1項と同様、合衆国憲法第5修正において自己不罪拒否特権を保障するアメリカにおいては、自白法則とは別に、判例によって自由を奪われた状態下にある被疑者取調べにつきミランダ・ルール（Miranda v. Arizona, 384 U.S. 436 (1966)）が採用されている。ミランダ・ルールとは、自己不罪拒否特権の実効性を担保する手段として、捜査機関に対し質問に先立って、黙秘権、供述すれば不利益な証拠になりうること、弁護人の立会を求める権利、及び資力がなければ取調べの前に公費により弁護人を選任してもらう権利を告知すること、黙秘権告知後、被疑者が権利を行使すれば取調べは中止しなければならないことを義務付け、他方、被疑者が質問に応じ、供述を行った場合は、検察官が、権利が告知された後に被疑者がその内容を理解した上で理性的に権利の放棄を行ったことを証明しなければ、取調べによって獲得された証拠を被疑者の不利益に使用することはできないとする、判例準則である。ミランダ・ルールは黙秘権保障のための予防的ルールであって、それ自体は第5修正の内容ではないため、弾劾的証拠としての使用やその他の公益性を重視したいくつかの例外も認められているが、その中核部分は憲法判例として確立している。

(3) 被告人の取調べ

刑訴法198条は被疑者の取調べに関する規定であり、起訴事件に関する被告人の取調べについては何ら定めがない。もっとも、197条1項本文が定めるとおり、任意捜査の範囲であれば、個別の定めがないことが直ちに支障とはならない。被告人の任意取調べの許容性につき、学説においては、(a) 文字通りの任意であれば問題ないとする説（田宮138頁、田口158頁）、(b) 当事者主義及び公判中心主義からは捜査機関が被告人を取調べのために呼び出すこと自体が許されないとする説（福井180頁、白取203頁）、(c) 第一回公判期日前であれば被告人の当事者的地位を尊重した上で許容してよいが、第一回公判期日以降は被告人質問を通じて聴取するべきとする説（酒巻185頁）(d) 第一回公判期日前であれば特段の制約はなく、それ以降も被告人質問を待てないようなやむを得ない場合は取調べ受忍義務を課さない範囲で認めてよいとする説（椎橋ほか132頁）等がみられる。とりわけ起訴後勾留中の被告人の取調べは、取調べ受忍義務は課されないとはいえ、身体拘束を利用した取調べが長期化しかねないことから、それを必要とする緊急の事情がない限り許容されないというべきだろう。この点、最決昭36・11・21刑集15巻10号1764頁は、任意捜査として許容できるとしつつ、「起訴後においては被告人の当事者たる地位にかんがみ、捜査官が当該公訴事実について被告人を取り調べることはなるべく避けなければならない」とも述べている。被告人取調べが違法とされた事例として、(1) 特別の事情のない限り、弁護人を立ち会わせることなく当該被告事件について取調べをすることは許されないと判示したもの（参照、東京地決昭50・1・29刑月7巻1号63頁)、(2) 第一回公判期日後は法廷外の取調べは許されないと判示したもの（参照、福岡高那覇支判昭53・11・24判時936号142頁)、(3) 被告人質問によって明白になった捜査の不備を補充するために、弁護人の援助を受ける権利を与えることなく被告人を取り調べたことを違法としたもの（参照、福岡地判平15・6・24判時1845号158頁＝判タ1143号192頁)、(4) 公判廷外の取調べによらなければ公判維持ができないという事情は一切認められず、また、黙秘権告知や弁護人の援助を受ける権利について被告人に説明もしなかったことを理由に違法な取調べであったとしたもの（参照、宇都宮地判平22・3・26判時2084号157頁）等がある。

6.2. 取調べ手続

(1) 黙秘権（供述拒否権）の告知

被疑者の取調べに際しては、あらかじめ、「自己の意思に反して供述する必要がない旨」を告知しなければならない（198条2項)。同一人物に対する取調べが複数回にわたる場合、取調べの都度、告知する必要はない（参照、最判昭28・4・14刑集7巻4号841頁)。告知は口頭で行われ、告知を受けたことを被疑者に署名によって確認させることは行われていない。もっとも、被疑者用の供述調書の書式には、供述を拒否できる旨を告知した上で取調べを行い、任意の供述が得られたことが、不動文字で印刷されている。黙秘権は憲法上の保障（憲38条1項）であるが、告知義務は憲法上の保障ではないとするのが判例の立場である（参照、最大判昭23・7・14刑集2巻8号846頁、最大判昭24・2・9刑集3巻2号146頁）。しかし、少なくとも黙秘権を知らない被疑者に対して権利告知をせずに取り調べて得た不利益供述を証拠として使用することは、憲法38条1項の保障に反するというべきである。また、被疑者が黙秘権を知っていた場合であっても、黙秘権の告知を怠り取り調べることは、取調官の供述強要意図を推定させる事情になる。取調べ期間中、黙秘権告知が一度もされなかったと疑われる事案において自白の任意性が否定された事例もある（参照、浦和地判平3・3・25判タ760号261頁）。

弁解録取（203条、204条、205条）は取調べとは異なるので、黙秘権の告知義務はないと解されている（参照、最判昭27・3・27刑集6巻3号520頁、最判昭28・7・14裁判集84号799頁）。また、被疑者が検証の立会人として指示説明する場合も黙秘権告知は不要である（参照、東京高判昭52・7・6東高時報28巻7号75頁）。被疑者の弁解録取や検証の立会いの場であっても、実質的な取調べを行うのであれば黙秘権の告知義務は生じる。被疑者を形式だけ参考人として黙秘権を告知せずに取調べることは、黙秘権保障の潜脱であり、その結果作成した供述調書を証拠として使用することはできない（参照、東京高判平22・11・1判タ1367号251頁）。これに対し、共犯者を被疑者との関係で参考人として取り調べる場合は、198条と223条のいずれによるべきかが問題となる。この点、共犯者の取調べにおいて当該共犯者にとって不利益な供述が行われることがあっても、198条による被疑者としての取調べでなければ、黙秘権の告知義務はないとするのが判例の考え方である（参照、大阪高判昭25・9・6判特14号36頁、東京高判昭26・6・20判特21号119頁）。もっとも、共犯者の被疑事件と関連する事項の取調べであれば黙秘権告知が望ましく、実務においては告知するのが一般的とされる（逐条実務472頁）。共同被疑者として捜査を受けている共犯者の場合は、どの共犯者の関係で取り調べる場合であれ本人の事件の取調べにも該当するから、被疑者取調べとして黙秘権を告知すべきである。

(2) 供述調書の作成

被疑者の供述は調書に録取することができる（198条3項）。供述調書の作成に当たっては、供述者に閲覧又は読み聞かせ、訂正の機会を与えなければならない（同条4項）。これに対し、誤りのない旨の申立てがあったときは、被疑者に署名又は押印を求めることができる。ただし、被疑者は署名・押印を拒否できる（同条5項）。判例は「読聞け・訂正」の機会を与えなかったことが直ちに供述調書の証拠能力を失わせるものではないと解している（参照、最判昭28・1・27刑集7巻1号64頁）。これに対し、読解力の劣る被告人に対して読み聞かせをせずに閲覧ですませて署名・指印させた事案においては、供述調書の証拠能力が否定された事例がある（参照、浦和地判平4・1・16判タ792号258頁）。署名又は押印のない供述調書は証拠能力が認められない（322条1項）。署名・押印の拒否は正当な理由がある場合に限定されていないため、調書の記載内容に誤りがなくても拒否できる。以上の手続は、参考人の取調べにも準用されている（223条2項）。

(3) 取調べの録音・録画

裁判員裁判対象事件及び検察の独自捜査事件の取調べについては、原則として、逮捕・勾留中の被疑者の弁解録取を含む取調べの全過程の録音・録画が義務づけられている（301条の2第4項）。ただし、①機器の故障、②被疑者の拒否、③指定暴力団の構成員による犯罪、④被疑者やその親族の保護の必要など一定の事情があれば、録音義務が免除されている（同項1号ないし4号）。逮捕・勾留中の取調べの全過程の録音・録画を義務付ける規定は、取調べを可視化することで自白の任意性が争点となった場合の認定を容易にすると共に、取調べが供述の任意性に影響を及ぼすような違法ないし不当な方法で行われないよう、取調べを可視化することで、その適正化を図る目的で導入された。被告人が公判において対象事件の取調べによって得られた供述の任意性を争った場合は、検察官は任意性の立証のために録音・録画記録媒体の取調べを請求することが義務づけられている（301条の2第1項、第2項）。その他、最高検及び警察庁の指針として、知的障害者に係る事件及び精神障害者等に係る事件についても取調べの全過程の録音・録画を行う運用が行われている。これらの四類型以外の取調べの録音・録画は捜査官の裁量に任されている。

(4) 取調べ経過の記録

取調べ経過を客観的な記録として残すため、被疑者又は被告人を取調室又はこれに準ずる場所において取り調べたときは、取調べを行った日ごとに取調べ状況報告書等の作成が義務付けられている（捜査規範182条の2第1項、第2項）。取調べ状況報告書は、316条の15第1条の類型証拠開示の対象とされている（8号）。また、犯罪捜査規範13条は、警察官が捜査を行うにあたり備忘録の作成を義務付けており、取調べ時の被疑者の供述状況の備忘録を作成していることが一般的である。

(5) 要通訳事件の取調べ

日本語に通じない外国人や耳が聞こえない被疑者を取り調べる際は、通訳や手話通訳を嘱託（223条1項）する必要がある。被疑者の母語の通訳人を用意できないときは、被疑者が理解できる言語の通訳人であれば適格性に欠けないと解されている。通訳を介して日本語の供述調書を作成した場合は、供述者の理解できる言語の翻訳文を作成し、これを閲読させた上で、日本語の調書に添付し、日本語の調書に署名・押印を求めるか、あるいは日本語の調書の他に外国語の調書も作成し、これに署名・押印を求めるのが基本である。なお、外国語の調書に供述者の署名・押印がなされ、かつ通訳人が日本語・外国語双方の調書に通訳の相違ないことを担保して署名していれば、外国語調書に対する供述者の正確性承認の効果は日本語調書にも及ぶと解されている（参照、最決昭32・10・29刑集11巻10号2708頁）。日本語調書の翻訳文を作成する余裕がなく、通訳人を介して日本語調書の読み聞かせを行い、供述者に署名・押印を求めるときは、読み聞かせの際の通訳を録音・録画し、後に通訳の正確性が争われた場合に備えるべきである。

(6) 弁護人の接見と立会い

任意取調べ中の被疑者・被告人に弁護人又は弁護人となろうとする者（以下「弁護人等」という。）から接見の申出があれば、直ちにその旨を被疑者・被告人に告げて、取調べを中断して弁護人等と接見するか否かを被疑者・被告人に選択させるべきである。東京高判令3・6・16判時2501号104頁＝判タ1490号99頁は、申出を告げず任意取調べを継続したことを違法とした。逮捕・勾留中の取調べ時に弁護人等から接見の申出があれば、捜査機関は直ちに刑訴法39条3項の定めに従い接見指定するか否かを判断し、指定しないときは接見させなければならない。

取調べ時の弁護人の立会権に関する規定はない。しかし、取調べ時の供述は被疑者・被告人の不利な証拠となり得るため、黙秘するか供述するかの判断においてその都度、弁護人の助言が得られるようにすることは、憲法34条の被抑留・拘禁者の弁護人依頼権や、憲法38条1項の黙秘権の有効な行使につながる。そこで、これらの憲法上の権利を根拠に、逮捕・勾留中の被疑者取調べの際の弁護人立会権を肯定する学説も有力であるが（村井編147頁、渡辺修68頁、福島77頁）、取調べ実務の受け入れるところとはなっていない。これに対し、外国では取調べ時の弁護人立会権を認めている国が多数ある。とりわけ、EU諸国では、2013年10月22日EU指令（2013/48/EU）によって、すべての被疑者・被告人の取調べに弁護人の立会権を認める義務が課されることとなった。上記EU指令3条1項は、被疑者・被告人が弁護人を依頼する権利を「適時かつ関係者が防御権を真に実践的かつ有効に行使できるやり方で」保障するよう義務づけ、同条2項は、被疑者・被告人の弁護人依頼権が保障されるべき時期に、(a)「警察又はその他の刑事訴追若しくは司法機関による質問が行われる前」が含まれるべきことを定め、さらに同条3項は、弁護人依頼権の内容について、(b) 質問が行われる際に弁護人が立会い、かつそれに有効に関与する権利が含まれるべきことを定めている。

7. 逮捕・勾留

7.1. 逮捕

捜査のための身体拘束は、「逮捕」と「勾留」の二段階に分かれている。逮捕は、被疑者の逃亡又は罪証隠滅の防止を目的として行われる比較的短期間の身体拘束である。逮捕には、①通常逮捕（199条）、②緊急逮捕（210条）及び③現行犯逮捕（213条）の三種類がある。日本国憲法は33条において逮捕についても令状主義を採用している。また、34条において被抑留・拘禁者の弁護人依頼権及び拘禁理由の開示請求権を保障している。

7.1.1. 通常逮捕

(1) 通常逮捕の要件

通常逮捕は、「被疑者が犯罪を犯したことを疑うに足りる相当な理由」があるときに、裁判官のあらかじめ発する逮捕状により、実施できる（199条1項本文）。裁判官は、逮捕の理由が認められても、「明らかに逮捕の必要がないとき」は逮捕状を発付できない（199条2項但書）。2項但書を受けて、規則143条の3は、「被疑者の年齢及び境遇並びに犯罪の軽重及び態様その他諸般の事情に照らし、被疑者が逃亡する虞がなく、かつ、罪証を隠滅する虞がない等明らかに逮捕の必要がないと認めるときは、逮捕状の請求を却下しなければならない。」と定めている。なお、少年法43条3項及び48条は少年の勾留を「やむを得ない場合」に限定しており、少年の逮捕についてもやむを得ない場合に限るべきである（捜査規範208条参照）。

逮捕・勾留されていない被疑者は取調べのための出頭要請を拒否できる（198条1項但書）。そこで、被疑者が正当な理由なく出頭要請に応じないことが、逮捕の必要性を肯定する事情になるかが問題となる。この点、最判平10・9・7訟月45巻6号1062頁は、外国人指紋押捺拒否の捜査のための出頭要請を被疑者が繰り返し拒否したことから逮捕したことの適法性が争点になった事案において、被疑者が5回にわたって任意出頭するように求められながら正当な理由なく出頭しなかったことを、組織的背景の存在を疑わせる事情と相まって、逮捕の必要性を根拠付ける事情として肯定した。本判決は、取調べを行う必要があるにも関わらず出頭拒否が繰り返され、取調べができない状況において、正当な理由のない出頭拒否が罪証隠滅のおそれを根拠付ける事情になることを肯定したものということができる。なお、199条1項但書の定義する軽微事件の逮捕は、被疑者が①住居不定又は②正当な理由なく出頭拒否する場合にのみ許される。当該条文は軽微事件による逮捕をその必要性が高い場合に限定する趣旨の規定であり、正当な理由のない出頭拒否があれば直ちに逮捕の必要性を肯定してよいとする趣旨ではない。

(2) 通常逮捕の手続

逮捕状の請求に慎重を期すため、請求権者は、捜査機関のうち司法警察員（警察官たる司法警察員については警部以上の者）又は検察官に限定されている（199条2項本文）。逮捕状の審査は捜査機関から提出された資料に基づき行われる（規則143条）。裁判官が逮捕状審査のための資料が不十分と考える場合は、逮捕状請求者の陳述を聴き又は追加資料の提出を求めることができる（規則143条の2）。同一の犯罪事実について同一被疑者に対し前に逮捕状の請求又は発付があったときは、その旨を裁判所に通知しなければならない（199条3項、規則142条1項8号）。逮捕状には、①被疑者の氏名及び住居、②罪名、③被疑事実の要旨、④引致すべき場所、⑤有効期間及びその期間経過後は逮捕をすることができず令状はこれを返還しなければならない旨、⑥発付の年月日、⑦その他裁判所規則で定める事項を記載しなければならない（200条1項）。「氏名」が不明であるときは、「人相、体格その他被告人を特定するに足りる事項」の記載で代えることができる（200条2項、64条2項）。「住所」が不明である場合は記載を要しない（200条2項、64条3項）。「被疑事実の要旨」は、少なくとも対象事件を識別できる程度に具体的な記載を行うべきである。一つの逮捕状に複数の被疑事実を記載することは可能である。「引致すべき場所」は、通常は警察署や検察庁等の官公署が指定される。「有効期間」は、原則として令状発付の日から7日間であるが、相当と認めるときは、7日を超える期間を定めることも可能である（規則300条）。

逮捕状により被疑者を逮捕するには、逮捕状を被疑者に呈示しなければならない（201条1項）。適法な逮捕であることを被疑者に知らせるためには、逮捕の着手に先だって呈示すべきであるが、被疑者が逃走・抵抗するような場合は逮捕と同時の呈示でよい。逮捕状の呈示には逮捕の理由を伝える目的も含まれるから、被疑者が文字を読めないときは、呈示ではなく、被疑事実の要旨を読み聞かせる方法をとるべきである。被疑者が日本語を理解できない外国人の場合は、逮捕状に翻訳文を添付するか、外国語に通じた捜査官又は通訳人を介して逮捕の手続を行うものとされている（捜査規範236条）。逮捕状は数通発付できる（規則146条）。逮捕状を所持していないため呈示できない場合で、かつ逮捕に急速を要する場合は、勾引状・勾留状の緊急執行が準用されている（201条2項、73条3項）。この場合は、被疑事実の要旨及び令状が発せられている旨を告知して逮捕し、逮捕後、できる限り速やかに令状を呈示すればよい。検察事務官又は司法巡査が逮捕状により被疑者を逮捕したとき、自ら逮捕後の手続を行うことはできないため、直ちに検察事務官は検察官に司法巡査は司法警察員に引致しなければならない（202条）。逮捕状は引致場所への引致によって失効する。引致の途中で被疑者が逃亡すれば、逮捕状の有効期間内である限り同じ令状で再逮捕できる。引致後に被疑者が逃亡した場合は改めて逮捕状を取得する必要がある。

2023年改正により、刑訴法201の2第1項1号に該当する事件の被害者又は2号に該当するその他の者の個人特定事項を秘匿する必要があるときは、検察官又は司法警察員は逮捕状請求と同時に、裁判官に対し、個人特定事項を秘匿した逮捕状抄本その他の逮捕状に代わるものの交付を請求できることとなった（201条の2第1項）。裁判官は、秘匿要件に該当しないことが明らかでない限り、請求に対応する措置をとらなければならない（同条第2項）。逮捕状に代わるものの交付があったときは、逮捕状に代えて呈示できる（同条3項）。緊急執行手続における被疑事実の要旨も逮捕状に代わるものに記載の範囲で告知できる（同条4項）。

7.1.2. 緊急逮捕

(1) 緊急逮捕の要件

緊急逮捕は、死刑又は無期若しくは長期3年以上の拘禁刑に当たる罪を犯したことを疑うに足りる充分な理由がある場合で、急速を要し、裁判官の逮捕状を求めることができないときに、あらかじめ裁判官の令状を得ずに、逮捕の理由を告げて行う逮捕である。逮捕後、直ちに裁判官に令状の請求を行わなければならず、逮捕状が発付されなければ、直ちに被疑者を釈放しなければならない（210条1項）。緊急逮捕後に直ちに被疑者を釈放したときであっても、緊急逮捕の適法性の司法審査のために逮捕状を請求しなければならないと解するのが通説である。罪を犯したことを疑うに足りる「充分な理由」とは、通常逮捕の要件である「相当な理由」よりも高度な嫌疑を要求する趣旨の文言である。犯人であることが明白である必要はないが、被疑者が罪を犯したと推認するための十分な根拠を要求すべきである。「急速を要し」とは、被疑者の身柄を確保するため、あるいはその場の証拠を収集するためには、逮捕状を請求している時間的余裕がない状況を指す。「逮捕の理由」の告知は、被疑事実の要旨だけでなく、急速を要するため緊急逮捕する旨も告げる必要があると解されている。

(2) 逮捕状の請求

緊急逮捕した場合は直ちに逮捕状を請求しなければならないことから、逮捕状の請求権者を限定している199条2項は準用されていない。逮捕状を請求するときは、緊急逮捕の要件を満たしていることを疎明する逮捕手続書等の資料を添付しなければならない（捜査規範122条2項）。添付資料を準備するための必用最低限の時間を超えて捜査を進めることは不適法というべきである（参照、大阪高判昭50・11・19判時813号102頁＝判タ335号353頁、最決昭50・6・12判時779号124頁団藤裁判官補足意見）。緊急逮捕により請求された逮捕状の審査は、①緊急逮捕の要件の有無と、②令状審査時の通常逮捕の要件の有無の二重の審査を要する。緊急逮捕が適法であっても、令状審査時に通常逮捕の要件を欠けば逮捕状を発付することはできない。緊急逮捕した被疑者が既に釈放されているときは、緊急逮捕の適法性のみを判断し、いずれにせよ請求を却下することになる。逮捕時に口頭で伝えた理由と令状記載の理由が一致することが被疑者に分かるよう、逮捕状が発付された後で被疑者に令状を呈示すべきである。

(3) 緊急逮捕の合憲性

ところで、憲法33条は現行犯逮捕を令状主義の例外としているのみで、緊急逮捕には言及していない。その理由について、当初憲法33条のいう「司法官憲」には検察官が含まれるとの前提で条文案を作成したものの、帝国議会の審議の結果、裁判官に限るとの解釈に落ち着いたことから、その代わりに令状主義の修正として現行刑事訴訟法に緊急逮捕が盛り込まれたとされる（松尾上59頁）。こうした立法経緯を踏まえれば、憲法33条に、現行刑訴法の定める通常逮捕と現行犯逮捕以外の逮捕を認めることを適正手続違反とする趣旨までは認められないだろう。最大判昭30・12・14刑集9巻13号2760頁は、緊急逮捕は憲法33条規定の趣旨に反しないことを明言している。法廷意見はどのような意味で憲法33条の趣旨に反しないかまで説明していないが、補足意見によれば、(a) 憲法33条はアメリカ憲法修正第4条と同様、「不合理な逮捕」を禁止する趣旨であり、緊急逮捕は合理的な例外に当たるとする説明、(b) 現行犯逮捕を令状主義の例外としている理由は緊急逮捕にも当てはまるので、現行犯逮捕に準じるものとして憲法33条の例外に当たると解してよいとする説明、あるいは (c) 緊急逮捕後、直ちに逮捕状が発付された場合も憲法33条が要求する「逮捕状による逮捕」ということができるとする説明がみられる。

7.1.3. 現行犯逮捕

(1) 現行犯人

「現に罪を行い、又は罪を行い終わった者」を現行犯人という（212条1項）。「現に」とは、罪を行い又は罪を行い終わったことを逮捕者が直接覚知している状態を指す（犯罪及び犯人の明白性）。「罪を行い又は罪を行い終わった」とは、犯行の途中又は終了直後の状態をさす。犯行直後に当たるか否かは時間的観点だけからでなく、犯行現場からの移動距離やその間の監視状況も踏まえて判断されている（時間的・場所的接着性）。

1項の「現行犯人」は、犯行又は犯行終了直後を直接覚知した者（以下では「現認者」と呼ぶ。）との関係においてのみ成り立つ。現認者が現行犯人と確認していれば、自らが逮捕を実行する必要はなく、第三者に逮捕の協力を求めることはできる（参照、最判昭50・4・3刑集29巻4号132頁）。通常人には現行犯人と分からないけれども、捜査官が内偵、張り込み等によって得た客観的資料に基づく知識を用いれば現行犯人と分かる場合も、現行犯逮捕は許される（参照、東京高判昭41・6・28判タ195号125頁）。犯罪の故意等の主観的要件は直接知り得ないので、現場の状況から故意を一応推認できれば明白性を肯定してよい（参照、仙台高判平15・10・30高刑速（平15）172頁）。構成要件該当行為を現認しても、同時に違法性や責任を阻却する事由が認められれば、やはり犯罪の明白性を肯定することはできない。未遂犯規定のない犯罪は、犯行を遂げた時に現行犯逮捕が可能になる。教唆犯や幇助犯は、独立処罰規定がある場合を除き正犯の成立に従属するため、正犯が成立した時に現行犯逮捕が可能になる。共犯の明白性は、現実に行われた犯罪の態様、実行行為者の行為との関連における共犯者の外形的な挙動、その他犯行現場における周りの具体的状況を総合して判断すべきことになる（参照、東京高判昭57・3・8判時1047号157頁＝判タ467号157頁）。

時間的・場所的接着性は通報を受けた警察官が現場に駆けつけて自ら現行犯逮捕する場合に争点となることが多い。時間的・場所的接着性の肯定例としては、(1) 通報を受けた警察官が犯行から3、40分後、犯行現場から約

20メートル離れた地点で行った現行犯逮捕（参照、最決昭31・10・25刑集10巻10号1439頁）、(2) 目撃者が犯人が犯行現場から速足で約4分20秒離れた距離の家に入るのを確認してから通報し、約20分後に警察官が行った現行犯逮捕（参照、札幌高函館支判昭37・9・11高刑集15巻6号503頁）、(3) 被害者通報を受けて約50分後、警察官が行った犯行現場の店の奥にいた犯人の現行犯逮捕（参照、東京地決昭42・11・22判タ215号214頁）がある。特殊な事例として、(4) 犯行を現認した警察官が被疑者を犯行現場と同一構内の派出所に同行し、犯罪が成立することを確認した上で、犯行から1時間10分後に行った現行犯逮捕（参照、東京地判昭62・4・9判時1264号143頁＝判タ676号269頁）がある。

(2) 準現行犯人

2項各号に掲げられた者が、犯行を終えてから間がないと明らかに認められるときは、現行犯人とみなされる（準現行犯人）。準現行犯の制度は、各号に掲げる犯人性の顕著な証跡が認められることを条件に、1項が要求する犯行と逮捕との時間的・場所的接着性の要件を、両者の近接性を失わない程度に緩和したものである。現行犯逮捕と異なり、準現行犯逮捕は犯行の現認者以外の者による逮捕であってもよいが、いずれにせよ、各号該当性と犯罪と逮捕との時間的近接性から、犯罪及び犯人の明白性を肯定できる場合でなければならない。

1号は、「犯人としての追呼」が犯行終了時から継続している状態を指す（参照、仙台高判昭44・4・1刑月1巻4号353頁、大阪高判平8・9・26判時1597号81頁＝判タ942号129頁）。文字通り追跡又は呼号されていなくても、犯行終了時から犯人として監視された状態が継続していれば本号にいう追呼に当たる。犯行終了時からリレー方式で追呼している場合も、追呼の継続性は失われない。追呼の継続性が保たれている限り、時間的近接性の幅はある程度広がってもよかろう。

2号は、「贓物又は明らかに犯罪の用に供したと思われる凶器その他の物を所持しているとき」である。「贓物」とは、刑法256条1項の客体である「盗品その他財産に対する罪に当たる行為によって領得された物」を指す。「その他の物」には、「明らかに犯罪の用に供したと思われる凶器」に準じる物が該当する。凶器のような犯罪供用物件に限定しなければならない理由はなく、刑法19条1項のいうところの犯罪組成物件、犯罪産出物件及び贓物以外の犯罪取得物件を含めてよかろう。贓物又は明らかに犯罪の用に供した物を所持していることが現認されれば本号に該当し、逮捕時までそれを所持している必要はない（参照、最判昭30・12・16刑集9巻14号2791頁)。

3号は、「身体又は被服に犯罪の顕著な証跡があるとき」である。飲酒検知器により呼気から基準値以上のアルコール量が顕出された場合も本号に該当する（参照、名古屋高判平1・1・18高刑速（平1）183頁)。「被服」には衣服の他、手袋、帽子、靴などの身体装着物が含まれる。犯罪の顕著性は、身体又は被服の証跡だけでなく、その場の状況や職務質問の結果も踏まえて判断してよい（参照、最決平8・1・29刑集50巻1号1頁)。

4号は、「誰何されて逃走しようとするとき」としか定めていない。しかし、逃走の動機は現行犯逮捕を免れるためとは限らないことから、本号該当者が犯行を終えてから間がないと明らかに認めることのできる事案は、自ずと限定されることになろう。「誰何」となっているが、実際に質問したかどうかは重要でなく、質問するために停止を求めた段階で逃走した場合も、本号に該当すると解されている（参照、最決昭42・9・13刑集21巻7号904頁)。

(3) 現行犯逮捕の必要性

逃亡又は罪証隠滅を防ぐことが逮捕の目的であることは現行犯逮捕の場合も異ならないから、逮捕の必要性も現行犯逮捕の要件であると解するのが通説である。道路交通法上の反則行為は反則金の納付によって公訴提起されなくなるため、定型的に見て逮捕の必要性が乏しい犯罪類型ということができる。この点、犯罪捜査規範219条は、「交通法令違反事件の捜査を行うに当たっては、事案の特性にかんがみ、犯罪事実を現認した場合であっても、逃亡その他の特別の事情がある場合のほか、被疑者の逮捕を行わないようにしなければならない。」と定めている。なお、30万円以下の罰金、拘留又は科料等の軽微事件については、「犯人の住居若しくは氏名が明らかでない場合又は犯人が逃亡するおそれがある場合」に限り現行犯逮捕が可能である（217条)。

(4) 私人による現行犯逮捕

現行犯逮捕は何人でも行うことができる（213条)。私人による現行犯逮捕は法令行為として違法性が阻却される。逮捕の必要性を欠く現行犯逮捕は、私人による場合であっても違法である。違法な現行犯逮捕を行った私人の刑事責任については、違法性阻却事由の錯誤の問題として妥当な解決が図られるべきである（参照、東京高判昭27・12・26高刑集5巻13号2645頁）。私人が現行犯逮捕したときは直ちに犯人を捜査機関に引き渡さなければならない（214条）。警察官に引き渡す意思のないまま拘束を継続した場合は、逮捕・監禁の違法性は阻却されない（参照、東京高判昭55・10・7刑月12巻10号1101頁）。司法巡査が現行犯人を受け取ったときは、「速やかに」司法警察員に引致しなければならない（215条1項）。司法巡査自らが逮捕状により逮捕した場合（202条）のように「直ちに」引致することを求めていないのは、逮捕者からの聴取に一定時間を要することによる。現行犯人を受け取った司法巡査は、逮捕者の氏名、住所及び逮捕の事由を聴取しなければならず、さらに必要があれば官公署への同行を要請することができる（215条2項）。司法巡査以外の警察官が現行犯人を受け取った場合にも、同様の聴取が行われる（捜査規範129条）。

7.1.4. 逮捕後の手続

(1) 理由及び権利の告知

逮捕手続は被疑者の引致により完了する。司法警察員が被疑者を逮捕したとき、又は司法巡査により逮捕された被疑者を受け取ったときは、直ちに犯罪事実の要旨及び弁護人選任権を告知した上で、被疑者に弁解の機会を付与しなければならない（203条1項）。ただし、既に弁護人がいる場合は弁護人選任権の告知は不要である（同条2項）。弁護人選任権の告知にあたっては、弁護人の選任手続の教示（同条3項）及び勾留請求された場合における国選弁護人請求権の教示（同条4項）も行わなければならない。加えて、警察庁通達によれば、弁解録取の際や被疑者の取調べ中に弁護人等と接見したい旨の申出があれば直ちにその申出を弁護人等に連絡する旨を告知することとされている[6]。逮捕された被疑者が外国人の場合は、領事関係に関するウィーン条約36条の定める義務として、本人からの要請があれば、その旨を遅滞なく領事機関に通報しなければならない。被疑者が弁護人の選任を希望する

6　警察庁丙刑企発第62号「取調べの適正を確保するための逮捕・勾留中の被疑者と弁護人等との間の接見に対する一層の配慮について（依命通達）」（平成31年3月26日）。

ときは、司法警察員に対して弁護士、弁護士法人又は弁護士会を指定して申し出ることができる（209条、78条1項）。申出を受けたときは、直ちに被疑者が指定する弁護人等にその旨を通知しなければならない（209条、78条2項）。

(2) 検察官送致

司法警察員による逮捕の場合、被疑者に弁解の機会を付与した後、留置する必要がないと判断すれば直ちに釈放し、また留置したときは、48時間以内に書類及び証拠物とともに被疑者を検察官に送致する手続をとらなければならない（203条1項、但し、出入国管理及び難民認定法65条1項）。検察官が司法警察員から被疑者の身柄の送致を受けたときは、再度、弁解の機会を付与した上で、留置の必要がないと判断したときは直ちに釈放し、また留置を継続したときは、被疑者を受け取った時から24時間以内で、かつ被疑者が身体拘束されてから72時間以内に、裁判官に勾留の請求若しくは公訴の提起又は被疑者の釈放をしなければならない（205条）。検察官自らが被疑者を逮捕したとき又は検察事務官により逮捕された被疑者を受け取ったときは、司法警察員による逮捕の場合と同様の手続を行った上で、逮捕してから48時間以内に裁判官に勾留の請求若しくは公訴の提起又は被疑者の釈放をしなければならない（204条）。被疑者が少年である場合は、勾留の請求に代え、家庭裁判所調査官による観護措置または少年鑑別所送致を請求することができる（少年43条1項）。逮捕事件につき直接公訴を提起する場合にあわせて勾留を求めるときは、起訴状に「逮捕中求令状」と記載することで、公訴提起した裁判所の裁判官に勾留状の発付を求めるやり方が取られている。やむを得ない事情によって203条から205条の定める時間的制限に従うことができなかったときは、裁判官にその事由を疎明して勾留請求することができる（206条1項）。犯罪捜査規範135条は、やむを得ない場合として、遠隔地における逮捕、被疑者の病気・でい酔等による保護の必要を例示している。事件の輻輳といった捜査側の事情はやむを得ない事情に含めるべきではない。以上の手続は緊急逮捕及び現行犯逮捕にも準用されている（211条及び216条）。

(3) 逮捕留置

逮捕の効力として勾留手続が取られるまでの間、被疑者を留置できる（ただし、緊急逮捕は逮捕後に逮捕状が発付されることが条件）。逮捕後の留置場所について刑事訴訟法には定めはなく、刑事収容施設法が、逮捕した捜査機関の管理する施設に留置することを前提に、刑事施設（同法3条2号）、都道府県警察の留置施設（同法14条2項1号）及び海上保安留置施設（同法25条2項1号）と定めている。検察官逮捕の場合は刑事施設（拘置所）に留置される。逮捕状には留置場所の記載はなく、どの場所の留置施設を使用するかは捜査機関が決めている。捜査機関による留置場所の選択、変更は、罪証隠滅の防止、取調べ場所としての適否、留置場所の収容能力などの合理的観点から行わなければならない（参照、最決昭39・4・9刑集18巻4号127頁）。

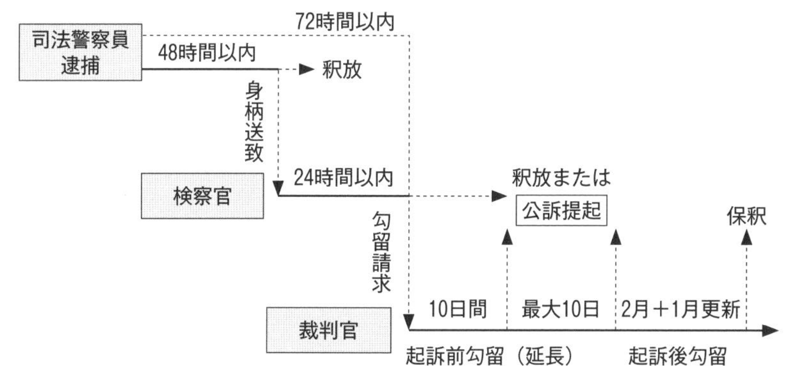

7.2. 勾留

7.2.1. 勾留の要件

(1) 逮捕前置主義

現行法は被疑者の身体拘束を逮捕と勾留に分け、逮捕を経ない勾留請求を認めていない（207条1項、但し少年45条4号）。その理由については、身体拘束時間が比較的長い勾留に慎重を期すために、身体拘束期間が比較的短い逮捕を前置することにしたというのが一般的な説明である。その他に、身体拘束に二重の審査を施すためとの説明（田口76頁、福井121頁）や、逮捕を勾留審査のために裁判官の下に被疑者を引致するための身体拘束と位置付ける説明（田宮84頁）もある。事件単位の原則（7.3.1.参照）は逮捕前置主義にも妥当し、逮捕が前置されたか否かは事件単位で判断するのを原則と解する見解が支配的である。例えば、A事実で逮捕している被疑者をB事実で勾留することは認められず、B事実による逮捕から繰り返す必要がある。事件の同一性が失われない範囲で被疑事実の記載内容や罪名が変わることは問題ない。複数事件が同時に捜査対象となっているときは、事件単位で逮捕を繰り返すことは被疑者にとって負担となる。そこで、事件単位の例外として、一回の逮捕・勾留手続で捜査を終わらせる目的で逮捕事実と密接に関連する事件を勾留事実に付加することは許容してよかろう。

違法な逮捕に続く勾留には原則として違法性が承継されることになるので、一旦、被疑者を釈放した上で、再逮捕が可能であるときは、適法な逮捕からやり直すことが原則である。ただし、釈放しなくても逮捕の瑕疵の治癒が認められるような例外的な場合は、そのまま勾留請求が可能である。例えば、逮捕前の任意同行が実質逮捕に当たり違法とされた事案において、実質逮捕時に逮捕の要件が満たされており、かつその時から計算しても刑事訴訟法が要求する時間的制限内に逮捕後の手続がとられていたことを理由に、釈放しないまま勾留請求することが許容された事例がある（参照、東京高判昭54・8・14刑月11巻7=8号787頁、東京高判昭54・12・11刑月11巻12号1583頁）。

(2) 勾留の要件

刑事訴訟法は、勾留請求を受けた裁判官に対し、勾留に関する処分につき、保釈を除き、裁判所又は裁判長と同一の権限を与えている（207条1項）。起訴前勾留の要件については起訴後勾留の規定が準用される。勾留は逮捕より期間が長く、勾留されれば被疑者の社会生活に相当な支障が及ぶことになるため、勾留の要件は通常逮捕の要件よりも厳格に定められている。勾留の場合、60条1項の定める要件を勾留の理由と呼んでいる。当該規定によれば、①「罪を犯したことを疑うに足りる相当な理由」が認められる場合で、かつ②住居不定、罪証隠滅を疑うに足りる相当な理由、又は逃亡し若しくは逃亡すると疑うに足りる相当な理由のいずれか一つが認められることが、勾留の理由となる。①は通常逮捕の理由（199条1項）と文言上は同じであるが、逮捕の理由が肯定されれば自動的に勾留要件である嫌疑の相当性を肯定してよいということではなく、逮捕よりは高度な基準と解する説が多数説である（松尾上100頁、田口75頁、白取185頁、酒巻66頁）。②については、通常逮捕のそれとは異なり、逃亡又は罪証隠滅を疑うに足りる「相当な理由」があることが要件となっている。「相当な理由」があると言えるためには、抽象的可能性では足りず、具体的事情から逃亡や罪証隠滅の現実的可能性が必要と解されている（参照、最決平26・11・17裁判集315号183頁、最決平27・10・22裁判集318号11頁）。実務上、罪証隠滅の疑いは、①罪証隠滅の対象、②罪証隠滅の態様、③罪証隠滅の余地（客観的可能性及び実効性）、④罪証隠滅の主観的可能性の四つの要素を考慮して判断しているとされる（令状実務292頁〔石井〕）。また逃亡の疑いは、①生活不安定のための所在不明となる可能性、②処罰を免れるための所在不明となる可能性、③過去に逃亡を企てたことの有無や引受人との人間関係など、その他の理由により所在不明となる可能性を考慮して判断されているとされる（令状実務467頁〔香川〕）。なお、60条3項の定める軽微事件による勾留は、被疑者が住居不定である場合に限られる。住居不定であるときは、必要な呼び出しの連絡が取れなくなる可能性が高いから、軽微事件であっても勾留の理由を肯定できる。

刑訴法60条の定める勾留の理由以外に、87条1項が「勾留の理由又は勾留の必要がなくなったとき」は、勾留を取り消さなければならない旨を定めていることから、勾留の必要性も勾留の要件となる。この場合の勾留の必要性は逮捕の必要性と同義ではなく、罪証隠滅又は逃亡を疑うに足りる相当な理由が認められるとしても、その程度や勾留により被疑者が被る不利益を考慮した上での、勾留の相当性のことであると解されている。具体的には、(1) 勾留せずに逃亡又は罪証隠滅を防止することができるとき（参照、札幌地決昭39・2・19下刑集6巻1=2号148頁）、(2) 逆に、勾留によって罪証隠滅の危険を低下させることはできないとき（参照、大阪地決昭37・9・19下刑集4巻9=10号963頁、横浜地決昭41・1・27下刑集8巻1号234頁）、(3) 取調べに違法があった場合等の特殊事情から勾留による捜査の継続を認めることが適切でないとき（参照、岡山地決昭44・9・5判時588号107頁、東京地決昭47・4・9刑月4巻4号901頁）に、勾留の必要性が否定された事例がある。なお、少年は「やむを得ない場合」でなければ勾留できない（少年48条1項）。

7.2.2. 勾留の手続

(1) 勾留質問

勾留は、裁判官が被疑者に被疑事件を告知し、これに関する陳述を聴いた後でなければ行うことができない（61条）。60条1項各号該当事由、勾留の必要性に関する事項の外、勾留場所に関する事項、勾留に先行する逮捕の適法性その他勾留の適法性に関する事項の質問を行うことができる。勾留質問には書記官が立ち会い、勾留質問調書を作成しなければならない（規則39条）。勾留質問の際には、既に被疑者に弁護人が選任されている場合を除き、弁護人選任権及び国選弁護人請求権を告知し、弁護人の選任手続、国選弁護人請求のための手続を教示しなければならない（207条2項乃至4項）。弁護人には勾留質問の立会権はないが、裁判官が勾留質問の前に弁護人から意見を聴取することや、特に必要があれば勾留質問の場で弁護人から意見を聴取することはできる（令状実務409頁〔駒場〕）。黙秘権の告知義務はないが、被疑者が裁判官の面前では供述義務があると誤解しかねないことや、勾留質問調書は被告人に不利な証拠として使用される可能性があることから、運用上は告知されている。勾留質問調書は勾留後に検察官に送付され、捜査記録の一部として取り扱われる（規則150条）。

(2) 勾留状の発付

勾留質問の後、裁判官が勾留に理由があると認めるときは速やかに勾留状を発付しなければならない。他方、勾留の理由がないと認めるとき、及び請求の遅延につきやむを得ない事由が認められず勾留状を発付できないときは、直ちに被疑者の釈放を命じなければならない（207条5項）。勾留状には、①被疑者・被告人の氏名及び住居、②罪名、③被疑事実・公訴事実の要旨、④勾留すべき刑事施設、⑤有効期間及びその期間経過後は執行に着手することができず令状はこれを返還しなければならない旨、⑥発付の年月日、⑦その他裁判所の規則で定める事項（参照、規則70条、規則149条）を記載しなければならない（64条）。勾留状の原本は検察官に送付される（規則72条）。勾留状を執行するには、これを被疑者に提示しなければならない（207条1項、73条2項）。勾留された被疑者は勾留状謄本の交付を請求できる（規則302条1項、規則74条）。

2023年改正により、刑訴法201の2第1項1号に該当する事件の被害者又は2号に該当するその他の者の個人特定事項を秘匿する必要があるときは、検察官は勾留請求と同時に、勾留質問の際の個人特定事項を秘匿した被疑事件の告知及び勾留状抄本その他の勾留状に代わるものの交付を請求できることとなった（207条の2第1項）。裁判官は、秘匿要件に該当しないことが明らかでない限り、請求に対応する措置をとらなければならない（同条第2項）。秘匿措置を受けた被疑者又は弁護人は、裁判官に秘匿事項の通知を請求できる。請求を受けた裁判官は、秘匿要件に該当しないとき又は秘匿措置が被疑者の防御に実質的な不利益を及ぼすときは、秘匿事項の全部又は一部を被疑者に通知しなければならない（207条の3）。当該措置に関する裁判に対して、秘匿要件に該当しないことを理由とする準抗告はできない（429条3項）。

(3) 勾留場所

勾留状には、勾留すべき刑事施設を記載しなければならない。刑事訴訟法は勾留場所を刑事施設と定めている（64条1項）。しかし、刑事収容施設法は、刑事施設（拘置所）に代えて都道府県警の留置施設に勾留することを認めており（同法3条3号、15条1項1号）、実際には、逮捕期間中の留置施設がそのまま勾留場所に指定されることが一般的である。この点につき、自由権規約9条3項が、刑事上の罪に問われ逮捕され又は抑留された者は、裁判官等の面前に速やかに連れて行くことを求めていることには、「捜査と拘禁の分離」の趣旨も含まれると解釈されている。したがって、警察の留置施設を勾留場所として代用する場合であっても、留置施設を自白獲得手段として利用することがあってはならない。留置施設を自白獲得手段として利用している事実が認められたときは、直ちに拘置所に被疑者を移送すべきである。なお、検察官が被疑者を勾留場所から他の刑事施設に移送するためには、裁判官の同意を得る必要がある（規則302条1項、規則80条1項）。検察官の申立てがなくても、裁判官が職権で移送命令を発することができるものと解されている（参照、最決平7・4・12刑集49巻4号609頁）。被疑者・被告人に勾留場所の変更請求権はない。これに対し、裁判所の勾留場所の指定は勾留裁判の一部であるから、場所の変更を求める準抗告は可能である。また、検察官による移送請求に対する同意・不同意に対する準抗告（429条1項2号）も許容されている（参照、最決昭46・11・12裁判集182号27頁）。なお、少年を勾留する場合は、少年鑑別所を勾留場所とすることができる（少年48条2項）。

(4) 勾留期間

勾留請求から公訴提起までの期間は、原則10日である（208条1項）。勾留期間を10日より短縮することを付記した勾留状を発付することができるかにつき、そうした付記は無効と解されている（参照、大阪地決昭40・8・14下刑集7巻8号1760頁、大阪地決昭40・8・16下刑集7巻8号1762頁）。10日以内に勾留の必要性が消滅すれば、勾留を取り消すことはできる。勾留期間内に公訴を提起しないときは、検察官は直ちに被疑者を釈放しなければならない。起訴前勾留は捜査の手段であるから、検察官が捜査中に勾留の理由又は必要性がなくなったと判断したときは、勾留期間満了前であっても、裁判官に勾留の取消しを請求するまでもなく釈放できると解されている。被疑者が釈放されれば、勾留期間が残っていても勾留状は失効する。これに対し、逃亡により身体拘束が解かれたときは勾留状は失効しておらず、再収容のために改めて勾留状を得る必要はない。なお、勾留期間の計算において55条及び56条の適用はないものと解されており、勾留請求の初日を算入し、また、期間の末日が一般の休日にあたるときも、期間に算入される。勾留の執行停止（207条1項、95条）の期間は勾留期間に参入されない。

(5) 勾留期間の延長

検察官は、「やむを得ない事由があると認めるとき」は、起訴前の勾留期間の延長を請求することができる（207条2項）。事件の複雑困難（被疑者若しくは被疑事実多数のほか、計算複雑、被疑者関係人らの供述又はその他の証拠のくい違いが少なからずあり、あるいは取調べを必要と見込まれる関係人、証拠物等多数の場合等）、あるいは証拠収集の遅延若しくは困難（重要と思料される参考人の病気、旅行、所在不明若しくは鑑定等に多くの日時を要すること）等により、勾留期間を延長して更に取調べをするのでなければ起訴若しくは不起訴の決定をすることが困難な場合がこれに該当すると解されている（参照、最判昭37・7・3民集16巻7号1408頁）。延長はそれによって起訴・不起訴の判断が可能になる見込みがあるときに許容されるべきであり、捜査に困難を来たしていても、延長によって起訴・不起訴の判断ができるまで捜査が進展する可能性がなければ、やむを得ない事由があるとはいえない。事件単位の原則からすれば、余罪の捜査の必要性があることは、それが勾留事実の捜査に関連して必要な場合でなければ、やむを得ない事由に含まれない。勾留事件を起訴猶予にすべきかどうかの判断に余罪の有無を知る必要がある場合は、勾留事実の捜査に関連しているといってよい。

延長回数に制限はないが、延長期間は通じて10日を超えてはならない。

特別の犯罪（刑法第2編第2章〔内乱に関する罪〕、第3章〔外患に関する罪〕、第4章〔国交に関する罪〕及び第8章〔騒乱の罪〕）については、10日の上限を更に5日間まで延長できる（208条の2）。勾留の延長請求は繰り返し行えるため、検察官の求める期間より短い期間しか延長を認めなかった裁判に対して準抗告を申し立てることはできないと解されている（参照、前橋地決昭59・12・15刑月16巻11＝12号756頁）。なお、少年法20条により家庭裁判所から検察官に送致され、家裁における少年鑑別所送致の措置が勾留とみなされた場合において、送致事件が先に勾留状の発せられた事件であるときは、同一事件による再勾留状態が生じるため、勾留の延長は認められない（少年45条4号）。延長期間は、延長請求の際に検察官から差し出された勾留状に、裁判官が記載する形で明記される（規則153条1項）。勾留状を検察官に交付することによって延長の裁判の効力が生ずる（同条2項）。勾留延長が認められなかった場合はもちろん、延長の裁判から勾留状の交付までの間に勾留期間が経過した場合も、勾留状は失効し、被疑者を釈放しなければならない。検察官は、勾留状の交付を受けたときは、直ちに刑事施設職員をしてこれを被疑者に示させなければならない（同条4項）。被疑者は、延長裁判の記載のある勾留状謄本の交付を請求できる（規則154条）。

(6) 起訴後勾留

勾留事件につき公訴を提起したときは、起訴前勾留は自動的に起訴後勾留に切り替わる。不要な勾留をなるべく避ける意味では、公訴提起時に検察官に勾留（延長）請求を行わせ、裁判官が公判のための勾留要件を再審査する制度にする方が望ましい。検察官が在宅事件や勾留事件とは異なる事件により公訴を提起する場合において、起訴後の勾留が必要と考える場合は、起訴状に「在宅中求令状」とか「勾留中求令状」と記載することで、裁判所の職権発動を求めるやり方が取られている。逮捕・勾留中の事件又は逮捕・勾留後に釈放した事件を公訴提起した場合は、その裁判所の裁判官に速やかに逮捕状又は逮捕状及び勾留状を差し出さなければならない（規則167条1項）。起訴後勾留の期間は公訴の提起があった日から2か月であり、1か月ごとに更新できる。ただし、刑訴法89条1号、3号、4号又は6号の事由がある場合を除き、更新は1回に限られる（60条2項）。

(7) 救済手段

(i) 勾留理由の開示

勾留されている被疑者・被告人は、勾留の正当性を争う前提として勾留理由の開示請求を行うことができる（憲34条、刑訴82条1項、207条1項）。開示請求権は、被疑者・被告人の弁護人、法定代理人、保佐人、配偶者、直系の親族、兄弟姉妹その他利害関係人にも認められている（82条2項）。勾留の理由の開示は公開の法廷でしなければならない（83条1項）。勾留理由開示法廷は、裁判官及び裁判所書記が列席して開廷する（同条2項）。原則として被疑者・被告人及び弁護人が出頭しないときは、開廷することはできない（同条3項）。検察官の出席は義務ではない。法廷においては、裁判官から勾留理由が告げられ（84条1項）、これに対して検察官又は被告人及び弁護人並びにこれらの者以外の請求者は意見を述べることができる（同条2項）。勾留理由開示手続の目的は勾留の正当性を被疑者・被告人に説明することにあるから、勾留の要件である勾留の理由及び必要性の全てについて開示する必要があると解されている。また、請求者が勾留の当否を判断できる程度に具体的に開示すべきであるが、勾留審査の資料として用いた証拠の開示までは義務づけられていない。開示された理由に不服があるときは、別途、勾留に対する抗告・準抗告や取消し請求を行う必要がある。

(ii) 準抗告

裁判官による勾留に関する裁判に不服があるときは、準抗告によって裁判の取消又は変更を求めることができる（429条1項2号）。裁判所による被告人勾留に関する決定は抗告の対象であるところ（420条1項）、犯罪の嫌疑がないことを理由とする抗告はできない（同条3項）。当該規定は準抗告にも準用されているため（429条2項）、文言どおり解釈すれば、裁判官による勾留に関する裁判に対しても、犯罪の嫌疑がないことを理由とする準抗告はできないことになる。しかし、420条3項は起訴後勾留につき犯罪の嫌疑の有無は本案の審理を通じて争うべきという趣旨から設けた制限であるから、429条2項は起訴後第一回公判期日までの間の裁判官による勾留に関する裁判（280条参照）にのみ適用があるものと解されている（参照、大阪地決昭46・6・1判時637号106頁）。抗告・準抗告は裁判の取消・変更を行う実益がある限りにおいて認められる（421条）。釈放により勾留状が失効すれば、勾留に関する裁判を取り消す実益はなく準抗告できない（参照、最決昭30・7・14刑集9巻9号1872頁、最決昭32・5・21刑集11巻5号1521頁）。少年の勾留事件が家裁送致された場合も勾留状の効力は失われるため、準抗告の実益はなくなる（参照、東京地決昭44・5・14刑月1巻5号599頁）。さらに、起訴前勾留が起訴後勾留に変わった場合も、起訴前勾留に対する準抗告の実益は失われると解されている（参照、最決昭59・11・20刑集38巻11号2984頁）。検察官が勾留却下裁判に対して準抗告を行う場合は、釈放を防ぐために、準抗告の申立てと同時に勾留却下裁判の執行停止（432条、424条参照）の職権発動を求める申立てが行われる。

なお、逮捕に関する裁判や現行犯逮捕は準抗告の対象になっていない。この点、逮捕に関する裁判を「勾留に関する裁判」に含めて準抗告を認めるべきとの見解も有力であるが（田口74頁、白取221頁）、判例は消極説を採っている（参照、最決昭57・8・27刑集36巻6号726頁）。しかし、自由権規約9条4項は、逮捕又は抑留によって自由を奪われた者に対し、裁判所がその抑留が合法的であるかどうかを遅滞なく決定することを要求しており、とりわけ現行犯逮捕は司法審査を受けないまま72時間ないし48時間の身体拘束が可能であることを踏まえれば、現行法が逮捕に対する準抗告を用意していないことには問題がある。

(iii) 勾留の取消し

勾留の理由又は必要性がなくなったときは、請求又は職権により、勾留を取り消さなければならない（207条1項、87条）。最初から勾留要件を満たしていなかったことを理由とする勾留の取消請求も可能である。勾留の裁判に対する抗告・準抗告の棄却決定が確定している場合は、同一の論拠に基づいて勾留の取消し請求を求めることはできない（参照、最決平12・9・27刑集54巻7号710頁）。勾留場所の変更を求めて行われる勾留の取消し請求は、職権による移監命令を促す申立てとして受理される（参照、最決平7・4・12刑集49巻4号609頁）。

(iv) 勾留の執行停止

勾留の理由と必要性が認められる場合であっても、裁判官が適当と認めるときは、被疑者・被告人を親族、保護団体その他の者に委託し、又は被疑者・被告人の住居を制限して、勾留の執行を停止することができる（207条1項、

95条)。勾留の執行停止は職権事項であり、当事者に請求権は与えられていない。勾留の執行を停止する場合、住居の制限等の適当と認める条件を付けることや執行停止期間の指定ができる（参照、95条)。また、2023年改正により、執行停止の条件や期間制限等に違反した者に対する罰則規定が新設された（95条の2、95条の3、98条の3、208条の3乃至208条の5)。

7.3. 逮捕・勾留の諸問題

7.3.1. 二重逮捕・勾留

被疑者・被告人に対して複数事件の捜査や公判を並行して進める場合、事件毎に二重、三重の逮捕・勾留を行うことの可否が問題となる。この点、逮捕・勾留の効力は人単位で生じると解すれば、逮捕・勾留中の被疑者・被告人を重ねて逮捕・勾留する必要はなく、二重の逮捕・勾留は認められないことになる（人単位説)。これに対し、逮捕・勾留の効力は事件（＝逮捕・勾留の理由となった犯罪事実）単位でしか生じないと解するならば（事件単位説)、事件毎に重ねて逮捕・勾留する必要性が生じ得る。この点、逮捕・勾留の理由は犯罪事実毎に審査されることから、その効力も原則として事件単位で肯定する考え方が通説である（事件単位の原則)。ひとつの令状に複数の犯罪事実を記載して一回の手続で済ませることは可能である。逮捕・勾留の効果は事件単位で生じるのが原則であるとしても、逮捕・勾留が別事件の捜査や公判審理に事実上利用されていた場合は、そのことを踏まえて被疑者・被告人に不利益にならない処理を行うべきである。実際に、未決勾留日数の算入（刑21条）や刑事補償の対象となる抑留又は拘禁（刑事補償法1条1項）に、別事件による身体拘束期間が加えられた事例がある（参照、最判昭30・12・26刑集9巻14号2996頁、最判昭31・12・24刑集10巻12号1692頁)。

7.3.2. 再逮捕・再勾留

同一事件による再逮捕・再勾留の許容性については、論者によって用語や問題の捉え方が統一していない。一つの問題の捉え方は、同じ逮捕・勾留事実による再逮捕・再勾留の許容性の問題（逮捕・勾留一回性の原則）と、一罪の関係にある複数の犯罪事実を分割して逮捕・勾留を繰り返すことの許容性の問題（一罪一逮捕・一勾留の原則）に分けるやり方である。これに対し、いずれも一罪一逮捕・一勾留の原則の問題とした上で、再逮捕・再勾留の禁止の問題と重複逮捕・重複勾留の禁止の問題（逮捕・勾留の効力が及ぶ客観的範囲の問題）に分けて検討するやり方もある。以下では、前者の区別に従って説明する。

(1) 逮捕・勾留一回性の原則（再逮捕・再勾留の禁止）

刑事訴訟法は、被疑者を逮捕・勾留したときは、身体拘束期間が満了するまでに勾留請求や公訴提起ができなければ直ちに被疑者を釈放しなければならないとする一方、釈放後に同一事件の捜査のために逮捕・勾留を繰り返すことの可否については直接言及していない。しかし、捜査の必要がある限り同一事件の逮捕・勾留を繰り返してよいのであれば、刑事訴訟法が逮捕・勾留期間の上限を設けた意味が失われてしまう。そこで、同一事件の捜査のための逮捕・勾留を一回で終わらせ、それが果たせなかったときは任意捜査によって捜査を継続することが、法の原則であると解されている。

もっとも、刑事訴訟法は同一事件による再逮捕を想定した逮捕状請求手続の規定を設けている一方（199条3項、規則142条1項8号）、勾留に関する同様の規定はない。そこで、法は再逮捕までは許す趣旨と解すれば、被疑者を逮捕し勾留に至らず釈放した後、同一事実の捜査のために再逮捕し、さらに勾留することや、あるいは勾留後の釈放であっても、再逮捕して直接公訴提起することまでは許されるとしても、勾留後に釈放し、再び同一事件による逮捕・勾留を繰り返すことまでは、強制処分法定主義に反し、許されないことになる。しかしながら、再逮捕の言及が令状請求手続に関する規定の中で行われているのは逮捕状の審査の便宜のためである。そして、勾留請求に同様の規定はないとはいえ、勾留審査には逮捕状請求書も資料として提供されるのであるから（規則148条1項1号）、再逮捕事案につき勾留請求に至ったとき、それが一回目の勾留か再勾留かを把握することが難しいわけではない。したがって、法が再逮捕のみに言及し再勾留に言及していないことをもって、再勾留を禁止する趣旨と解することは妥当でないだろう。それゆえ、再逮捕であれ再勾留であれ、その許容性については逮捕・勾留制度の趣旨に従った実質的な検討が必要である。

まず、再逮捕が必要になるケースとして、(1) 引致後、勾留までの間に被疑者が逃亡した場合、もっぱら逃亡した被疑者に帰責原因があることから、逮捕の要件を満たす限り再逮捕を認めることに問題はなかろう。次に、(2)逮捕後、勾留の要件を満たさず釈放した場合、たとえ勾留に至ってなくても逮捕と釈放とをいたずらに繰り返すことは不当であるから、釈放後に逮捕の理由及び必要性を根拠付ける新たな事情が生じたことを条件とすべきである。(3) 逮捕の違法性が釈放の理由であった場合、釈放によって逮捕の違法性は一応治癒されるため、被疑者が被った不利益に配慮しつつ逮捕後の手続を進めることを条件に、再逮捕することは許してよい（参照、札幌地決昭36・10・2下刑集3巻9=10号974頁）。これに対し、最初の逮捕の違法性が釈放によっても治癒されないほど重大であれば、もはや同一事件による再逮捕は許されない。例えば、富山地決令2・5・30判時2523号131頁は、殺人事件の被疑者として六夜にわたり実質逮捕と同視できる宿泊を伴う取調べを行った後、死体遺棄で逮捕・勾留したことが違法であるとして釈放された後、殺人による逮捕状請求がなされた事案において、実質逮捕の違法が釈放によって治癒されない程重大であることを理由に、殺人による逮捕請求が、殺人事件の取調べのための実質逮捕に続く再逮捕に該当し、許されないとした。

これに対し、再勾留については、法が勾留期間の上限を設けて公訴提起か釈放することを義務付けていることを踏まえれば、勾留期間の上限まで勾留し公訴を提起できないまま釈放した場合はもはや再勾留を許すべきでなく、また、勾留期間満了前の釈放であっても、再勾留の期間の上限を当初の勾留の残存期間とすべきとの見解も有力である（酒巻79頁）。しかしながら、憲法は不当に長い抑留・拘禁を禁止しているものの（憲38条2項参照）、一回の勾留期間の上限を超えたときに、直ちに憲法の禁止する不当に長期の拘禁に当たるということはできない。そして、適法に行われた再勾留である以上、前の勾留との通算期間をもって勾留期間の上限としなければならない根拠はなく、前の勾留期間の長短は、再勾留や勾留延長の必要性を判断する際に重視されるべき事情に留まるというべきだろう。そこで問題は、どのような場合に再勾留を適法とすべきかである。この点、東京地決昭47・4・4刑月4巻4号891頁は、5件の爆発物取締法違反による20日間の勾留後の再逮捕・再勾留の適法性が争われた事案において、再逮捕・再勾留が許されるのは、「先行の勾留期間の長短、その期間中の捜査経過、身柄釈放後の事情変更の内容、事案の軽重、検察官の意図その他の諸般の事情を考慮し、社会通念上捜査機関に強制捜査を断念させることが首肯し難く、また、身柄拘束の不当なむしかえしでないと認められる場合に限る」との限定を施しつつも、20日間勾留後の再逮捕・再勾留を適法とした（同旨、広島高判平1・2・16高刑速（平1）209頁）。これに対し、東京地決昭47・5・23刑月4巻5号1088頁は、爆発物取締罰則違反（爆発物使用）及び殺人未遂事件において、同一事件による再勾留は「身柄拘束の不当なむし返しであってはならず、また単なる事情の変更に止らず、当該被疑事実について被疑者の身柄を拘束しなければ捜査上著しい支障を来たす上、他に適切な手段がない場合であることを要する」との類似の基準を示した上で、密接関連事件による逮捕・勾留中の捜査対象に含めて捜査できることを理由に、20日間勾留後の再勾留を認めなかった。いずれにせよ、釈放後の新証拠の発見や逃亡又は罪証隠滅の新たな危険の発生といった事情の変更だけでは不十分で、強制捜査を断念させることが社会通念上肯首し難い場合であることを要件としている点が重要である。

(2) 一罪一逮捕・一勾留の原則（逮捕・勾留の効力が及ぶ範囲）

実体法上の一罪の関係にある犯罪事実の捜査は、一回の逮捕・勾留で終わらせることを原則とする考え方が多数説である。その理由として、(a) 実体法上の一罪の範囲で一個の刑罰権しか発生せず、その範囲の事実の捜査は訴訟上も一回の手続で終わらせることを原則とすべきとの説明が有力である（三井（1）30頁、酒巻79頁、白取191頁）。加えて、(b) 一罪の範囲の事実を分割して逮捕・勾留すれば捜査が重複することになり、ここでも不当な逮捕・勾留の蒸返しの問題が生じるからとする説明（光藤Ⅰ83頁、川出〔2022〕91頁）もある。これに対し、逮捕・勾留の効力を逮捕・勾留事実を単位に考えるならば、一罪の関係にある犯罪事実であっても、逮捕・勾留事実に含まれていない事実には逮捕・勾留の効力が及んでおらず、したがって一回の逮捕・勾留で捜査を終わらせることを原則とすべき理由はないと考えられなくもない。もっとも、そもそも事件単位説のいう事件が逮捕・勾留事実そのものである必要はないこと、捜査の流動性を考えるならば逮捕・勾留の効力が及ぶ範囲は広く理解する方がむしろ効率的であること、逮捕・勾留の効力の及ぶ範囲を広く設定しても、一罪の範囲にある別の犯罪事実による逮捕・勾留が不当な蒸返しに当たらなければ、例外的に再逮捕・再勾留を許容できるため捜査に支障が生じるわけではないことを踏まえれば、実体法上の一罪の範囲の事実に逮捕・勾留の効力が及ぶことを前提に、一罪一逮捕・一勾留を原則とするのが合理的であろう。ただし、一事不再理効が判決宣告後に生じた犯罪にまでは及ばないと解されているように（23.7. 参照）、一回の逮捕・勾留により捜査することが不可能な事実にまで、逮捕・勾留の効力が及ぶと解するのは不合理である。この点、保釈中に犯された勾留事実と常習一罪の関係にある犯罪による勾留を許容するのが判例の立場である（参照、福岡高決昭42・3・24高刑集20巻2号114頁、広島高松江支決昭46・5・22判タ263号278頁）。また、保釈中に公訴事実と包括一罪の関係にある別事実が発覚し、第一の勾留状発付の当時は、第二の逮捕・勾留の対象となっている事実が未だ全く予測されていなかったことを理由に、第二の逮捕・勾留を適法とした事例がある（参照、福岡高決昭49・10・31刑月6巻10号1021頁）。しかし、逮捕・勾留の効力が及ぶ範囲は客観的基準により定めるべきであり、捜査機関に発覚していたかどうかという主観的事情を考慮に加えることは妥当でなかろう。

逮捕・勾留事実と一罪の関係にある犯罪事実であっても同時に捜査する可能性のない事実については分割的な逮捕・勾留を許容する判例があるのとは逆に、両事実に密接関連性や近接性があり、一回の逮捕・勾留において同時処理が困難でなかった事案において、事件の実質的同一性を理由に、二回目の逮捕・勾留が許されなかった事例もある（参照、大阪地決平21・6・11判タ1321号283頁）。もっとも、最決平30・10・31裁判集324号1頁は、原決定が、既に勾留がなされた大麻の代替物の所持の事実と併合罪の関係にある営利目的輸入の事実についての勾留請求がなされたが、両事実の実質的同一性を理由にこれを認めなかったことにつき、原決定が必要な捜査の範囲の広狭を踏まえず、本件勾留請求に先立つ勾留の被疑事実である規制薬物として取得した大麻の代替物の所持との実質的同一性や両事実が一罪関係に立つ場合との均衡等のみから、前件の勾留中に本件勾留の被疑事実に関する捜査の同時処理が義務付けられていた旨説示した点は是認できないと述べており、実質的同一性を理由に同時処理義務を肯定することに慎重な態度をとっている。

7.3.3. 別件逮捕・勾留

専ら、いまだ証拠のそろっていない本件を取り調べる目的で、証拠のそろっている別件の捜査を口実に逮捕・勾留し、これを利用して本件について逮捕・勾留したときと同様の取調べを行う捜査手法を、別件逮捕・勾留という（参照、最決昭52・8・9刑集31巻5号821頁）。こうした捜査手法は十分な証拠のないまま逮捕・勾留して自白を獲得しようとする見込み捜査の典型であり、また別件による逮捕・勾留の濫用にも当たるから、決して許されるべきものではない。しかしながら、別件逮捕・勾留を違法とすべき基準については学説が対立してきた。

本件基準説は、別件逮捕・勾留が実質的に令状によらない本件による逮捕・勾留であることを理由に違法とする考え方である（松尾上111頁、田宮97頁、光藤Ⅰ85頁、白取193頁、酒巻100頁）。何をもって実質的に本件による逮捕・勾留であると判断すべきかは別件逮捕・勾留の定義に反映されており、定義に該当すれば違法な逮捕・勾留となる。本件基準説を採った代表的判例として、金沢地七尾支判昭44・6・3刑月1巻6号657頁（蛸島事件）がある。同判決は、①身体拘束は逃亡や罪証隠滅を防ぐ手段であって自白獲得手段ではないのに、別件逮捕・勾留は、逮捕・勾留を自白獲得の手段視する点において刑事訴訟法の精神に悖ること、②別件による逮捕・勾留の後、本件による逮捕・勾留をくり返すことが予定されている点で、起訴前の身体拘束期間を制限している刑事訴訟法の潜脱につながること、③事実上、本件について司法的な事前審査を経ることなく身柄拘束することになり、逮捕の令状主義を定めている憲法33条及び拘禁理由の開示を定めている憲法34条に違反することの三点を理由に、別件逮捕を違法とした。これ以外にも本件基準説をとった判例は少なくない（参照、東京地判昭45・2・26刑月2巻2号137頁、東京地判昭51・2・25判時831号57頁＝判タ335号180頁、東京地決昭57・3・17判時1098号452頁）。

別件基準説は、本件につき取り調べる目的であれ、別件につき逮捕・勾留の要件が満たされているならば逮捕・勾留は適法というべきであるとする考え方である。判例には別件基準説をとっているものもある（参照、大阪高判昭47・7・17高刑集25巻3号290頁、東京高判昭53・3・29刑月10巻3号233頁、大阪高判昭55・3・25高刑集33巻1号80頁〔違法事例〕）。また、実務は別件基準説によっているとされる（小林95頁、植村108頁）。別件基準説は、別件による適法な逮捕・勾留中の本件取調べは余罪取調べの限界の問題として処理すれば足りると考える点に特徴がある（別件逮捕・勾留論を不要とする見解として、加藤106頁)。また、令状審査時にどの事件の取調べに利用する意図かまで審査することは困難であることも、本件基準説によるべきではない理由とされる。もっとも、判例の中には、令状請求時の事情だけでなく、別件逮捕中の取調べ実体も踏まえて、事後的視点から、別件による逮捕時に逮捕の必要性を欠いていたことを理由に、これを違法としたものもある(参照、福岡高判昭52・5・30判時861号125頁=判タ354号328頁)。事後的視点から別件による逮捕・勾留の要件の有無を判断するならば、専ら、いまだ証拠のそろっていない本件を取り調べる目的であるときは、別件基準説によっても少なくとも別件による逮捕・勾留の必要性はなかったという結論にはなるだろう。しかしながら、本件基準説が別件逮捕・勾留を違法とする理由は、別件逮捕・勾留が身体拘束を自白獲得手段として利用する典型だからであり、別件の取調べ目的が併存していても、それを口実にして主として本件につき取り調べる目的であれば、なおも実質的には本件による逮捕・勾留であり違法と評価すべきである。判例の中にも、違法な別件・逮捕勾留の定義には、本件について逮捕・勾留の要件がないのに、「主として本件について取調べる目的」で、本件が存在しなければ通常は立件されることがないと思われる軽微な別件につき逮捕・勾留する場合も含まれると述べているものがある(浦和地判平2・10・12判時1376号24頁=判タ743号69頁)。

令状請求時の取調べ目的が問題になるのは、別件による逮捕・勾留全体を実質的に本件による逮捕・勾留であったと評価する上で、逮捕・勾留中の取調べ実体だけでなく、捜査機関がどのような意図から別件により逮捕・勾留したかも重要になるからである。しかし、そもそも取調べの必要があるから逮捕・勾留が許されるわけではないのであるから、逮捕・勾留時の取調べ目的が何であれ、それだけで逮捕・勾留全体の適法性を判断できるわけではなく、身体拘束後の捜査の実体に基づき、別件捜査のための逮捕・勾留の実体を失い、本件捜査のための逮捕・勾留になったと評価すべきときは、その時点から身体拘束を違法とすべきとの学説も有力である(実体喪失説)。実体喪失を理由に別件による勾留延長以降の身体拘束を令状によらないものとして違法とした判例もある(参照、東京地決平12・11・13判タ1067号283頁)。実体喪失説は、たとえ適法に開始された逮捕・勾留であっても、その途中から身体拘束が違法に転じることを肯定する点で柔軟性がある。もっとも、本件捜査のための身体拘束としての実体が生じていても、さらに別件捜査のための身体拘束の実体が完全に消滅しなければ違法としないのであれば、事後的視点から別件基準説により勾留請求や勾留延長請求の要件があったかどうかを判断するのと同じである。これに対し、当該学説の提唱者は、逮捕・勾留期間中に本件取調べを優先し、別件の捜査を後回しにした結果、別件の捜査のために合理的に必要な期間を超過してしまったときも身体拘束が違法になると述べており（川出〔1998〕282-283頁）、本件捜査のための身体拘束としての実体が発生した時点で身体拘束を違法とする立場をとっている。

7.3.4. 逮捕・勾留中の余罪取調べ

取調べ受忍義務否定説からは、逮捕・勾留事実であれ余罪であれ被疑者が任意に応じる場合にのみ取調べが許されるという意味において違いはない。しかし、逮捕・勾留中は取調べ受忍義務を課した形で取調べが行われており、かつ取調べ受忍義務を課すことが直ちに自白の任意性を否定する理由になるとまでは解されていない現状の下では、取調べ受忍義務の否定を説くだけでは現実的な余罪取調べの統制に成り難い。そこで、逮捕・勾留中の余罪の取調べを特別に限界付ける学説が展開されてきた。

事件単位説は取調べ受忍義務にも事件単位の原則の考え方を適用し、逮捕・勾留事実については取調べ受忍義務を肯定し、余罪の取調べの受忍義務は否定する考え方である（高田336頁）。取調べ受忍義務否定説からも、身体拘束中の取調べには事実上の強制的雰囲気を伴うことを理由に、事件単位説と同様の結論を引き出す見解がみられる（鈴木83頁、光藤Ⅰ 90頁）。判例にも、事件単位説に依拠して余罪の取調べを違法とした事例は多い。もっとも、判例は、事件単位の原則に一定の修正を加え、逮捕・勾留の基礎となっている被疑事実のほか、本件がこれと実体的に密接な関係があるとき、本件が別件の同種余罪であるとき、本件が別件に比して軽微な事案であるときなど、逮捕・勾留事実の処理のため必要であり、あるいは逮捕・勾留事実と共に処理することが相当であるなどの特別の事情のある場合は、取調べ受忍義務を課した取調べを許容している。また、余罪取調べが任意取調べといえる限度内のものであったか否かを、形式に因われることなく、捜査方法の実体、なかんずく、取調べ方法、取調べ時間、取調べの内容が事実関係の詳細にまで及んでいるか否か等の諸事情を総合して判断しているものもある（参照、東京地決昭49・12・9刑月6巻12号1270頁、東京高判昭62・12・24訟月35巻9号1683頁）。他方で、取調べの主題である余罪の内容を明らかにした上で、その取調べに応ずる法律上の義務はなく、いつでも退去する自由がある旨を被疑者に告知することを要求した判例もみられる（参照、浦和地判平2・10・12判時1376号24頁＝判タ743号69頁）。逮捕・勾留中の取調べ受忍義務を事件単位で肯定することに対しては、参考人の取調べを定めた223条1項が198条1項但書を準用していることを理由に批判する見解もある（参照、大コンメ4巻170頁〔河村〕、注釈3巻85頁〔東條〕）。しかし、そもそも参考人として身体拘束できる制度がないにも関わらず、たまたま逮捕・勾留中の者を参考人として取り調べるときは受忍義務が生じると解することは不合理であり、参考人取調べにも198条1項但書が準用されているのは、参考人に出頭・滞留義務を課さない意味しかないと解するべきである。

令状主義潜脱説は、余罪の取調べが取調べ受忍義務を課した取調べであったか、任意の取調べであったかを問わず、逮捕・勾留中の余罪の取調べが長時間に及び、余罪につき逮捕・勾留して取り調べているのと同じ状態に至っていれば、令状主義の潜脱に当たり違法とする考え方である。そして、余罪の取調べが令状主義の潜脱に至っていたか否かは、①逮捕・勾留事実と余罪との罪質及び態様の相違、法定刑の軽重、並びに捜査当局の両事実に対する捜査上の重点の置き方の違いの程度、②逮捕・勾留事実と余罪との関連性の有無及び程度、③取調べ時の逮捕・勾留事実についての身柄拘束の必要性の程度、④余罪についての取調べ方法（場所、身柄拘束状況、追求状況等）及び程度（時間、回数、期間等）並びに被疑者の態度、健康状態、⑤余罪について逮捕・勾留して取り調べたのと同様の取調べが捜査において許容される被疑者の逮捕・勾留期間を超えていないか、⑥余罪についての証拠、特に客観的証拠の収集程度、⑦余罪に関する捜査の重点が被疑者の供述（自白）を追求する点にあったか、物的資料や被疑者以外の者の供述を得る点にあったか、⑧取調担当者らの主観的意図はどうであったか等の具体的状況を総合して判断されている（参照、大阪高判昭59・4・19高刑集37巻1号98頁、福岡高判昭61・4・28刑月18巻4号294頁）。令状主義潜脱説によれば、取調べ受忍義務を課した取調べであったか否かを問題にすることなく、余罪の取調べを限界付けることができる利点がある。しかしながら、令状主義は身体拘束のルールであるから、逮捕・勾留中の余罪取調べが令状主義の潜脱に至った場合を違法とするのであれば、取調べの違法にとどめず、身体拘束自体を違法とすべきではないかという疑問がある。この点に理論的整合性を持たせた考え方が前述の実体喪失説であると位置づけることができる。なお、別件逮捕・勾留中の余罪取調べが身体拘束自体を違法とするものでなくても、余罪につき逮捕・勾留を繰り返す場合は、別件逮捕勾留中の余罪取調べの期間を踏まえて勾留期間を設定すべきとの見解がみられる（小林97頁）。

8. 客観的証拠の収集手段

8.1. 種類

捜査は物的証拠や検証・鑑定結果などの客観的証拠からの合理的な推論によって進めることが基本である（捜査規範4条2項参照）。刑事訴訟法は客観的証拠の収集手段につき、①公務所等照会（197条2項）、②通信履歴の電磁的記録の保全要請（197条3項）、③鑑定等の嘱託（223条1項）、④令状による差押え、記録命令付差押え、捜索又は検証（218条1項）、⑤逮捕に伴う差押え、捜索又は検証（220条）、⑥領置（221条）、⑦電気通信の傍受（222条の2）、⑧鑑定留置（224条）、⑨鑑定のための必要な処分（225条）の規定を設けている。①から③は任意処分で、④から⑨は強制処分である。捜査のための強制処分のほとんどが裁判所による強制処分の準用であるが、電気通信の傍受は捜査のためだけに認められた強制処分である。

(1) 公務所等照会

公務所等照会は、公務所又は公私の団体が業務上保有する情報を取得するための任意処分である。照会は「捜査関係事項照会書」という書式を用いて行われている。照会事項については捜査の支障が生じないよう秘密保持を求めることができる（197条5項）。照会に対しては回答義務があり、他の法令や契約上の守秘義務は免除されるとする説（条解410頁、逐条実務355頁、新基本法コンメ248頁〔石井〕）と、回答義務より他の法令や契約上の守秘義務が優先する場合があるとする説（大コンメ4巻163頁〔馬場＝河村〕、新・コンメ480頁〔後藤〕）に分かれている。いずれにせよ、照会を受けた側が回答義務

捜査における客観的証拠の収集手段と準用規定

任意／強制	捜査の種類	根拠規定	準用規定	被準用規定
任意処分	公務所等照会	197条2項		
任意処分	通信履歴の保全要請	197条3項		
任意処分	鑑定等の嘱託	223条1項		
強制処分	差押え 記録命令付差押え 捜索	218条，220条	222条1項	99条1項，100条，102条～105条，110条～112条，114条，115条，118条～124条
強制処分			222条3項	116条，117条
強制処分	検証	218条，220条	222条1項	110条，111条の2，112条，114条，118条，129条，131条，137条～140条
強制処分	領置	221条	222条1項	111条2項，120～124条
強制処分	電気通信の傍受	222条の2，通信傍受法	—	—
強制処分	鑑定留置	224条1項	224条2項	167条，167条の2
強制処分	鑑定のための必要な処分	225条1項	225条4項	168条2項～4項，6項

よりも守秘義務を優先させて回答しなかったときに、回答を強制することはできない。

(2) 押収及び捜索

差押えと領置は、いずれも捜査機関が物の占有を取得するための押収の処分に当たる。差押え（99条1項）が対象物の占有を強制的に移転する処分であるのに対し、領置（101条、221条）は遺留物又は任意提出物の占有を取得する処分である。領置対象物の取得は任意手段を用いて行われるが、領置物に対する本権者の返還請求権が制限される意味で強制処分に当たる。なお、人の管理しない公道上のゴミ集積場に出されたゴミは遺留物に該当し、領置の対象になる（参照、最決平20・4・15刑集62巻5号1398頁）。回収ゴミは回収者の管理下にあるため、回収者から任意提出を受けて領置することができる（参照、東京高判平30・9・5高刑集71巻2号1頁）。なお、裁判所は、差し押さえるべき物を指定し、所有者、所持者又は保管者に提出命令（99条3項）を行うことによって押収することもできるが、捜査のための提出命令の定めはない。

差押え対象物が電子計算機であるときは、当該電子計算機に電気通信記録回線で接続している記録媒体から当該電子計算機で作成、変更、消去することのできる電磁的記録を保管するために使用されていると認めるに足りる状況にあるものにリモート・アクセスして、その電磁的記録を差押え対象の電子計算機やその他の記録媒体に複写した上で、これらを差し押さえることができる（99条2項、218条2項）。また、差押え対象物が電磁的記録媒体であるときは、差押えに代わる処分（110条の2）として、捜査機関自らが、差し押さえるべき記録媒体に記録された電磁的記録を他の記録媒体に複写し、印刷し、又は移転（元の記録媒体に電磁的記録を残しておくことが適切でない場合の処分であり、複写と元の記録媒体からの消去からなる）した上で、あるいは差押えを受ける者にそれを複写させ、印刷させ、又は移転させた上で、当該他の記録媒体を差し押さえることができる。その際、処分を受ける者に対し、電子計算機の操作その他の必要な協力を求めることができる。記録命令付差押え（99条の2）は、差し押さえるべき物を特定せずに、電磁的記録の保管者その他の利用権限者に命じて、必要な電磁的記録を記録媒体に記録又は印刷させた上、当該記録媒体を差し押さえる処分である。記録命令には従う義務があり、保管者等の法令や契約上のデータ保護義務は免除されるが、従わなかった場合の制裁規定はない。

なお、捜査機関が差押え又は記録命令付き差押えを予定している場合は、その実効性を確保するために、電気通信設備設置者に対して通信履歴の保全要請ができる。これは、業務上記録している電気通信の送信先、送信元、通信日時その他の通信履歴（通信内容を含まない）の電磁的記録のうち必要なものを特定し、原則として30日を超えない範囲で（最大60日まで延長可）、その間の該当通信履歴を消去しないよう書面で協力を要請する、任意処分である（197条3項、4項）。また、捜査の支障にならないよう要請事項について秘密保持を求めることができる（同条5項）。

捜索（102条）は、差し押さえるべき物を発見する目的で行われる、人の身体、物又は住居その他の場所に対する探索行為である。捜索の強制処分性は、承諾なく住居等の私的空間へ侵入することで生じる住居等の平穏の侵害や場所、身体、物のプライバシー侵害の点に認められる。捜索令状は単独で発付されることはなく、差押え令状と合わせて「捜索差押許可状」として発付されている。

(3) 検証及び通信傍受

検証（128条）は、視覚、聴覚等の五官によって対象となる場所、物又は身体の存否、状態等を観察、記録し、証拠として保全するための強制処分である。検証行為に強制処分性が伴わない場合は実況見分と呼んでいる。身体検査（131条）は人の身体に対する検証である。「身体に対する捜索」と「身体検査」の区別につき、前者は着衣の捜索や身体外表の捜索に留めるべきであり、裸にして身体外表の異物を調べることや肛門・膣等の体腔内検査は名誉やプライバシーに対する配慮が欠かせないことから、身体検査令状によるべきとする考え方が通説である。鑑定を目的とする身体検査は後述の鑑定のための必要な処分として行われる。

検証を人の会話を記録に残す手段として用いることも肯定されている。最決平11・12・16刑集53巻9号1327頁は、検証令状によって電話による通話を傍受したことの適法性が争点となった事案において、電話による通話を対象とする検証（電話検証）を肯定した。しかしながら、会話が検証対象になるとしても、電話検証は検証対象となる通話の探索から始めなければならない点で捜索の性質も兼ね備えている他、検証の手続により電話を傍受した場合は適正手続の保障に欠ける面がある（井上〔1997〕119頁以下）。そこで、電話検証は強制処分法定主義に反するとの学説が有力である（白取161頁、酒巻168頁）。上記最高裁判例が出た後、1999年に通信傍受法が制定され、通話当事者のいずれの同意も得ない電気通信の傍受については、適正手続の保障の観点からの措置も施した形で、通信傍受法の定めに従い行われることとなった（222条の2）。室内等の私的空間の盗聴・盗撮を検証令状により実施することも電話検証と同様の問題があり、適正手続を保障するために必要な措置を施した立法によらなければ許されない。

(4) 鑑定に関する処分

鑑定（165条）とは、学識経験者による専門的知識又は専門的知識を用いて発見できた事実の供述である。裁判所により鑑定を命令された者を鑑定人といい、捜査機関から鑑定を嘱託された者は鑑定受託者という（以下、「鑑定人等」と記す）。犯行現場の遺留物等を採取、分析する捜査活動ないしその組織は「鑑識」と呼ばれている。鑑識科学（criminalistics）の発達により、現代の捜査において鑑識は欠かせない役割を担っている。鑑識科学の研究及び鑑識の実施のために、警察庁附属機関として科学警察研究所が、また都道府県警察には科学捜査研究所が設置されている（捜査規範187条参照）。これに対し、死体解剖は大学の法医学教室に、精神鑑定は精神科医に嘱託が行われている。捜査機関が被疑者・被告人の心身又は身体に関する鑑定を嘱託する場合において、一定期間、病院その他の相当な場所に被疑者・被告人を留置する必要があれば、裁判官に鑑定留置を請求することができる（224条1項、167条1項）。また、鑑定人等が鑑定のために、住居等への立入り、死体の解剖、身体の検査、墳墓の発掘、物の破壊その他の処分を行う必要があるときは、捜査機関を通じて裁判官に鑑定のための必要な処分を請求してもらうことができる（225条1項、168条1項）。

8.2. 令状による捜索・差押え・検証

(1) 令状主義

憲法35条1項は、憲法33条の場合（逮捕する場合）を例外として、令状によらなければ捜索及び押収を受けることのない権利を保障している。憲法は捜索及び押収の言葉を刑事訴訟法の概念よりも広義に用いており、物的証拠を収集・保全するためのあらゆる強制処分に対して憲法35条の保障が及ぶと解するのが通説である。35条1項は、捜索・押収につき、原則として正当な理由の有無につき事前の司法審査を受けることだけでなく、令状には捜索する場所及び押収する物を明示することを要求している。これは、捜査機関に捜索場所や押収対象物の判断を委ねる「一般探索令状」の発付を禁止する趣旨である。同条2項は、令状審査を強制処分ごとに各別に行うことを要求することで、各強制処分の要件の審査が厳格性を欠くことにならないようにしている。

強制処分と令状主義の関係について、197条1項但書は既存の強制処分は法定の令状主義に従うべきことを確認した規定であり、新しい強制処分にも令状主義の精神が妥当すべきであるとしても、その要件は通常の令状主義以下の場合（例えば、捜査のためのビデオ・写真撮影）も、それ以上の要求の場合（例えば、通信傍受）もあるとする新たな強制処分説（田宮72-73頁）が唱えられた。また、憲法35条の令状主義は強制処分に対する統制のための「プロトタイプ」(標準設定) であって、令状主義以外の方法による立法的統制の方が望ましい強制処分の存在を指摘する説も登場している (稲谷龍彦『刑事手続におけるプライバシー保護：熟議による適正手続の実現を目指して』〔弘文堂、2017年〕286、293、299頁)。

ところで、憲法35条1項は、令状主義の例外として逮捕する場合の捜索・押収にしか言及していないが、刑事訴訟法は、その他にも身体拘束中の被疑者の身体検査は被疑者を裸にしない限り令状を不要としている (218条3項)。この範囲の身体検査を逮捕に伴う効力として許容することは憲法35条には反しないと解されている。判例はその他にも例外の余地を肯定している。最大判昭30・4・27刑集9巻5号924頁は、当時の国税犯則取締法3条1項が犯則事件調査において現行犯が発覚したときであって証拠収集のための必要性と緊急性が認められる場合に、裁判所の許可状を得ることなく捜索・差押えを許容していることの合憲性が争点となった事案において、現行犯の場合には (逮捕する場合でなくても) 憲法35条の保障が及ばないことを理由に、当該規定は合憲であるとした。したがって、刑事訴訟法に同様の緊急捜索・差押えを許容する規定を設けることも合憲ということになろう。もっとも、現在のところ緊急捜索・差押えを許容する規定は設けられていない。そこで、捜索時に別事件の証拠を発見した場合は、それによって現行犯ないし緊急逮捕する場合や領置できる場合でなければ、現場を保全して直ちに差押え令状請求する必要があると理解されている (捜査規範154条)。これに対して、法規定がないことを理由に緊急捜索・差押えを禁止すべきではないとする見解 (渥美115頁〔ただし一応要件の立法は必要とも述べている〕、加藤122頁)、あるいはアメリカにおいて令状主義の例外として肯定されているプレイン・ビューの法理[7]の採用余地を肯定する見解 (田宮105頁) もみられる。

(2) 令状の発付要件

刑訴法218条1項の定める令状の発付に共通する要件は、①被疑事実の存在と②強制処分の必要性である。令状請求書には「犯罪事実の要旨」を記載し (規則155条1項4号)、かつ「被疑者又は被告人が罪を犯したと思料され

7　警察官が他事件の捜索等の適法な活動中に証拠や法禁物を現認したときに無令状押収を許容する法理で、不合理な捜索・押収の禁止を定めた合衆国憲法第4修正に違反しないと解されている。Colidge v. New Hmpshire, 403 U.S. 443 (1971).

るべき資料」を提供しなければならない（規則156条1項）。強制処分の必要性は令状発付の要件であるだけでなく、処分を実施するための要件でもある。この点、最決昭44・3・18刑集23巻3号153頁（国学院大学映研フィルム事件）は、「犯罪の態様、軽重、差押え物の証拠としての価値、重要性、差押え物が隠滅毀損されるおそれの有無、差押えによって受ける被差押え者の不利益の程度その他諸般の事情に照らし明らかに差押えの必要がないと認められるとき」は差押えができないと判示している。とりわけ、報道機関が撮影した犯罪状況等を収録したビデオテープを押収する場合は、それが憲法で保障された報道の自由に与える影響を考慮する必要がある（参照、最大決昭44・11・26刑集23巻11号1490頁、最決平1・1・30刑集43巻1号19頁、最決平2・7・9刑集44巻5号421頁）。また、弁護人が防御方法の打合せの一環として交付した書類、被告人が接見内容及び防御構想を書き留めたメモ類並びに弁護人との接見の代替方法として行われた信書が差し押さえられた事案において、これらの防御方法の内容は基本的には捜査機関に対して秘匿されるべきであることを理由に、被告人と弁護人との間で交わされる文書に対する捜索・差押えの必要性を否定した事例がある（参照、大阪高判平28・4・22判時2315号61頁）。

(i) 差押え令状

差押え令状は、「証拠物又は没収すべき物」と思料するものに対して発付できる（222条1項、99条1項）。没収すべき物（刑19条1項参照）は証拠物にも該当することが普通である。通信事務を取り扱う者が保管する郵便物等の差押えについては特則が設けられており、「被疑者から発し、被疑者に対して発した郵便物、信書便物又は電信に関する書類で法令の規定に基づき通信事務を取り扱う者が保管し、又は所持するもの」、あるいは「被疑事件に関係があると認めるに足りる状況のある郵便物、信書便物又は電信に関する書類で法令の規定に基づき通信事務を取り扱う者が保管し、又は所持するもの」であれば、郵便物等の内容を確認せずに差し押さえることができる（222条1項、100条1項及び2項）。なお、100条1項は、「差し押さえ、又は提出させることができる」と定めているが、捜査手段としては提出命令（99条3項）の準用がなく、差押えのみが可能である。

(ii) 捜索令状

捜索令状は、捜索の必要があるときに、「被疑者の身体、物又は住居その他の場所」、あるいは「被疑者以外の者の身体、物又は住居その他の場所に押収すべき物の存在を認めるに足りる状況のある場合」を対象に発付できる（222条1項、102条）。通信事務事業者が保管又は所持する郵便物等に対する差押え令状を発付する場合に、郵便物等の保管場所を捜索場所とする捜索令状を発付することが許されるかにつき、誰が誰宛にどのような郵便物等を発送しているかは通信の秘密に関わることを理由にこれを否定するのが通説である。そして、原則として取扱い事業者に対象となる郵便物等を選別させた上で差し押さえるべきであるが、取扱い事業者の協力が得られないときは、差押えに必要な処分（111条1項）として、差押え対象物を発見するために必要な捜索が許されると解されている。

(iii) 検証令状・身体検査令状

検証令状の発付要件に関する規定はなく、捜査のために検証が必要であるときに発付できる。身体検査は身体検査令状の形式による必要がある（218条1項後段）。身体検査令状の請求書には、身体検査を必要とする理由及び身体検査を受ける者の性別、健康状態その他裁判所の規則で定める事項を示さなければならない（同条5項）。身体検査令状には、適当と認める条件を付すことができる（同条6項）。例えば、特定の施設で身体検査を行うことが適当であるときに、身体検査のための場所を身体検査の条件（218条6項）として付加することが考えられる。捜査のための身体検査には勾引手続（136条）は準用されていない。そのため、身体検査令状の効力として身体検査のための場所まで連行することができるかが問題となる。この点、身体検査は間接強制だけでなく直接強制も可能であることからすれば（222条1項、137条乃至139条）、特定の施設まで連行できることを令状に明記することを条件に、身体検査令状の効力として対象者を連行することを認めてよかろう。なお、強制採尿令状には採尿場所まで連行できる旨が記載されている（(6)(i)参照）。

(iv) 鑑定留置状・鑑定処分許可状

被疑者の心身又は身体に関する鑑定をさせる必要があるときは、捜査機関の請求に基づき、裁判官が留置期間を定めた鑑定留置状を発付して、鑑定留置を行わなければならない（224条2項、167条1項及び2項）。鑑定留置状には、被疑者の氏名及び住居、罪名、被疑事実の要旨、留置場所、留置期間、鑑定の目的等が記載される（規則130条の2）。裁判官は必要に応じて鑑定留置期間を延長又は短縮できる（224条2項、167条4項）。保釈を除く勾留に関する規定が準用されており（224条2項、167条5項）、鑑定留置の理由開示請求や取消し請求も可能である。鑑定留置の間は被疑者の勾留の執行は停止される（224条2項、167条の2）。起訴前勾留期間を厳格に制限している法の趣旨を踏まえれば、鑑定留置中は198条1項但書のいう勾留されている場合に当たらず、取調べのための出頭・滞留義務を負わないと解するべきである。

鑑定処分許可状は、鑑定受託者が168条1項の定める鑑定のための必要な処分を行いたいときに、捜査機関を通じて請求される。裁判官は、当該請求を相当と認めるときは、許可状を発付しなければならない（225条1項、2項）。ただし、鑑定処分許可状を得ても、鑑定人等が自ら反抗を抑圧して身体検査を直接強制することは認められていない（224条2項の準用する168条6項は139条を準用していない）。鑑定のための身体検査が拒否された場合、鑑定人であれば裁判官による身体検査を請求できる（172条、139条）。当該手続は鑑定受託者による身体検査には準用がないため、鑑定処分許可状と身体検査令状を併用することで直接強制を可能にする対応がとられている。

(3) 令状の記載と効力の及ぶ範囲

捜索・差押え・検証等のための令状には、①被疑者若しくは被告人の氏名、②罪名、③差し押さえるべき物、④記録させ若しくは印刷させるべき電磁的記録及びこれを記録させ若しくは印刷させるべき者、⑤捜索すべき場所、身体若しくは物、⑥検証すべき場所若しくは物又は検査すべき身体及び身体の検査に関する条件、⑦有効期間等を記載しなければならない（219条1項）。また、リモート・アクセスによる差押えを行う場合は、その「電磁的記録を複写すべき接続記録媒体の範囲」を令状に記載しなければならない（同条2項）。なお、捜索・差押え・検証等は被疑者以外の者が対象となる場合があることから、犯罪事実の詳細が第三者に伝わることを防ぐために、逮捕状とは異なり、令状に犯罪事実の要旨を記載することにはなっていない。

(i) 物の明示と該当性の判断

差し押さえるべき物として何があるかは、実際に捜索してみなければ具体的に明らかにならないことが多い。そこで、差押え令状には、捜索場所に存在する蓋然性のある物の具体的記載に加えて、犯罪事実と差押え対象物との関連性を判断できる程度の概括的記載を行うことが一般的である。地方公務員法違反被疑事件において、捜索差押許可状に差し押さえるべき物として、「会議議事録、斗争日誌、指令、通達類、連絡文書、報告書、メモ」との具体的記載に付加して、「その他本件に関係ありと思料せられる一切の文書及び物件」という記載をしたことの適法性が争点となった事案において、最大決昭33・7・29刑集12巻12号2776頁は、「地方公務員法違反被疑事件に関係があり、且つ右例示の物件に準じられるような闘争関係の文書、物件を指すことが明らかである」との理由から、明示に欠けないとした。概括的記載しかない場合は対象物を特定したことにはならない。特別法犯の場合は「罪名」として法律名しか記載されないため、「罪名」だけからは何が「本件に関係する証拠」に当たるか、およそ見当がつかないこともある。このような場合は、被処分者が差押え処分の適法性を準抗告で争うことを可能にするために、捜査に支障のない程度に犯罪事実の要旨を令状に付記ないし別書面を令状に添付する等の配慮を行うべきである（条解233頁、令状実務766頁〔佐藤〕）。

被疑事実との関連性が認められる証拠物の範囲につき、最判昭51・11・18判時837号104頁は、暴力団組員らが共謀して行った恐喝事件において、被疑事実に直接関連する証拠でなくても、事件の組織的背景を明らかにしうる証拠であれば差押え対象としてよい旨を判示している。このように被疑事実と差し押さえるべき物との関連性を緩やかに肯定すると、強制捜査の手がかりが得られない他の犯罪の証拠を発見する目的で、令状を取得できた別件による捜索・差押えを利用する、いわゆる別件捜索・差押えの懸念が生じる。そこで同判例は、令状主義の趣旨からすると、令状に明示されていない物の差押えが禁止されるばかりでなく、「捜査機関が専ら別罪の証拠に利用する目的で差押許可状に明示された物を差し押えること」も禁止されるものというべきであることも付言している。もっとも、差し押えた証拠を他の事件の証拠として使用することが令状主義の趣旨に反するわけではないから、差押え時の捜査官の目的は、当該事件の証拠として差し押さえる必要性の有無によって判断するしかなかろう（参照、広島高判昭56・11・26判時1047号162頁＝判タ468号148頁、札幌高判昭58・12・26刑月15巻11＝12号1219頁、札幌高判平1・5・9判時1324号156頁、東京高判平11・6・7東高時報50巻1～12号44頁）。

(ii) 電磁的記録媒体の該当性判断

被疑事実と関連する電子計算機や電磁的記録媒体が差押えの対象である場合、そこに実際にどのような情報が保存されているかは可視性・可読性がなく、直ちに差押え対象物に該当するか否かの判断ができない。そこで、最決平10・5・1刑集52巻4号275頁は、「令状により差し押さえようとするパソコン、フロッピーディスク等の中に被疑事実に関する情報が記録されている蓋然性が認められる場合において、そのような情報が実際に記録されているかをその場で確認していたのでは記録された情報を損壊される危険があるときは、内容を確認することなしに右パソコン、フロッピーディスク等を差し押さえることが許される」とした。また、判例は、情報損壊の危険だけでなく、電磁的記録媒体に保存された情報が相当多量であり、捜査官らが、差押え現場で記録媒体の内容等を把握し、収集が必要なものの範囲や差押えに代えて複写等の代替的方法を選択することの適否を的確に判断することが容易でないことも、個々の記録の関連性を判断せず差し押さえたことの適法性を判断する事情に加えてよいとしている（参照、最決令3・2・1刑集75巻2号123頁）。これに対し、学説においては、関連性を判断しない差押えは認められないとの立場から、捜索場所で関連性を確認することが困難であるときは、捜索の一過程ないし111条の「必要な処分」として、捜索場所から関連性を確認できる適切な場所に対象物を持ち出し、速やかに関連性の有無を確認した上で、関連しないものを返却することを認める見解もみられる（酒巻122頁）。しかし、一時的な処分であれ物の占有取得を許容することは実質的な差押えと区別がつかない一方、押収目録の作成・交付や差押えに対する準抗告といった法的保護が受けられない点で、かえって問題があるだろう（川出〔2022〕156頁）。現在は、外部サーバに保存された大量の情報をリモート・アクセスにより他の記録媒体に複写して差し押える方法が用いられるため、個々の電子データの関連性を確認しない差押えを認めることにより、以前とは比較にならない量の電子情報の取得が可能になっている。差押え対象物の特定と該当性判断のルールだけで捜索・押収の合理性を保つことには限界があり、取得情報の当該刑事手続以外での利用を制限するための法的ルールが必要である。

(iii) 場所の明示と令状の効力が及ぶ範囲

捜索又は検証すべき場所については、①対象範囲が空間的に明確であること（空間的明確性）、及び②場所の管理者（その場所の事実上の支配者）毎の特定（管理権の単一性）が必要である。例えば、個人の住居が捜索の対象であれば住所を特定することで足りるが、集合ビルやホテルの客室等、部屋ごとに管理者が異なる場合は、管理単位毎に捜索すべき場所を特定する必要がある。捜索又は検証の対象は、「場所、身体又は物」を区別して記載しなければならない（219条1項）。この場合、「場所」とはそこに備えられている物を含む概念であるから、場所を明示していれば、その場所に備わっている物に対しても令状の効力が及ぶと解してよい。捜索又は検証の実施中に管理者がその場所に持ち込んだ物であっても、捜索又は検証時にその場所にあれば同様に考えてよい（参照、最決平19・2・8刑集61巻1号1頁）。その場所の共同管理者が使用している物にも、場所に対する令状の効力が及ぶと解してよかろう（参照、最決平6・9・8刑集48巻6号263頁）。しかし、その場所にたまたま居合わせた第三者の所持品はその場所に備わっていた物に当たらないので、原則として場所に対する令状の効力は及ばないというべきである。また、人の身体のプライバシーは特別の要保護性があるため、場所に対する令状によって、その場所の管理者を含むその場に居合わせた人の身体まで捜索することは、原則として許されないと解するのが通説である。したがって、捜索場所の管理者の身体も捜索の対象にしたい場合は令状に明記すべきである。ただし、もともと捜索場所にあった物をその場所にいる人が隠匿した疑いがある場合は、例外的に場所に対する令状により所持品や身体に対する捜索を認めてよかろう。どの程度の疑いがあれば例外を許容してよいかにつき、東京高判平6・5・11高刑集47巻2号237頁は、「捜索すべき場所に現在する者が当該差し押さえるべき物をその着衣・身体に隠匿所持していると疑うに足りる相当な理由」がある場合と述べている。捜索場所に居合わせた人が、その場所にある物を外に持ち出したときは、もはや場所に対する令状の効力は及ばない。

(4) 押収拒絶権

公務員、国会議員若しくは国務大臣又はこれらの職にあった者が保管し又は所持する物が職務上の秘密に関するものであることの申立てがあったときは、それぞれ当該秘密の監督官庁、議院又は内閣の承諾がなければ、押収することはできない。但し、監督官庁、議院及び内閣は、国の重大な利益を害する場合を除いては、承諾を拒むことはできない（103条、104条）。また、医師、歯科医師、助産師、看護師、弁護士、弁理士、公証人、宗教の職にある者又はこれらの職にあった者が、業務上の委託を受けたため保管し又は所持する物が他人の秘密に関するものである場合は、差押えを拒絶できる（222条1項、105条）。拒絶権者が自己のためにする証拠の隠匿行為は、業務上の委託を受けての保管又は所持には当たらない。105条の押収拒絶権は、一定の業務に対する秘密保持の信頼を保護する必要から認められている権利であり、秘密の主体である本人が承諾した場合は、押収に応じても業務に対する信頼は損なわれないため、業務者の判断で拒絶することは許されない。押収拒絶権の行使が、専ら被疑者・被告人の防御のためにのみにする権利の濫用と認められる場合も、拒絶は許されない。ただし、秘密の主体が被疑者・被告人であるときは権利の濫用に当たる場合から除かれている。105条に列挙された職業以外の者にも押収拒絶権が認められるかにつき、押収拒絶権は公共の利益の観点から司法権を制約する権利であるから、その主体の範囲は法律で明記されるべきであり、刑訴法146条の証言拒絶権の規定と同様、制限列挙規定と解されている（参照、福岡高決昭44・9・20高刑集22巻4号616頁）。差押え対象物の秘密性については、外形上秘密性を有さないことが明白な場合を除き、押収拒絶権者の判断が尊重されるべきである（参照、東京地判令4・7・29LEX/DB25572412）。捜査機関が、103条但書及び104条但書のいう「国の重大な利益を害する場合」に当たらないことを理由に、不承諾にもかかわらず捜索することは許されない。これに対し、105条但書のいう権利の濫用に当たることを理由に差し押えることは、一応認める必要があるだろう。押収を拒絶された物だけが差押え対象である場合、押収拒絶の意思表示があった時点で捜索する意味はなくなるので、手続を中止すべきである。

(5) 実施手続

(i) 令状の呈示

　捜索・差押え・検証等を行うにあたっては、「処分を受ける者」に令状を呈示する必要がある（222条1項、110条）。ここでいう「処分を受ける者」とは、処分によって権利侵害を被る者とは必ずしも一致しない。例えば、捜索には原則として捜索場所の責任者が立ち会い、立会人に令状の呈示が行われるが、後述のように立会人は必ずしも責任者に限定されていない。また、郵便物等を差し押さえる場合の処分を受ける者は取扱い事業者であるが、通信の秘密を侵害されるのは差し押さえられた郵便物等の発信人や受取人である。このことは、捜索・差押え等の令状の呈示が、その理由を相手に告知したり、不服申し立てを可能にすることを目的としているのではなく、立会人に令状を呈示させることによる令状によらない違法な強制処分の抑止自体にあることを意味する。令状の呈示は原則として事前に行うべきであるが、事前に令状を呈示したのでは証拠が破棄隠滅されるおそれがある場合は、捜索・差押え・検証等を安全に行える状態を確保してから令状を提示することは適法である（参照、最決平14・10・4刑集56巻8号507頁）。

(ii) 必要な処分等

差押え、記録命令付き差押え又は捜索を行う際は、「錠をはずし、封を開き、その他の必要な処分」を行うことができる（222条1項、111条1項）。必要な処分は、押収物を調べるためにも行うことができる（同条2項）。検証の際は、「身体の検査、死体の解剖、墳墓の発掘、物の破壊その他必要な処分」をすることができる（222条1項、129条）。ただし、身体検査を行うためには、身体検査令状を取得する必要がある（218条1項）。これらの必要な処分は、捜索・差押え・検証等の目的を果たす上での必要性の程度に見合った相当な方法を用いなければならない。押収した電子計算機に保存されているID・PWを用いてリモート・アクセスして外部の記録媒体に保存されているデータを取得した事案において、東京高判平28・12・7高刑集69巻2号5頁は、リモート・アクセスが外部の記録媒体の管理者に対する新たな権利侵害を伴うことを理由に、押収物に対する必要な処分としては許されず、218条2項の差押え令状によるべきであり、また、押収した電子計算機に対する検証令状を取得しただけでも許されないと判示している。

差し押さえるべき物が電磁的記録に係る記録媒体であるときは、記録媒体を可視化して該当性を判断した上で差し押さえる必要があるところ、その際に、捜索・差押えの処分を受ける者に対し、電子計算機の操作その他の必要な協力を求めることができる（222条1項、111条の2）。

(iii) 捜索時の写真撮影

捜索時には、差押え物の証拠価値を保全する目的や捜索・差押えが適法に行われたことを記録する目的等から写真撮影も行われることが通常である。こうした捜索時の写真撮影も検証としての性質を有するが、捜索・差押えに付随する処分として行われる限りは捜索・差押え令状に基づき行うことができ、別途検証令状を得る必要はないと解するのが通説である。差押え対象物でない書類を撮影して、事実上、差し押さえたのと同じ目的を果たそうとすることや、捜索・差押えとは無関係に捜索場所の状況を把握するため撮影することは、捜索・差押えに付随する処分とはいえず違法である(参照、東京地決平2・1・11刑集44巻4号392頁、東京高判平5・4・14判タ859号160頁)。

(iv) 妨害排除措置

捜索・差押え・検証等を行っている間は、妨害を排除するため、何人に対しても、許可を得ないでその場所に出入りすることを禁止したり、禁止に従わない者を退去させ、又は執行が終わるまで看守者を付すことができる(222条1項、112条)。捜索・差押え・検証等を途中で中止する場合において必要があるときは、捜索・差押え・検証等が終わるまでその場所を閉鎖し、又は看守者を置くことができる(222条1項、118条)。

(v) 立会い

裁判所による捜索・差押え・検証の場合は身体を拘束されていない被告人や弁護人にも立会権が認められる(113条、142条)。これに対し、捜査機関による捜索・差押え・検証には捜査機関が必要と認めるときに被疑者を立ち会わせることができるに過ぎない(222条6項)。公務所内で捜索・差押え・検証等を行うときは、その長又はこれに代わるべき者に通知してその処分に立ち合わせなければならない。それ以外の場所で捜索・差押え・検証等を行うときは、住居主若しくは看守者又はこれに代わるべき者を立ち会わせなければならない。それができないときは、隣人又は地方公共団体の職員を立ち会わせなければならない(222条1項、114条)。

女子の身体を捜索する場合は、急速を要する場合を除いて、成年の女子を立ち会わせなければならない(222条1項、115条)。女子の身体を検査する場合は、必ず医師又は成年の女子を立ち合わせなければならない(222条1項、131条2項)。これらの義務規定は、場所に対する捜索・検証の立会いとは異なり、立会人に身体捜索や身体検査を行わせる趣旨と解するのでなければ意味がない。なお、身体検査については、対象者の健康や名誉を害しないように注意しなければならない（222条1項、131条1項）。

(vi) 夜間執行の禁止

令状に夜間でも行える旨の記載がある場合を除き、日出前、日没後には捜索・差押えのために人の住居等に立入ることはできない。日没前に着手した場合は日没後も継続できる（222条3項、116条）。ただし、117条各号が定める夜間の立入りが許される場所に対する捜索・差押えについては、夜間執行の禁止はない（222条3項、117条）。検証についても同様である（222条4項、5項）。

(vii) 身体検査の強制

正当な理由がなく身体検査を拒否した者に対しては、過料・費用賠償を命ずるよう、裁判所に請求することができる（222条1項、137条、222条7項）。また、身体検査拒否罪（10万円以下の罰金又は勾留）に問うこともできる（222条1項、138条）。これらの間接強制をとってもその効果がないと認めるときは、そのまま直接強制することができる（222条1項、140条）。

(viii) 押収目録の交付等

押収の被処分者に対しては押収目録の交付が義務付けられている（222条1項、120条）。刑訴法100条により郵便物等の差押えを行った場合は、それによって捜査が妨げられる虞がある場合を除き、郵便物等の発信人又は受信人にどの郵便物を差し押さえたかを通知しなければならない（222条1項、100条3項）。

(ix) 押収物の管理、還付・仮還付、被害者還付

押収物の管理方法につき、運搬又は保管に不便な物は、運搬せずに看守者を置いたり、承諾を得て、所有者等自らに保管させることができ、また、それが危険物であるときは捜査機関の判断で廃棄することができる（222条1項、121条1項、2項）。没収することができる押収物で滅失若しくは破損の恐れがあるもの又は保管に不便なものについては、捜査機関の判断でこれを売却してその代価を保管することができる（222条1項、122条）。押収物で、留置の必要がなくなったものは、事件の終結を待たないで押収された者に還付しなければならない。また、とりあえず留置しておく必要がないものについて

は、押収を受けた者から請求があれば仮還付できる（222条1項、123条1項、2項）。還付によって第三者の法的利益が著しく侵害する危険があり、かつ不還付によって申請者が被る不利益が小さいときは、還付請求が権利の濫用とされる場合がある（参照、最決令4・7・27刑集76巻5号685頁）。押収に代わる処分により電磁的記録を移転させた記録媒体を差し押さえた場合で、当該記録媒体が差押えを受けた者の所有・所持又は保管するものでないときは、電磁的記録媒体自体の交付又は電磁的記録の複写を許す形で、留置の必要がなくなった電磁的記録が返還される（222条1項、123条3項）。検察官は公訴の提起後、被告人側が訴訟準備をするに当たり、なるべくその事件に関する押収物を利用することができるようにするため、押収物の還付・仮還付の制度の規定の活用を考慮することが義務付けられている（規則178条の16）。贓物を押収し、留置の必要がなくなったときは、被害者に還付すべき理由が明らかなときに限り、事件の終結を待つことなく、被害者還付しなければならない（222条1項、124条）。事件の終結前に還付・仮還付されなかった押収物は、判決で没収の言渡しがなかったときに押収が解かれ、還付される（346条）。被害者還付すべき贓物で事件終結前に還付しなかったものは、判決時に被害者還付が言い渡される（347条）。

(6) 身体内からの証拠採取

(i) 体液の採取

血液は任意に排出できるものではなく、採取するためには身体に対する侵襲を伴うため、医師に鑑定を嘱託した上で、直接強制が可能になるよう、鑑定処分許可状と身体検査令状を併用する形で採取が行われている。これに対し、意図的に体外に排出できる尿については、任意提出を求める形で採取することが一般的である。しかし、相手がこれに従わないときは、強制的な採取が必要となる。そこで、尿の任意提出に応じない者に対して、強制採尿のための令状を取得し、被疑者の身体を拘束して、尿道から膀胱までカテーテルを挿入して、尿を排泄させる方法が用いられてきた。これに対し、強制採尿は人間の尊厳を害しており、憲法13条に違反するとする説（鈴木93頁、三井（1）63頁、白取170頁）や、その許容性について立法府の判断のないまま判例によって許容すべきではないとする説（光藤Ⅰ 167頁、酒巻151頁）も有力である。

強制採尿の合憲性及び適法性が争われた事案において、最決昭55・10・23刑集34巻5号300頁は、強制採尿は、「医師等これに習熟した技能者によって適切に行われる限り、身体上ないし健康上格別の障害をもたらす危険性は比較的乏しく、仮に障害を起こすことがあっても軽微なものにすぎないと考えられるし、また、右強制採尿が被疑者に与える屈辱感等の精神的打撃は、検証の方法としての身体検査においても同程度の場合がありうるのであるから、被疑者に対する右のような方法による強制採尿が捜査手続上の強制処分として絶対に許されないとすべき理由はなく、被疑事件の重大性、嫌疑の存在、当該証拠の重要性とその取得の必要性、適当な代替手段の不存在等の事情に照らし、犯罪の捜査上真にやむをえないと認められる場合に、最終的手段として、適切な法律上の手続を経てこれを行うことも許されてしかるべきであり、ただ、その実施にあたっては、被疑者の身体の安全とその人格の保護のため十分な配慮が施されるべきものと解するのが相当である。」と述べた上で、「体内に存在する尿を犯罪の証拠物として強制的に採取する行為は捜索・差押えの性質を有するものとみるべきであるから、捜査機関がこれを実施するには捜索差押え令状を必要とすると解すべきである。ただし、右行為は人権の侵害にわたるおそれがある点では、一般の捜索・差押えと異なり、検証の方法としての身体検査と共通の性質を有しているので、身体検査令状に関する刑訴法218条5項（注：現在は6項）が右捜索差押え令状に準用されるべきであって、令状の記載要件として、強制採尿は医師をして医学的に相当と認められる方法により行わせなければならない旨の条件の記載が不可欠であると解さなければならない。」と判示した。

本決定は、膀胱中の尿も排泄が予定されている物であるとの前提に立ち、捜索差押え令状の形式による強制採尿を肯定した上で、医師によることを不可欠の条件とし、また捜査上真にやむをえない場合の最終的手段として許されるという限定を施した。「最終的手段として」という意味には、令状取得後も任意提出を促し、それでも応じないときに強制が許されるという趣旨を含むものと解することができる。もっとも、最決平3・7・16刑集45巻6号201頁は、被疑者が錯乱状態にあり意思確認ができなかった事案において、錯乱状態からの回復を待たず、任意提出の機会を与えないまま強制採尿したことを適法としており、本人から任意提出の最終的な意思確認を行うことを、絶対的な条件とはしていない。

強制採尿は一般の捜索・差押えとは異なり、被疑者をそれに適した場所に移動させなければ実施できない。そこで、最決平6・9・16刑集48巻6号420頁は、令状を発付する裁判官は、連行の当否を含めて審査し、右令状を発付したものとみられることを理由に、捜索差押え令状であっても、採尿に適する最寄りの場所まで被疑者を連行することができると解している。そして、強制採尿令状には、被疑者を採尿に適する最寄りの場所まで連行することを許可する旨を記載することができることはもとより、被疑者の所在場所が特定しているため、そこから最も近い特定の採尿場所を指定して、そこまで連行することを許可する旨を記載することができるとした。本決定は強制採尿のための場所を含めて令状審査を受けていることを連行が許容される理由としていることから、令状に連行場所及び連行を許可する旨の記載がなければ連行は許されないというべきである。過去の判例には222条1項が準用する111条の「必要な処分」として連行が許されると解したものがあるが（参照、函館地決昭60・1・22判時1147号157頁＝判タ550号294頁、東京高判平2・8・29判時1374号136頁）、そうするとどの場所に連行するかは捜査機関の任意となってしまい、問題が残る。

なお、強制採尿令状によって採尿場所に移動させるための身体拘束は許されるとしても、強制採尿令状は逮捕状とは異なるから、同令状により被疑者を捜索する目的で住居等に立ち入ることまで許されることにはならない。したがって、捜査機関が被疑者の現在の所在場所を把握できていることが令状発付の前提になる。強制採尿令状により第三者の場所に対するプライバシーを侵害することも正当化できないから、被疑者が第三者の管理する場所にいる場合に、強制的にその場所に侵入することも許されないというべきである（参照、札幌高判平29・9・7高刑速（平29）336頁）。強制採尿令状の効力は尿の採取を完了した時点で失効するため、尿の鑑定結果が出るまでの間、被疑者を留置しておくことは許されない。

判例が、捜索差押え令状に条件を付す形式による強制採尿を許容していることから、身体の完全性を害さずに対外に排泄させることが可能な唾液や精液も、同様の形式で強制採取が許容されるのか、あるいは血液採取と同じ方式によるべきかが問題となる。この点、実務においては、唾液採取は鑑定処分許可状と身体検査令状の併用によっているとされる（令状実務806頁〔上岡〕）。精液の強制採取は対象者の名誉を著しく傷付けるため、捜査手段としてはおよそ許されず、必要なときは任意提出によるべきである。

(ii) 嚥下物等の採取

捜索差押え令状により強制採尿ができるとすれば、嚥下、肛門・膣からの挿入あるいは皮下への埋込みにより身体内にとどまっている物を、強制的に対外に排泄させ、あるいは直接取り出すための措置も、強制採尿のための令状と同様の形式により行ってよいことになろう。嚥下物等を取り出す前に、レントゲン検査やCT検査により体内の異物の有無を確認するためには、鑑定処分許可状と身体検査令状を併用して行う必要がある。開腹手術といった高度の身体的侵襲を伴う措置は、捜査手段としてはおよそ許されないというべきである。捜索差押許可状、身体検査令状及び鑑定処分許可状を併用して、医師に、強制的に被告人の肛門から内視鏡を挿入し、腸内にとどまっていたSDカードを取り出させ、これを差し押えたことが違法とされた事例がある（参照、千葉地判令2・3・31判タ1479号241頁）。患者の治療上の必要から手術等によって取り出した証拠物を押収することはできる。

8.3. 逮捕に伴う捜索・差押え・検証

(1) 令状主義の例外とする理由

憲法35条は逮捕の場合の捜索・押収を令状主義の例外としている。これを受けて、刑訴法220条1項は、被疑者を逮捕する場合において必要があるときは、「人の住居又は人の看守する邸宅、建造物若しくは船舶内に入り被疑者の捜索をすること」（1号）、及び「逮捕の現場で差押え、捜索又は検証をすること」（2号）ができると定める。1号は、被疑者を逮捕する場合の被疑者の捜索を許容したものであり、証拠を発見するための捜索ではない。

220条1項2号による無令状の捜索・差押え等の目的には、逮捕の現場における証拠の収集・保全に加えて、逮捕を安全に遂行するために、被疑者が凶器や逃走用具を所持していないかを捜索し、発見すれば一時的に保管する目的も含まれている。凶器や逃走用具の捜索については、逮捕の安全な遂行のために必要な措置は強制処分たる逮捕自体の効力として当然認められるべきであるから、2号に基づく処分ではないとする説明も可能である。しかしながら、1項2号は裁判所への出頭を確保するために行われる被告人の勾引状や勾留状の執行にも準用されていることから（4項）、2号に身体拘束の安全な遂行を図る目的の捜索も含まれていると解してよかろう。

憲法及び刑事訴訟法が逮捕する場合の証拠の収集・保全を令状主義の例外とした理由については、大きく二つの考え方が対立している。一つは、(a) 逮捕の際には、逮捕の現場にある証拠が毀棄・隠匿される危険が高まるため、被疑者の直接的支配が及ぶ範囲に限り、緊急の処分として令状によらない差押え、捜索又は検証を許容したものであるとする説である（緊急処分説ないし限定説）。これに対し、(b) 被疑者に逮捕できる程度の嫌疑が認められるならば、逮捕の現場に証拠が存在する相当な蓋然性を肯定でき、捜索・差押え等の要件は満たされていると考えられること、及び、逮捕の際には逮捕の現場や被疑者の身体・所持品に対するプライバシーの期待は失われていることから、令状主義の合理的な例外を認めたものとする説がある（相当説ないし合理説）。最大判昭36・6・7刑集15巻6号915頁は、憲法35条が令状主義の例外を認めている理由について、この場合には、令状によることなくその逮捕に関連して必要な捜索、押収等の強制処分を行なうことを認めても、人権の保障上格別の弊害もなく、且つ、捜査上の便益にも適なうことが考慮されたことによるものと述べており、相当説を採っている。しかしながら、逮捕の現場に証拠が存在する蓋然性を肯定でき、あるいはプライバシーの期待が失われる範囲は、逮捕の現場が被疑者の管理する場所か否かによって異なることから、被疑者が管理する場所で逮捕する場合と、被疑者が管理していない場所で逮捕する場合とで、相当説的理解と限定説的理解を使い分ける二分説が妥当であろう（井上〔2014〕358頁、酒巻126-127頁）。

(2) 要件

(i) 時間的同一性

「逮捕する場合」とは逮捕の着手後でなければならないか否かが問題となる。この点、最大判昭36・6・7刑集15巻6号915頁は、被疑者が帰宅しだい緊急逮捕する態勢の下に捜索を開始し、捜索中に帰宅した被疑者を緊急逮捕したことの適法性が争点となった事案において、逮捕する場合とは「逮捕との時間的接着性を必要とするけれども、逮捕着手時の前後関係を問わない、単なる時点よりも幅のある逮捕する際をいう……と解すべき」との理由から、当該捜索を適法とした。しかし、当該判決の少数意見が指摘するように、逮捕着手前を含むことになれば、たまたま捜索中に被疑者が帰宅したか否かという偶然の結果によって、逮捕に先行する捜索・差押え等の適法性が左右されることになってしまいかねない。そこで、逮捕の着手との前後関係は問わないとしても、少なくとも現場に被疑者が所在し、確実に逮捕に着手できる状況に至っていることが必要というべきである。

(ii) 場所的同一性

「逮捕の現場」は、緊急処分説の立場からは、被疑者の直接的支配が及ぶ範囲に限定されることになる。逮捕の現場に居合わせた第三者が、被疑者のために証拠を毀棄・隠匿する可能性があるときは、第三者の直接的支配下も含めてよかろう。これに対し、相当説の立場からは、被疑者が逮捕された地点と同一の場所であり、かつ、証拠が存在する蓋然性が認められる範囲であれば、逮捕の現場にあたることになる。例えば、被疑者が自宅で逮捕された場合は、逮捕された部屋だけでなく、自宅全体が逮捕の現場ということになる。判例には、ホテル5階待合所で逮捕後、被逮捕者を7階の客室に連行の上、同室を捜索した行為が適法とされた事例がある（参照、東京高判昭44・6・20高刑集22巻3号352頁）。本判決は相当説の立場から、待合所も客室も被疑者がホテルの宿泊客として自由に移動できるホテル内の施設であり、たまたま待合所で逮捕するか客室で逮捕するかに重要な違いはないことから、逮捕現場と客室との場所的同一性を肯定したものと理解することができる。逮捕の現場であっても、そこに居合わせた第三者のプライバシーは保護されるべきであり、その者の所持品や身体の捜索は許されない。もっとも、この場合も、逮捕の現場に居合わせた第三者が差し押さえるべき物を隠匿していると認めるに足りる状況が存在すれば、例外を認めてよかろう（参照、函館地決昭55・1・9刑月12巻1・2号50頁）。

令状を取得する手間を省くために、被疑者を発見した場所であえて逮捕を行わず、被疑者を証拠が存在する蓋然性のある場所まで任意に同行し、同行先で逮捕して、その場所で無令状の捜索・差押え等をすることは、220条1項2号に基づく強制捜査権限の濫用であって違法というべきである。福岡高判平5・3・8判タ834号275頁は、知人宅から出てきた同居中の被疑者に対する職務質問を継続するために再び知人宅に移動し、知人宅内で現行犯逮捕した後、知人宅を捜索した事案において、「職務質問を継続する必要から、被疑者以外の者の住居内に、その居住者の承諾を得た上で場所を移動し、同所で職務質問を実施した後被疑者を逮捕したような場合には、逮捕に基づき捜索できる場所も自ずと限定されると解さざるを得ない」との理由から、知人宅の捜索を違法とした。

逮捕の着手時から完遂時までに被疑者が移動した場所は、移動経路も逮捕の現場に含めてよかろう。これに対し、逮捕を完遂した場所から被逮捕者を移動させたときは、移動先は逮捕の現場には当たらない。ただし、逮捕した被疑者の身体又は所持品に対する捜索・差押えに限っては、逮捕現場付近の状況に照らし、被疑者の名誉等を害し、被疑者らの抵抗による混乱を生じ、又は現場付近の交通を妨げるおそれがあるといった事情のため、その場で直ちに捜索・差押えを実施することが適当でないときには、速やかに被疑者を捜索・差押えの実施に適する最寄りの場所まで連行した上、これらの処分を実施することも、同号にいう「逮捕の現場」における捜索・差押えと同視してよいと解されている（参照、大阪高判昭 50・7・15 刑月 7 巻 7=8 号 772 頁、東京高判昭 53・11・15 高刑集 31 巻 3 号 265 頁、最決平 8・1・29 刑集 50 巻 1 号 1 頁。違法事例として、大阪地決昭 47・4・27 刑月 4 巻 4 号 916 頁、東京高判昭 47・10・13 刑月 4 巻 10 号 1651 頁、大阪高判昭 49・11・5 判タ 329 号 290 頁）。

(iii) 必要性

逮捕に伴う捜索・差押え・検証はその必要性が認められる限度において行うことができる。逮捕の現場で被逮捕者の身体検査を行う必要性は通常認められない。加えて、218 条 3 項が、身体拘束を受けている被疑者の身体測定等について「被疑者を裸にするのでない限り」という条件のもとで令状主義の例外を認めていることとの比較からすれば、被疑者を裸にする身体検査は逮捕後に令状を取得して行うべきである。逮捕に伴い捜索・差押え等が許されるのは逮捕事実に関する証拠収集のためであり、逮捕事実と関連しない証拠を収集する目的で捜索・差押え等を行うことは違法である（参照、札幌高判昭 58・12・26 刑月 15 巻 11＝12 号 1219 頁）。

8.4. 電気通信の傍受

(1) 対象となる通信

電気通信の傍受（222条の2）の要件と手続は、「犯罪捜査のための通信傍受に関する法律」（通信傍受法）において定められている（以下、本節における法律名を明記していない条文番号は通信傍受法のそれを指す）。同法は、通信当事者のいずれの同意も得ないで有線又は交換設備に機器を接続して行う傍受のみを対象としている（2条1項、2項）。電話だけでなくファクスや電子メールも対象となる。一方当事者の同意に基づく通信の録音は任意捜査として許容される。無線通信も通信の秘密は保護されているが（電波法109条、109条の2参照）、電波は傍受される可能性を想定の上で発信しているということができるから、通信相手にのみ暗号解読キーを知らせて行われる電波通信を傍受し暗号を解読するような場合を除けば、任意捜査に分類してよかろう。

(2) 傍受の要件

通信傍受令状は、①別表犯罪につき3条各号に該当する被疑事実が存在し、②別表犯罪に関する犯罪関連通信が行われると疑うに足りる状況があり、かつ、③他の方法によっては、犯人を特定し、又は犯行の状況若しくは内容を明らかにすることが著しく困難であるとき（補充性）、④特定の通信手段であって、被疑者が通信事業者等との間の契約に基づいて使用しているもの、又は犯罪関連通信に用いられていると疑うに足りるものを対象として、発付することができる（3条1項）。別表犯罪は、「数人の共謀」により行われることで足りる別表第1の犯罪と、「あらかじめ定められた役割の分担に従って行動する人の結合体」により行われることが要件となる別表第2の犯罪がある。被疑事実は三類型に分けられている（3条1項各号）。いずれの被疑事実もその発生を疑うに足りる「十分な理由」がある場合に限定されている。

1号類型は、別表第1又は別表第2に掲げる犯罪が犯されたと疑うに足りる十分な理由がある場合において、当該犯罪が数人の共謀によるもの（別表第2犯罪は組織性要件を満たすものに限る。2号、3号も同じ）であると疑うに足りる状況がある場合である。

2号類型は、特定の別表犯罪が犯され、かつ、引き続き所定の条件を満たす何らかの別表犯罪が犯されると疑うに足りる十分な理由がある場合において、これらの犯罪が数人の共謀によるものであると疑うに足りる状況がある場合である。これから犯されると予測される犯罪は、（イ）当該犯罪と同様の態様で犯されるこれと同一又は同種の別表に掲げる罪、（ロ）当該犯罪の実行を含む一連の犯行の計画に基づいて犯される別表に掲げる罪、のいずれかでなければならない。

3号類型は、死刑又は無期若しくは長期2年以上の拘禁刑に当たる罪が、別表に掲げる罪と一体のものとしてその実行に必要な準備のために犯され、かつ、引き続き当該別表に掲げる罪が犯されると疑うに足りる十分な理由がある場合において、当該犯罪が数人の共謀によるものであると疑うに足りる状況がある場合である。

犯罪関連通信とは、「対象犯罪の実行、準備又は証拠隠滅等の事後措置に関する謀議、指示その他の相互連絡その他当該犯罪の実行に関連する事項を内容とする通信」のことである。犯罪関連通信に用いると疑われる通信手段は、電話番号その他発信元又は発信先を識別するための番号又は符号によって特定しなければならない。被疑者が通信事業者等との間の契約に基づいて使用しているもの（犯人による犯罪関連通信に用いられる疑いがないと認められるものを除く）だけでなく、犯罪関連通信に用いると疑われる通信手段であれば、被疑者以外の者が契約している通信手段も対象となる。

(3) 通信傍受令状

通信傍受令状の請求権者は検事総長が指定する検事又は警察官については警視以上に限定されている（4条1項）。一時的保存を命じて行う通信傍受（20条1項）又は特定電子計算機を用いる通信傍受（23条1項）の定める方法による傍受のためには、令状請求の際に合わせて特別の許可を請求する必要がある（4条3項）。通信傍受令状には、被疑者の氏名、被疑事実の要旨、罪名、罰条、傍受すべき通信、傍受の実施の対象とすべき通信手段、傍受の実施の方法及び場所、傍受ができる期間、傍受の実施に関する条件、有効期間等を記載しなければならない（6条1項）。捜索・差押え・検証等の令状とは異なり、被疑事実の要旨まで記載することになっている。また、4条3項の請求を許可するときは、傍受令状にその旨を記載しなければならない（同条2項）。傍受令状に記載される当初の傍受期間は10日以内であり（5条1項）、必要があれば、捜査機関の請求により10日以内の期間を定めて、延長が認められる。延長は複数回可能であるが、通じて30日を超えることはできない（7条1項）。

ただし、同一の被疑事実であっても、同一の通信手段について更に傍受をすることを必要とする特別の理由がある場合は、再度の通信傍受令状の取得が可能である（8条）。

(4) 傍受の手続

傍受のやり方には、①受信と同時に聴取する方式と、②通信を一時的に保存し、後から再生聴取する方式（20条1項）がある。また、聴取場所については、③通信事業者等の施設において聴取する方式（13条、21条1項）と、④通信を捜査機関の施設に伝送し、伝送先において聴取する方式（23条）がある。一時的保存方式による場合は個々の通信間の待機時間を節約できる。また、伝送方式による場合は通信管理者等を立ち会わせる必要がなく（20条1項）、負担を軽減できる。伝送方式は、法律が要求するセキュリティ機能を備えた「特定電子計算機」の使用を義務付けることによって不正ができない仕組をとっている。暗号化のための変換符号や復号化のための対応変換符号は裁判所の職員が作成して提供することになっている（9条）。

(i) 傍受前の手続

傍受令状は被疑事実の要旨を除き、通信管理者等に呈示しなければならない（10条）。傍受の実施にあたり、電気通信設備に傍受のための機器を接続することその他の必要な処分をすることができる（11条1項）。通信事業者等は傍受のための機器の接続その他必要な協力を行う義務を負う（12条）。

(ii) 通信管理者等の立会い

通信事業者等の施設で傍受を行う場合は、傍受又は再生の際に通信管理者等の立会いが必要である（13条、21条1項）。立会人には、①傍受のための機器の接続が令状で許可された通信手段になされているかどうかの確認、②令状によって許可された傍受ができる期間及び時間等が遵守されているかどうかの確認、③スポット傍受が適正な方法で行われているかどうかの確認、④傍受をした通信がすべて録音されているかどうかの確認、⑤20条第1項の規定による封印の役割がある（通信傍受規則12条1項）。

(iii) 傍受の範囲

傍受すべき通信以外に、次の通信を傍受することができる。

第一は、該当性判断のための傍受である。検察官又は司法警察員は、傍受の実施をしている間に行われた通信であって、傍受令状に記載された傍受す

通信傍受の主な手続

		傍受方式	
		同時聴取方式	一時的保存方式（20条、21条）
聴取場所	通信事業者等の施設	・捜査機関による傍受 ・傍受時の通信管理者等の立会い（13条）	・捜査機関による期間の指定 ・情報管理者等による指定期間内の全通信の暗号化信号の一時的保存 ・情報管理者等による保存信号の復元 ・捜査機関による再生 ・再生時の通信管理者等の立会い ・情報管理者等による保存信号の消去
	捜査機関の施設（伝送方式）（23条）	・情報管理者等による全通信の暗号化信号の特定電子計算機への伝送 ・捜査機関による受信信号の復元と聴取	・情報管理者等による全通信の暗号化信号の特定電子計算機への伝送 ・受信信号の自動的一時的保存 ・捜査機関による保存信号の復元と再生 ・保存信号の復元と同時の自動的消去
共通の手続		・通信管理者等への傍受令状の呈示（10条） ・傍受機器の設置等の必要な処分（11条） ・通信管理者等の協力義務（12条） ・スポット傍受、緊急傍受等（14条、15条） ・傍受の禁止（16条） ・電話番号等の探知（17条） ・傍受の終了（18条） ・傍受をした通信の記録の作成（24条） ・原記録の封印・裁判所への提出（25条） ・特定電子計算機を用いる通信傍受の記録と提出（26条） ・傍受実施状況記載書面の提出（27条、28条） ・傍受記録の作成（29条） ・通信当事者への通知（30条） ・通信当事者の傍受記録の聴取、閲覧、複製権（31条、32条） ・裁判又は処分に対する不服申立権（33条）	

べき通信（以下単に「傍受すべき通信」という）に該当するかどうか明らかでないものについては、傍受すべき通信に該当するかどうかを判断するため、これに必要な最小限度の範囲に限り、当該通信の傍受又は再生をすることができる（14条1項）。該当性判断のための傍受の手段として、通信中、予め設定した一定の時間間隔で傍受する「スポット傍受」の方法が用いられている。

第二は、外国語による通信又は暗号その他その内容を即時に復元することができない方法を用いた通信の傍受である。傍受の時にその内容を知ることが困難なため、傍受すべき通信に該当するかどうかを判断することができないものについては、その全部の傍受をすることができる。この場合においては、速やかに傍受すべき通信に該当するかどうかの判断を行わなければならない（14条2項）。

第三は、他の犯罪の実行を内容とする通信の傍受である。傍受の実施をしている間に、傍受令状に被疑事実として記載されている犯罪以外の犯罪であって、別表に掲げるもの又は死刑若しくは無期若しくは短期1年以上の拘禁刑に当たるものを実行したこと、実行していること又は実行することを内容とするものと明らかに認められる通信が行われたときは、緊急的に当該通信の傍受をすることができる（15条）。本条による緊急傍受は例外的措置であって、被疑事実に関する犯罪関連通信が行われていない通信手段であることが判明した後も、緊急傍受した犯罪事実に関する捜査のために傍受を継続することは、令状主義に反し違法というべきである。

(iv) 傍受の禁止

対象となる通信であっても、医師、歯科医師、助産師、看護師、弁護士（外国法事務弁護士を含む）、弁理士、公証人又は宗教の職にある者（傍受令状に被疑者として記載されている者を除く）との間の通信については、他人の依頼を受けて行うその業務に関するものと認められるときは、傍受をしてはならない（16条）。

(v) 電話番号等の探知

傍受の実施をしている間に行われた通信が、傍受すべき通信若しくは15条の規定により傍受をすることができる通信に該当するものであるとき、又は14条の規定による傍受すべき通信に該当するかどうかの判断に資すると認めるときは、通信相手の電話番号等を探知することができる。この場合においては、別に令状を必要としない。捜査機関から電話番号等の探知のための協力を求められ、あるいは探知のための措置を要請された者は、正当な理由がないのにこれを拒んではならない（17条1項、2項）。

(vi) 傍受の終了

傍受令状の記載するところに従い傍受の実施を中断し又は終了すべき時に現に通信が行われているときは、その通信手段の使用が終了するまで傍受の実施を継続することができる（18条）。令状記載の傍受期間であっても、傍受の理由又は必要がなくなったときは、傍受を終了しなければならない（19条）。被疑事実自体が消滅したとき、被疑者が既に逮捕され傍受の必要がなくなったとき、被疑者に通信傍受が発覚し、当該通信手段を用いて犯罪関連通信が行われる可能性がなくなったとき、当該通信手段につき被疑者の契約が解除されたとき、あるいは犯罪関連通信のために使用しているものでないことが明らかになったとき等が考えられる。

(vii) 一時的保存方式及び伝送方式の特例

一時的保存方式による場合、傍受期間中の全通信の原信号の暗号化、暗号化信号の一時的保存、保存信号の復号による復元は、捜査機関の命令により通信管理者等が行う（20条1項及び2項、21条1項及び2項）。復元された通信の再生手続は上記の（iii）から（vi）と同じである（21条3項乃至8項）。傍受の理由又は必要性が消滅した後の一時的に保存された通信の再生の可否について、傍受の理由又は必要性が消滅しても再生する理由又は必要性までは消滅しない場合があるため例外が認められている（21条9項）。一時的保存信号は復号が終了したとき、再生の実施を終了するとき、あるいは再生の実施を開始してはならないことになったときは、直ちに、通信管理者等により消去されなければならない（22条）。

伝送方式による場合、傍受期間中の全通信の原信号の暗号化、暗号化信号の伝送は、捜査機関の命令により通信管理者等が行う（23条1項）。伝送信号を受信する特定電子計算機は法定の機能を満たしていなければならない（同条2項）。伝送された暗号化信号は受信と同時に復元して傍受することも、一時的に保存することもできる。伝送信号の同時傍受方式の実施手続については、上記（ii）から（iv）の点は同様である（23条1項1号）。（v）の点については、捜査機関から通信事業者等に対し探知要請が行われる（17条3項）。伝送信号の一時的保存方式による場合の再生聴取は、通信管理者等の立会いが不要である点と、一時的保存信号は復号・再生と同時に自動的に削除される点を除き、伝送方式によらないときと同じである（23条4項）。

(viii) 傍受の記録

傍受通信又は再生通信はすべて記録媒体に記録しなければならない（24条）。当該記録は立会人が封印し、裁判官に提出し、原記録として保管される（25条）。伝送方式による場合は、立会人による封印の代わりに、傍受通信を全て暗号化した記録媒体と通常の記録媒体（29条3項、4項手続用）を作成し、前者を裁判所に提出しなければならない（26条）。いずれの場合も、法律の定める事項を記載した傍受の実施状況の記録書面等も合わせて裁判所に提出しなければならない（27条）。また、原記録から本来ならば傍受するべきでない通信を消去した使用用の傍受記録を作成しなければならない（29条）。捜査機関は、傍受記録の作成後は、これ以外の通信記録媒体を保有することも、傍受記録に記録された以外の内容を他人に伝えることも禁止されている（同条6項、7項）。捜査機関は、裁判所に提出した原記録を確認する必要や原記録に残る通信を証拠として使用する必要が生じたときは、32条3項各号の定める通信部分につき、原記録を聴取、閲覧又は複写できる。傍受の原記録は提出の日から5年を経過する日又は刑事事件の終結の日から6月を経過する日のうち遅い日まで保存が義務づけられている（34条）。

(ix) 通信当事者の権利

傍受記録に記録されている通信の当事者に対し、傍受記録を作成した旨及び所定の事項を書面で通知しなければならない（30条1項）。通知期間は原則として傍受終了後30日以内であるが、裁判官は通知が捜査の妨げになると判断した場合は、60日まで通知期間を延長できる（同条2項）。通知を受けた当事者は、使用用の傍受記録のうち当該通信に係る部分を聴取し、若しくは閲覧し、又はその複製を作成することができ（31条）、さらに正当な理由があれば、裁判所が保管する原記録のうち当該通信に相当する部分を聴取し、若しくは閲覧し、又はその複製を作成することができる（32条1項）。傍受記録に記録されている通信以外の通信の当事者、検察官又は司法警察員及び被告人も、正当な理由があれば、原記録の聴取等を請求できる（同条2項、3項、5項）。裁判官のした通信の傍受に関する裁判や捜査機関のした通信の傍受に関する処分に不服がある者は、管轄裁判所にその裁判又は処分の取消し又は変更を請求することができる（33条1項、2項）。裁判所が処分を取り消すときは、原則として捜査機関の保管する傍受記録等の消去を命じなければならない。

第3編 被疑者・被告人の防御権

9. 黙秘権

(1) 意義

憲法38条1項は、「何人も、自己に不利益な供述を強要されない」権利を保障している。本条のいう「自己に不利益な供述」とは刑事責任を問われるおそれのある供述の意味であり、自己負罪拒否特権とも呼ばれている。「強要されない」という言葉には、法律上、不利益供述を義務付けられないという意味と、事実上も不利益供述を強要されないという意味が含まれる。憲法38条1項を受け、刑事訴訟法は被疑者の取調べの際、「自己の意思に反して供述をする必要がない」権利の告知を義務づけ（198条2項）、また、被告人に「終始沈黙し、又は個々の質問に対し陳述を拒むことができる」権利を付与し（311条1項）、かつ公判の冒頭で当該権利を告知することを義務づけている（291条4項）。これらの権利をまとめて黙秘権と呼んでいる。刑事訴訟法の黙秘権規定は、憲法38条1項の趣旨を敷衍したものと理解できる。なぜなら、もし自己に利益な供述であれば強要してよいのであれば、被疑者・被告人が嫌疑に対して弁解を行えないときは不利益な供述しかできないことを推認させることになり、虚偽の弁解をするか、不利益推認を甘受するかを選択せざるを得ないジレンマに陥るからである。それゆえ、自己負罪拒否特権を実質的に保障するためには、刑事責任を問われる虞のある質問に対し、利益か不利益かを問わず黙秘する権利を保障する必要がある。

憲法38条1項は、刑事責任を問われる虞のある事項につき供述を強要されない権利を保障する趣旨であって、およそ刑事責任を問われる虞のない事項について供述を義務付けることは、憲法38条1項に反しない。この点、最大判昭32・2・20刑集11巻2号802頁は、刑訴規則17条が弁護人選任届けに被疑者・被告人と弁護人が連署して書面の提出を要求していることを理由に、氏名を黙秘している被告人が監房番号の自署、拇印等によって自己を表示した弁護人選任届を受理しなかったことの適法性が争われた事案において、自己の氏名は原則として刑事責任を問われる虞のある事項に該当しないことを理由に、憲法38条1項に反しないとした。また、憲法38条1項は、刑事責任を問われる虞のある事項につき「供述」を強要することを禁止しているに過ぎず、供述に当たらない不利益証拠の提供を義務付けることは憲法38条1項に抵触しない。例えば、最判平9・1・30刑集51巻1号335頁は、道路交通法118条の2が呼気検査を義務付け、正当な理由なく呼気検査を拒否する行為を処罰していることの合憲性が争われた事案において、同規定は憲法38条1項に反しないとした。被疑者・被告人が黙秘権を放棄して供述することは自由である。そこでさらに、被告人が公判において、宣誓の上で真実を供述する義務を負う形で証言することができるかが問題となる。この点、英米法においては被告人が公判で宣誓供述することが認められている。これに対し、日本では被告人の宣誓供述制度は採用されていない。被告人の宣誓供述制度は被告人にとって自己の供述の信用性を高める手段となり得る反面、被告人が公判で供述する場合に信用性を低くみられないよう宣誓供述の選択を迫る圧力にもなり、結果的に公判において黙秘の選択を増やす方向に作用する可能性がある。

(2) 行政法規上の報告義務の合憲性

憲法38条1項は「刑事責任」を追及する虞のある事項につき供述を強要されない権利を保障する趣旨であり、行政上の不利益処分を課される虞のある事項について報告義務を課すことを禁止するものではない。しかしながら、行政法規上の報告が後に刑事訴訟における証拠として使用され、あるいは公務員による告発を介して捜査の端緒になることはあり得る。そこで、行政法規上の報告義務が憲法38条1項に抵触する場合がないかが問題となる。この点、旧道路交通取締法に基づき同法施行令67条2項が交通事故を起こした操縦者等に「事故の内容」の報告を義務づけていたことが憲法38条1項に違反しないかが争われた事案において、最大判昭37・5・2刑集16巻5号495頁は、事故を起こした操縦者は、警察官が交通事故の処理をするために必要な限度においてのみ報告義務を負担するものであり、それ以上に刑事責任を問われる虞のある事故の原因その他の事項まで右報告義務のある事項に含まれないと限定解釈することにより、同法施行令の合憲性を肯定した。また、所得税法が税務調査における質問調査に応じることを義務付け、その違反に罰則規定を設けていることの合憲性が争われたいわゆる川崎民商事件において、最大判昭47・11・22刑集26巻9号554頁は、「（憲法38条1項の）保障は、純然たる刑事手続においてばかりでなく、それ以外の手続においても、対象となる者が自己の刑事上の責任を問われるおそれのある事項について供述を求めることになるもので、実質上刑事責任追及のための資料の取得収集に直接結びつく作用を一般的に有する手続にはひとしく及ぶものと解するのを相当とする」と判示し、憲法38条1項の保障が行政手続にも及ぶ場合があることを認めた。当該判決の基準に基づき、当時の国税犯則取締法に基づく調査には憲法38条1項の保障が及ぶとした判例もある（参照、最判昭59・3・27刑集38巻5号2037頁）。

その他の行政法規上の報告義務が合憲とされた事例として、(1) 最判昭54・5・10刑集33巻4号275頁は、覚せい剤を密輸入しようとした者が税関において正しい申告をしなかったことを、関税法上の無許可輸入の罪あるいは関税逋脱の罪として処罰することの合憲性が争われた事案において、右申告は関税の公平確実な賦課徴収及び税関事務の適正円滑な処理を目的とする手続であって、刑事責任の追及を目的とする手続でないことはもとより、そのための資料の取得収集に直接結びつく作用を一般的に有するものでもないことを理由に、これを合憲とした（同旨、最判昭54・5・29刑集33巻4号301頁）。また、(2) 最判昭57・3・30刑集36巻3号478頁は、不法入国者による外国人登録義務違反を処罰することの合憲性が争われた事案において、不法入国外国人の登録申請を受理するにあたり、不法入国に関する具体的経緯を記載しなければ登録を認めない取扱いにはなっていないことを理由に、登録義務違反による処罰を合憲とした。さらに、(3) 最判平16・4・13刑集58巻4号247頁は、死体を検案して異状を認めた医師が、自己がその死因等につき診療行為における業務上過失致死等の罪責を問われるおそれがある場合にも、医師法21条による警察署への届出義務を負うか否かが争われた事案において、本件届出義務は、医師が、死体を検案して死因等に異状があると認めたときは、そのことを警察署に届け出るものであって、これにより、届出人と死体とのかかわり等、犯罪行為を構成する事項の供述までも強制されるものではないこと、また、医師が、同義務の履行により、捜査機関に対し自己の犯罪が発覚する端緒を与えることにもなり得るなどの点で、一定の不利益を負う可能性があっても、それは、医師免許に付随する合理的根拠のある負担として許容されるものというべきであることを理由に、その合憲性を肯定した。これらの判例をまとめれば、行政法規上の報告義務が刑事責任の追及を目的としており、そのための資料の取得収集に直接結びつく作用を一般的に有する性質のものであれば、憲法38条1項の保障が及ぶが、そうでなければ、たとえ報告義務の履行により捜査の端緒を与える不利益を負うことになったとしても、それが当該行政法規の目的に照らして合理的根拠のある負担である限りは、憲法38条1項には反しないことになる。なお、行政法規上の報告義務を課すことが憲法38条1項に抵触しないときであっても、行政機関が捜査に協力する意図の下、捜査機関の補助者として、行政法規上の報告義務を課している調査を行う場合は、憲法38条1項の保障が及ぶというべきである。

10. 弁護人依頼権

被疑者・被告人は訴訟当事者として自ら防御権を行使できる。法人が被疑者・被告人となるときは、法人の代表者が被疑者・被告人の訴訟行為を代表する（27条）。自然人につき責任能力（刑39条及び41条）を問わない罪の被疑者・被告人が意思能力を有しないときは、その法定代理人が被疑者・被告人の訴訟行為を代理する（28条）。被疑者・被告人を代表又は代理する者がないときは、特別代理人を選任しなければならない（29条）。さらに、被告人の法定代理人、保佐人、配偶者、直系の親族及び兄弟姉妹は、自らが被告人の補佐人となることができる（42条1項）。補佐人になるためには審級毎に裁判所に届出をすればよく、裁判所の許可は不要である（同条2項）。補佐人は、刑訴法に特別の規定がある場合を除いて、被告人の明示した意思に反しない限り、被告人がすることのできる訴訟行為を代理できる（同条3項）。

被疑者・被告人又はその代理人等は自ら防御権を行使することができるとしても、そのために必要な知識や技能を備えていないことが通常である。また、被疑者・被告人の活動は罪証隠滅や逃亡の防止、あるいは証人保護の観点から制約を受ける場合がある。とりわけ、身体拘束中の被疑者・被告人は外部との意思疎通を自由に行えるわけではなく、訴訟の準備にも支障を来す。そこで、日本国憲法は37条3項において被告人の弁護人依頼権を保障し、かつ34条においても被抑留・拘禁者の弁護人依頼権を保障している。最高裁は、これらの規定は単なる弁護人選任権の保障に尽きるものではなく、弁護人の援助を受ける機会を実質的に保障する趣旨であると解しており（参照、最判平11・3・24民集53巻3号514頁）、弁護人の援助を受ける機会を制限している法令の合憲性の解釈基準となっている。

(1) 弁護人の選任

すべての被告人又は被疑者は弁護人を選任できる（30条1項）。法定代理人、保佐人、配偶者、直系の親族及び兄弟姉妹は被疑者・被告人のために独立して弁護人を選任することができる（30条2項）。弁護人は原則として弁護士の中から選任しなければならない（31条1項）。その例外として、起訴後、簡易裁判所又は地方裁判所においては、裁判所の許可があれば弁護士でない者を弁護人に選任できる（同条2項本文）。これを特別弁護人とよぶ。地方裁判所における特別弁護人の選任は、他に弁護士の中から選任された弁護人がいる場合に限られる（2項但書）。

弁護人の選任権者が弁護人を選任しようとする場合、特定の弁護士又は弁護士法人に対してではなく、弁護士会に対して弁護人の選任を申し出ることもできる（31条の2第1項）。弁護士会に対して選任の申出があった場合、弁護士会は速やかに所属する弁護士から弁護人となろうとする者を紹介しなければならない（同条2項）。その際、弁護人となろうとする者がいないときは、速やかにその旨を通知しなければならない（同条3項）。勾留中の被疑者・被告人は、勾留決定をした裁判所若しくは裁判官又は勾留場所である刑事施設の長又はその代理者に対し、弁護士、弁護士法人又は弁護士会を指定して弁護人の選任を申し出ることができる（78条1項、207条1項）。当該規定は、逮捕中の被疑者にも準用されており（209条）、逮捕された被疑者は逮捕した検察官若しくは司法警察員又は留置場所の留置施設の長若しくはその代理者に対し、弁護人の選任を申し出ることができる。これらの申し出を受けた者は、被告人又は被疑者が指定した弁護士等にその旨を通知する義務を負う（78

条2項)。

公訴提起前の弁護人の選任は、選任権者と弁護人との連署した書面（弁護人選任届）を、当該被疑事件を取り扱う検察官又は司法警察員に差し出すことで有効になる。公訴提起前の弁護人の選任の効力は第一審においても継続する（32条1項、規則17条)。公訴提起後における弁護人の選任は、審級毎に行わなければならない（32条2項)。これを審級代理の原則という。弁護人は複数選任することができる。被告人に複数の弁護人がいる場合は、裁判所の規則により主任弁護人を定めなければならない（33条、規則19条乃至22条、24条)。ただし、裁判所の規則により被疑者・被告人の弁護人の数を制限することができる（35条)。刑訴規則によれば、被疑者の弁護人は原則として各被疑者につき3人までとされている（規則27条1項)。これに対して被告人の弁護人の数は原則として制限はなく、特別の事情があるときに、裁判所が各被告人につき3人までに制限することができる（規則26条1項)。

(2) 国選弁護制度

被告人が貧困その他の事由により自ら弁護人を選任できないときは、裁判所は、被告人の請求により弁護人を選任しなければならない（36条)。勾留状が発付され、または勾留請求された被疑者のためにも同様に、勾留裁判官は、被疑者の請求により弁護人を選任しなければならない（37条の2)。憲法34条は国選弁護制度について言及していないことから、現行法が制定されてから長い間、被疑者のための国選弁護制度の規定は設けられていなかったが、漸く2004年改正により勾留請求された被疑者のための国選弁護制度が導入された。その他、検察官が即決裁判の申立てをする際も、被疑者に国選弁護人の請求が認められている（350条の17第1項)。なお、国選弁護人の請求がなくても、裁判所が後見的立場から職権で被疑者・被告人のために弁護人を選任できる場合がある（37条、37条の4)。

被疑者・被告人が国選弁護人を請求する場合は資力申告書を提出しなければならない（36条の2、37条の3第1項)。資力が基準額以上である被疑者・被告人が国選弁護人を請求するためには、あらかじめ弁護士会に対し弁護人の選任の申出を行い、申出を受ける弁護人がいないことを確認しなければならない（36条の3第1項、37条の3第2項)。被疑者・被告人は国選弁護人を請求するにあたって弁護人を指定することはできない。国選弁護人の人選は、国からの委託を受け、裁判所若しくは裁判長又は裁判官の求めに応じ、日本司法支援センター（法テラス）が契約をしている弁護士の中から候補を指名し、裁判所若しくは裁判長又は裁判官に通知する形で行われている（総合法律支援法30条1項6号）。国選弁護人には、国から旅費、日当、宿泊料及び報酬が支払われる（38条2項）。国選弁護人の報酬は裁判所が相当と認める範囲で支払われる（刑事訴訟費用等に関する法律8条2項）。法テラスとの契約弁護士が国選弁護人に選任された場合の報酬及び費用は、法テラスの国選弁護人契約約款の定める「報酬及び費用の算定基準」に従い支払われる。

なお、逮捕から勾留までの間は国選弁護制度を利用できない。そこで、これを補うために各地の弁護士会が自主的取組として当番弁護士制度を運用している。逮捕された被疑者は当番弁護士と接見を希望した場合、その日の当番の弁護士が39条1項のいう「弁護人となろうとする者」として、できる限り速やかに接見に来てくれる。初回接見は無料であり、2回目以降は日弁連が法テラスに業務委託している被疑者弁護人援助制度を利用することが可能である。被疑者国選弁護制度導入以降も、逮捕から勾留までの間の弁護人の援助を受ける権利を実効的に保障する役割は弁護士会が担っている。

(3) 弁護人の地位

(i) 弁護人の権利

訴訟手続を構成する行為であって訴訟法上の法律効果が認められるものを訴訟行為という。弁護人は被疑者・被告人の代理人として、明文規定がなくても、被疑者・被告人の意思に従い被疑者・被告人の訴訟行為を包括的に代理することができる（包括的代理権）。また、特別の法律の定めがあるときは、被疑者・被告人の正当な利益の擁護者として被疑者・被告人の意思からは独立して訴訟行為を行うことができる（41条）。弁護人の独立訴訟行為は、代理に親しむ独立代理権に基づくものと、代理に親しまない弁護人の固有権に基づくものに二分するのが通説である。両者の区別は、訴訟行為の効果の帰属、権利の発生・消滅時期及び権利が侵害された場合に救済を受けるべき者の解釈に影響する。独立代理権には被疑者・被告人の意思に反しては行使できないことが明記されているものと、そうでないものがある。前者の例として、忌避の申立て（21条2項）、上訴の申立て（355条、356条）がある。後者の例として、公判調書の記載に対する異議の申立て（51条）、勾留理由の開示請求（82条2項）、勾留の取消請求（87条1項）、保釈請求（88条1項）、不当に長い勾留の取消請求（91条）、証拠保全請求（179条1項）、公判前整理手続期日や公判期日の変更請求（276条1項、316条の6第3項）、証拠調べ請求（298条、316条の17第2項）、証拠調べに関する異議・裁判長の処分に対する異議申立（309条）、公判前整理手続請求（316条の2）、証拠開示請求（316条の15、316条の20）、証拠開示に関する裁定請求（316条の25、316条の26）がある。

固有権には、弁護人にのみ認められているものと、被疑者・被告人の権利と競合するものがある。前者の例としては、訴訟書類・証拠物の閲覧謄写権（40条）、証拠保全に関する書類・証拠物の閲覧謄写権（180条1項）、各種の通知を受ける権利（79条、273条3項）、鑑定立会権（170条）がある。後者の例としては、捜索・差押え立会権（113条）、検証立会権（157条）、第一回公判期日前の証人尋問立会権（228条）、証人尋問権（304条2項）、冒頭陳述権（291条2項、規則198条）、各種意見陳述権（291条の2、293条2項、299条2項）、訴追に関する合意の同意権（350条の3）、即決裁判手続の申立てへの同意権（350条の16第4項、350条の20）がある。被疑者・被告人と弁護人等との接見交通権（39条1項）は弁護人の固有権でもある。

(ii) 弁護人の義務

弁護人の法的地位については民事訴訟と同様、被疑者・被告人の代理人であるとする説と、裁判所や検察官と同様、司法の独立した機関であるとする説がある。代理人説によれば被疑者・被告人の利益のための最善弁護活動をする義務（誠実義務）のみを負い、司法機関説によれば弁護人も一定の範囲で真実義務を負うべきことになる（辻本18-19頁）。弁護士職務基本規程は、弁護士が刑事弁護を行う上での規律について具体的に定めている。それによれば、弁護士は最善弁護活動（46条）、接見の確保と身体拘束からの解放（47条）に努めなければならない。また、弁護人は被疑者・被告人に対し防御権についての説明をし、不当な制限には対抗措置をとらなければならない（48条）。例えば、弁護人が、被告人が無罪を主張するのに対して有罪の主張をしたり、被告人の主張に比してその刑事責任を重くする方向の主張をした場合は誠実義務に違反する。弁護人は被疑者・被告人の正当な利益を擁護する立場にある。そこで、被告人が有罪であることを認めても、弁護人が無罪であると判断したときに無罪の弁論を行うことは誠実義務に反しない。弁護人が誠実義務に違反する訴訟活動を行っていることを放置して結審したことが訴訟手続の法令違反に当たるとされた事例として、東京高判平23・4・12東高時報62巻1～12号33頁がある（同旨、最決平17・11・29刑集59巻9号1847頁〔上田裁判官補足意見〕）。

弁護士職務基本規程5条は、「弁護士は、真実を尊重し、信義に従い、誠実かつ公正に職務を行うものとする。」と定めている。そこで、刑事弁護における真実義務と誠実義務との関係が問題となる。まず、基本規程5条は、刑事事件において弁護人に積極的に真実発見に協力する義務を定めたものではないと解されている（日弁連弁護士倫理委員会編『解説弁護士職務基本規程〔第3版〕』〔2017年〕12頁）。他方で、弁護人が虚偽の陳述をそそのかし、又は虚偽証拠を提出することは禁止されている（同規程75条）。そこでさらに、弁護人が被告人が虚偽の陳述をしていることを知っているときは、虚偽陳述に沿うよう検察側証拠の信用性を争うことや弁論を行うことを控える義務（消極的真実義務）を負うかが問題となる。消極的真実義務との関係では、1966年にアメリカの弁護士のフリードマンが提起した三つの難問（①虚偽供述することが分かっている証人の尋問や被告人の質問、②真実を証言していることが分かっている相手方証人の反対尋問、③被疑者・被告人の虚偽供述を誘発するおそれのある助言）が有名である（参照、村岡啓一「弁護人の誠実義務と真実義務」日本弁護士連合会編『平成8年版日弁連研修叢書／現代法律実務の諸問題』〔第一法規、1997年〕713頁）。この点、(a) 誠実義務に反しない形での消極的真実義務を肯定する見解と、(b) 弁護人はいかなる意味においても被告人の意思に反してまで真実を明らかにする義務を負わないとする、いわゆるhired-gun論ないし誠実義務純化論が対立する。後者の立場からも、身代わり犯人であることが判明したような場合に、弁護人に依頼者に対する誠実義務に尽きない公的義務を肯定する見解はある。

11. 接見交通権

(1) 意義

身体拘束中の被疑者・被告人が外部の者と接見し、又は書類・物の授受を行う権利を接見交通権という。身体拘束中の被疑者・被告人は、弁護人又は弁護人を選任することができる者の依頼により弁護人となろうとする者（以下、「弁護人等」と記す。）と立会人なくして接見し、又は書類若しくは物の授受をすることが認められている（39条1項）。弁護人等との接見交通権は被疑者・被告人の権利であると同時に、弁護人等が弁護活動を行う上での固有権でもある。最大判平11・3・24民集53巻3号514頁は、憲法34条による弁護人依頼権の保障について、単に被疑者が弁護人を選任することを官憲が妨害してはならないというにとどまるものではなく、被疑者に対し、弁護人を選任した上で、弁護人に相談し、その助言を受けるなど、「弁護人から援助を受ける機会を持つことを実質的に保障」する趣旨であるとした。この意味において、刑訴法39条1項の定める弁護人等との接見交通権は憲法34条に由来する権利と解されている。他方で、前記最高裁平成11年判決は、捜査権を行使するためには身体を拘束して被疑者を取り調べる必要が生ずることもあるが、憲法はこのような取調べを否定するものではないから、接見交通権の行使と捜査権の行使との間に合理的な調整を図らなければならないことを理由に、「憲法34条が、身体の拘束を受けている被疑者に対して弁護人から援助を受ける機会を持つことを保障するという趣旨が実質的に損なわれない限りにおいて、法律に右の調整の規定を設けることを否定するものではない」とも述べている。刑訴法39条2項及び3項は1項の調整規定であり、弁護人から援助を受ける機会を実質的に保障するという憲法34条の趣旨を損なわないよう解釈する必要がある。

弁護人等との接見交通権に対し、被疑者・被告人の一般人との接見交通は、法令の範囲内においてのみ許される（80条、207条1項）。裁判所は、逃亡又は罪証隠滅を疑うに足りる相当な理由があるときは、検察官の請求により又は職権で、勾留されている被疑者・被告人と弁護人等以外の者との接見交通を禁止し、又は授受された物を差し押さえることができる。但し、糧食の授受の禁止又は差押えはできない（81条、207条1項）。接見等の禁止処分を受け、弁護人等を通じてしか外部と連絡できない状態は、逮捕・勾留された者にとって精神的苦痛となる。自由権規約7条による拷問・虐待・残虐刑の禁止には、医師や弁護士だけでなく、適切な監視の下で家族と迅速かつ定期的に外部交通を行うことの保障も含まれると解されており（自由権規約委員会一般的意見第20号〔E/C.12/GC/20〕第11パラグラフ）、接見禁止が長期化することは自由権規約7条に違反すると言わなければならない。接見等の禁止処分は「勾留に関する裁判」に該当することから、不服がある場合は抗告・準抗告の対象となる。接見等の禁止を受けた被疑者・被告人から、接見等の禁止処分の全体の取消しを求めるのではなく、特定人物との接見等に限定して禁止を解除する申立てが行われることもある。接見等の禁止の一部解除の申立ては裁判所の職権の発動を促す申立てと解されており、抗告・準抗告の対象とはならないが、処分全体に対する抗告・準抗告の中で禁止を一部解除するよう処分の変更を求めることは可能である（参照、最決平31・3・13裁判集325号83頁）。弁護人が通訳のための専門家を同伴して被疑者・被告人と接見する必要がある場合は、原則的に弁護人等との接見として取り扱われる。ただし、通訳人と被疑者・被告人との関係性によっては、一般接見扱いでしか通訳の同伴が認められないことはありえよう。これに対し、弁護人から鑑定の依頼を受けた者が精神鑑定等のために被疑者・被告人と接見するときは、一般人の接見として取り扱われている。

(2) 秘密交通権の保障

刑訴法39条1項は、弁護人等との立会人のない接見を保障している。同項による弁護人等との接見の秘密の保護は接見終了後も及ぶと解されている。取調官が被疑者に対して弁護人との接見内容を質問することの適法性が争われた事案において、鹿児島地判平20・3・24判時2008号3頁は、「刑訴法39条1項の「立会人なくして」とは、接見に際して捜査機関が立ち会わなければ、これで足りるとするというにとどまらず、およそ接見内容について捜査機関はこれを知ることができないとの接見内容の秘密を保障したものといえ、原則的には接見後その内容を捜査機関に報告させることも許されないといえる」と判示し、福岡高判平23・7・1訟月57巻11号2467頁は、「捜査機関は、被疑者等が弁護人等との接見内容の供述を始めた場合に、漫然と接見内容の供述を聞き続けたり、さらに関連する接見内容について質問したりすることは、刑訴法39条1項の趣旨を損なうおそれがあるから、原則としてさし控えるべきであって、弁護人との接見内容については話す必要がないことを告知するなどして、被疑者等と弁護人等との秘密交通権に配慮すべき法的義務を負っているものと解するのが相当である」と判示している。また、大阪高判平28・4・22判時2315号61頁は、勾留中の被告人が房内に保管していた弁護人との接見メモを捜索し、差し押さえたことの適法性が争点となった事案において、「弁護人が接見時に防御方法の打合せの一環として交付した書類、被告人が接見内容及び防御構想を書き留めたメモ類並びに弁護人との面会接見の代替方法として行われた信書のやり取りは、憲法34条に基づく被告人の接見交通権又は防御権及び弁護人の弁護権として保障されており、これらの防御方法の内容は、基本的には、捜査機関に対して秘匿されるべきである」ことを理由に、捜索・差押えの必要性と被差押者である被告人の被る不利益とを考慮して、判断すべきことを要求した。さらに、名古屋高判令4・2・15判時2559号27頁は、被疑者が弁護人等との接見に備えて取調べの内容や疑問点、意見等を記載し、あるいは接見の内容を記載した、いわゆる「被疑者ノート」にも秘密交通権の保障が及ぶことを理由に、留置担当官による内容検査や英語禁止告知を違法とした。これに対し、被疑者・被告人と弁護人との間で授受される書類・物の秘密については、大阪高判平17・1・25訟月52巻10号3069頁が「(接見室に) 持ち込まれる書類等の内容にまで及ぶ検査については、秘密接見交通権が保障された趣旨を没却する不合理な制限として許されないと解するのが相当である」と判示しているものの（同旨、広島高判平31・3・28LEX/DB25562529)、接見時外の秘密性の保護は不十分なものに留まっている。

(3) 法令上の措置

弁護人等との接見交通に対しても、被疑者・被告人の逃亡、罪証の隠滅又は戒護に支障のある物の授受を防ぐため必要な法令上の措置をとることができる（39条2項)。例えば、未決拘禁者と弁護人等との面会において、未決拘禁者又は弁護人等が「刑事施設の規律及び秩序を害する行為」をしたときは、刑事施設の職員は面会を一時停止したり、終了させることができる（刑事収容117条、113条1項1号ロ)。

(i) 面会の日時・場所の制限

日曜日その他政令で定める日以外の日の刑事施設の執務時間帯に面会しようとするときは刑事施設の長の許可を得なければならない（刑事収容118条1項、3項)。また、面会の場所は、規則により、被収容者と面会相手との間を仕切る設備を有する室と定められている（刑事収容118条4項、同規則70条2項)。もっとも、検察庁に接見設備が設置されていなかったことから、これを理由に接見拒否できるか否かが争点となった事案において、最判平17・4・19民集59巻3号563頁は、刑訴法39条の趣旨が、接見交通権の行使と被疑者の取調べ等の捜査の必要との合理的な調整を図ろうとするものであることを理由に、検察官が上記の設備のある部屋等が存在しないことを理由として接見の申出を拒否したにもかかわらず、弁護人等がなお検察庁の庁舎内における即時の接見を求め、即時に接見をする必要性が認められる場合には、検察官は、例えば立会人の居る部屋での短時間の接見などのように、いわゆる秘密交通権が十分に保障されないような態様の短時間の接見（「面会接見」という。）であってもよいかどうかという点につき、弁護人等の意向を確かめ、弁護人等がそのような面会接見であっても差し支えないとの意向を示したときは、面会接見ができるように特別の配慮をすべき義務を肯定している。

(ii) 接見時の電子機器の使用制限

接見時における電子機器の使用は弁護人であっても制限されている。すなわち、法務省は、法務省平成19年依命通達（「被収容者の外部交通に関する訓令の運用について」）において、刑事施設の庁舎管理権を根拠に、録音機、映像再生機又はパソコンの持込は許可制、カメラ、ビデオカメラ、携帯電話の持込は禁止とし、接見注意事項として掲示することを求めている。そして、弁護人等が当該注意事項に従わずに接見室に対象機器を持ち込んで使用することは、刑事収容施設法113条1項1号ロのいう「刑事施設の規律及び秩序を害する行為」に該当することを理由に、刑事施設の職員がそれを発見した場合は、刑事収容施設法117条の規定に基づき面会を一時停止し、あるいは指示に従わない場合は中止させる運用が行われている。当該措置が弁護人との秘密交通権の侵害に当たらないかが争われた事案において、判例は接見時における電子機器の使用は39条1項のいう「接見」には含まれないことを理由に、法令によらない電子機器の使用の制限は適法であるとした（参照、東京高判平27・7・9訟月62巻4号517頁、福岡高判平29・7・20訟月64巻7号1041頁、福岡高判平29・10・13訟月64巻7号991頁）。しかし、弁護人が接見時の状況を正確に記録するために録音・録画することや、あるいは記録・資料の提示の手段として電子機器を使用することは、身柄事件における効果的な弁護活動を行うための有効な手段であるから、39条1項の接見交通権に含まれると解するべきである。これに対し、弁護人が接見室において通信機器を使用して被疑者・被告人に第三者と通話させることまでは、弁護人等との接見交通権の保障に含まれないといってよい。弁護人が録音・録画機器を介して被疑者・被告人と外部の者との間の逃亡・罪証隠滅工作に加担したときは、弁護士会への懲戒請求によって対処すべきである。

(iii) 信書の内容検査

未決拘禁者が弁護人等宛に発した信書については、内容を検査の上、差止め等を行うことができる（刑事収容135条、136条）。弁護人宛信書の内容検査は憲法違反とする学説もあるが（葛野〔2016〕240頁、葛野＝石田〔2018〕112頁〔中川〕）、判例は合憲としている（参照、大阪高判平24・10・12LEX/DB25483106）。他方、未決拘禁者が弁護人等から受ける信書については、弁護人等からの信書であることの該当性判断のために必要な限度でしか検査することができない（刑事収容135条2項）。ところが、該当性検査のための信書の開封検査は禁止されていないというのが実務の理解である（逐条解説691頁）。この点、自由権規約14条3項（b）は、被告人は防御の準備のために自ら選任する弁護人と連絡することができなければならない旨を定めており、当該権利の意義に関して、自由権規約委員会は、「すべての弁護人は依頼人と他者の同席なしに接見すること、および連絡の秘密が十分に尊重される状態で被告人と連絡することができなければならない」と解している（自由権規約委員会一般的意見32号（CCPR/C/GC/32）第34パラグラフ）。したがって、刑事収容施設法が弁護人と勾留中の被告人との間で発受される信書の秘密につき部分的にしか配慮していないことは、国際人権法の水準を満たすものとは言えない。

(4) 接見指定

(i) 接見指定の要件

捜査機関は、捜査のために必要があるときは、公訴提起前に限り、39条1項による接見又は授受に関し、その日時、場所及び時間を指定することができる。かつては、接見指定の判断に当たっては、罪証隠滅のおそれも含め、捜査全般の利益を考慮して指定が行われていた（捜査全般説）。その結果、接見禁止事件については、検察官から「その日時、場所及び時間を別に発すべき指定書の通り指定する。」という一般的指定書が刑事施設の長宛に送付され、弁護人から接見の申し出があれば、その都度、日時・場所・時間を記載した具体的指定書を検察官のところまで受領しに来させる運用がなされていた時代もあった。これに対し、学説においては、捜査のための必要性は、現に被疑者を取調べ中であるとか、検証や実況見分に立ち合せている場合など、捜査の中断なく被疑者と接見させることが困難な場合に限定されるべきであるとの限定説（平野105頁、鈴木54頁）や、取調べ中であっても、ただちに取調べを中断して立ち合せることが可能であるときは接見を優先させるべきであるとの説（後藤〔2001〕161頁、白取211頁、田口153頁も原則同旨）が有力である。

捜査全般説に基づく運用は、接見交通権が憲法34条の弁護人依頼権に由来する権利であることと相いれない。そこで、判例は捜査全般説を退け、捜査機関において接見等の指定ができるのは、弁護人等から接見等の申出を受けた時に現に捜査機関において被疑者を取調べ中であったり、間近に確実な取調べの予定があり接見を認めると予定通り取調べが行えない場合など、接見等を認めると取調べの中断等により捜査に顕著な支障が生ずる場合に限られるとの立場をとっている（準限定説または顕著な支障説）（参照、最判昭53・7・10民集32巻5号820頁〔杉山事件〕、最判平3・5・10民集45巻5号919頁〔浅井事件〕、最判平3・5・31訟月38巻2号298頁〔若松事件〕、最大判平11・3・24民集53巻3号514頁〔安藤・斉藤事件〕）。なお、取調べを中断あるいは取調べ予定を延期しても顕著な支障がないときは、やはり接見指定の要件を満たさないというべきである（酒巻211頁、宇藤ほか197頁、川出〔2022〕261頁）。現在の通達によれば、取調べ中に接見の申出があった場合は、「できる限り早期に接見の機会を与えるようにし、遅くとも、直近の食事又は休憩の際に接見の機会を与えるよう配慮すること」とされている[8]。その結果、運用上は、取調べ中に接見の申出があったときでも接見指定はせずに、速やかに取調べを中断して接見させることが一般化しているとされる。

(ii) 接見指定の方式

弁護人等から接見の申出があった場合、捜査機関は、直ちに、当該被疑者について申出時において現に実施している取調べ等の状況又はそれに間近い

8　最高検企第206号「取調べの適正を確保するための逮捕・勾留中の被疑者と弁護人等との間の接見に対する一層の配慮について（依命通達）」（平成20年5月1日）、警察庁丙刑企発第62号「取調べの適正を確保するための逮捕・勾留中の被疑者と弁護人等との間の接見に対する一層の配慮について（依命通達）」（平成31年3月26日）。

時における取調べ等の予定の有無を確認して具体的指定要件の存否を判断し、右合理的な接見等の時間との関連で、弁護人等の申出の日時等を認めることができないときは、改めて接見等の日時等を指定してこれを弁護人等に告知する義務がある（参照、最判平3・5・10民集45巻5号919頁）。弁護人等から接見等の申出を受けた者が接見等の日時等の指定につき権限のある捜査官でないため右の判断ができないときは、権限のある捜査官に対し右の申出のあったことを連絡し、その具体的措置について指示を受ける等の手続を採らなければならない（参照、最判平3・5・31訟月38巻2号298頁）。なお、検察官が接見指定を行う予定の事件については、検察官から刑事施設の長宛に、接見指定することがある旨の通知書が送付されている。

接見指定を行う場合、指定の内容は防御の準備を不当に制限するようなものであってはならない（39条3項但書）。最判平12・6・13民集54巻5号1635頁は、初回接見の申出に対して接見日時を翌日に指定したことの適法性が争点となった事案において、初回接見は逮捕された者にとって憲法34条の保障の出発点をなすものであることを理由に、初回接見の申出を受けた捜査機関は、即時又は近接した時点での接見を認めても接見の時間を指定すれば捜査に顕著な支障が生じるのを避けることが可能かどうかを検討し、これが可能なときは、留置施設の管理運営上支障があるなど特段の事情のない限り、逮捕後に直ちに行わなければならない諸手続を終えた後において、比較的短時間であっても、時間を指定した上で即時又は近接した時点での接見を認めることを求めている。

(iii) 起訴後の接見指定

起訴後は、弁護人等による接見の申出に対して、たとえ余罪の取調べの必要があっても接見指定を行うことはできない（参照、最決昭41・7・26刑集20巻6号728頁）。しかし、被告人が余罪で新たに逮捕・勾留された場合は、被疑者としても二重に逮捕・勾留されていることになるため、弁護人が被告事件の準備のために接見するときであっても、被告事件について防禦権の不当な制限にわたらない限りは、接見指定は可能と解されている（参照、最判昭55・4・28民集34巻3号178頁、最判平13・2・7裁判集280号115頁）。

12. 証拠保全請求権

被疑者・被告人は自己に有利な証拠を収集・保全するための強制手段をもたない。そこで、あらかじめ証拠を保全しておかなければ公判においてその証拠を使用することが困難な事情がある場合は、第一回公判期日前に限り、裁判官に証拠の押収、捜索、検証、証人の尋問又は鑑定の処分を請求することができる（179条1項）。第一回公判期日前に限定されているのは、第一回公判期日以降は、証拠保全するまでもなく公判裁判所に証拠調べ請求が可能になることによる。物理的な意味で公判における証拠使用が困難になることが予想される場合に限らず、その時点での供述を保全しておくことが供述の信用性を担保するために重要である場合も、要件を満たすといってよかろう。捜査機関が供述調書を作成した参考人が公判において証人として出頭できないことが予想される場合に、被疑者・被告人側が証拠保全請求を行い、裁判官による証人尋問手続を利用して321条1項1号書面化しておくことも認めてよかろう。証拠保全手続は当該証拠が公判において使用困難になる事情がある場合にのみ認められ、単に有利な証拠を発見する目的で利用することは認められていない。

証拠保全請求は書面で行い、書面には、事件の概要、証明すべき事実、証拠及びその保全の方法、証拠保全を必要とする事由を記載しなければならない（規則138条1項）。加えて、証拠保全を必要とする事由を疎明しなければならない（同条2項）。保全された証拠は裁判所に保管される。検察官及び弁護人は、保全証拠の閲覧謄写権を有する（180条1項）。弁護人による証拠物の謄写について裁判所の許可を条件としているのは、謄写の際に証拠物が破損する場合がありうることによる。弁護人のいない被疑者・被告人は、裁判官の許可を受けて、閲覧謄写ができる（同条3項）。保全証拠に対する証拠調べを義務付ける規定はなく、公判において証拠調べするためには、別途、証拠調べ請求が必要である。保全された証拠は両当事者が共通に利用でき、検察官が証拠調べ請求することも可能である。

第４編　公訴

13. 公訴の提起

13.1. 検察官の事件処理

司法警察員が捜査を終えた事件については、刑事訴訟法に特別の定めがある場合（捜査の終了前に被疑者の送致〔203条1項〕や証拠及び証拠物の送付〔242条〕を義務付けられている事件）を除き、速やかに書類及び証拠物とともに事件を検察官に送致しなければならない（246条本文）。ただし、検事正が各管轄区域において指定した、いわゆる「微罪処分」の対象事件については送致する必要はない（同条但書）。検察官の事件処理には終局処分と中間処分がある。終局処分には①公訴の提起、②不起訴処分、③家庭裁判所送致がある。告訴、告発又は請求のあった事件について、検察官が公訴の提起又は不起訴処分を行ったときは、速やかにその旨を告訴人、告発人又は請求人に通知しなければならない。公訴の取消しや移送の処分を行った場合も、同様である（260条）。また、告訴人等の請求があれば、速やかに不起訴理由を告げなければならない（261条）。法律上の義務とは別に、検察庁は被害者等通知制度により被害者や目撃者等が希望すれば、事件の処理結果、公判期日、刑事裁判の結果等の通知を行っている。

(1) 公訴の提起

公訴提起の形式は、公判請求と略式命令請求（462条）がある。公判請求が行われた場合は公判手続が開始する。死刑又は無期若しくは短期１年以上の拘禁刑に当たる事件以外の事件については、公判請求と同時に即決裁判手続の申立てをすることができる（17.8. 参照）[9]。略式命令請求が行われた場合、

9　その他に交通事件即決裁判手続法（昭和29法113号）に基づく即決裁判請求があるが、現在は運用が停止されている。

裁判所は公判を開かず、書面審査によって100万円以下の罰金又は科料を科すことができる（461条）。略式命令請求は、憲法37条1項が被告人の保障する公開裁判を受ける権利を奪うことになるため、検察官は予め被疑者に略式手続について説明した上で、被疑者が略式手続によることに異議がないことを書面により確かめなければならない（461条の2）。また、略式命令請求を受けた裁判所が略式手続によることが相当でないと考える場合は、通常の公判審理を行わなければならない（463条1項）。さらに、略式命令に不服がある者は、告知を受けた日から14日以内に正式裁判請求を行うことができる（465条1項）。この場合は公判が開かれる。書面審査だけで罰金を命令する略式手続の合憲性につき、最高裁はこれを肯定している（参照、最決昭23・7・29刑集2巻9号1115頁）。

(2) 不起訴処分

不起訴処分は、①訴訟条件を欠く場合、②被疑事実が罪とならない場合、③犯罪の嫌疑がないか、不十分である場合、④法律上刑が免除されるべき場合、⑤起訴猶予にすべき場合に行われる。不起訴処分にした場合、被疑者の請求があるときは、検察官は速やかにその旨を被疑者に告知しなければならない（259条）。不起訴処分後の事情の変更により起訴することは禁止されていない。

(3) 家庭裁判所送致

20歳未満の少年の被疑事実について捜査を遂げた場合、犯罪の嫌疑があると思料するときは、家庭裁判所から送致を受けた場合を除き、家庭裁判所に送致しなければならない。犯罪の嫌疑がない場合でも、少年審判に付すべき事由があると思料するときは、同様である（少年42条1項）。これを全件送致主義という。なお、司法警察員が少年の被疑事件につき捜査を終了した結果、罰金以下の刑にあたる犯罪の嫌疑があると思料するもの、及び犯罪の嫌疑がない場合でも、少年審判に付すべき事由があると思料するものについては、司法警察員が直接、家庭裁判所に送致しなければならない（少年41条）。

(4) 中間処分

中間処分には中止と移送がある。中止は、犯人不明、被疑者又は重要参考人の所在不明、海外旅行あるいは心神喪失、病気等の理由により、これ以上捜査を継続することができず、かつ、当該捜査の障害となる理由が長期にわたり解消される見込みがないため、事件を長期間処理することができない場合に行われる。移送は、終局処分前に管轄権のある他の検察庁の検察官に事件を送致する処分である（なお、258条参照）。

13.2. 刑事訴追の基本原則

(1) 国家訴追主義・起訴独占主義

裁判所に対して刑事責任の追及を行う行為を刑事訴追という。誰にどのような訴追権限を与えるかは、いくつかの基本的考え方がある。刑事訴追には国家機関が行う公訴と私人が行う私訴がある。公訴を原則とする考え方を国家訴追主義という。これに対し、刑事訴訟も民事訴訟と同様、私人による訴追を原則とする考え方を私人訴追主義という。さらに、住民から選ばれた代表に訴追権限を与える公衆訴追主義の考え方もある。フランスやドイツは国家訴追主義を採用しているが、一部の犯罪につき私訴を認めている。イギリスは私人訴追主義を伝統とするユニークな国であったが、1985年の犯罪訴追法によりイギリスにも検察制度が整備され、公訴権が強化された。また、英米法諸国では裁判所に刑事訴追された事件につき住民の代表からなる陪審員が正式起訴するかどうかの判断を行う大陪審の制度があったが、現在はほとんどの国で廃止された。アメリカの連邦や州では、現在も大陪審の制度が残っており、一定の重い事件につき大陪審による正式起訴（indictment）を義務づけている法域や、検察官が事件を公判請求するにあたり、予め裁判官が公訴提起の合理的理由の有無を確認する予備審問と大陪審の選択を可能にしている法域がある。なお、予備審問は被告人に対する証拠開示の機能も伴っている。日本の現行刑訴法は例外のない国家訴追主義を採用しているだけでなく、検察官のみが公訴権を行使できる（247条）。これを起訴独占主義と呼んでいる。

(2) 起訴便宜主義

有罪を立証するに足りる証拠があり、かつ法律上も起訴が可能であれば、訴追官に起訴を義務付ける制度を起訴法定主義という。これに対し、有罪を立証するに足りる証拠があり、かつ法律上起訴が可能であっても、訴追官に訴追裁量を認める制度を起訴便宜主義という。起訴法定主義はドイツにおいて採用されているが、現在はドイツにおいても訴追裁量が認められる範囲が広がっている。日本は当初から起訴便宜主義を採っており、検察官は、犯人の性格、年齢及び境遇、犯罪の軽重及び情状並びに犯罪後の情況により訴追を必要としないときは、公訴を提起しないことができる（248条）。また、検察官は、一度公訴を提起した事件についても、第一審の判決があるまで公訴を取り消すことができる（257条）。起訴便宜主義は旧刑訴法279条において明文化される以前から運用が先行していた。歴史的には、明治政府が、軽微事件を起訴猶予にすることで刑務所への収容経費の増大を防ぐ目的で運用が開始した（微罪処分型）。1905年に刑法に刑の執行猶予制度が導入されて以降は、起訴猶予の間に被害弁償・被害回復等の事後措置の状況を観察し、再起訴の可能性を残す起訴留保型や、起訴猶予者を（法律によらない）保護観察の対象とする保護観察付起訴猶予型へと拡大して行った（特別予防型）。これに対して現行刑訴法248条が起訴猶予の考慮事情に「犯罪の軽重」の文言を加えたのは、特別予防的観点を強調しつつ拡大した旧法下の起訴猶予の運用の反省によるものであり、現行法の下では特別予防の観点による運用は後退し、単なる起訴放棄型に変化したとされる（三井Ⅱ 24-30頁）。近年は、刑事政策的取組として、薬物依存者や小児性愛者などの病的な依存や嗜癖により犯罪を繰り返す者を治療によって更正させるための取組や、高齢者や障害者による犯罪で再犯を防ぐために生活支援が必要な者に対する福祉機関との連携による更正支援が行われるようになっており、こうした治療・更正プログラムを受けることを被疑者の誓約書の内容に盛り込むことにより起訴猶予にする、いわゆる「入口支援」も試みられるようになっている。なお、事件を刑事手続の流れから外して刑罰代替措置の対象とすることを「ディヴァージョン」（diversion）という。交通反則金制度や犯罪少年に対する保護処分はディヴァージョンの一種である。起訴猶予処分も単なる刑事責任の追及の放棄ではなく、ディヴァージョンの手段として利用されてきた。

(3) 一部起訴

犯罪事実の一部を切り取って行う起訴を一部起訴という。職権主義を採用していた旧法時代は、検察官が一部起訴しても事件全体が裁判所の審判対象になると解されていた（公訴不可分の原則）。これに対し、現行法の下では検察官の訴追権限の行使の一形態として一部起訴も緩やかに許容されてきた。例えば、名古屋高判昭62・9・7判タ653号228頁は、実体は自動車運転による過失致死事件であるにもかかわらず、検察官が加療3か月を要する過失致傷の訴因として起訴したところ、第一審裁判所が、真実は加療3か月の傷害ではなく死亡であるとの理由から無罪を言い渡したことの適法性が争点となった事案において、「専権的に訴追権限を有する検察官が、審判の直接的対象である訴因を構成・設定するにあたって、被告人の業務上の過失行為と被害者の死亡との間の因果関係の立証の難易や訴訟経済等の諸般の事情を総合的に考慮して、合理的裁量に基づき、現に生じた法益侵害のいわば部分的結果である傷害の事実のみを摘出して、これを構成要件要素として訴因を構成して訴追し、その限度において審判を求めることも、なんら法の禁ずるところではない」との理由から、検察官の設定した訴因の範囲内で過失致傷を認定すべきとした。その他に、(1) 公職選挙法違反事件につき、金品等の供与を共謀した疑いがあるが、立証の難易性等の諸般の事情を考慮して、当該金品を第三者に供与してもらう目的で交付した事実の範囲で起訴したことが適法とされた事例（参照、最決昭59・1・27刑集38巻1号136頁）、(2) 業務上占有する他人の土地に権限なく根抵当を設定し、その後、土地を権限なく売却して所有権移転登記手続をした業務上横領事件につき、事案の軽重や立証の難易度等諸般の事情を考慮して、所有権移転行為の方を横領行為として起訴したことが適法とされた事例（参照、最大判平15・4・23刑集57巻4号467頁）がある。不起訴処分に対する不服申立制度（13.3.参照）は一部起訴には利用できない一方、一部起訴であっても事件全体に一事不再理効（23.7.参照）が生じる。そこで、一部起訴が専ら被告人あるいは共犯者の便宜を図る目的で行われたものであり、その動機が訴追権限の行使として合理性を欠き、かつ起訴事実の審判をもって事件を確定させることが著しく正義に反することになる場合、裁判所は訴因変更命令（14.3.(4)参照）によって対処すべきだろう。

13.3. 不起訴処分に対する法的手段

(1) 検察審査会

告訴人、告発人、請求人又は被害者（被害者が死亡した場合においては、その配偶者、直系の親族又は兄弟姉妹）は、検察官の不起訴処分に不服がある場合、検察審査会に審査請求できる（検審2条2項）。検察審査会は、全国の地方裁判所の本庁及び支部内に設置されている。衆議院議員選挙人名簿から抽選で選ばれた11人の検察審査員（任期6月）で組織され（検審4条）、審査申立により又は職権で検察官の不起訴処分の当否を審査できる。審査においては、検察官に必要な資料の提出や、出席して意見を述べることを要求できる（検審35条）。また、公務所等への照会（検審36条）、審査申立人や証人の尋問（検審37条）、専門家による助言の聴取（検審38条）ができる。審査申立人は、検察審査会に意見又は資料を提出することができる（検審38条の2）。もっとも、被疑者の聴取は認められておらず、審査能力には制約がある。審査を行うに当たり、法律に関する専門的な知見を補う必要があると認めるときは、弁護士の中から事件ごとに審査補助員を委嘱することができる（検審39条の2）。審査補助員は、①関係法令及びその解釈の説明（同条3項1号）、②事実上及び法律上の問題点並びに証拠の整理（同項2号）、③必要な法的助言（同項3号）を行うことができる。

検察審査会の議決には、①起訴相当（8人以上の多数）、②不起訴不当（過半数）又は③不起訴相当がある（検審39条の5）。前二者の議決が行われた場合、検察官は事件処理を再検討しなければならないが、議決には拘束されない（検審41条1項、2項）。起訴相当の議決をした検察審査会が、検察官から再度の不起訴処分の通知を受けた場合は、当該処分の当否を審査しなければならず、再度、起訴相当と認めるときは、8人以上の多数の議決によって、起訴議決を行うことができる（検審41条の6第1項）。起訴議決をするときは、あらかじめ検察官に出席して意見を述べる機会を与えなければならない（同条2項）。起訴議決をしたときは、議決書に認定した犯罪事実を記載し（検審41条の7第1項）、議決書を管轄地方裁判所に送付しなければならない（同条3項）。議決書の送付を受けた裁判所は、起訴議決に係る事件について公訴の提起及びその維持に当たる者を弁護士の中から指定しなければならない（検審41条の9第1項）。指定弁護士には検察官と同じ職務権限が与えられるが、検察事務官及び司法警察職員に対する捜査の指揮は、検察官に嘱託してこれをしなければならない（同条3項）。指定弁護士は、訴訟条件が消滅した場合を除き、公訴の提起が義務付けられている（検審41条の10）。

(2) 付審判請求手続

公務員の職権濫用に関する罪については、告訴・告発者が検察官の不起訴処分に不服があるときは、当該検察官の所属する検察庁の所在地を管轄する地方裁判所に事件を裁判所の審判に付することを請求することができる（262条1項）。当該手続は、公務員の職権濫用罪や司法に携わる公務員による暴行陵虐罪について、検察官が身内意識から不起訴とすることがないよう、検察官の不起訴処分に対し、裁判所に請求に基づき起訴すべき事件か否かを審査する権限を与えたものである。裁判所が審判に付する決定をした場合は公訴が提起されたものとみなされることから、準起訴手続とも呼ばれている。請求は不起訴処分をした検察官に差し出してこれをしなければならない（262条2項）。検察官は、当該請求に理由があると認めるときは、自ら公訴を提起する義務がある（263条）。理由がないと認めるときは、請求書を受け取った日から7日以内に意見書を添えて書類及び証拠物を請求を受けた裁判所に送付しなければならない（規則171条）。書類等の送付があったときは、裁判所書記官は請求があった旨を被疑者に通知しなければならない（規則172条1項）。請求に対する裁判所の審理及び裁判は合議体で行われる（264条1項）。裁判所は審理にあたって、被疑者取調べを含めた必要な事実の取調べを行うことができる（同条2項、規則173条）。請求に理由があるときは、事件を管轄地方裁判所の審判に付する決定をしなければならない。請求が不適法又は理由がないときは棄却の決定を行わなければならない（266条）。裁判所により審判に付する決定があれば、公訴は提起されたものとみなされる（267条）。この場合、指定弁護士が検察官の職務を行う（268条）。現行刑訴法が制定されてから今日まで裁判所により付審判決定が下された事件はごくわずかである。

13.4. 公訴権濫用論

検察官の不起訴処分に対してはその当否を審査する制度が用意されているのに対し、起訴の当否を審査する手続は設けられていない。しかし、現実には、検察官による公訴権の行使が、刑事責任を追及するという目的からではなく、相手を被告人の地位に付かせることで社会的な不利益を課すことを目的に行使されることもあることが、弁護実務の側から指摘されてきた。そこで、公訴権の濫用に当たらないことを非類型的な訴訟条件（13.5.参照）とすることで、本来起訴すべきでない事件を濫用的に公訴提起したときは裁判所が公訴を棄却することを可能にする、公訴権濫用論が唱えられてきた。その際、①有罪判決を得られる見込みがない事件の起訴（嫌疑なき起訴）、②通常は起訴猶予になる軽微事件の起訴や差別や政治的弾圧の意図から行われる不平等起訴等の訴追裁量を逸脱して行われた起訴、③違法捜査に基づく起訴の三類型に分け、それぞれにつき救済方法や手続を打ち切るべき根拠が議論されてきた。

(1) 嫌疑なき起訴

犯罪の嫌疑の存在を訴訟条件とすることで、検察官が有罪判決を得られるだけの証拠がないのに、被告人に応訴の負担を強いることを目的に嫌疑なき起訴が行われたときは、公訴棄却により手続を打ち切ることを肯定する見解が多数説である（高田104頁、井戸田130頁、田宮227頁、田口194頁、白取246頁、中島ほか143頁）。これに対し、犯罪の嫌疑は訴訟条件ではなく、嫌疑のない起訴であっても有効なものとして取り扱い、無罪判決により救済すればよいとの説も有力である（平野128頁、松尾上149-150頁、三井Ⅱ85頁、酒巻240頁）。現行法上、嫌疑の有無を実体審理に入る前に審査する手続があるわけではない。また、公判審理の途中で嫌疑なき起訴であることが判明したときは公訴を棄却するのではなく、早期に結審して無罪を言い渡すことで救済を図る方がよかろう。これに対し、嫌疑の有無は被告人の申立てがあった場合にのみ審査すればよいとの指摘や（光藤Ⅰ214頁）、無罪判決を望むか公訴棄却を望むかは被告人の意思に委ねるのが妥当との指摘もある（宇藤ほか274頁）。嫌疑なき起訴を有効な公訴提起として取り扱うとしても、被告人の法的利益を侵害する違法な行為に当たるというべきであるから、国家賠償法上の責任は問われる。この点、判例は誤起訴の国家賠償法上の違法性の判断基準については、いわゆる職務行為基準説・合理的理由欠如説を採用しており、公訴提起の時点において検察官が現に収集していた証拠資料及び通常要求される捜査を遂行すれば収集し得た証拠資料を総合勘案し、合理的な判断過程により有罪と認められる嫌疑があれば、審理の結果、誤起訴であったことが判明しても、違法な起訴とは評価されない（参照、最判昭53・10・20民集32巻7号1367頁、最判平1・6・29民集43巻6号664頁）。

(2) 訴追裁量を逸脱した起訴

検察官が本来起訴猶予になるべき事件につき訴追裁量を逸脱して起訴したときは、無罪判決による救済を図れるわけではないから、公訴権濫用論により救済する意味は大きい。この点、最決昭55・12・17刑集34巻7号672頁（チッソ川本事件）は、控訴審が公訴権の行使が不公平であったことを理由に公訴を棄却したことの適法性が争点となった事案において、「検察官は、現行法制の下では、公訴の提起をするかしないかについて広範な裁量権を認められているのであって、公訴の提起が検察官の裁量権の逸脱によるものであったからといって直ちに無効となるものでないことは明らかである。たしかに、右裁量権の行使については種々の考慮事項が刑訴法に列挙されていること（刑訴法248条）、検察官は公益の代表者として公訴権を行使すべきものとされていること（検察庁法4条）、さらに、刑訴法上の権限は公共の福祉の維持と個人の基本的人権の保障とを全うしつつ誠実にこれを行使すべく濫用にわたってはならないものとされていること（刑訴法1条、刑訴規則1条2項）などを総合して考えると、検察官の裁量権の逸脱が公訴の提起を無効ならしめる場合のありうることを否定することはできない」と判示し、訴追裁量を逸脱した公訴が無効になる場合があることを肯定した。もっとも、「それはたとえば公訴提起自体が職務犯罪を構成するような極限的な場合に限られるものというべきである」とも述べており、訴追裁量の逸脱が公訴提起を無効にする場合を極めて限定した。しかしながら、訴追裁量の広範性が訴追裁量の逸脱を限定する理由にはなっても、訴追裁量の逸脱が極限的な場合に限って公訴提起を無効としなければならない理由にはならないから、当該判例は明らかに訴追裁量を逸脱している場合に公訴提起を無効とする趣旨と理解すべきだろう。

いずれにせよ、刑訴法248条は起訴猶予のための考慮事情を定めるのみで、何をどの程度重視すべきかは検察官の裁量に委ねられているから、どのような場合が訴追裁量の逸脱にあたるかが問題となる。第一に、可罰的違法性を欠く事件の起訴が考えられるが、この場合は無罪判決による救済も可能ということになる。次に、憲法14条に違反するような差別的起訴についても、訴追裁量を逸脱し無効とすべきである。何が差別的起訴にあたるかにつき。贈収賄事件につき差別的捜査に基づく公訴の提起に当たるかが争点となった事案において、最判昭56・6・26刑集35巻4号426頁は、「被告人自身に対する警察の捜査が刑訴法にのっとり適正に行われており、被告人が、その思想、信条、社会的身分又は門地などを理由に、一般の場合に比べ捜査上不当に不利益に取り扱われたものでないときは、かりに、原判決の認定するように、当該被疑事実につき被告人と対向的な共犯関係に立つ疑いのある者の一部が、警察段階の捜査において不当に有利な取扱いを受け、事実上刑事訴追を免れるという事実があったとしても……、そのために、被告人自身に対する捜査手続が憲法14条に違反することになるものでない」と述べており、「一般の場合」に比べて「不当に不利益」に取り扱われたことの立証を要求している。当該基準は差別的起訴にも妥当するであろう。そこで、何をもって「一般の場合」とするか、どのような事情を考慮することが、憲法14条の趣旨に照らして「不当に不利益」な取扱というべきかが検討課題となる。なお、最高裁昭和55年決定が公訴権濫用論を理論的に承認して以降も、公訴権濫用が肯定された確定事件はみられない（公訴権濫用を理由に公訴を棄却した原判決を破棄した事例として、広島高判平3・10・31高刑速（平3）128頁）。

(3) 違法捜査に基づく起訴

検察官が、違法捜査の結果を利用して公訴を提起することは、公訴の提起を違法にしないかが問題となる。当該類型については上記の二つの類型と異なり、違法捜査の直接の効果として公訴提起が許されないことになるとする理論構成と、違法捜査の結果を利用して公訴提起することが訴追裁量権の逸脱に当たるから無効となるという理論構成がある（井戸田132-133頁）。前者の場合は公訴権濫用とは異なる問題ということになる。この点、最判昭41・7・21刑集20巻6号696頁は、速度違反の軽い事案に対して違法な現行犯逮捕を行い、その際に必要がないのに暴力を振るって被告人に傷害を与え、その威力の影響下において取調べを行った事案につき、第一審が、こうした事件を公訴提起することは憲法31条の適正手続の保障に反することを理由に公訴を棄却したことにつき、逮捕の手続に所論の違法があったとしても本件公訴提起の手続が憲法31条に違反し無効となるものとはいえないとした。また、最判昭44・12・5刑集23巻12号1583頁は、捜査の著しい遅延により少年審判を受ける利益が失われたことを理由に公訴提起を無効とした控訴審判決につき、捜査の遅延の違法性自体を否定した上で、付言する形で「捜査手続に違法があるとしても、それが必ずしも公訴提起の効力を当然に失わせるものでないことは、検察官の極めて広範な裁量にかかる公訴提起の性質にかんがみ明らかであって、この点に関する原判示は、いまだ首肯するに足りるものではないといわなければならない。」と述べ、違法捜査に基づく起訴が訴追裁量の逸脱に当たるか否かしか問題にしていない。もっとも、これらの判例はいずれも違法収集証拠の排除法則が確立する以前の時代のものであることに注意を要する。現在は違法収集証拠排除法則（20.5. 参照）が判例法理として確立していることから、当該排除法則の実質的根拠に照らして、捜査の違法が単に証拠排除するだけでは救済にならない程に重大であるときは、違法捜査の効果として公訴提起自体を無効にすべきであるとの学説が有力である（光藤Ⅰ 221頁、三井Ⅱ 100頁、白取247頁、酒巻238頁）。

13.5. 訴訟条件

訴訟条件は訴訟が有効に係属するための条件であり、訴訟条件を欠くに至ったときは、形式裁判により手続が打ち切られる。また、訴訟条件は公訴提起の条件でもあり、訴訟条件を欠いた公訴の提起は無効であると解するのが通説である。ただし、公訴提起後に訴訟条件が欠如するに至ったり、あるいは欠如していたことが発覚した場合、例外的に訴訟条件の追完が認められることがある（14.4.(2)参照）。刑事訴訟法は訴訟条件をそれが欠けた場合の形式裁判の種類に応じて、①管轄（329条）、②免訴事由（327条）及び③公訴棄却事由（328条、329条）に分類している。訴訟条件の有無は一部を除き職権調査事項であり、当事者からの申立てがなくても、裁判所の判断で手続を打切ることができる。

(1) 管轄

管轄には土地管轄と事物管轄がある。土地管轄は、犯罪地又は被告人の住所、居所若しくは現在地による（2条1項）。国外にある日本船舶内や日本航空機内で犯した罪については、1項に規定する地の他、その船舶の船籍の所在地又は犯罪後その船舶の寄泊若しくはその航空機の着陸した地による（同条2項、3項）。実務上、捜査との継続性を図るため犯罪地の裁判所に起訴されることが一般的である。事物管轄は、裁判所法により事件の種類や法定刑の重さに応じて定められている。簡易裁判所は、罰金以下の刑に当たる罪、選択刑として罰金が定められている罪及び刑法186条、252条、256条の罪等の場合に事物管轄を有する（裁33条1項2号）。地方裁判所は、高裁管轄事件及び罰金以下の罪以外の罪に係る訴訟の第一審として管轄を有する（裁24

条2号)。高等裁判所は、刑法77条ないし79条の罪について第一審の事物管轄を有する（裁16条4号)。管轄を異にする数個の事件が関連する場合（「関連事件」の定義については9条参照)、事物管轄を異にするときは上級の裁判所に、土地管轄を異にする場合はいずれかの裁判所に、併合管轄が認められる（3条、6条)。この場合、併合管轄を持つ裁判所が併合審理を要しないと考えるときは、決定で一方の事件を管轄を有する裁判所に移送できる（4条、7条)。既に関連事件が別々の裁判所に係属している場合も、所定の手続を経て審判の併合（5条、8条）が認められる。その他にも、法律の定める要件の下、上級裁判所や最高裁に管轄指定請求（15条、16条）や管轄移転請求（17条、18条）を行うことにより、管轄の修正ができる。

公訴が管轄のない裁判所に提起された場合は、原則として管轄違いの判決を言い渡さなければならない（329条本文)。その例外として、付審判決定により審判に付された事件は、管轄違いの言渡しを行うことはできない（同条但書)。また、高裁の特別管轄事件が地裁・簡裁が第一審としての管轄を有する事件であることが判明したときは、管轄違い判決をすることなく、直接管轄を持つ下級の裁判所に事件を移送することができる（330条)。さらに、簡裁に係属した事件を地裁において審判するのが相当と認めるときは（参照、裁33条3項)、地裁に事件を移送することができるところ（332条)、本条による移送は起訴後に地裁の事物管轄事件であることが判明した場合も可能と解するのが判例の立場である（参照、最判昭28・3・20刑集7巻3号597頁)。土地管轄については、被告人の申立てがなければ管轄違いの言渡しを行うことはできない（331条1項)。また、当該申立ては証拠調べを開始した後は行うことができない（同条2項)。

(2) 免訴事由

免訴事由（337条）は公訴権自体が消滅する場合を類型化したものである。確定判決（1号)、刑の廃止（2号)、大赦（3号)、公訴時効（4号）の四つがある。1号は、憲法39条が定める「同一の犯罪について重ねて刑事上の責任を問われない」という、一事不再理の原則（23.7. 参照）に基づく規定であり、確定判決によって当該事件に対する公訴権は消耗される。なお、本号のいう確定判決とは実体判決と免訴判決のことであり、公訴棄却判決は含まない。2号は、刑法6条が犯罪成立後に刑の変更があったときはより軽い方を適用すべきことを定めており、犯罪成立後の刑の廃止により裁判時に適用できる罰則規定がなくなるため、免訴事由としたものである。3号の大赦とは、恩赦法の定める恩赦の一種であり、政令で罪の種類を定めて一律に行われる（同法2条）。大赦があれば、既に有罪の言渡しを受けた者については、言渡しの効力が失われ、まだ有罪の言渡しを受けていない者は公訴権が消滅する（同法3条）。4号の公訴時効は一定の時の経過により公訴権を消滅させる制度である（13.6.参照）。

(3) 公訴棄却事由

公訴棄却事由は、公訴権の消滅以外の理由で公訴を無効にすべき手続上の瑕疵を類型化したものである。公訴棄却判決事由（338条）と公訴棄却決定事由（339条）がある。両者は口頭弁論に基づくことを要するか否かで異なる（43条1項）。

(i) 公訴棄却判決事由（338条）

1号は、裁判権を行使できない人に対する公訴の提起を無効としたものである。日本の主権が及ぶ領域に居住する者に対しては原則として裁判権を有する。例外として、天皇及び在任中の摂政には裁判権が及ばない。また、外交官や領事官、在日米軍の軍人・軍属等の一定の身分・職業を有するものは、条約により裁判権が制限されている（2.(4)参照）。

2号は、340条が公訴取消後の再起訴の条件として新たな重要証拠の発見を要求していることから、これに反する再起訴を無効としたものである。

3号は、一つの事件につき同一裁判所への二重起訴が行われた場合、後の起訴を無効としたものである。同一裁判所に二重起訴が行われた場合、先訴事件の公判が開かれることになるため、判決事由に分類されている。検察官が二重起訴後に前訴を取り消した場合、二重起訴状態が解消され瑕疵が治癒するため、後訴事件につき公訴棄却する必要はない。「訴因の追加」（312条1項）を請求すべきところを誤って追起訴した場合は訴因の追加の形に補正すれば足り、二重起訴として公訴を棄却すべきでないと解するのが判例の立場である（参照、最大判昭31・12・26刑集10巻12号1746頁、最判昭34・12・11刑集13巻13号3195頁）。

4号は、公訴提起手続の法令違反を公訴棄却事由としたものである。告訴を欠く親告罪の起訴、家裁送致を経ずに行われた少年の起訴、道路交通法による通告手続を経ずに行われた反則事件の起訴、起訴状の記載が法令に違反する起訴などが該当する。家庭裁判所の行った少年法20条による検察官送致決定が不利益処分の禁止に違反し違法とされた事案において、これに基づき行われた検察官の公訴提起は無効であるとして、338条4号により公訴を棄却することが適法とされた事例がある（参照、最判平9・9・18刑集51巻8号571頁）。訴訟条件を有効な公訴提起のための条件と解する場合、訴訟条件を欠く公訴提起はすべて338条4号にも該当することになる。そこで、338条4号を訴訟条件の包括規定と解し、前述の公訴権濫用にあたる場合のような非類型的訴訟条件には、免訴にすべき事例を除き、338条4号を適用して公訴棄却すべきとの説が有力である（田宮226頁、三井Ⅱ105頁、光藤Ⅰ346頁、田口202頁、上口196頁）。

(ii) 公訴棄却決定事由（339条）

1号は、271条2項が、公訴の提起があった日から二か月以内に被告人に起訴状謄本の送達がされないときは、公訴の提起は、さかのぼって効力を失う旨を定めていることを受け、公訴棄却事由としたものである。

2号は、起訴状に記載する公訴事実は訴因を明示して記載しなければならず、そして訴因を明示するには、罪となるべき事実を特定して行わなければならないところ（256条3項）、起訴状記載の事実が罪となるべき事実に当たらない場合を無効としたものである。

3号は、検察官は公訴提起後も第一審判決があるまでは公訴を取り消すことができること（257条）を受けて、公訴の取消しを公訴棄却事由としたものである。

4号は、被告人の死亡又は被告人たる法人の解散により、被告人又は法人の代表者の公判への出頭は不可能となり、もはや口頭弁論を開くことができなくなるため、決定による公訴棄却事由としたものである。

5号は、一つの事件につき異なる裁判所への二重起訴が行われた場合に、いずれか一方の公訴提起を無効としたものである。どちらの裁判所の係属事件を公訴棄却とすべきかは、同一事件が事物管轄を異にする数個の裁判所に係属したときの係属裁判所の決定のルール（10条）、及び同一事件につき事物管轄を同じくする数個の裁判所に係属したときの係属裁判所の決定のルール（11条）によって決まる。これらの規定に従い訴訟係属を有さないこととなった裁判所が、公判を開くまでもなく公訴棄却決定を行えるようにするために、338条3号とは異なり、決定事由に分類されている。

(4) 手続打切り事由（非類型的訴訟条件）

公訴提起が訴訟条件を満たす形で適法に行われた場合であっても、訴追を維持することが適正手続の保障あるいは明らかに正義に反する場合に、裁判所が手続を打ち切る権限を肯定する考え方を、「手続打切り論」と呼んでいる。裁判所が訴訟条件の欠如以外の理由で手続を打ち切るべき場合があることを最初に肯定した事例として、最大判昭47・12・20刑集26巻10号631頁（高田事件）がある。同判決は、迅速な裁判違反が争われた事案において、憲法37条1項違反を理由に、337条の規定に関わらず、免訴により手続を打ち切った。また、最判平28・12・19刑集70巻8号865頁は、被告人の訴訟能力が欠如し回復する見込みがないのに検察官が公訴を取り消さない場合に、裁判所が手続を打ち切ることの可否が争われた事案において、形式的に訴訟が係属しているにすぎない状態のまま公判手続の停止を続けることは刑訴法の予定するところではなく、裁判所は、検察官が公訴を取り消すかどうかに関わりなく、訴訟手続を打ち切る裁判をすることができるとの理由から、338条4号を準用して公訴を棄却した。これらの手続打切り事由は、公訴提起後に公訴の有効性とは無関係に発生した結果として訴訟の継続を違法にする点で、適法な公訴提起の要件である訴訟条件とは区別できるが、手続打切り事由を広く非類型的訴訟条件に含める分類もある（寺崎357頁）。

13.6. 公訴時効

(1) 公訴時効の本質

刑事訴訟法は公訴時効を公訴権の消滅事由（免訴事由）としている。公訴時効の本質については、①時間の経過により人々の犯罪に対する記憶が薄れ、刑罰を科す必要性が失われるからとする説（実体法説）、②時間の経過により証拠が散逸し、真相究明が困難になるからという説（訴訟法説）、③その両者であるという説（折衷説）、④犯人が現実に訴追されない状態で一定期間が経過したときは、もはや訴追されない正当な利益が生じるからという説（新訴訟法説）が唱えられてきた。公訴時効は公訴権の消滅事由であって、時の経過による刑罰権の消滅事由ではないので、現行制度の説明として純粋な実体法説を採ることはできない。しかし、結果の重大性や法定刑の違いに応じて時効期間に長短を設け、あるいは時効を廃止している点は、実体法と関連付けられている。そこで、公訴時効制度は実体法を考慮に加えた訴訟法上の制度として説明することが最も適切であろう。この点、最判平27・12・3刑集69巻8号815頁は、「公訴時効制度の趣旨は、時の経過により公訴権を制限する訴訟法規を通じて処罰の必要性と法的安定性の調和を図ることにある」と説明している。

(2) 時効期間

時効期間は、死亡犯罪か否か及び法定刑の上限に応じて異なる。まず、法定刑に死刑が含まれる死亡犯罪は時効にかからない。次に、それ以外の死亡犯罪については、法定刑の上限に応じて30年（無期拘禁刑）、20年（長期20年以上の拘禁刑）、10年（それ以外）の三段階に分かれている（250条1項）。さらに、非死亡犯罪については、法定刑上限に応じて25年（死刑）、15年（無期拘禁刑）、10年（長期15年以上の拘禁刑）、7年（長期15年未満の拘禁刑）、5年（長期10年未満の拘禁刑）、3年（長期5年未満の拘禁刑）、1年（拘留・科料）の七段階に分かれている（同条2項）。さらに、2023年改正により、性犯罪を対象に時効期間の特別区分（同条3項）や延長規定（同条4項）が新設された。科刑上の一罪（刑法54条）の関係にある複数の犯罪事実の時効期間は、全ての犯罪事実につき、最も重い犯罪の刑につき定めた時効期間によるべきと解されている（参照、最判昭41・4・21刑集20巻4号275頁）。刑の加重・減軽事由がある場合であっても、加重・減軽する前の法定刑が基準となる（252条）。刑法65条2項（加減的身分犯の共犯）を適用すべき事件は適用後の法定刑が基準となる（参照、最判平4・6・9刑集76巻5号613頁）。

(3) 時効の起算点

時効の起算点は犯罪行為の終了時である（253条1項）。牽連犯や包括一罪のように数個の犯罪行為が法律上の一罪を構成する場合は、犯罪行為ごとに時効を起算するのではなく、最終行為の終了時から全体につき時効の進行が開始する（参照、東京高判昭28・7・14東高時報4巻2号25頁、名古屋高金沢支判昭30・9・3高刑特2巻18号933頁、広島地判昭44・5・2判時556号89頁＝判タ236号219頁、最判昭47・5・30民集26巻4号826頁）。共犯の場合、共犯者の最終行為が終了した時点で共犯者全員につき時効の進行が開始する（同条2項）。

犯罪が成立する以前から時効の進行が開始すると解するのは不合理であるから、条文のいう「犯罪行為」とは犯罪の実行行為の意味ではなく、構成要件的結果の発生を含めた意味での犯罪行為と解されている。複数の結果犯が観念的競合の関係にある場合は、最後の結果が発生した時点から全体の時効の進行が開始すると解されている（参照、最決昭63・2・29刑集42巻2号314頁）。監禁罪や誘拐罪等の継続犯の場合、犯罪の継続中は一個の犯罪行為と評価されるため、犯罪成立時ではなく、犯罪の継続が終了した時点で時効の起算点となる。これに対し、窃盗罪や横領罪のような状態犯の場合、犯罪によって生じた法益侵害状態が解消されていなくても、犯罪行為終了時が時効の起算点となる。最決平18・12・13刑集60巻10号857頁は、刑法96条の3第1項の強制執行行為妨害罪の時効の起算点が争点となった事案において、偽計行為完了後も、虚偽の事実の陳述等に基づく競売手続が進行する限り、刑訴法253条1項にいう「犯罪行為が終った時」に当たらないと解した。すなわち、強制執行行為妨害罪は「状態犯」ではなく、実行行為終了後も構成要件的結果である危険が消滅するまでは犯罪が継続する「継続的危険犯」ということになる。同様のことは名誉棄損罪の時効の起算点にも当てはまる（参照、大阪高判平16・4・22高刑集57巻2号1頁）。不作為犯の場合は作為義務が消滅した時点で犯罪行為が終了し、時効の進行が開始する（参照、最判昭28・5・14刑集7巻5号1026頁、最判昭28・7・31刑集7巻7号1654頁）。

(4) 時効の停止事由

時効の停止事由が認められる間は時効は進行しない。停止事由は二類型ある。第一類型は、被告人又は共犯者に対する公訴が提起された場合である（254条1項）。公訴提起後に公訴が棄却されたときは、棄却の裁判の確定した時から再び進行する。なお、刑訴法271条2項は、公訴提起後二か月以内に起訴状謄本が送達されないときは、「公訴の提起は、さかのぼってその効力を失う」と定めているが、この場合も公訴の提起から棄却までの間は時効の進行は停止すると解されている（参照、最決昭55・5・12刑集34巻3号185頁）。本来、追起訴すべきところを訴因追加請求（312条1項参照）した場合も、検察官による訴追意思が表示されたことになるため、254条の準用を認めるのが判例の立場である（参照、最決平18・11・20刑集60巻9号696頁）。共犯の一人に対する公訴の提起による時効の停止は他の共犯にもその効力が及び、裁判が確定した時から他の共犯者の時効が再進行する（254条2項）。

第二類型は、犯人が国外にいる場合又は犯人が逃げ隠れしているため有効に起訴状謄本の送達（271条）若しくは略式命令の告知（463条の2）ができなかった場合である（255条1項）。前段は、犯人が国外にいる間は本人に対して捜査権を行使できないことから停止事由としたものである。一時的な海外渡航であって何ら捜査に実害がなくても、海外渡航の間は一律に時効が停止すると解されている（参照、最決平21・10・20刑集63巻8号1052頁）。後段は、公訴提起から2か月以内に起訴状謄本の送達等ができず公訴提起が無効となったとき、起訴状謄本の不送達等による公訴棄却後も犯人が逃げ隠れしているため公訴提起ができない間は、公訴時効の進行を停止させることにしたものである。

13.7. 公訴の提起手続

(1) 起訴状一本主義

公訴の提起は起訴状を提出して行わなければならない（256条1項）。起訴状には、裁判官に事件につき予断を生ぜしめる虞のある書類その他の物を添付し、又はその内容を引用してはならない（同条6項）。これを起訴状一本主義という。当該制度は、裁判官が被告事件につき事前に捜査記録や証拠に目を通し、予断をもって公判に臨むことを防止することにより、公判中心主義を徹底することを目的としている。これを予断排除（ないし予断防止）の原則という。予断排除の原則に基づくその他の手続として、①第一回公判期日前の裁判官による勾留に関する処分（280条1項）、②第一回公判期日前の証拠調べ請求の制限（規則188条）、③裁判所による事前打合せ事項の制限（規則178条の15）等がある。

256条6項のいう「裁判官に事件につき予断を生ぜしめる虞」のある余事記載に当たるか否かは、記載内容とそれを起訴状に記載する必要性を踏まえて判断されてきた。この点、最大判昭27・3・5刑集6巻3号351頁は、検察官が詐欺罪の公訴事実の冒頭に「被告人は詐欺罪により既に二度処罰を受けたものであるが」と記載したことが違法な余事記載に当たるかが争点となった事案において、詐欺の公訴について、詐欺の前科を記載することは裁判官に予断を生ぜしめるおそれのある事項に当たり違法であるとした。その上で、被告人の前科であっても、それが公訴事実の構成要件となっている場合（例えば常習累犯窃盗）又は公訴事実の内容となっている場合（例えば前科の事実を手段方法とする恐喝）は、公訴事実を示すのに必要であって一般の前科と同様に解することはできないから、これを記載することは適法であると述べている。また、最判昭33・5・20刑集12巻7号1398頁は、起訴状に脅迫文書の内容を具体的に真実に適合するように要約摘示したことが証拠の引用に当たり違法ではないかが争点となった事案において、記載が相当詳細にわたるのでなければその文書の趣旨が判明し難いような場合には、起訴状に脅迫文書の全文と殆んど同様の記載をしたとしても、それは要約摘示と大差なく、被告人の防禦に実質的な不利益を生ずる虞はなく、適法であるとした。さらに、大阪高判昭57・9・27判タ481号146頁は、傷害の共同正犯の起訴状に三名の被告人が同じ暴力団の若頭補佐と組員であることを記載したことが違法な余事記載に当たるかどうかが争われた事案において、被告人と共犯者の関係を明らかにすることによって共謀の態様を明示し、公訴事実を特定するためのものであると解せられることを理由に、違法な余事記載に当たらないとした。

起訴状に予断を生じさせる虞のある余事記載がなされた場合、単に起訴状から余事記載を削除すれば瑕疵が治癒するのか、あるいは公訴を棄却すべきかが問題となる。この点、前述の最高裁昭和27年大法廷判決は、起訴状一本主義は裁判官の公正を訴訟手続上確保し、よって公平な裁判所の性格を客観的にも保障しようとする重要な目的を有するとの理解の下、256条6項の禁止する余事記載によって生じた違法性は、その性質上もはや治癒することができないものと解するのが相当であるとした。この意味で、起訴状一本主義は憲法37条1項に根拠を有する制度である。

なお、検察官は原則として公訴提起と同時に、被告人に送達するものとして起訴状謄本を裁判所に提出しなければならない（256条の2）。2023年改正により、検察官は裁判所に対し、起訴状謄本の送達により刑訴法271条の2第1項1号に該当する事件の被害者又は2号に該当するその他の者の個人特定事項が被告人に知られないようにするための措置を求めることができることとなった。この場合、検察官は、起訴状とともに、当該求めに係る個人特定事項の記載がない起訴状の抄本その他の起訴状の謄本に代わるもの（起訴状抄本等）を提出し（同条2項）、合わせて、弁護人送達用に起訴状謄本を提出しなければならない（271条の3第1項）。弁護人に対しても秘匿すべきときは、弁護人送達用にも起訴状抄本等を提出することができる（同条3項）。公訴提起後に弁護人が選任されたときは、裁判所からその通知を受けてから、速やかに同様の手続をとることができる（参照、271条の4）。

(2) 起訴状記載事項

起訴状には、①被告人の氏名その他被告人を特定するに足りる事項、②公訴事実、③罪名を記載しなければならない（256条2項）。これらの法律上の必要的記載事項の他にも、④被告人の年齢、職業、住居及び本籍等、並びに⑤被告人が逮捕又は勾留されているときは、その旨の記載が求められている（規則164条1項）。④は、①のいう「その他被告人を特定するに足りる事項」を指定したものである。⑤は、逮捕中の被疑者に対して公訴が提起された場合は裁判官が職権で勾留状を発するかどうかを判断する必要があり（280条2項）、また、勾留中の被疑者が起訴された場合も、勾留の取消しや保釈等の勾留に関する裁判に備える必要があることから、記載を義務付けたものである。なお、検察官は、公訴提起時に被告人が逮捕又は勾留中であるときは、速やかに公訴提起した裁判所に逮捕状又は勾留状を差し出さなければならない（規則167条1項）。

(i) 被告人の特定

被告人の氏名が不明であるときは、「氏名不詳」と記載した上で、人相、体格、その他被告人を特定するに足りる事項（指紋、留置番号など）を具体的に記載し（64条2項）、被告人の顔写真を添付することが行われている。ところで、被疑者・被告人が他人の氏名を冒用していることに気付かないまま被告人を特定して起訴し、判決の確定に至った場合は、判決の効力は起訴状に被告人として表示されていた被冒用者に及ぶのか、冒用者に及ぶのかが問題となる。この点、(a) 起訴状に表示された人物（被冒用者）に効力が及ぶと解することが、基準として最も客観的である（表示説）。これに対し、検察官の意思を尊重するならば、(b) 検察官が起訴しようとした人物が冒用者か被冒用者かによって決めるべきことになる（意思説）。さらに、被告人にとっては、(c) 実際に被告人として行動した者（冒用者）に判決の効力が及ぶとするのが最も妥当である（行動説）。表示説を基本としつつ、それが不都合な結果をもたらすときは検察官の意思や被告人としての行動を勘案して解釈すべきであるとする説（実質的表示説）もある。判例には、略式命令の事案において、裁判の効力は起訴状に記載された被冒用者に及ぶとした事例がある一方で（参照、最決昭50・5・30刑集29巻5号360頁）、公判請求事案において、被告人として行動した者に裁判の効力が及ぶとした事例があり（参照、最決昭60・11・29刑集39巻7号532頁）、実質的表示説に立つものということができる。

(ii) 公訴事実

公訴事実の記載には「訴因」を明示しなければならない。訴因の明示にあたっては、できる限り日時、場所及び方法をもって「罪となるべき事実」を特定して行わなければならない（256条3項）。「罪となるべき事実」とは構成要件該当事実のことである。罪となるべき事実は構成要件該当性を判断できる程度に具体的に記載しなければならない（参照、最決平26・3・17刑集68巻3号368頁）。例えば、殺人罪による起訴であれば、殺人の実行行為、結果、実行行為と結果との因果関係及び殺人の故意につき、その該当性を判断できる程度の具体的事実を記載しなければならない。不真正不作為犯の場合は作為義務の内容及び作為義務違反に当たる具体的事実、過失犯の場合は注意義務の内容及び注意義務違反に当たる具体的事実を記載しなければならない。共犯については、それぞれの共犯形式（刑60条乃至62条）に該当する具体的事実を記載しなければならない。ただし、共謀共同正犯のいう「共謀」は、共謀を形成した行為ではなく、その結果形成された犯罪の共同実行意思を指すものと解されており、単に「共謀の上」とのみ記載するのが慣例である。起訴状記載の事実が何ら罪とならないときは、決定により公訴が棄却される（339条2号）。また、罪となるべき事実が記載されていても特定できていないときは、338条4号により公訴が棄却される。もっとも、起訴状の記載が訴因の明示・特定を欠いているときは、裁判所は直ちに公訴提起の手続が違法であることを理由に公訴を棄却するのではなく、まず検察官に訴因を明確にするよう釈明を求める義務があると解されている（参照、最決昭33・1・23刑集12巻1号34頁）。

一つの公訴事実には一個の訴因を記載するのが基本である。一つの公訴事実につき訴因を一つに絞れないときは、公訴事実の同一性を失わない範囲で、数個の訴因を予備的又は択一的に記載することができる（256条5項）。予備的記載とは、A訴因（主位的ないし本位的訴因）の責任を優先的に問い、それが認定できないときに、B訴因（予備的訴因）の責任を問おうとする場合の記載方法である。これに対し、A訴因又はB訴因のいずれの責任を優先的に問うかの順序がない場合は、択一的記載が行われる。

複数犯罪をまとめて起訴するときは、一つの起訴状に複数の公訴事実（訴因）が記載される。これに対し、複数の犯罪事実が包括一罪や科刑上一罪の関係にあるときは、一つの公訴事実（訴因）として記載される。検察官の罪数判断と裁判所の罪数判断が異なったときは、罪数補正を伴う訴因変更が必要になる場合がある（参照、東京高判昭52・12・20刑集30巻4号423頁）。ただし、事実関係に変化はなく、単に罪数評価が異なっただけの場合は、罪数補正をしないまま判決で正しい判断を示せば足りると解されている（参照、最判昭29・3・2刑集8巻3号217頁、最判昭32・10・8刑集11巻10号2487頁、最決昭35・11・15刑集14巻13号1677頁）。

(iii) 罪名及び罰条

罪名は適用すべき「罰条」を示してこれを記載しなければならない（256条4項）。訴因の記載に対応し、罰条も予備的又は択一的に記載することができる。公訴事実に対する法の適用の責任を負うのは裁判所であるから、罪名及び罰条の記載は裁判所を拘束するものではない。また、罪名又は罰条に遺脱があったとしても、公訴事実を含めたその他の記載により被告人の防御上、実質的不利益が生じるおそれがなければ、公訴提起は有効と解されている（参照、最決昭34・10・26刑集13巻11号3046頁）。それゆえ、被告人の防御に実質的な不利益が生じない限り、312条1項により罰条の変更手続を行わないまま起訴状に記載された罰条と異なる罰条を適用することも適法と解されている（参照、最決昭53・2・16刑集32巻1号47頁）。

14. 訴因

14.1. 審判対象論

旧法下において、裁判所は起訴状に記載された犯罪事実に拘束されることなく、それと公訴事実（歴史的社会的事実としての犯罪事実）の同一性が認められる範囲で事実を解明する義務を負うと解されていた。これに対し、現行法は訴因制度を採用し、起訴状の公訴事実の記載方法として「訴因」の明示を要求している。同時に、審理状況に応じて、「公訴事実の同一性」の範囲内で訴因を変更することを可能にし、かつ裁判所に訴因変更命令の権限も付与している（312条1項、2項）。そこで、現行法における審判対象は旧法と同じ意味での公訴事実か、あるいは起訴状に記載された訴因かが問題となる。この点、旧法との連続性を重視する立場から、(a) 現行法下においても審判対象は旧法と同じ意味での公訴事実であって、訴因は被告人の防御上の便宜を図るために、それがいかなる犯罪に該当するかの法律構成を罰条の記載と合わせて明示したものに過ぎず、法律構成が変わらない限り、訴因変更手続を経ることなく起訴状の記載とは異なる犯罪事実を認定することは可能であるとする、公訴事実説もみられた（岸54-55頁）。これに対し、(b) 潜在的な審判対象は公訴事実であるが、現実的な審判対象は訴因であり、実質的な防御の利益を害する訴因逸脱認定は許されないとする、潜在的公訴事実説（団藤205頁、臼井126-127頁）や、(c) 訴因は単に防御の便宜のために明示されているのではなく、訴因こそが審判対象であって、訴因逸脱認定は、被告人の防御に具体的な不利益を及ぼしたか否かに関係なく、「審判の請求を受けない事件について判決したとき」（378条3号）にあたり、破棄を免れないとする訴因説（平野132頁）が唱えられた。現行法は起訴状一本主義を採用することで捜査機関と裁判所との間の嫌疑の断絶を図り、裁判所に事件についての予断を持たず公判審理の結果に基づき事実を認定することを求めている。現在は訴因説が通説化しているが、後述のように訴因の特定のために記載が必要な事実をどう理解するかしだいで、審判対象に相当な広がりを持たせることができる。その意味で、かつての審判対象論をめぐる対立は、現在は訴因説の下での訴因の特定をめぐる論点に形を変えて引き継がれているといってもよかろう。

14.2. 訴因の特定

訴因を明示するにあたっては、「できる限り犯行の日時、場所及び方法をもって罪となるべき事実を特定」しなければならない（256条3項）。これを訴因の特定という。法が訴因の特定を要求している理由は、第一に、起訴し

公訴事実説

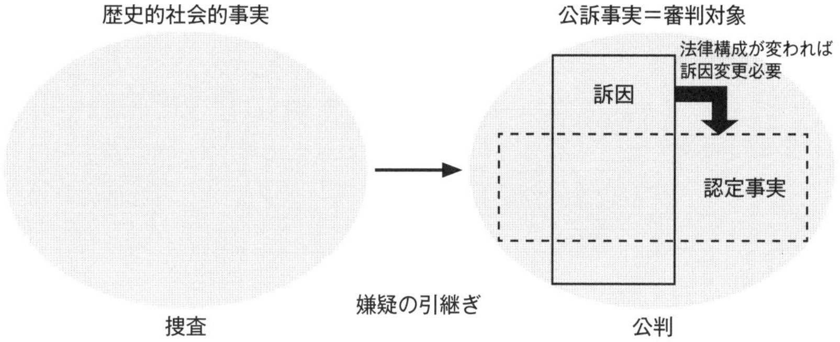

歴史的社会的事実　　公訴事実＝審判対象

法律構成が変われば
訴因変更必要

訴因

認定事実

嫌疑の引継ぎ

捜査　　公判

訴因説

歴史的社会的事実　　訴因＝審判対象

事実が変われば
訴因変更必要

訴因

認定事実

嫌疑の断絶

捜査　　公判

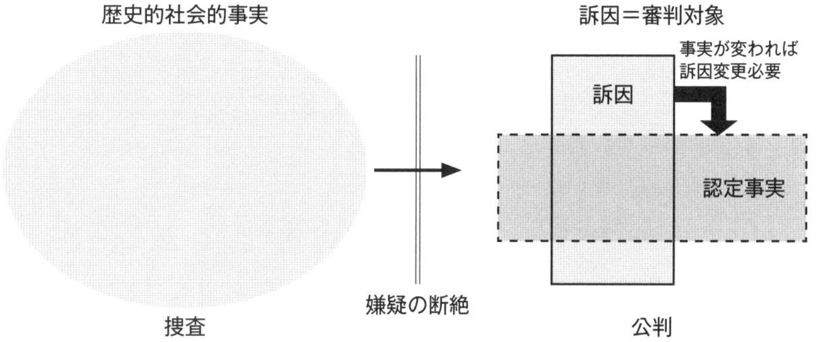

た犯罪を特定するためであり（審判対象特定機能）、第二に、被告人の防御範囲が過度に広がらないようにするためである（防御範囲限定機能）。二つの機能は重なるところがあっても同じではない。審判対象の特定のために、日時、場所、方法等を具体的に記載する必要が生じることもあれば、それらが概括的記載にとどまっても特定が可能な場合もある。これに対し、防御の範囲は、訴因に記載された犯行の日時、場所、方法等が概括的になるほど広がる関係にある。訴因の審判対象特定機能を重視し、犯行の日時、場所、方法等を具体的に記載することが困難な事情がある場合は、他罪との識別が可能になる程度に訴因が特定できていれば足りるとする考え方を識別説という。これに対し、防御にとって重要な事実は訴因に具体的に記載すべきとする考え方を防御権説という。最大判昭 37・11・28 刑集 16 巻 11 号 1633 頁（白山

丸事件）は、「被告人は、昭和27年4月頃より同33年6月下旬までの間に、有効な旅券に出国の証印を受けないで、本邦より本邦外の地域たる中国に出国したものである」という起訴状の記載が訴因の特定として十分かが争点となった事案において、「犯罪の日時、場所及び方法は、これら事項が、犯罪を構成する要素になっている場合を除き、本来は、罪となるべき事実そのものではなく、ただ訴因を特定する一手段として、できる限り具体的に表示すべきことを要請されているのであるから、犯罪の種類、性質等の如何により、これを詳らかにすることができない特殊事情がある場合には、審判対象の限定や防御範囲の明示という法の目的を害さないかぎりの幅のある表示をしても、その一事のみを以て、罪となるべき事実を特定しない違法があるということはできない」と述べた上で、起訴状の記載と冒頭陳述によって本件公訴が裁判所に対し審判を求めようとする対象は、おのずから明らかであり、被告人の防御の範囲もおのずから限定されているとの理由から、本件起訴状の記載を適法とした。本判決は、識別説の立場から、起訴状記載の犯行の日時に約七年の幅があったとしても、検察官が証拠上認定できる再入国に対応する一回の出国を起訴する意図であれば、訴因は不特定とはいえないと判示したものと理解できる。

また、最決昭56・4・25刑集35巻3号116頁は、「被告人は、法定の除外事由がないのに、昭和59年9月26日ころから同年10月3日までの間、広島県高田郡吉田町内及びその周辺において、覚せい剤であるフェニルメチルアミノプロパン塩類を含有するもの若干量を自己の身体に注射又は服用して施用し、もって覚せい剤を使用したものである。」との訴因の記載は、日時、場所の表示にある程度の幅があり、かつ、使用量、使用方法の表示にも明確を欠くところがあるとしても、検察官において起訴当時の証拠に基づきできる限り特定したものである以上、覚せい剤使用罪の訴因の特定に欠けるところはないというべきであると判示している。薬物使用罪の場合、尿からの覚せい剤成分の検出だけからは、認定可能な犯行期間中に複数回の使用が行われた可能性を排除できない。そして薬物使用罪は使用行為ごとに別罪が成立すると解されているため、10日程の幅のある使用日時の記載だけで、なぜ対象犯罪を特定できていると言えるかが問題となる。この点、実務では証拠と結びつくことが間違いない直近の使用行為を起訴したものとの説明（最終一行為説）が一般的とされる（逐条実務553頁）。こうした理解に基づけば、理論上は後に二回の使用行為が判明すれば、最終行為以外の使用行為については再訴可能になる。実務では尿の鑑定結果は最終使用行為の証拠にしか用いていないとされるが（椎橋ほか269頁）、そうであっても尿の鑑定以外から使用行為の立証が可能な場合はあり得よう。最高裁昭和56年決定は、訴因に記載された幅のある犯行日時の間に複数回の使用が行われた証拠がない以上は、その間の使用行為は一回であったことを前提に、検察官は当該一回の使用を起訴したものと理解することで、訴因の特定に欠けないと解したものと見ることもできる（高田昭214頁）。このような理解に立てば、起訴後に記載の犯行日時の間に複数回の使用行為があったことが判明したときには、いずれの使用行為を起訴したのかを特定するために訴因を補正する必要がある。また、判決確定後にその間の複数回の使用行為が判明したとしても、確定判決を受けた使用行為がいずれであるかを特定できないため、再度起訴することはできない。

捜査を尽くしても犯行の日時、場所、方法等を具体的に記載できない特殊事情がある場合、識別説の立場から訴因の特定の有無を判断してよいとしても、256条3項の趣旨には、罪となるべき事実をできる限り具体的に記載することにより防御範囲を限定することも含まれている。そこで、防御範囲を限定する重要な事実が概括的記載にとどまっているときは、検察官に概括的記載部分の証明予定事実につき釈明させることができる（規則208条参照）。検察官が起訴状の記載を補う釈明をしたときは、訴因を補正して明示する方が法の趣旨には適うが、たとえ訴因の補正を行わなくても、釈明内容は訴因の記載を補うものとして訴因の一部になっているというべきである。したがって、この場合に裁判所が検察官の釈明事実と異なる事実を認定して有罪とするためには、裁判所の認定が被告人にとって不意打ちにならないよう手続的配慮を行うべきである。

14.3. 訴因の変更

検察官は、公訴提起後に起訴状記載の訴因又は罰条の追加、撤回又は変更を請求することができる（312条1項）。本条のいう訴因の追加、撤回又は変更をまとめて広義の訴因の変更という。訴因の「追加」、「撤回」の意味については、予備的・択一的訴因の追加・撤回により訴因の個数が変わる場合だけでなく、一個の訴因内の科刑上一罪の関係にある犯罪事実の追加・撤回も訴因の追加・撤回に含めるのが実務における理解である（条解754頁、令状実務734頁）。これに対し、一個の訴因中の一罪の関係にある事実の追加・撤回は狭義の訴因の変更であるとする学説もある（平野134頁）。訴因の変更には、それがいつ必要になるかという訴因変更の要否の問題、どの範囲の変更が可能かという訴因変更の可否の問題、さらにいつまで訴因変更が可能かという訴因変更の許否（時期的限界）の問題が含まれる。訴因変更請求は、被告人の在廷する公判廷で行う場合を除き、書面を提出して行わなければならない（同条3項、6項）。この場合、被告人に訴因変更請求書面の謄本が送達される（同条4項及び5項、ただし、312条の2）。

なお、訴因の記載の変更は312条による訴因変更以外の理由から必要になることもある。訴因が明示・特定を欠く場合や訴因につき訴訟条件が欠けるなど公訴提起を無効にする程度の瑕疵がある場合に、その瑕疵を治癒するために訴因の記載を訂正することを、「訴因の補正」という。これに対し、起訴状を記載する際の誤字・脱字等、公訴提起を無効にする程度には至らない瑕疵の単なる訂正の場合もある。

(1) 訴因変更の要否

起訴状の記載と異なる事実を認定する場合であっても、訴因の同一性が保たれている限り訴因変更は不要である。かつては、審判対象は公訴事実であって、訴因は被告人の防御の便宜を図るため罰条の記載と合わせて「罪となるべき事実」の法律構成を明示したものに過ぎず、訴因と異なる事実を認定しても、法律構成に変更がなければ訴因を変更する必要はないとする説もみられた（法律構成説）。これに対し、現在の通説は、訴因を審判対象となる具体的事実を記載したものと理解している（事実記載説）。もっとも、事実記載説の中でも訴因変更の要否の基準の考え方は分かれており、(a) 重要な点において訴因と異なる事実を認定して有罪とすることは、抽象的には不意打ちとなるため訴因変更を要するとする抽象的防御説（平野132頁、田宮199頁）、(b) 具体的な審理経過において防御の機会が与えられていた事実を認定するのであれば、訴因と異なる事実を認定しても不意打ち認定には当たらないため、訴因変更は不要であるとする具体的防御説（団藤202-203頁、高田415頁）

が基本的に対立する。さらに、(c) 審判対象の特定のために必要不可欠な記載とその他の記載に分け、前者は抽象的防御説により、後者は具体的防御説により判断すべきであるとする二分説（松尾上262頁）、(d) 第一段階として、抽象的防御の観点から支障があれば訴因変更の要否を判断し、第二段階として、具体的防御の観点から訴因変更の要否を判断すべきであるとする二段階防御説（三井II 199頁）もある。

過去の判例には抽象的防御説によったと思われるものと、具体的防御説によったと思われるものが見られた。これに対し、最決平13・4・11刑集55巻3号127頁は、殺人罪の共謀共同正犯の訴因に記載されていた実行行為者と異なる実行行為者を認定したことの適法性が争点となった事案において、①罪となるべき事実の特定のために記載が不可欠な事実と、②被告人の防御にとって重要な事項として争点明確化のために訴因に明示した事実を区別した上で、①に該当する事実であれば審判対象の画定という見地から訴因変更が必要になるが、②にしか該当しない事実については、それと異なる事実を認定するためには原則として訴因変更を要すると述べつつも、「被告人の防御の具体的な状況等の審理の経過に照らし、被告人に不意打ちを与えるものではないと認められ、かつ、判決で認定される事実が訴因に記載された事実と比べて被告人にとってより不利益であるとはいえない場合」には、例外的に、訴因変更は不要であるとの指針を示した。当該判決は上記二分説の立場をとったものということができる。

「罪となるべき事実」の特定のために記載が必要な事実であっても訴因の一部の認定に留まる場合は、訴因変更は不要と解されている（縮小認定の法理）。例えば、殺人の訴因に対して、因果関係の証明がないとして殺人未遂の認定に留める場合や故意の証明がないとして傷害致死を認定する場合が典型である。殺人の訴因に対して被害者の承諾があった疑いを排除できないことを理由に同意殺人の認定に留める場合も、被害者の不同意を殺人の消極的構成要件と理解すれば縮小認定に当たる（参照、最決昭28・9・30刑集7巻9号1868頁）。特殊な例として、「酒酔い運転」の訴因に対し「酒気帯び運転」を認定したことの適法性が争点となった事案においても、縮小認定の法理により訴因変更が不要とされた事例がある（参照、最決昭55・3・4刑集34巻3号89頁）。もっとも、訴因の一部を認定するときであっても、刑事責任を問う趣旨で記載されたといえない事実を認定して有罪とすることは許されない。例えば、詐欺の手段として文書偽造・同行使の記載がある場合や、あるいは共同正犯の訴因に教唆やほう助に当たる加担行為の記載がある場合、これらの事実が「罪となるべき事実」として記載されたものであるとは限らない。訴因変更なく縮小認定ができるのは、「罪となるべき事実」として訴因に記載されたことが明らかな事実の範囲にとどまる。訴因変更が不要とされた縮小認定のケースとして、強盗の訴因に対して恐喝の事実を認定する場合（参照、最判昭26・6・15刑集5巻7号1277頁)、殺人未遂の訴因に対して傷害を認定する場合（参照、最決昭28・11・20刑集7巻11号2275頁)、強盗致死の訴因に対して傷害致死の事実を認定する場合（参照、最決昭29・12・17刑集8巻13号2147頁)、傷害の訴因に対して暴行の事実を認定する場合（参照、最決昭30・10・19刑集9巻11号2268頁)、枉法収賄の訴因に対して単純収賄を認定する場合（参照、最判昭35・12・13判時255号30頁）などがある。

(2) 訴因変更の可否

訴因の変更は、「公訴事実の同一性」を害しない範囲で行うことができる（312条1項)。このことは、「公訴事実の同一性」の有無が一回の訴訟で解決すべき事実の範囲の基準となることを意味する。したがって、公訴事実の同一性は一事不再理効（23.7.参照）の客観的範囲の基準にもなる。「公訴事実の同一性」には、両訴因の事実が両立しない関係にあることを意味する「狭義の公訴事実の同一性」と、事実が両立するとしても一罪の関係にあることを意味する「公訴事実の単一性」という二つの意味が含まれる。公訴事実が審判対象と解されていた旧刑訴法の下では、審判対象の逸脱認定（旧刑訴418条18号〔＝現行刑訴378条3号〕）の判断基準として「公訴事実の同一性」の概念が用いられていた。しかし、現行法は訴因制度によって審判対象の逸脱認定を防いでいるため、312条1項のいう「公訴事実の同一性」は、一回の訴訟において解決すべき事実の範囲を示す機能的概念として、旧法下における「公訴事実の同一性」よりも狭くも広くも理解することが可能である。とはいえ、公訴事実の単一性は一罪の範囲の問題であるから旧法時代における理解と変わるものではない。これに対し、狭義の公訴事実の同一性については、必ずしも旧法時代からの公訴事実の同一性の判断基準を継受する必要がないことから、基本的事実の同一性、罪質の同一性、構成要件の共通説、社会的嫌疑の同一性、刑罰関心の同一性、訴因の基本的部分（行為または結果）の共通性といった様々な学説が登場した。さらに、狭義の同一性と単一性を統一する基準として、両訴因が実体法上両立せず、その双方で処罰することができない関係にあるか否かを判断基準にすべきとの説も有力化している（酒巻308頁、川出〔2023〕123頁）。

これに対し、判例は、旧法時代からの判例の立場を引き継ぎ、両訴因の背後にある歴史的社会的事実としての犯罪事実の同一性（基本的事実関係の同一性）を基準に、公訴事実の同一性を判断してきた。そして、基本的事実関係の同一性を判断するための補助的基準として、両訴因の重要部分において共通性が認められ、両立しない関係にあるかどうかの基準を用いてきた。例えば、(1) 最判昭34・12・11刑集13巻13号3195頁は、売却を依頼された馬二頭の売却代金を業務上横領したという訴因を、同一人物から預かっていた馬二頭を元の訴因で売却したとされていた日に窃取したという窃盗の訴因に変更することの可否が争点となった事案において、「前者が馬の売却代金の着服横領であるのに対し、後者は馬そのものの窃盗である点並びに犯行の場所や行為の態様において多少の差異はあるけれども、いずれも同一被害者に対する一定の物とその換価代金を中心とする不法領得行為であって、一方が有罪となれば他方がその不可罰行為として不処罰となる関係にあり、その間基本的事実関係の同一を肯認することができる」との理由から、公訴事実の同一性を肯定した。また、(2) 最決昭53・3・6刑集32巻2号218頁は、「被告人甲は、公務員乙と共謀のうえ、乙の職務上の不正行為に対する謝礼の趣旨で、丙から賄賂を収受した」という枉法収賄の訴因を、「被告人甲は、丙と共謀のうえ、右と同じ趣旨で、公務員乙に対して賄賂を供与した」という贈賄の訴因に変更することの可否が争点となった事案において、「収受したとされる賄賂と供与したとされる賄賂との間に事実上の共通性がある場合には、両立しない関係にあり、かつ、一連の同一事象に対する法的評価を異にするに過ぎないものであって、基本的事実関係においては同一であるということができる。」との理由から、公訴事実の同一性を肯定した。さらに、(3) 最決昭63・10・25刑集42巻8号1100頁は、「甲は乙と共謀の上、法定の除外事由がないのに、昭和60年10月26日午後5時30分ころ、A町の甲方において、右乙をして自己の左腕部に覚せい剤約0.04グラムを含有する水溶液約0.25ミリリツトルを注射させ、もって、覚せい剤を使用した。」との訴因を、「甲は、法定の除外事由がないのに、昭和60年10月26日午後6時30分ころ、B市所在のスナツク店舗内において、覚せい剤0.04グラムを含有する水溶液約0.25ミリリツトルを自己の左腕部に注射し、もって、覚せい剤を使用した。」との訴因に変更することの可否が争点となった事案において、「両訴因は、その間に覚せい剤の使用時間、場所、方法において多少の差異があるものの、いずれも被告人の尿中から検出された同一覚せい剤の使用行為に関するものであって、事実上の共通性があり、両立しない関係にあると認められるから、基本的事実関係において同一であるということができる。」との理由から、公訴事実の同一性を肯定した。

両訴因は非両立の関係にあるにもかかわらず、主要な構成要件要素が異なることを理由に公訴事実の同一性が否定された事例として、例えば、(1) 自動車運転による業務上過失傷害の罪と同事故の運転者の身代わりになったことによる犯人隠避の罪との関係につき、「なるほどその一方が認められるときは、他方がその成立する余地を失う関係にあることを否定し得ないけれども、両者はその罪質、被害法益、行為の客体及び態様等その主要な犯罪構成要素を全く異にし、その間に所論のいうような公訴事実の同一性は到底認めることはできない」と判示したもの（東京高判昭40・7・8高刑集18巻5号491頁）や、(2) 交通事故による業務上過失傷害の罪と、それが保険金詐欺を目的とした偽装事故であった場合の詐欺未遂の罪との関係につき、「罪質・被害法益が全く異なるのみならず、犯行の日時・場所、行為の態様・相手方（被害者）など主要な犯罪の構成要素をことごとく異にするのであって、公訴事実の同一性のないことは明らかというべきである。本件の場合においては、社会的にみて、両者は互いに相容れない事実関係にあるようにみられないでもないが、訴訟法上の訴因の観点からみるときは、両者は、互いに排斥し合うことなく成立し得るものと考えられる」と判示したもの（東京高判昭61・6・5判時1215号141頁＝判タ629号219頁）がある。これらの判例にみられるように、公訴事実の同一性は、事実面での非両立性だけでなく、両訴因の罪質、構成要件要素の重なり等も考慮に加えて判断されている。

公訴事実の同一性の範囲内の訴因変更であっても、それを二回以上繰り返すこと（順次的訴因変更）により、当初の訴因と最後の訴因の間では公訴事実の同一性が失われてしまう場合がある。例えば、盗品をほう助した者が盗品の譲受けを行った場合は、窃盗ほう助と盗品譲受けの事実は両立する関係にあり公訴事実の同一性を欠く（参照、最判昭33・2・21刑集12巻2号288頁）。ところが、窃盗ほう助から窃盗の正犯への訴因変更を挟み、さらに盗品譲受けの訴因に変更する場合は、それぞれは公訴事実の同一性を肯定できることから、訴因変更が可能となってしまう。そこでこうした不合理な結果を避けるために、公訴事実の同一性は公訴提起時の当初の訴因を基準に訴因変更の可否を判断すべきであるとの学説が有力である（光藤Ⅰ318頁、田口335頁、上口323頁、白取321頁）。

(3) 訴因変更の許否（時期的限界）

民事訴訟法は、結審に至るまでの間に原告の訴えの変更を可能とした上で、それが著しく訴訟手続を遅延させることとなるときは、当事者の申立て又は職権により裁判所が変更を許可しない決定をしなければならない旨を明記している（民訴143条）。これに対し、刑事訴訟法には訴因変更の時期的（ないし時機的）限界の定めはない。しかし、公判審理開始後の訴因変更が被告人に新たな防御の準備の負担を課し、訴訟を遅延させる原因となる場合があることは、刑事訴訟にとっても同様である（312条7項参照）。そこで、被告人に変更後の訴因に対する防御の準備の時間を与えるだけでは公正な手続を維持できない濫用的な訴因変更にあたる場合は、刑事訴訟においても訴因変更の時機的限界が肯定されてきた。その最初のケースとして、福岡高那覇支判昭51・4・5判タ345号321頁は、殺人事件につき検察官が2年6か月の攻防を経て一貫して維持してきた訴因を、事実の証明が成り立ち難い情勢となった結審段階での訴因変更請求を許可しなかったことの適法性が争われた事案において、原判決が刑訴規則1条2項の権利濫用の禁止や同条1項の迅速裁判条項を根拠に訴因変更を許可しなかったことを適法と判示した。特に公判前整理手続（16.2.参照）に付された事件については、同手続において争点整理の機会が与えられることから、公判開始後の充実した争点整理や審理計画の策定がされた趣旨を没却するような訴因変更請求は許されないと解されている（参照、東京高判平20・11・18高刑集61巻4号6頁、東京高判平21・8・6判タ1342号64頁）。訴因変更請求が行われた時期、訴因変更が必要になった理由、公判前整理手続の段階で訴因変更請求することの可能性やそれまでの検察官の態度、被告人が既に被った防御の負担の程度と訴因変更により新たに被ることになる防御の負担の程度、それまでの審理期間と新たに必要となる審理期間等を考慮しながら、訴因変更請求が検察官の従前の態度と一貫しておらず、誠実な権利行使とはいえず、かつ、既に被告人が負ってきた防御の負担との関係で、被告人に新たな防御上の準備を強いることが不当に過重な負担となる場合は、訴因変更を許可すべきでなかろう。

(4) 訴因変更命令

裁判所は、審理の経過に鑑み適当と認めるときは、訴因又は罰条の追加又は変更を命令できる（312条2項）。当該規定は、裁判所が真実と考える事実により有罪とするための手段を裁判所に付与したものである。しかし、当事者主義の建前からすれば、裁判所が検察官の意図にかかわらず訴因変更してよいことにはならない。そこで、312条2項は当事者主義に合致する形で限定的に解釈されてきた。まず、裁判所に訴因変更の命令義務が生じるのは、訴因変更を命令せずに無罪を言い渡すことが、法的正義の観点からおよそ容認できない例外的場合に限られる。この点、判例は、罪の重大性と証拠の明白性を重要な判断基準としている（参照、最決昭43・11・26刑集22巻12号1352頁）。また、手続上の問題として、裁判所は訴因変更を命ずる前に、検察官に裁判所が適当と考える訴因に変更する意思があるかどうか釈明を求め、検察官に訴因変更の意思がないことが明らかになれば、もはや裁判所には訴因変更命令義務はないとするのが判例の立場である（参照、最判昭58・9・6刑集37巻7号930頁、最判平30・3・19刑集72巻1号1頁）。さらに、312条2項は検察官に対して訴因変更を命令する権限を定めているに過ぎないから、実際に検察官が命令に応じて訴因変更手続をとるまでは、訴因変更されたことにはならず、この意味で訴因変更命令の形成力は否定されている（参照、最大判昭40・4・28刑集19巻3号270頁）。訴因変更請求を許可することに法的支障がないのに裁判所の心証を優先して許可しないことも、裁判所が強制的に訴因を設定する結果となるため違法である（参照、最判昭42・8・31刑集21巻7号879頁）。

14.4. 訴因と訴訟条件

(1) 訴訟条件の判断基準

訴因によれば訴訟条件を満たしているが、実体によれば訴訟条件を欠くことが判明することがある。例えば、①訴因によれば公訴時効は成立しないが、審理の結果、明らかになった実体によれば起訴時に公訴時効が成立していたことになる場合、②告訴を得ずに非親告罪で起訴したが、審理の結果、裁判所は親告罪の心証を得た場合、③訴因の罪によれば事物管轄を有するが、審理の結果、裁判所が事物管轄を有さない罪に当たるとの心証を得た場合等がある。この場合、(a) 裁判所は実体に基づき手続を打ち切ってよいとする実体（ないし心証）基準説（団藤143頁）と、(b) 訴訟条件の有無も訴因を基準に判断すべきであり、訴因変更がなければ無罪を言い渡すべきであるとする訴因基準説（平野152頁）が、基本的に対立している。判例は訴因変更しないまま手続を打切ることや、あるいは正しい事物管轄を有する裁判所へ移送することを適法としており（最判昭31・4・12刑集10巻4号540頁〔免訴事例〕、最判昭48・3・15刑集27巻2号128頁〔公訴棄却事例〕）、実体基準説を採っているとされる。

当該問題は、審判対象を訴因とする通説によれば、審判対象の設定は検察官の権限であること、及び訴因の変更は訴因逸脱した有罪認定が被告人のための不意打ちになることを防止するための制度であることを踏まえて考えるべきだろう。例えば、傷害致死なら公訴時効が成立している事件を検察官が殺人で起訴する場合、検察官が殺人につき審判を求めていることは明らかであり、それにもかかわらず裁判所が傷害致死しか認定できないことを理由に免訴にすることは、たとえ形式的に縮小認定に当たるとしても許されないというべきである（免訴にすることなく無罪判決を言い渡している事例として、札幌地判平13・5・30判時1772号144頁＝判タ1068号277頁）。これに対し、実体はより重い罪に当たるため簡易裁判所が管轄を有さないことが明らかになったときに、裁判所が管轄を有する裁判所に事件を移送することが、検察官の意思に反することにはならない。また、移送前に訴因変更するか、移送後に訴因変更するかによって被告人に対する不意打ちかどうかが変わるわけでもないから、訴因変更を経なければ移送してはいけないとはいえないだろう（参照、最判昭28・3・20刑集7巻3号597頁）。判断が難しいのは、実体は告訴を欠く親告罪であることが判明し公訴棄却にすべきことが明らかになったような場合である。この場合、検察官は非親告罪と考えて告訴を得なかったのか、告訴が得られなかったため非親告罪で起訴したのかによって、とるべき対応は異なるというべきだろう。前者の場合、検察官は現訴因につき実体判決を求める意思とまではいえないし、公訴棄却後に告訴を整え親告罪の訴因で再起訴することが、被告人に不意打ちを与えることにもならないから、公訴棄却のために訴因変更が必要と解さなくてよかろう。これに対し後者の場合、検察官はあえて非親告罪につき審判を求める意思で起訴しているのであるから、裁判所がそれに対して実体判決を行わずに申告罪であることを理由に公訴棄却にすることは許されないというべきである。

(2) 訴訟条件の追完

裁判所に係属した事件の訴訟条件が欠けていれば、形式裁判により手続を打ち切るのが原則である。しかし、管轄違いの場合は正しい管轄の裁判所に再起訴することになるのが通常であるし、公訴棄却の場合も特に338条4号に基づく公訴棄却は適法な手続で再起訴することは可能である。そして、検察官が再起訴の予定であるならば、事件を係属させたまま訴訟条件の追完を認める方が訴訟経済には適っている。実際に事物管轄が異なった場合は、管轄違いの判決を行うことなく、正しい事物管轄の裁判所に移送しなければならない場合があることは、上記のとおりである。また、被告人にとっても再起訴が確実であるときは、一旦手続を打ち切ることを希望するとは限らない。そこで、公訴提起後に訴訟条件の欠如が判明した場合、検察官の再起訴の意思が明確であり、被告人からも異議がなければ、例外的に起訴後の訴訟条件の追完を認めてよかろう。

訴訟条件の追完には、①告訴の追完と②訴訟条件を満たす訴因への変更がある。前者については、親告罪であるにもかかわらず告訴を得ないまま起訴することの違法は重大であるから、告訴の追完を認めず、一旦公訴を棄却した上で、告訴権者に告訴するか否かを判断させることが原則とされるべきである。もっとも、告訴を得ずに非親告罪として起訴した後に実際には親告罪であったことが判明した事案において、親告罪であることが判明した時点で、告訴を追完して親告罪に訴因変更することを適法とした事例がある（参照、東京地判昭58・9・30判時1091号159頁）。また、親告罪につき告訴を得ないで起訴した事実と科刑上の一罪の関係にある事実が訴因に追加された事案において、訴因に追加した事実に対する判決が確定すれば一罪の範囲で一事不再理効が生じてしまうことを理由に、告訴の追完を認めた事例もある（参照、東京地判平9・9・25判タ984号288頁）。親告罪から非親告罪への訴因の変更が認められた事例として、最決昭29・9・8刑集8巻9号1471頁は、起訴時の訴因（窃盗）において被害物品の所有者とされた人物がその後被告人とは六親等の関係にある親族であることが判明したことから、証拠調べ手続に入る前に検察官が訴因に記載の物品の所有者を親族関係のない者に変更したことを適法とした。

第5編 公判

15. 公判の基本原則

(1) 公判中心主義

公判審理を裁判所が真実を解明する場の中心に据える考え方を公判中心主義という。現行法は、予審を廃止し、また起訴状一本主義を採用して裁判所が捜査機関の嫌疑を引き継ぐことなく公判に臨む制度にすることで、公判中心主義を徹底した。公判中心主義が有効に機能するためには、公判を通じた心証形成が可能な審理形式が取られなければならない。そのための審理形式として直接主義及び口頭主義が採用されている。直接主義は、第一に、裁判所は自ら取り調べた証拠に基づき判決を行わなければならないという意味を有する。この意味での直接主義を形式的直接主義という。裁判体を構成する裁判官が変わった場合に公判手続の更新が必要であるのは（315条）、そのためである。また、直接主義は、裁判所はできる限り一次的証拠を採取しなければならないという意味も有している。この意味での直接主義を実質的直接主義という。例えば、供述証拠の場合、他の者が供述者を取り調べて作成した供述調書の証拠調べで済ませるのではなく、証人であれ被告人であれ、裁判所が直接尋問して証拠を採取するのが原則となる。現行法は伝聞法則（320条）を採用している。伝聞法則（22.1.参照）と実質的直接主義は同じものではないが、法廷における証人尋問を通じた心証形成を原則とする点で共通する。口頭主義とは、公判審理は、その場で心証形成が可能になるよう、書面の受け渡しではなく、口頭で行わなければならないという考え方である。書証の朗読が原則とされているのは（305条）、口頭主義の要請である。現行法は直接主義・口頭主義を採用しているが、捜査機関が作成した大量の供述調書が証拠採用され、裁判官が法廷外で供述調書を読み込んで心証を形成する、

「調書裁判」とも呼ばれる時代が続いた。裁判員制度の導入は、供述調書の数量を抑制し、直接・口頭主義を実質化する契機となった。

(2) 公開原則

裁判の公開は公正な裁判を実現する上でも、司法権行使に対する国民の知る権利を満たす上でも重要である。他方で、裁判の公開は私人の秘密やプライバシーの公表に繋がるため、絶対的に保障されるべきものでもない。そこで、憲法37条1項は被告人の公開裁判を受ける権利を保障し、憲法82条1項は民事・刑事を問わず対審裁判の公開原則を定めると共に　同条2項は例外的に非公開にできる場合がある旨を定めている。ただし、政治犯罪、出版に関する犯罪又はこの憲法第三章で保障する国民の権利が問題となっている事件の対審は、常に公開しなければならない（同項但書）。また、判決言渡しは必ず公開の場で行わなければならない（裁70条）。

裁判を公開しても傍聴内容を国民に伝えてよいのでなければ、公開の意義は損なわれてしまう。この点につき傍聴人が傍聴メモをとることを禁止したことの適法性が争われた事案において、最大判平元・3・8民集43巻2号89頁（レペタ訴訟）は、筆記行為の自由は、憲法21条の趣旨に照らして尊重されるべきであること、傍聴人が法廷においてメモを取ることは、その見聞する裁判を認識、記憶するためになされるものである限り、尊重に値し、故なく妨げられてはならないことを理由に、傍聴メモは原則として自由であるべきことを肯定した。これに対し、法廷における写真の撮影、録音又は放送は裁判所の許可を得なければ行うことはできない（規則215条）。当該規定は、法廷の秩序維持と訴訟関係人の正当な利益を保護するために必要な措置を定めたものであり、憲法の保障する公開原則に反しないと解されている（参照、最大決昭33・2・17刑集12巻2号253頁）。

国民の知る権利との関係では、国民が訴訟記録を閲覧できることも重要である。この点、刑訴法は一般人に確定訴訟記録の閲覧権を付与し、①通常事件の訴訟記録、②弁論の公開を禁止した事件の訴訟記録又は一般の閲覧に適しないものとしてその閲覧を禁止した訴訟記録、③閲覧を禁止できない事件に分けて、閲覧のルールを定めている（53条1項乃至3項）。そして、訴訟記録の保管及び閲覧手数料の詳細につき別の法律の定めに委ねることとした（同条4項）。当該規定を受けて「刑事確定訴訟記録法」が制定されている。なお、確定前の訴訟記録の閲覧は一般人には認められないが、犯罪被害者やその委託を受けた弁護人は、当該被害者等の損害賠償請求権の行使のために必要がある等の正当な理由がある場合で、裁判所が犯罪の性質、審理の状況その他の事情を考慮して相当と認めるときは、裁判所において確定前の公判記録を閲覧謄写できる（犯被保護3条1項）。

(3) 公平な裁判

憲法37条1項は、公平な裁判所の裁判を受ける被告人の権利も保障している。これを受けて、刑事訴訟法は、裁判所を構成する職員の公平性を担保するために、裁判官及び裁判所書記の除斥及び忌避の制度を設けている。予断排除の原則もまた、公平裁判条項に根拠を持つ制度である。除斥とは、裁判所を構成する裁判官が公平であることを期待できない法定の事由がある場合に、当然に職務の執行から除外される制度である。刑訴法20条は除斥原因として七つの事由を定めているところ、それらは、事件の当事者又は当事者と親密な人的関係者である場合（1号乃至3号）と、当事者とは特別の関係にあるわけではないが、裁判官が同一事件につき以前に職務上関与し、予断を形成している場合（4号乃至7号）の二類型に分かれる。裁判官に除斥原因があるとき及び除斥原因以外の理由で裁判官が「不公正な裁判をする虞」があるときは、検察官又は被告人は裁判官の忌避を申し立てることができる（21条1項）。弁護人も被告人のために独立して忌避申立ができるが、被告人の明示の意思に反することはできない（同条2項）。裁判官は忌避されるべき原因があると思料するときは、自ら進んで回避しなければならない（規則13条1項）。裁判員法の定める裁判員の不適格事由に関する規定（裁判員17条乃至19条）も、裁判官の除斥及び忌避と同趣旨の規定である。

忌避理由となる「不公平な裁判をする虞」とは、除斥原因以外で、「裁判官が担当する事件の当事者と特別な関係にあるとか、訴訟手続外において事件につき一定の判断を形成しているとかの、当該事件の手続外の要因により、当該裁判官によってはその事件について公平で客観性のある審判を期待することができない場合」を意味し、手続内における審理の方法、態度などは直ちには忌避の理由にはならないと解されている（参照、最決昭48・10・8刑集27巻9号1415頁）。もっとも、不公平な訴訟指揮が他の事情とあいまって、裁判官と当事者との特別な関係や訴訟手続外において訴訟の結論を形成していることを推認させる理由になることは考えられる。事件について請求又は陳述をした後は、不公正な裁判をする虞があることを理由とする忌避申立を行うことはできない。ただし、忌避の原因があることを知らなかったとき、又は忌避の原因がその後に生じたときは、この限りではない（22条）。忌避を申し立てられた裁判官は原則として忌避申立に対する裁判に関与できないため（23条3項）、審理は一旦中断することになる。そこで、単に訴訟を遅延させることを目的とした忌避申立に対しては、当該裁判官が関与したまま簡易却下決定ができることとしている（24条1項）。受命裁判官又は単独体の裁判官が忌避された場合であっても、本人が簡易却下の裁判を行うことができる（同条2項）。忌避申立の却下決定は即時抗告の対象である（25条）。

(4) 迅速な裁判

訴訟の遅延は被告人にとって精神的、経済的な負担となる。特に勾留されている被告人にとっては、訴訟の長期化が事実上の制裁になりかねない。そこで、憲法37条1項は、迅速な裁判を受ける被告人の権利を保障している。迅速な裁判を受ける権利が適正手続の保障の一部であるためには、裁判の質を落としても訴訟の促進を優先する「拙速な裁判」とは明確に区別されなければならない。迅速な裁判を受ける権利は制度面と権利救済面の二つの意味で適正手続の保障に関わる。制度的な保障としては、一回の勾留期間の上限と勾留の更新回数の制限（60条2項）や、不当に長い勾留の取消し（87条1項）等がある。また、不利益再審の禁止（憲39条）も被告人の迅速な裁判を受ける権利の制度的保障ということができる。

合理的な理由なく審理が中断し、中断が長期化したときは、憲法37条1項の迅速裁判条項違反を理由に、手続を打ち切ることで直接的な救済を図ることも可能と解されている。すなわち、最大判昭47・12・20刑集26巻10号631頁（高田事件）は、住居侵入等の事件において合理的な理由なく15年余の間まったく公判審理が進行されないまま放置された事案の上告審において、「憲法37条1項の保障する迅速な裁判をうける権利は、憲法の保障する基本的な人権の一つであり、右条項は、単に迅速な裁判を一般的に保障するために必要な立法上及び司法行政上の措置をとるべきことを要請するにとどまらず、さらに個々の刑事事件について、現実に右の保障に明らかに反し、審理の著しい遅延の結果、迅速な裁判をうける被告人の権利が害せられたと認められる異常な事態が生じた場合には、これに対処すべき具体的規定がなくても、もはや当該被告人に対する手続の続行を許さず、その審理を打ち切るという非常救済手続がとられるべきことも認めている趣旨の規定である」と解し、免訴判決により手続を打ち切った。公訴時効の進行は公訴の提起によって停止し、公判がどれだけ長期化しても公訴時効にかからないことから、迅速裁判条項に基づく直接的権利救済は重要な意義を有している。

最高裁昭和47年判決は迅速裁判条項による直接的救済の基準について、①遅延期間のみによって一律に判断されるべきではなく、②遅延の原因と理由などを勘案して、その遅延がやむをえないものと認められるかどうか、③これにより右の保障条項が守ろうとしている諸利益がどの程度の実際に害せられているかなど、諸般の情況を総合的に判断して決せられなければならないと述べている。そして、②の遅延の原因につき、事件が複雑なために、結果として審理に長年月を要した場合や、遅延の主たる原因が被告人側にあり、被告人が迅速な裁判を受ける権利を自ら放棄したものと認めるべき場合は、迅速裁判条項違反に該当しないとも述べている。当該基準を当てはめる上では、(1) 被告人側の訴訟促進の要求を迅速裁判条項による救済のための要件とする、いわゆる「要求法理」を採用するか、(2) 迅速裁判条項が守ろうとしている諸利益として、無罪証拠の散逸といった防御活動上の不利益のみを考慮すべきか、あるいは被告人としての身分が続くことによる社会的・経済的不利益も考慮すべきかが問題となる。前者について最高裁昭和47年判決は、審理が長期にわたり中断していた間、被告人側が積極的に期日指定の申立てをするなど審理を促す挙に出なかったとしても、その一事をもって、被告人が迅速な裁判をうける権利を放棄したと推定することは許されないと述べている。これに対し、被告人の反証段階や被告人による控訴申立後に被告人の防御機会を確保するために審理が中断している事案においては、要求法理を適用し、遅延の原因が被告人側にあると判断したものがみられる（参照、最判昭48・7・20刑集27巻7号1322頁、最判昭49・5・31判時745号104頁、最判昭50・8・6刑集29巻7号393頁、最判昭50・8・6判時784号23頁＝判タ325号135頁）。また、後者については、被告人の地位が続くことによる社会的・経済的不利益まで考慮しているものは見られない。

16. 公判準備

16.1. 一般の公判準備

公判準備には第一回公判期日前の事前準備と第一回公判期日後の期日間準備がある。また、裁判所が行う準備と当事者が行う準備がある。刑訴法は継続審理の原則を採用しており、審理に二日以上を要する事件については、できる限り、連日開廷し、継続して審理を行わなければならないと定めている（281条の6）。そのためには、当事者間で十分な事前準備が行われ、争点や証拠の整理をすませ、審理計画を立てることが不可欠であるが、証拠開示制度が不備であったこともあり、継続審理は原則化されてこなかった。裁判員制度の導入は継続審理の原則に従った審理を不可欠のものとしたため、合わせて、事前に争点及び証拠の整理を済ませるための公判前整理手続が導入された。一般事件と公判前整理手続に付された事件とでは事前準備のためにできる内容が異なっている。

(1) 裁判所の公判準備

起訴状が受理されると事件は事務分配規程に基づき自動的に各部・各係に分配され、公判を担当する裁判所が決定する（順点の原則）。裁判所の行う公判準備には、以下のようなものがある。

(i) 起訴状謄本の送達

裁判所は、公訴の提起があったときは、遅滞なく起訴状の謄本を被告人に送達しなければならない。公訴の提起があった日から二箇月以内に起訴状の謄本が送達されないときは、公訴の提起は、さかのぼってその効力を失う（271条）。なお、書類の送達については、裁判所の規則に特別の定のある場合を除いては、民事訴訟に関する法令の規定（公示送達に関する規定を除く）が準用される（54条）。

刑訴法271条の2から271条の4の定めに従い、検察官から被告人送達用の起訴状抄本等と弁護人送達用の起訴状謄本が提出された場合は、裁判所は、起訴状抄本等に記載のない事項を被告人に知らせないことを条件に、弁護人に起訴状謄本を送達しなければならない（271条の3第2項、271条の4第3項）。検察官から弁護人送達用にも起訴状抄本等が提出された場合は、弁護人に起訴状抄本等を送達しなければならない（271条の3第4項、271条の4第5項）。

秘匿措置を受けた被告人又は弁護人は、裁判所に秘匿事項の通知を請求できる。裁判所は、被告人に対する措置が秘匿要件に該当しないとき、又は秘匿措置が被疑者の防御に実質的な不利益を及ぼすときは、秘匿事項の全部又は一部を被処分者に通知しなければならない（271条の5第1項）。弁護人に対する秘匿措置までは必要ないとき、又は秘匿措置が被疑者の防御に実質的な不利益を及ぼすときは、被告人に知らせてはならないことを条件に、弁護人にのみ秘匿事項の全部又は一部を通知しなければならない（同条2項）。当該決定は即時抗告の対象である（同条5項）。起訴状謄本の秘匿事項がその他の訴訟記録の閲覧や告知手続等を通じて被告人又は弁護人に伝わらないよう、被告人や弁護人の閲覧・謄写権等を被告人の防御に実質的な不利益を生ずるおそれのない範囲で制限できる規定（参照、271条の6）や被告人の告知を受ける権利等を制限できる規定（参照、271条の8）も新設された。

(ii) 弁護人選任権等の告知と国選弁護人の選任

裁判所は、公訴の提起があったときは、被告人に弁護人があるときを除き、遅滞なく被告人に対し、弁護人選任権及び国選弁護人請求権を告知しなければならない（272条）。被告人が国選弁護人を請求したときは、裁判所によって弁護人の選任が行われる。必要的弁護事件において、裁判所から弁護人選任意思を問合わせても被告人から回答がなく、又は弁護人の選任がないときは、裁判長が直ちに被告人のために弁護人を選任する義務がある（規則178条）。必要的弁護事件において、被告人に付された弁護人が出頭しないおそれがあるときも、予め裁判所が職権で弁護人を選任できる（289条3項）。

(iii) 公判期日の指定・変更

公判期日の指定は裁判長が行う（273条1項）。第一回公判期日は、その期日前に訴訟関係人がなすべき訴訟の準備を考慮して定めなければならない（規則178条の4）。裁判所は、指定された公判期日に不都合が生じた場合、当事者の請求又は職権で公判期日を変更することができる（276条1項）。公判期日の変更は、やむを得ない事情のある場合以外は認められない（規則182条1項）。裁判所が権限を濫用して公判期日を変更した場合、司法行政監督上の措置を申し立てることができる（277条）。

(iv) 被告人の召喚・勾引・勾留等

公判期日には被告人を召喚しなければならない（273条2項）。被告人の召喚と第一回公判期日との間には少なくとも5日（簡裁の場合は3日）の猶予期間を置かなければならない（275条、規則179条2項）。被告人が住居不定、又は正当な理由がなく召喚に応じない場合若しくは応じないおそれがある場合は、被告人を勾引することができる（58条）。さらに、被告人の出頭確保又は罪証隠滅の防止のために必要である場合は、勾留することができる（60条1項）。勾留中の被疑者に対して公訴提起を行った場合は、起訴前の勾留がそのまま有効である（同条2項）。勾留に関する処分は、予断排除との関係から、第一回公判期日までは受訴裁判所を構成しない裁判官によって行われる（280条）。

(v) 検察官・弁護人に対する出頭命令等

検察官、弁護人及び補佐人に対しては、公判期日を通知しなければならない（273条3項）。必要と認めるときは、検察官又は弁護人に対し、公判準備又は公判期日に出頭し、かつ、これらの手続が行われている間、在廷することを命ずることができる（278条の2第1項）。

(vi) 証人の召喚・勾引等

公判期日に証人尋問を予定している場合、急を要する場合を除き、出頭させる日時より24時間の猶予期間を置いて召喚しなければならない（143条の2、規則111条）。ただし、在廷証人の召喚は不要である（規則113条）。証人が正当な理由なく召喚に応じないとき、又は応じないおそれがあるときは、証人を勾引することができる（152条）。

(vii) 期日外尋問・証拠物の取寄せ

第一回公判期日以降であれば、証人の重要性、年齢、職業、健康状態その他の事情と事案の軽重とを考慮した上で、検察官及び被告人側の意見を聴き必要と認めるときは、公判準備として期日外に証人尋問を済ませておくことができる（281条）。公判準備として行われた証人尋問の記録は公判期日に取り調べる義務がある（303条）。その他、公判準備のために鑑定を命ずることや、捜索・押収の手続により証拠物を取り寄せておくことができる。

(viii) 第一回公判期日前の事前打合せ等

裁判所は、裁判所書記官に当事者間の準備を促進させるための措置をとらせることができる（規則178条の14）。また、裁判所が適当と認めるときは、第一回公判期日前に検察官と弁護人を出頭させた上で、公判期日の指定その他訴訟の進行に関し必要な事項につき事前打合せを行うことができる（規則178条の15)。事前打合せは、事件につき予断を生じさせるおそれのある事項にわたることはできない。したがって、裁判所が証拠を提出させて証拠開示をめぐる紛議を裁定したり、証拠の採否に関する裁判所の見解を伝える場として利用することはできない。

(2) 当事者の事前準備

刑事訴訟規則は178条の2以下において、なるべく第一回公判期日から集中的な審理を行うことで迅速な裁判を実現できるよう、当事者に事前準備を促す一連の規定を設けている。検察官、被告人及び弁護人は、第一回公判期日前にできる限り証拠を収集整理し、審理が迅速に行われるよう準備しなければならない（規則178条の2)。また、検察官と被告人又は弁護人間で、取調べ請求を予定している証拠の開示と証拠意見の見込みの通知及び争点整理のための相互の打合せ等を行わなければならない（規則178条の6)。証拠意見の見込みや争点整理に必要な主張は、請求予定証拠の開示（299条1項）を受けただけでは判断できないため、一般手続における事前準備の進捗は、検察官による任意の証拠開示に依存する部分が大きい。さらに、弁護人は被告人その他の関係者との事前面接による事実関係を確認しておくこととされているが（同条第2項1号)、弁護人が検察側の証人予定者との事前面接等により事実を確認するためには、相手の任意の協力が欠かせない。こうした制約の結果、実際には、一回の公判期日で結審が可能な事件を除き、被告人側の防御活動の準備は公判審理と並行しながら行われることが一般的である。

16.2. 公判前・期日間整理手続

裁判所は、充実した審理を継続的、計画的かつ迅速に行うために必要があると認めるときは、当事者の請求又は職権により公判前整理手続に付すことができる（316条の2第1項)。裁判員裁判対象事件については必ず公判前整理手続に付さなければならない（裁判員49条)。また、第一回公判期日後に争点や証拠の整理を行う必要が生じた場合は、当事者の請求又は職権により期日間整理手続に付すことができる（316条の28第1項)。当初は職権判断事項であったが、証拠開示手続を利用した審理の充実のために、当事者にも請求権を認める改正が行われた。期日間整理手続には、被告人に対する黙秘権告知を除き、公判前整理手続の規定が準用される（同条2項）。これらの決定は訴訟手続に関する判決前の決定に該当するところ（420条1項）、即時抗告を認める規定はない。公判前整理手続は必要的弁護事件であり、弁護人が付いていないときは職権で弁護人を選任しなければならない（316条の4）。公判前整理手続期日は、検察官及び弁護人の出頭がなければ開くことができない（316条の7）。

(1) 手続の内容

一般の手続において予断排除ために課されている事前準備の制約は、公判前整理手続においては争点及び証拠の整理に必要な範囲で緩和されている。裁判所は公判前整理手続において、①争点整理のための手続、②証拠決定のための手続、③証拠開示に関する裁定、④被害者参加に関する決定、⑤審理計画の決定等を行うことができる（316条の5各号）。さらに、⑥裁判員裁判対象事件の公判前整理手続において鑑定を決定した場合で、鑑定に相当の期間を要するときは、鑑定の経過及び結果の報告を除く鑑定の手続を行うことができる（裁判員50条1項）。公判前整理手続における争点及び証拠の整理の結果は、同手続の終了時に裁判所と両当事者との間で確認しなければならない（316条の24）。証拠決定や証拠開示の裁定の際は、証拠を提出させて内容を確認することができる。証拠決定のために証拠能力の立証が必要であるときは、事実の取調べ（43条3項）を行うこともできる。整理手続期日には裁判所書記官も立会い、調書を作成しなければならない（316条の12）。

(2) 検察官の義務

検察官及び弁護人は、公判前整理手続において相互に協力するとともに、裁判所に進んで協力する義務を負う（316条の3第2項）。検察官は公判前整理手続に付された事件において、以下のことを行わなければならない。まず、証明予定事実（公判において証拠により証明しようとする事実）を記載した書面を裁判所に提出し、被告人側にも送付しなければならない（316条の13第1項）。合わせて、証明予定事実を証明するために用いる証拠を取調べ請求しなければならない（同条2項）。証明予定事実記載書面は、事実とこれを証明するために用いられる主要な証拠との関係（証拠構造）を具体的に明示することその他の適当な方法によって、記載するよう努めなければならない（規則217条の21）。次に、請求証拠の開示（316条の14第1項）と、保管証拠の一覧表の作成を行い、被告人側から請求があれば証拠一覧表を交付しなければならない（同条2項）。証拠一覧表は、被告人側が証拠開示請求を行う際の便宜を図るために作成するものであり、検察官保管証拠の種類と数が被告人側に伝わるよう必要最小限の事項を記載することになっている（同条3項）。また、記載することに所定の弊害がある事項については記載しないことができる（同条4項）。さらに、被告人側の請求に応じて、検察官請求証拠の証明力を判断するために重要であると認められる所定の類型の証拠の開示（316条の15）、及び公判準備手続における被告人側の主張に関連すると認められる証拠の開示（316条の20）を行わなければならない。その他に、被告人側から請求証拠の開示を受けた場合は、これに対する証拠意見を表明しなければならない（316条の19）。また、一連の証拠開示手続が終わった後、証明予定事実の追加・変更があれば、再度、追加変更後の証明予定事実記載書面の提出、追加証拠の証拠調べ請求及び追加証拠に関する一連の証拠開示を行わなければならない（316条の21）。

(3) 被告人側の義務

公判期日とは異なり被告人の出頭義務はないが、出頭する権利は認められている（316条の9第1項）。被告人が期日に出頭した場合は、最初の期日に黙秘権の告知をしなければならない（同条3項）。被告人の意思を確認する必要がある場合は期日に出頭させて質問することや、弁護人に対し被告人と連署した書面の提出を求めることができる（316条の10）。被告人又は弁護人は、検察官から請求証拠及び類型証拠の開示を受けた後、検察官請求証拠に対する意見を表明しなければならない（316条の16）。また、公判において予定している事実上及び法律上の主張があれば、公判前整理手続において明示する義務がある（316条の17）。特に、証明予定事実がある場合は、証拠によって証明しようとする事実を具体的に明示し、当該事実を証明するために用いる証拠の取調べを請求し、検察官に取調べ請求予定証拠の開示を行う必要がある（316条の18）。予定主張の明示は主張関連証拠の開示請求をする前提でもある（316条の20）。とはいえ被告人側の主張はすべての証拠開示が終了した後に最終的に固まることから、主張関連証拠の開示請求のための予定主張は、主張に関連する証拠の範囲の判断が可能になる程度の主張で足りるだろう。検察官から主張関連証拠の開示を受けた後に被告人側が予定主張の追加・変更を行った場合は、追加変更した予定主張の明示、追加の証拠調べ請求及び証拠開示並びに追加・変更された主張に関する検察官からの主張関連証拠の開示が行われる（316条の22）。予定主張の明示を義務付けることが憲法38条1項の黙秘権保障に反しないかにつき、最決平25・3・18刑集67巻3号325頁は、316条の17は予定主張をすること自体を強要するものではないことを理由に、憲法には抵触しないとした。

(4) 公判手続の特例

公判前又は期日間整理手続に付された事件は公判手続の特例が適用され、①必要的弁護事件（316条の29）、②被告人側の冒頭陳述義務（316条の30）、③整理手続の結果の顕出（316条の31）、④証拠調べ請求の制限（316条の32）の点において通常の手続とは異なる。被告人が公判において予定主張として明示していない新たな主張を行うことは禁止されていない。もっとも、証拠制限規定により追加の証拠調べが必要な新主張は事実上制約を受けることになる。証拠調べ請求が不要な被告人質問による立証についても、それが公判前整理手続を行った意味を失わせるものと認められる場合には、刑訴法295条1項により制限することができると解されている（参照、最決平17・5・25刑集69巻4号636頁）。

16.3. 証拠開示

(1) 証拠開示の目的

訴訟当事者が手持ち証拠を事前に相手側に閲覧・謄写させることを証拠開示という。証拠開示は、開示する側にとっては自己の主張事実に証拠上の根拠があることを相手側に知らせる意味がある。また、開示される側にとっては相手の主張の証拠上の根拠を吟味し、争うべき点を定める意味がある。こうして争点整理を促進することが、証拠開示の第一の目的である。加えて、検察官の証拠開示には、捜査によって収集した証拠の中から被告人に有利な証拠を発見する機会を与えるという、第二の目的が含まれている。当事者主義の下では、当事者が自己に有利な証拠を調査することは基本的に各当事者の責任である。しかし、捜査機関は強制捜査権限を使用して証拠を収集できる一方、証拠保全手続を利用できる場合を除いて強制処分を利用できない被告人の証拠収集能力は限られている。それゆえ、検察官による全面的証拠開示は、被告人の証拠収集能力の差を補い、共通の証拠を基盤とする公正な裁判の実現に結び付く。捜査で収集した証拠を共有する発想は、被告人の訴訟準備のための押収物の還付等の考慮義務規定（規則178条の16）の中に部分的に見られる。アメリカにおいても証拠開示制度は未整備であったが、連法憲法裁判所がブレィディ判決（Brady v. Maryland, 373 U.S. 83 (1963)）において、「開示請求がなされた被告人に有利な証拠を検察官が開示しないままにしておくことは、その証拠が罪責又は刑罰にとって重要である場合は、検察官の善意・悪意に拘らず、デュー・プロセス違反となる」と判示したことを契機に、各法域で重要な証拠の開示範囲を広げる改正が行われるようになった。現在は少数ながら、検察官が法令調査や事実審理の準備のために作成したワーク・プロダクト以外の記録や証拠を原則的に全て開示する、いわゆる「オープン・ファイル」方式を採用している法域もある。

なお、公訴の提起後、裁判所が保管する訴訟に関する書類及び証拠物については、弁護人及び検察官が平等に閲覧・謄写することができる（40条、270条）。旧法下では公訴提起の際に捜査の一件記録が裁判所に提出されていたことから、裁判所における一件記録の閲覧・謄写が証拠開示の機能を果たしていた。しかし、現行法が起訴状一本主義を採用した関係で、証拠調べが始まる前に裁判所に証拠が提出されることはなくなったため、裁判所における記録の閲覧・謄写手続の事前証拠開示機能は失われた。

(2) 一般手続における証拠開示

当事者が第一回公判期日以降に取調べ請求を予定している証拠は、予め相手方に対し、証人、鑑定人等については氏名及び住所を知る機会を、また証拠書類又は証拠物については閲覧の機会を与えなければならない（299条1項）。開示と請求にどれくらいの期間を置かなければいけないかは一律に決まっていない。相手方が準備を要しない証拠であれば、法廷において相手方に直接提示して証拠の内容を確認してもらうことでも足りる。証拠書類又は証拠物の開示を受けた当事者は、相手当事者に対し、なるべくすみやかに証拠に対する同意・不同意等の意見を通知しなければならない（規則178条の6第1項2号及び第2項2号）。

検察官が必要な任意開示を怠っていることが円滑な訴訟進行の妨げになっていると考える場合は、裁判所の訴訟指揮権に基づいて検察官に対して証拠開示の勧告や命令を行うことができると解されている。具体的にどのような場合に証拠開示命令を出すことができるかについて、最決昭44・4・25刑集23巻4号248頁は、①公判手続が証拠調べに入った後、②弁護人から具体的必要性を示して、③一定の証拠を弁護人に閲覧させるよう検察官に命ぜられたい旨の申出がなされた場合、④事案の性質、審理の状況、閲覧を求める証拠の種類及び内容、閲覧の時期、程度及び方法、その他諸般の事情を勘案し、その閲覧が被告人の防禦のため特に重要であり、かつこれにより罪証隠滅、証人威迫等の弊害を招来するおそれがなく、相当と認めるときとの基準を示している。公判前整理手続における証拠開示制度の目的である充実した公判審理の実現は、一般手続においても妥当することから、公判前整理手続に準じた証拠開示の勧告・命令を行うことが合理的な訴訟指揮権の行使というべきである。訴訟指揮権に基づく証拠開示命令に強制力はないが、検察官が命令に従わなかったときは、関連する証拠の採否や評価において不利益な扱いを受ける可能性がある。

(3) 公判前整理手続における証拠開示

公判前整理手続における証拠開示は、争点と証拠の整理を行い、充実した審理を計画的に行うためには欠かすことのできない手続である。また、被告人が自己の主張を支える証拠を発見する手段にもなる。公判前整理手続においては、①当事者が証拠調べ請求した証拠（316条の14、316条の18)、②検察官請求証拠の証明力を判断するために重要であると認められる所定の類型の証拠（316条の15)、及び③公判準備手続における弁護側の主張に関連すると認められる証拠（316条の20）が開示の対象となる。証人等の安全保護及び被害者特定事項の秘匿のための配慮規定（299条の2乃至299条の7）は、公判前整理手続における全ての証拠開示に準用されている（316条の23)。

(i) 請求証拠の開示

検察官が公判前整理手続において取調べ請求した証拠は、開示請求を待つまでもなく、速やかに開示しなければならない。証人・鑑定人等の人証については、299条による人証の開示手続とは異なり、その氏名及び住居の他に、その者の供述予定内容が記載された供述録取書等の開示を義務付けている（316条の14第1項2号)。被告人側が取調べ請求した証拠を検察官に対して開示する場合も同様である（316条の18)。

(ii) 類型証拠の開示

請求証拠以外の検察官請求証拠の証明力を判断するために重要な証拠は、被告人側の開示請求を待って開示される。現行法は、証明力判断にとって重要な証拠を、重要性の程度や弊害の有無・程度の観点から類型化している。316条の15第1項1号から9号と2項の定める10類型のいずれかに該当する証拠が対象となる。①類型該当性の他に、②検察官請求証拠の証明力判断のための重要性、③開示の相当性（開示の重要性その他防御上の必要性の程度と開示による弊害の内容及び程度を比較考慮して判断）が開示の要件となる。

1号（証拠物）、2号（裁判所又は裁判官作成の検証調書）、3号（捜査機関作成の検証調書等）、4号（鑑定書等）は、いずれも客観的証拠であって検察側請求証拠の証明力を判断する上で重要性が高い一方、開示による弊害の程度は低い証拠類型ということができる。9号（請求証拠の押収手続記録書面）及び2項（類型開示証拠の押収手続記録書面）も同様の証拠類型に当たる。

5号（証人予定者の供述録取書等）は、被告人側が、検察側証人予定者（請求証人又は供述録取書等が不同意となった場合に請求を予定している者）の供述予定内容と異なる内容が記載された供述録取書等の有無・内容を把握し、供述の信用性を検討する上で重要な証拠類型にあたる。

6号（その他の者の供述録取書等）は、証人予定者以外の者の供述証拠であっても検察官が請求証拠により直接証明しようとする事実の有無に関する供述を含む場合は、請求証拠の証明力を検討する上での重要性が認められることから、類型証拠開示の対象としたものである。検察官が請求証拠により直接証明しようとする事実の有無に関する供述に限定されており、直接証明しようとする事実が間接事実である場合、そこからさらに推認しようとする事実の有無に関する供述は対象外である。

7号（被告人の供述録取書等）は、検察官が被告人の供述録取書等を証拠調べ請求している場合は、5号類型同様、その信用性を検討する上で被告人の過去の供述の変遷の有無や内容を知ることが重要になるし、また、被告人の供述録取書等を証拠調べ請求していない場合であっても、そこに検察官が証明しようとする事実の有無に関する供述が含まれているときは開示の重要性が認められる一方、被告人自身の過去の供述であり開示による弊害のおそれはないことから、類型証拠開示の対象としたものである。

8号は、被告人又はその共犯者（証人予定者に限る）の身体拘束中の取調べ状況記録書面であり、検察官が請求した供述証拠の任意性や特信性を判断する上で重要性が認められる一方、開示による弊害のおそれはない証拠類型である。

類型証拠の開示請求に当たっては、開示請求証拠の識別事項と開示の重要性その他の必要性が認められる理由を記載しなければならない（316条の15第3項）。開示が相当であることの理由の記載までは要しない。検察官は相当性を含めた開示要件を満たすと判断すれば開示し、満たさないと判断すれば不開示とし、あるいは、開示の時期若しくは方法を指定し、又は条件を付すことで弊害を防止する必要があると考えるときは、そうした制限を加えることができる。

(iii) 主張関連証拠の開示

請求証拠及び類型証拠として開示された証拠以外の証拠であって、被告人の予定主張事実（316条の17）に関連する証拠を検察官が保管している場合、被告人側の請求を待ってから開示される。①主張関連性及び②開示の相当性（関連性の程度その他防御上の必要性の程度と弊害の内容及び程度の比較考慮）が要件とされている。この場合も検察官は開示の時期・方法の指定等を行える。検察官が保管する被告人に有利な証拠を類型証拠開示の対象とせずに、被告人側の予定主張を待ってから開示することにしたのは、それによって被告人側の予定主張の明示を促し、争点整理を促進させる意図によるものである。

(iv) 証拠開示に関する裁定

当事者双方は、請求証拠を開示するに当たり必要があれば、裁判所に対し、開示の時期若しくは方法を指定し、又は条件を付すよう請求することができる（316条の25）。また、相手方が法律の定める証拠を開示していないと考えるときは、裁判所に対して開示命令を請求することができる（316条の26）。証拠開示命令の対象となる証拠は、検察官が現に保管している証拠に限られず、当該事件の捜査の過程で作成され、又は入手した書面等であって、公務員が職務上現に保管し、かつ、検察官において入手が容易なものも含まれ、警察官が捜査の過程で作成し保管するメモも対象になると解されている（参照、最決平19・12・25刑集61巻9号895頁、最決平20・6・25刑集62巻6号1886頁、最決平20・9・30刑集62巻8号2753頁）。

裁判所は証拠開示に関する裁定を行うに当たり必要があると認めるときは、当事者に証拠の提示を命令できる（316条の27第1項）。さらに、被告人側による証拠開示命令の請求に対して決定するに当たり必要があると認めるときは、検察官に対し、その保管する証拠であって、裁判所の指定する範囲に属するものの標目を記載した一覧表の提示を命ずることができる（同条2項）。証拠標目の一覧表には、裁判所が開示要件の有無を判断するために必要な事項（証拠内容の概要）が記載されている（規則217条の28）。そのため、証拠標目の一覧表の閲覧謄写自体が証拠開示の意味を持ちうることから、証拠標目の一覧表は、弁護人を含め、何人にも閲覧又は謄写させてはいけないことになっている（316条の27第2項）。証拠開示に関する裁定は即時抗告の対象である（316条の25第3項、316条の26第3項）。

(4) 証人等の保護

299条1項が証人等の氏名及び住所の開示を義務付けている目的は、相手方に自分側の証人予定者等との事前面接の機会を与えるためである。しかし、他方で検察側証人にとって被告人側と面接することや、あるいは氏名・住所を知られること自体が負担となり、証人となることの協力が得られない場合もある。そこで、請求予定証拠の開示にあたっては、当事者の準備活動の不当な制約にならない範囲で、証人等の保護の要請との調整規定が設けられている。証拠書類や証拠物に氏名が記載・記録されている者の保護についても、同様の調整規定が設けられている。検察官及び弁護人は、証人等やその親族を危害・困惑行為から保護する必要があれば、証拠開示の際に、相手方に対し、捜査や防御上必要がある場合を除き、自分側の証人等の所在場所が関係者に知られないようにすることその他の安全が脅かされないよう配慮要請できる（299条の2）。また、検察官は、被害者保護を目的に、弁護人に対し、防御上の必要がある場合を除き、証拠中の被害者特定事項が被告人その他の関係者に知られないよう配慮要請ができる（299条の3）。

さらに、検察官は299条1項による証人等の氏名及び住所の開示に際し、証人等の保護のための特別の開示制限措置として、弁護人に対し、証人等の氏名及び住所を被告人に知らせないことを開示の条件とし、又は開示の時期若しくは方法を指定できる（299条の4第1項、6項）。それでもなお保護に不十分であるときは、弁護人にも氏名や住所に変えて呼称や連絡先の通知で代替することができる（同条3項、8項）。これらの開示制限措置は憲法37条2項前段の保障する証人審問権の侵害に当たらないと解するのが判例の立場である（最決平30・7・3刑集72巻3号299頁）。加えて、証人等の氏名及び住所の開示が2023年改正により導入された起訴状抄本等又は訴因変更請求書面抄本等による秘匿措置と抵触することになる場合も、同様の開示制限措置をとることができることとなった（299条の4第2項、4項、7項、9項）。証人予定者等の氏名及び住所の開示制限措置については、裁判所による裁定手続が設けられている（299条の5）。被告人の防御権を制限するときは弁護人の役割が特に重要になることから、弁護人に対する開示制限は弁護人が依頼者からの独立性を失っていることが明らかな場合に限るべきである。弁護人が証人予定者の保護のための開示条件に違反したときは、検察官又は裁判所は弁護士会又は日弁連に対して適当な処置をとるよう請求できる（299条の7）。証拠開示における証人等の保護規定は公判前整理手続における証拠開示にも準用されている（316条の23）。

(5) 開示証拠の管理義務

弁護人は検察官により開示された証拠を適正に管理する義務がある（281条の3）。被告人若しくは弁護人又はこれらの者であった者は検察官から開示された証拠を訴訟目的外で使用してはならない（281条の4）。被告人又は被告人であった者が当該義務に違反した場合や、弁護人又は弁護人であった者が、対価として財産上の利益その他の利益を得る目的で開示証拠を目的外使用した場合は、刑事罰が科される（281条の5）。弁護人又は弁護人であった者による目的外使用罪の構成要件を利得目的による利用に限定したのは、弁護活動への支援を得る目的での開示証拠の使用までが犯罪となる可能性を排除するためである。

16.4. 保釈

被告人は無罪が推定されており、訴訟の間、勾留が原則であってはならない（自由権規約9条3項）。被告人が身体拘束されているか否かは防御の準備活動の行い易さの点でも重要な意味を持つ。そこで、勾留によらなくても罪証隠滅を防ぎつつ裁判所への被告人の出頭を確保するための手段として、保証金の納付を条件に勾留の執行を停止する保釈制度が用意されている。2023年改正により、保釈又は勾留執行停止中の被告人の逃亡防止及び出頭確保を強化するための罰則や新制度が導入された（改正条文の施行期日は附則〔令和5年5月17日法律第28号〕第1条に定めがある）。

(1) 保釈の要件

保釈請求権者は、勾留されている被告人又はその弁護人、法定代理人、保佐人、配偶者、直系の親族若しくは兄弟姉妹である（88条1項）。保釈の請求があったとき、裁判所は、刑訴法89条各号の定める事由に該当する場合を除いて、保釈を許さなければならない（必要的保釈ないし権利保釈）。1号は、法定刑が重く有罪の場合は実刑が予想される犯罪を権利保釈から除外する趣旨である。2号も、一定の重い罪の累犯者は実刑が予想されることから、除外する趣旨である。3号も、常習犯は実刑が予想されるために除外する趣旨と理解することができる。これに対し、4号及び5号は、罪証隠滅を疑うに足りる相当な理由があるものを権利保釈から除外している。4号の文言は抽象的であるが、具体的な隠滅行為を疑うに足りる相当な理由がある場合に限り、肯定すべきである。6号は氏名又は住居不定者を保釈にすると、法廷への召喚が困難になることから権利保釈の除外事由としたものである。

89条各号のいずれかに該当する場合であっても、裁判所が、保釈された場合に被告人が逃亡し又は罪証を隠滅するおそれの程度のほか、身体の拘束の継続により被告人が受ける健康上、経済上、社会生活上又は防御の準備上の不利益の程度その他の事情を考慮し、適当と認めるときは、裁量的に保釈を許すことができる（90条）。最高裁は、裁量保釈にあたっても、被告人による罪証隠滅行為の可能性、実効性の程度を具体的に考慮した上で、保釈が適当かどうかを判断すべきことを求めている（参照、最決平27・4・15裁判集316号143頁）。90条は当該判例の立場を踏まえて、裁量保釈における具体的考慮事情を明記したものである。実刑宣告に伴う保釈失効後の裁量保釈は、原則として90条に規定する不利益その他の不利益の程度が著しく高い場合に限られる（344条2項）。勾留による拘禁が不当に長くなったときは、裁判所は、請求により又は職権で、決定をもって勾留を取り消し、又は保釈を許さなければならない（91条）。

勾留が事件単位で行われる以上、権利保釈の除外事由の審査も事件単位で行われるべきであって、併合審理されている他事件につき保釈の除外事由が認められることを権利保釈を認めない理由にはできない。89条3号の常習性の判断の際に他の犯罪が考慮されたり、89条4号の勾留事実に関する罪証隠滅を疑う合理的理由として、他事件も含めた過去の罪証隠滅行為が考慮されることはあり得るだろう。他方、裁量保釈の審査については、勾留事実の事案の内容や性質、あるいは被告人の経歴、行状、性格等の事情をも考察する必要があることを理由に、そのための一資料として、勾留されていない併合事件を考慮することを禁止する理由はないというのが判例の立場である（参照、最決昭44・7・14刑集23巻8号1057頁）。しかし、勾留が事件単位で行われる以上、勾留事件以外の事件との関係で逃亡や罪証隠滅の防止に配慮することは、裁量保釈の審査であっても妥当でないというべきである（福井307頁、白取288頁）。

(2) 保釈の手続と条件

保釈の許可又は却下の決定は検察官の意見を聴いてから行わなければならない（92条1項）。保釈を許可する場合は保証金額を定めなければならない（93条1項）。保証金額は、犯罪の性質及び情状、証拠の証明力ならびに被告人の性格及び資産を考慮して、被告人の出頭を保証するに足りる相当な金額でなければならない（同条2項）。また、保釈を許可する場合には、被告人の住居を制限しその他適当と認める一定の条件を付けることができる（同条3項）。住居を制限する場合、離脱禁止期間を指定し、離脱の必要がある場合は裁判所の許可を得ることを条件とすることもできる（同条4項）。当該条件に違反した場合の罰則も新設された（95条の3）。さらに、保釈又は勾留執行停止の決定を受けた被告人に対して、被告人が逃亡すると疑うに足りる相当な理由の有無の判断に影響を及ぼす生活上又は身分上の事項の報告を義務付けることができる（95条の4）。保釈決定は、保証金の納付後に執行される（94条1項）。裁判所は保釈請求者でない者に保証金を納めることを許すことができる（同条2項）。有価証券の納付や被告人以外の者の保証書をもって保証金に代えることを許すこともできる（同条3項）。

2023年改正により新たに監督者制度が導入された（98条の4乃至98条の

11)。これは、保釈を許す場合に適任者を本人の同意を得て監督者として選任し、被告人の逃亡を防止し、出頭を確保する責任を負わせる制度である。監督者は監督保証金の納付義務を負う他、裁判所の命令により被告人と共に出頭する義務や95条の4と同内容の報告義務を負う（98条の5、98条の6）。監督者を確保できる場合は、保釈保証金による出頭の担保の重要性は相対的に低下するだろう。さらに、保釈中の国外逃亡を防止するために、保釈を許す場合に位置測定端末の装着を命じる制度が創設された（98条の12乃至98条の24）。

(3) 保釈の取消し

保釈中の被告人が、①召喚を受け正当な理由なく出頭しないとき、②逃亡し又は逃亡する疑いや罪証隠滅を疑う相当な理由が生じたとき、③被害者やその他事件の審判に必要な知識を有すると認められる者等に危害を加え若しくは加えようとし、若しくはこれらの者を畏怖させる行為をしたとき、④95条の4第1項の定める報告義務に正当な理由なく違反し若しくは虚偽報告をしたとき、又は⑤裁判所の定めた保釈条件に違反したときは、裁判所は検察官の請求又は職権により保釈を取り消すことができる（96条1項）。この場合、裁判所は決定で保証金の全部又は一部を裁量的に没取できる（同条2項）。保釈等の取消し決定後、刑事施設への収容のための検察官による出頭命令に正当な理由がなく応じず、又は逃亡したときも、同様である（同条3項）。これに対し、保釈中の被告人が拘禁刑以上の実刑判決の宣告を受け保釈が失効した後の再保釈中に逃亡したときは、裁判所は検察官の請求又は職権により保釈を取り消し、決定で保証金の全部又は一部を没取しなければならない（同条4項、5項）。保釈等の取消し決定後、刑事施設への収容のための検察官による出頭命令に正当な理由なく応じず、又は逃亡したものが、拘禁刑以上の実刑判決の宣告を受けた者であるときも同様である（同条6項）。

(4) 保釈の失効・保釈金の還付

保釈は禁錮以上の刑に処する判決の宣告があったときは、効力を失う（343条1項）。この場合には、あらたに保釈の決定がないときは刑事施設に収容される（同条2項）。他方、無罪、免訴、刑の免除、刑の執行猶予、公訴棄却（338条第4号による場合を除く）、罰金又は科料の裁判の告知があったときは、勾留状の効力が失われ、釈放される（345条）。勾留が取り消され又は勾留状が効力を失ったとき、あるいは保釈が取り消され又は効力を失ったため被告人が刑事施設に収容された場合は、没取されなかった保証金は還付される（規則91条1項）。保釈の失効に伴う刑事施設への収容のための検察官による出頭命令（343条の2）又は自由刑の確定後の執行のための呼出し（484条）に正当な理由なく応じず、若しくは逃亡した場合は、保証金の全部又は一部を没取しなければならない（同条7項）。

17. 公判期日の手続

17.1. 序説

(1) 公判の場所

公判期日の手続は公判廷で行わなければならない（282条1項）。裁判所には公判を開くための傍聴席を設けた法廷が常設されている。必要な場合は裁判所外に臨時の法廷を設けることもできる（裁69条2項）。公判廷は、裁判官及び裁判所書記が列席し、かつ検察官が出席して開かれる（282条2項）。列席すべき者が欠けていれば、絶対的控訴理由である「法律に従って裁判所を構成しなかった」場合（377条1号）にあたる。検察官が欠席したまま開廷した場合は、訴訟手続の法令違反（379条）にとどまる。

(2) 被告人の出頭・在廷義務

公判期日への出席は被告人の権利であると同時に義務でもある（286条）。ただし、以下の場合は被告人の出頭義務が免除されている。(1) 法人処罰規定により法人が被疑者・被告人となるときは、法人の代表者が被疑者・被告人の訴訟行為を代表するところ（27条）、代表の代理人を出頭させることができる（283条）。(2) 50万円以下の罰金又は科料に当たる事件については被告人の出頭義務が免除されており、出頭するとしても代理人を出頭させることができる（284条）。(3) 拘留に当たる事件の被告人については、裁判所の許可により、判決宣告日以外の公判期日への出頭を免除でき、また長期3年以下の拘禁刑又は50万円を超える罰金に当たる事件等の被告人については、裁判所の許可により、冒頭手続及び判決宣告日以外の公判期日への出頭を免除することができる（285条）。さらに、被告人が出頭しなければ開廷できない場合において、勾留されている被告人が召喚を受け、正当な理由がなく出頭を拒否し、刑事施設職員による引致を著しく困難にしたときは、被告人が出頭しなくても、その期日の公判手続を行うことができる（286条の2）。

召喚を受けた被告人が精神又は身体の疾病その他の事由によって出頭できないときは、直ちにその事由を記載した書面及びその事由を明らかにすべき医師の診断書その他の資料を裁判所に提出しなければならない（278条1項、2項、規則183条1項）。被告人が病気のため出頭することができないときは、出頭義務が免除される場合でない限り、出頭できるようになるまで決定で公判手続を停止しなければならない（314条2項）。

公判廷においては、被告人が暴力を振るい又は逃亡を企てた場合を除き、被告人の身体を拘束してはならない。看守者を付すことはできる（287条）。出頭した被告人は裁判長の許可がなければ退廷することができない（288条1項）。他方で、裁判長は、法廷の秩序を維持するために必要であれば、被告人に退廷を命ずることができる（同条2項、裁71条）。また、証人が被告人の面前では圧迫を受けて充分な供述をすることができないと認められるときは、弁護人が出頭している場合に限り、被告人を退廷させることができる（304条の2）。

(3) 必要的弁護事件

死刑又は無期若しくは長期3年を超える拘禁刑に当たる事件を審理する場合は、弁護人がいなければ開廷することはできない（289条1項）。公判前整理手続に付された事件の公判期日及び即決裁判手続の公判期日も同様である（316条の29、350条の23）。これらの必要的弁護事件において、被告人に付された弁護人が法廷に出頭せず、若しくは退廷した場合、又は弁護人がいない場合は、裁判所が職権で弁護人を付さなければならない（289条2項）。また、被告人に付された弁護人が出頭しないおそれがある場合は、あらかじめ裁判所が職権で弁護人を付すことができる（同条3項）。裁判所による弁護人の選任は裁判所との契約ではなく、命令と解されている。したがって、国選弁護人側から一方的に辞任することはできず、裁判所が国選弁護人からの辞任の申出について正当な理由があると認めて解任する手続が必要となる（参照、最判昭54・7・24刑集33巻5号416頁）。法律の定める国選弁護人を選任する必要性が消滅し、又は国選弁護人を継続することが不相当若しくは困難な事由があるときは、裁判所があらかじめ国選弁護人の意見を聴いた上で、職権で解任できる（38条の3）。必要的弁護事件において私選弁護人が選任されていない場合は、国選弁護人を解任しても新たな国選弁護人を選任する必要がある。そのため、被告人の責めに帰すべき事由により解任が繰り返されることになれば、公判審理が停滞しかねない。そこで、最決平7・3・27刑集49巻3号525頁は、①裁判所が弁護人出頭の確保のための方策を尽くしたにもかかわらず、②被告人が、弁護人の公判期日への出頭を妨げるなど、弁護人が在廷しての公判審理ができない事態を生じさせ、かつ、③その事態を解消することが極めて困難な場合には、当該公判期日については289条1項の適用がないと解している。

(4) 訴訟指揮権

裁判所は公判の主宰者として訴訟の適正かつ円滑な進行を図るための訴訟指揮権を有する。訴訟指揮権は職権主義のドイツ法に由来する言葉で、本来は訴訟の適正かつ円滑な進行を図るための権限だけでなく、裁判所自らが事案を解明する権限を含む概念である。そこで、裁判所の尋問権や職権証拠調べの権限も訴訟指揮権に含めるのが原義に沿うことになる。これに対し、当事者主義を原理とする現行法の下では、裁判所自らが事案を解明する権限は訴訟指揮権とは区別すべきとの見解が有力である（田宮244頁、松尾上288頁、鈴木138頁）。英米法において訴訟指揮権は裁判所の地位に由来する固有権であり、裁判所は個別の根拠規定がなくても訴訟の目的を果たし、又は手続の濫用を防ぐための必要な命令ができる。この点、最決昭44・4・25刑集23巻4号248頁が、訴訟指揮権に基づく証拠開示命令を肯定したことには、同様の理解がうかがえる。もっとも、法令上の根拠がない限り、訴訟指揮権を理由に当事者の権利の行使を妨げたり訴訟行為を強制するような、強力な権限までは認めるべきではない。裁判所が合議体である場合、公判期日における訴訟指揮は裁判長が行う（294条）。代表的なものとして、裁判長は訴訟関係人に釈明を求め、又は立証を促すこと（規則208条）や、訴訟関係人のする尋問や陳述を制限すること（295条）ができる。法令が裁判所の権限としている事項は、公判期日に行使する場合であっても合議によらなければならない。訴訟指揮権や法廷警察権に基づく裁判長の処分に対しては、法令違反を理由としてのみ裁判所に異議申立を行うことができ、相当でないことを理由とすることはできない（309条2項、規則205条2項）。これは訴訟指揮権者の合理的裁量を尊重する趣旨である。

(5) 法廷警察権

裁判長（又は単独体の裁判官）は、法廷の秩序を維持するために退廷等の必要な事項の命令や処置をとることができる（288条2項、裁71条）。これを法廷警察権という。必要であれば警察官の派出要求もできる（裁71条の2）。裁判所が法廷外で職務を行う場合も同様の権限が認められる（裁72条）。法廷警察権は訴訟関係人だけでなく、傍聴人、あるいは法廷の外にいる者にも及ぶ（参照、最判昭31・7・17刑集10巻7号1127頁）。傍聴人数の制限や傍聴席への持込物の制限といった法廷秩序の維持のための予防的措置をとることもできる。法廷警察権の行使は裁判長の広範な裁量に委ねられており、その行使の要否、執るべき処置についての裁判長の判断は最大限に尊重されなければならないと解されている（参照、最大判平1・3・8民集43巻2号89頁）。

法廷の秩序維持のために裁判所が行った命令又は処置に従わず、又は暴言、暴行、けん騒その他不穏当な言動で裁判所の職務の執行を妨害し若しくは裁判の威信を著しく害した者に対しては、「法廷等の秩序維持に関する法律」の定めに従い20日以内の監置や3万円以下の過料の制裁を科すことができる（同法2条1項）。監置の裁判を行うまでの間、行為者を裁判所職員又は警察官に24時間を限度に拘束させることもできる（同法3条2項）。法廷等の秩序維持に関する法律に基づく制裁は刑罰でないため、令状の発付、勾留理由の開示、訴追、弁護人依頼権等の刑事裁判に関して憲法の要求する諸手続は用意されていない。また、制裁のための審判における証拠調べは任意であって（同法4条3項）、裁判所自らが目撃者として制裁を課すことも可能である。この点につき、最大判昭33・10・15刑集12巻14号3291頁は、事実や法律の問題が簡単明瞭であり、これによって被処罰者に関して憲法の保障する人権が侵害されるおそれがないことを理由に、法廷等の秩序維持に関する法律の合憲性を肯定している。制裁の裁判に対しては抗告等の不服申立を行うことができる（同法5条、6条）。法廷等の秩序維持に関する法律による制裁の他に、法廷警察権に基づく命令に違反して裁判所又は裁判官の職務の執行を妨げた者を、審判妨害罪（裁73条）に問うこともできる。この場合は当然ながら検察官による公訴提起が必要である。

17.2. 冒頭手続

公判期日の手続は冒頭手続から開始する。冒頭手続（291条）では、①被告人の人定質問（規則196条）が行われた後、②起訴状朗読、③黙秘権告知及び④被告人及び弁護人による被告事件に対する意見陳述（「罪状認否」と呼ばれている）が行われる。被害者特定事項の秘匿（290条の2第1項、第3項）又は証人等特定事項の秘匿（290条の3第1項）の決定があった場合、起訴状の朗読はこれらの事項を明らかにしない方法で行わなければならない（291条2項、3項）。この場合は被告人に起訴状（起訴状謄本等の送達が行われた場合は291条4項に定める書面）を提示しなければならない。冒頭手続における被告人及び弁護人の意見陳述（同条5項）は、争点の明確化を目的とした手続である。裁判所が争点を明確化するために必要な範囲を超えて、実質的な証拠調べに当たる被告人質問を行うことは、現行法が冒頭手続と証拠調べ手続を明確に区別した趣旨を潜脱することになるため、許されないと言うべきである。冒頭手続において被告人が有罪である旨の陳述を行ったときは、死刑又は無期若しくは短期1年以上の拘禁刑に該当する事件でなければ、簡易公判手続に移行することができる（291条の2）。簡易公判手続においては証拠調べ手続が簡略化され（307条の2）、また証拠能力の制限も緩和される（320条2項）。後に決定を取り消した場合は、両当事者に異議がない場合を除き、公判手続の更新が必要である（315条の2）。簡易公判手続は現在ほとんど利用されていない。

17.3. 証拠調べ

17.3.1. 冒頭陳述

証拠調べは冒頭手続の後から開始する（292条）。まずは、検察官の冒頭陳述が行われる。冒頭陳述は、個々の証拠の取調べに先立ち、証拠により証明すべき事実の全体を明らかにするための手続である（296条）。起訴状に記載された犯罪事実の詳細のみならず、被告人の経歴・境遇、犯行に至る経緯、犯行後の状況、その他情状に関する事実も冒頭陳述の対象となる。裁判員裁判における冒頭陳述の場合は、証明すべき事実と証拠との関係を具体的に明示することが求められている（裁判員55条）。証拠とすることができず、又は証拠調べ請求する予定のない資料に基づき、裁判所に事件について偏見又は予断を生ぜしめるような事項を述べることはできない。また、取調べ請求を予定している証拠に基づく事項であっても、個々の証拠の内容を要約紹介して事実上証拠調べを先取りするような陳述を行うことは、証拠能力や証拠調べの方式に関するルールを潜脱することになりかねず、許されないというべきである。被告人側の冒頭陳述は一般手続においては任意である（規則198条）。また、被告人側が冒頭陳述を行う場合であっても、証拠調べの冒頭である必要はなく、被告人側の立証の前に行えばよい。ただし、公判前整理手続において被告人側が証明予定事実を明示した場合は、検察官の冒頭陳述に引き続き被告人側も冒頭陳述を行わなければならない（316条の30）。公判前整理手続に付された事件は、冒頭陳述に引き続き、公判前整理手続の結果の顕出が行われる（316条の31第1項、規則217条の31）。

17.3.2. 証拠調べ請求

(1) 証拠調べ請求権の意義

検察官、被告人又は弁護人は証拠調べ請求権を有する（298条1項）。現行法が起訴状一本主義を採用した結果、裁判所は予断を抱かない状態で公判に臨むことになったため、検察官立証のための証拠調べ請求は事実上尊重せざるを得ない。これに対し、被告人側の証拠調べは、検察側立証により裁判所が一応の有罪心証を形成した後に行われる。それゆえ、裁判所の早すぎる有罪確信により被告人が反証の機会を奪われないようにする意味において、証拠調べ請求権の保障は特に被告人にとって重要な意味を持つ。この点、ドイツでは証拠調べ請求権の権利性は、当事者が立証のために必要と考える証拠を原則として取り調べるよう裁判所に義務付ける点に認められており、請求された証拠を取り調べても当事者の主張する事実を証明できないだろうとか、あるいは当事者の主張する事実を証明できたとしても既に形成している裁判所の心証は動揺しないだろうということを理由に、証拠調べ請求を却下することを原則として禁止している（証拠予断禁止の原則）（光藤Ⅱ71頁）。これに対し、日本の判例は、証拠の採否は事実審裁判所の合理的裁量に属する事項であるとの立場をとっている（参照、最決平21・10・16刑集63巻8号937頁）。もっとも、証拠採否の合理性の問題としてであれ、単に反証の証明力が薄弱であるとの推量ないし予断のみをもって証拠調べの必要性がないと考えるべきではなく、また、本証のみによって得られた心証が反証によって影響を受けないと判断される場合は、普通は少ないとの指摘はみられる（石井285頁）。なお、裁判所による検証は、裁判所が事実発見のために必要と認めるときに行うことができるから（128条）、当事者からの検証請求に応じるかどうかは裁判所の裁量に委ねられている。また、鑑定の請求に対しても、裁判所が専門的知識の補助を必要としないときは応じなくてよい。裁判所が検証や鑑定命令を不要と判断した場合であっても、当事者が行った検証結果や当事者が嘱託した鑑定結果を証拠調べ請求することはできる。

(2) 職権証拠調べとの関係

裁判所は事案の解明のために必要と考える証拠を職権で取り寄せ、取り調べる権限を有する（298条2項、316条の32第2項）。現行法が当事者主義を原理としていることから、職権証拠調べは、当事者が請求した証拠を取り調べた結果、裁判所がさらに追加の証拠調べが必要と判断した場合に問題となる。判例には、検察官が不注意で提出しなかった供述調書が多数存在することが共犯者の事件の審理を通じて裁判所にとって明らかになっている場合に、これらの供述調書の提出を促す義務を肯定したものがある（参照、最判昭33・2・13刑集12巻2号218頁）。被告人に弁護人が付いていない事件や弁護人が明らかに誠実に職務を遂行していない場合は、裁判所が後見的に被告人のために積極的に職権を発動して証拠調べを行うことがあってよかろう。当事者の証拠調べ請求権が制限されていたり（316条の32、393条1項）、そもそも保障されていない場合（決定・命令手続の事実調べ）の証拠調べ請求は、裁判所の職権証拠調べを促す行為に過ぎない。

(3) 証拠調べ請求の時期

一般手続においては、予断排除の原則により第一回公判期日前に証拠調べ請求はできない（規則188条）。他方で、判決が言い渡される前まではいつでも請求できる。これに対し、公判前ないし期日間整理手続に付された事件の場合、証拠調べ請求は整理手続の期間中に行わなければならない（316条の13、17）。整理手続終了後の証拠調べ請求は、整理手続中に証拠調べ請求できなかったことにつき「やむを得ない事由」がなければ認められない（316条の32）。例えば、328条による弾劾証拠の証拠調べ請求や公判において行った被告人の新主張を弾劾するための証人尋問請求が、これに該当する（参照、

名古屋高金沢支判平20・6・5判タ1275号342頁、東京高判平24・1・30判タ1404号360頁）。

(4) 証拠調べ請求の義務

321条1項2号後段の規定により証拠とすることができる書面については証拠調べ請求をする義務がある（300条）。当該規定は、検察側証人が公判で被告人に不利な供述を行ったときに、それと相反する供述調書がある場合は取調べを義務づけることで、証拠評価に慎重を期したものである。また、録音・録画義務のある被疑者取調べによって作成された供述調書の任意性が争われた場合、検察官は当該供述調書の任意性を立証するために、供述調書を作成した取調べの録音・録画記録媒体を証拠調べ請求しなければならず、それをしない場合は供述調書の取調べ請求が却下される（301条の2第1項乃至3項）。

(5) 証拠調べ請求の順序

被告人の自白調書及び被告人の自白を内容とする供述（「乙号証」という。）は、犯罪事実に関する他の証拠（「甲号証」という。）が取り調べられた後に取調べなければならない（301条）。当該規定は、自白を前提にその他の証拠を評価すると証拠評価を誤る危険があることから、その可能性を排除するために設けられたものである。なお、文言上は乙号証の取調べ請求自体を甲号証の取調べの後に行うことになっているが、自白の内容如何にかかわらず、自白があるという事実だけで他の証拠評価を誤る危険は懸念する程のものでないとの理解から、請求自体は甲号証の取調べ前に行ってもよいと解されている（参照、最決昭26・6・1刑集5巻7号1232頁）。

(6) 証拠調べ請求の方式

請求の際は、証拠と証明すべき事実との関係（立証趣旨）を明示しなければならない（規則189条1項）。証拠調べ請求は「証拠等関係カード」と呼ばれる書面に請求証拠を一覧表の形で記載して行われる。検察官が証拠によって証明すべき事実は冒頭陳述において具体的に明示されており、証拠等関係カードの立証趣旨の欄には立証事項のみが簡単に記載される。立証趣旨の明示は裁判所による証拠の採否の判断を可能にするために要求されており、裁判所が当該証拠を用いて認定してよい事実の範囲が立証趣旨に拘束されるわけではない。ただし、立証趣旨を限定することで証拠能力を肯定できる証拠は、その範囲でしか事実認定に用いることはできない。捜査記録の一部である供述書面は、裁判所が証拠でない捜査記録から事実上心証を形成してしまわないよう、できるだけ他の部分と分離して取調べを請求する義務がある（302条）。

(7) 証拠決定

裁判所は、当事者の証拠調べ請求に対して、相手方の意見を聴取した上で、証拠調べ又は請求却下の決定を行わなければならない（規則190条1項、2項）。職権証拠調べの決定を行う場合は、予め当事者双方の意見を聞かなければならない（299条2項）。裁判所は証拠決定のために必要があるときは、証拠調べ請求した訴訟関係人に証拠書類又は証拠物の提示を命令することができる（規則192条）。提示命令は強制力を持たないが、提示に応じなければ請求は却下されることになろう。証拠決定を他の証拠調べの結果を踏まえて行う必要があるときは、決定が留保されることがある。一般に、証拠調べ請求の適法な却下理由としては、①証拠調べ請求の手続が不適法である場合、②証拠能力が欠ける場合、あるいは証人適格を欠く証人の尋問が請求された場合、③請求証拠が取り寄せ不可能である場合、④証拠調べの必要性がない場合を上げることができる。証拠調べの必要性がない場合としては、証拠によって証明しようとする事実が、公知ないし裁判所に顕著な事実である場合、証明済み若しくは「疑わしきは被告人の利益に」の原則に従い認定可能な場合、又は取調べ済みの証拠と実質的に重複している場合が考えられる。裁判員制度導入以降、「証拠の厳選」（規則189条の2）の必要性が強調されるようになった。そこで、実務においては、証拠調べの必要性の程度と、証拠調べに伴う不当な偏見、誤導、争点の混乱による事実誤認の危険や著しい訴訟遅延等の弊害を比較考慮した上で、広義の証拠調べの必要性（証拠調べの相当性）を判断すべきとの見解も有力化している（参照、司法研修所編『裁判員制度の下における大型否認事件の審理の在り方』〔法曹会、2008年〕26頁）。

証拠調べの決定をした証拠は、公判期日における取調べのために法廷に取り寄せる必要がある。当事者が請求した証拠は請求者に取寄せ努力が求められている（規則191条の2）。証拠の取寄せのために強制処分を用いる必要があるときは、人的証拠（証人や身体検査の対象者）に対しては勾引（152条、162条）（ただし鑑定人は勾引できない）、物的証拠に対しては押収（99条以下）

の手続がとられる。なお、当事者が法廷に持参した証拠物及び証拠書類は、証拠調べ終了後に裁判所に提出され、領置の手続がとられる。証拠書類の原本を提出することが不都合である場合は、裁判所の許可を得て謄本を提出することができる（310条）。

17.3.3. 証拠調べの方式

証拠調べのやり方については、人証、書証、物証という証拠方法ごとに、法廷における心証形成が可能な方式が定められている。現在は証拠が電子データの形で保存されている場合が増えているが、現行法は電子データをプリントアウトしたものを書証として提出するか、電子データを複写した電磁的記録媒体を書証に準じたものとして取り調べている。電子データ自体を証拠として取り調べることを可能にするための法整備が課題である。

(1) 証人、鑑定人等（人証）

証人、鑑定人、通訳人又は翻訳人の取調べは尋問による（304条）。人証については、まず裁判所による人定質問により本人であることの確認が行われる（115条）。条文によれば、人証の尋問はまず裁判官が行い、その次に当事者が尋問することになっている（304条1項、2項）。当該規定は職権主義の時代の名残で、現在は死文化している。実際には、同条3項が尋問の順序を変更することを可能としていることを受け、刑事訴訟規則の定める交互尋問方式（規則199条の2）が採用されている。交互尋問方式による場合、まず証拠調べを請求した側が主尋問を行い、次に相手側が反対尋問を行い、さらに反対尋問に現れた事項につき再主尋問が行われる（規則199条の2第1項）。必要があれば裁判長の許可を得て再反対尋問を行うこともできる（同条2項）。

人証による際は、供述によっては正確に伝え難い複雑な事実関係を分かり易く伝えるために、人の供述による説明に加えて、図面、写真、動画、模型等を用いることがある（規則199条の12）。これらの視覚的補助はそれ自体が証拠である必要はない。視覚的補助を展示しながら人証の取調べが行われることから「展示証拠」（demonstrative evidence）と呼ばれている。展示証拠は、あくまで供述を視覚的に補助するものであり、独立した証拠ではないから、供述を離れて展示証拠自体から事実認定を行うことはできない。証人等が展示証拠を引用しながら供述したときは、引用された範囲で供述の一部となるため、展示証拠を公判調書の一部とし記録に残し、展示証拠を含む供述全体を事実認定の用に供することができる（参照、最決平23・9・14刑集65巻6号949頁）。

(2) 証拠書類（書証）

証拠書類の取調べは原則として朗読によって行われる（305条1項）。ただし、裁判長が訴訟関係人の意見を聞き相当と認めるときは、要旨の告知をもって朗読に代えることができる（規則203条の2）。ビデオリンク方式による証人尋問により記録媒体がその一部とされた調書の取り調べは、当該記録媒体の再生、あるいは調書に記載された供述内容の告知の方法で行われる（305条5項）。ただし、再度の証人尋問に代えて当該記録媒体を使用する場合は必ず再生をしなければならない（321条の2第2項）。ビデオリンク方式による証人尋問の際の記録媒体に限らず、供述調書に代えて供述の録音・録画記録媒体を証拠として取り調べることもあるが、その場合も朗読にかえて再生が行われることになる。

(3) 証拠物（物証）

証拠物の取調べは展示による（306条）。書証の一部に写真が添付されている場合は、当該写真が独立した証拠物ではなくても、法廷での心証形成を可能にするため展示による必要がある。展示は裁判所が法廷で心証を形成し、また相手当事者がその証明力を争える形で行えばよく、必ず傍聴人にまで展示しなければならないわけではない。もっとも公開原則の趣旨から特に支障がなければ傍聴人にも分かる形で展示すべきである。展示は原則的に証拠物をそのままの状態で示す方法によるべきである。しかし、遺体や傷害部位、解剖箇所等を撮影した刺激的または人の感情を煽るような写真（「刺激証拠」と呼ばれている）は、事実認定者に対し有罪・無罪や量刑の判断に影響する不当なバイアスを植え付ける危険があること、とりわけ裁判員は刺激証拠に慣れておらず精神的ショックから正確な証拠評価を困難にする危険があることを理由に、裁判所が原証拠の代替証拠の使用を求めることがある（参照、東京高判平30・11・15高刑速（平30）252頁、大阪高判令2・1・28LEX/DB25564741）。代替証拠の使用は、要証事実との関係でそれによっても証明力に影響しない場合に限るべきである。

(4) 証拠物たる書面

書面の意義が証拠となる証拠物は、展示と朗読の両方が必要である（307条）。証拠書類と証拠物たる書面の区別について、書面の内容だけが証拠となる場合が証拠書類であり、内容に加えて書面の存在又は状態等が証拠となる場合が証拠物たる書面と解されている（参照、最判昭27・5・6刑集6巻5号736頁）。脅迫状や名誉毀損文書は証拠物たる書面に該当する。

(5) 書証・物証の真正立証

書証や物証については、証拠調べに当たり成立の真正や同一性の確認（真正立証）を行う必要がある。立証は当該書証を作成した者や物証を保有する者などに書証や物証を提示して確認させる方法で行うことができる（規則199条の10第1項）。真正性に争いがなければ法廷で作成者や保管者に確認させることはせず、書証の作成者の署名・押印、物証の保管記録等によって裁判所が真正を確認するにとどまる。検証調書（321条3項）や鑑定書（321条4項）については、作成者が公判において作成の真正について証言することが、証拠能力を肯定する要件とされている。

17.3.4. 証人尋問

(1) 証人適格

証人になることのできる資格を証人適格という。刑事訴訟法は、法律に特別の定めのある場合を除いて何人にも証人適格を認めている（143条）。特別の定めとして、公務上の秘密を保護するために公務員等の証人適格が認められない場合がある（144条、145条）。311条1項は被告人が終始黙秘しない場合も個々の質問に答えない権利を保障している。そこで、被告人が黙秘権を放棄して証人となることは、現行法の下では許されないと解するのが通説である。なお、被告人は、被告人としての立場で任意に供述することができ、また裁判官や訴訟関係人が被告人に供述を求めること（被告人質問）もできる（同条2項、3項）。次に、裁判官は証拠を客観的に評価し、事実を認定する立場にあることから、当然、裁判所を構成する裁判官の地位のまま証人になることはできない。裁判官が担当事件の証人であったときは除斥原因となる（20条4号）。さらに、検察官は事実を認定する立場にはないが、やはり証拠を客観的に評価して論告する立場にあることから、訴訟当事者たる検察官としての地位のまま証人になることはできないと解するのが通説である。これに対し、弁護人の証人適格を否定する理由はないが、弁護人のまま証人となった場合、被告人の利益に反する質問であっても真実供述義務が生じるため、誠実義務との関係で弁護士倫理との抵触が生じることは考えられるから、弁護人を辞任してから証人となるべきである。

(2) 証言能力

証人適格を有していても、およそ正確に供述する能力を欠く場合は証人になることはできない。幼児の証言能力については一律に年齢で決まるのではなく、年齢知能の程度、観察、記憶、表現の対象となる事実の難易度等を総合的に判断して、弁識しうる範囲に属する事実が否かが個別に判断されている（参照、京都地判昭42・9・28下刑集9巻9号1224頁、大阪地判昭52・10・14判時896号112頁）。

(3) 証人の義務

証人として召喚されれば出頭義務を負う。証人がこれに従わない場合は過料・費用賠償（150条1項）及び刑罰（151条）の制裁を課すことができる。さらに、証人が正当な理由なく召喚に応じないとき、又は応じないおそれがあるときは、勾引することができる（152条）。証人は、証言拒絶権を行使できる場合を除き、供述義務を負っている。また、真実を供述する宣誓を行う義務を負う（154条、規則118条2項）。ただし、宣誓の趣旨を理解することのできない者は宣誓義務が免除されている（155条1項）。正当な理由なく宣誓又は証言を拒んだ場合も、過料・費用賠償（160条）及び刑罰（161条）の制裁を課すことができる。宣誓した証人が虚偽の証言を行った場合は、偽証罪が成立する（刑169条）。

(4) 証言拒絶権

一定の事由に該当する証人には証言拒絶権が認められる。まず、自己又は一定の近親者が刑事訴追を受け、又は有罪判決を受ける虞のある証言を拒むことができる（146条、147条）。前者は憲法38条1項の不利益供述の強要の禁止からの帰結であり、後者は被告人とその親族との関係の保護を司法の利益より優先させた規定である。また、医師、弁護士等、業務上の秘密を保護されている一定の職業に就いている者は、業務上委託を受けて知りえた他人の秘密に関する事項については証言を拒絶できる（149条）。ただし、本人（秘密の主体）が承諾した場合、証言の拒絶が被告人のためにのみする権利の濫用と認められる場合（被告人が本人である場合を除く）、その他裁判所規則で定める事由がある場合は、証言拒絶はできない（同条但書）。当該規定は、押収拒絶権（105条）と同様、個人の秘密を扱う一定の職業に対する信頼の保護を司法の利益より優先させたものである。

(5) 刑事免責

証言及びこれに基づいて得られた証拠を当該証人の刑事事件において不利益な証拠として用いないことを約束することで、証人の証言拒絶権を剥奪し、証言を義務付ける制度を、刑事免責という。最大判平7・2・22刑集49巻2号1頁は、法律の根拠に基づかない刑事免責により獲得した嘱託証人尋問調書の証拠能力が争点となった、ロッキード事件（丸紅ルート）において、「我が国の憲法が、その刑事手続等に関する諸規定に照らし、このような制度の導入を否定しているものとまでは解されないが、刑訴法は、この制度に関する規定を置いていない。この制度は、前記のような合目的的な制度として機能する反面、犯罪に関係のある者の利害に直接関係し、刑事手続上重要な事項に影響を及ぼす制度であるところからすれば、これを採用するかどうかは、これを必要とする事情の有無、公正な刑事手続の観点からの当否、国民の法感情からみて公正感に合致するかどうかなどの事情を慎重に考慮して決定されるべきものであり、これを採用するのであれば、その対象範囲、手続要件、効果等を明文をもって規定すべきものと解される。」との理由から、証拠としての使用を許容しなかった。その後、2016年改正により、取調べによらない供述証拠の獲得を手段として、協議・合意制度と合わせて、刑事免責制度が導入された。検察官は、検察側証人の証言拒絶権の行使が予想される場合に予め（157条の2）、あるいは実際に証言拒絶権が行使されたときに（157条の3）、証言の重要性、関係する犯罪の軽重及び情状その他の事情を考慮して必要と認めるときに、刑事免責を請求することができる。その他の事情として、証人が刑事免責すれば真実を供述する意思を有しているかどうかが重要になる。裁判所は、尋問事項に証人が刑事訴追を受け、又は有罪判決を受けるおそれのある事項が含まれないことが明らかに認められる場合を除き、刑事免責の請求を認める義務がある（157条の2第2項）。

(6) 証人の保護

証人として召喚すれば出頭義務、供述義務、宣誓義務が生じるものの、実際には非協力的な証人を強制する形で有効な尋問を行うことは難しい。そして、証人の協力を得るためには、証人尋問の負担から証人を保護することも重要になる。現行法の定める証人保護措置には以下のものがある。

(i) 付添人制度

裁判所は証人を尋問する場合において、証人が著しく不安又は緊張を覚えるおそれがあると認めるときは、当事者の意見を聴き、その不安又は緊張を緩和するのに適切であり、かつ証人の供述内容に不当な影響を与えないと認める者を、証人に付き添わせることができる。付添人が証言を妨げ、または不当な影響を及ぼす言動をしてはならない（157条の4）。

(ii) 遮蔽措置

証人尋問は尋問者が証人と対面することで効果的に行うことができるが、諸般の事情から、証人が被告人の面前において供述するときは圧迫を受け精神の平穏を著しく害されるおそれがあると認める場合であって、相当と認めるときは、被告人から証人を見えなくし、または相互に見えなくなるよう、遮へい措置をとることができる。ただし、被告人から証人を見えなくするためには弁護人が出頭していることが条件となる（157条の5第1項）。また、諸般の事情から相当と認めるときは、証人と傍聴人を相互に見えなくするよう遮へいできる（同条2項）。

(iii) ビデオリンク方式

性犯罪の被害者や子ども等が証人となる場合において、訴訟関係人が在席する法廷において供述するときは圧迫を受け精神の平穏を著しく害されるおそれがあると認める場合は、同一構内の法廷外の場所、あるいはそれでは証人の保護に不十分であるときは同一構内以外の場所に、証人を在席させ、映像と音声の送受信により相手の状態を相互に認識しながら通話をすることができる方法によって、尋問することができる（157条の6）。ビデオリンク方式をとった上で、さらにモニターを被告人又は傍聴人から遮蔽する措置をとることもできると解されている。ビデオリンク方式による場合は、法廷において証人と対面することなく尋問を行うことになる分、証人の表情をとらえにくくなる。最判平17・4・14刑集59巻3号259頁は、そうであっても憲法37条2項の証人審問権の保障に反するものでないと判示している。たとえ、証人審問権の侵害に当たらないとしても、ビデオリンク方式の利用は真にやむを得ない場合に限定すべきである。

(iv) 裁判所外の尋問

裁判所は、証人の重要性、年齢、職業、健康状態その他の事情と事案の軽重とを考慮した上、必要と認めるときは、裁判所外で尋問を行うことができる（158条）。裁判所外の証人尋問は合議体の構成員（受命裁判官）に行わせ、または証人の現在地の裁判所の裁判官（受託裁判官）に嘱託することもできる（163条1項）。この場合、受命・受託裁判官は裁判所又は裁判長と同一の権限を行使できる（同条4項）。

(v) 被告人の退廷・退席

公判期日または期日外の証人尋問において、証人が被告人の面前（ビデオリンク方式による場合を含む）においては圧迫を受け十分な供述をすることができないと認めるときは、弁護人が立ち会っている場合に限り、その証人の供述中被告人を退廷または退席させることができる。この場合、供述終了後被告人に証言の要旨を告知し、その証人を尋問する機会を与えなければならない（281条の2、304条の2）。

(vi) 証人等特定事項の秘匿

公判廷において証人、鑑定人等の人証や供述録取書の供述者の氏名、住所その他の当該証人等を特定させることになる事項が明らかにされると、証人若しくはその親族への加害・畏怖・困惑行為がなされるおそれがあるときや、その他証人等の名誉や社会生活の平穏が著しく害されるおそれがあるときは、証人等特定事項の秘匿を決定できる（290条の3）。また、証人、鑑定人等に対する尋問の際、証人等やその親族に対する加害・畏怖・困惑行為のおそれがあり、これらの者の所在場所が特定される事項が明らかにされると証人等が十分な供述を行うことができないときは、犯罪の証明又は被告人の防御権に実質的な不利益を生ずるおそれがあるときを除き、証人等やその親族の所在場所の特定事項についての尋問を制限できる（295条2項）。加えて、証人等特定事項の秘匿決定があった場合は、犯罪の証明又は被告人の防御権に実質的な不利益を生ずるおそれがあるときを除き、当該事項にわたる訴訟関係人の尋問又は陳述、被告人に対する質問についても制限することができる（同条4項)。

17.3.5. 検証

裁判所は、事実発見のため必要があるときは、検証することができる(128条)。検証のために法廷外の場所を見分したり、再現実験できる他、法廷で身体検査や実験を行うこともできる。証人尋問の際に証人に動作させることがあるが、これは証人尋問手続の一部であって検証ではない。なお、民事訴訟法は、法廷における証拠物の展示を含めて検証と呼んでいる(民訴232条)。これに対し、刑事訴訟法は証拠物の展示と検証を概念的に区別している。裁判所の検証には当事者が立ち合う権利を有する(142条、113条)。検証のために必要があれば、司法警察員に補助させることができる(141条)。受命裁判官及び受託裁判官による証人尋問の規定は検証にも準用されている(142条)。検証調書は公判期日又は公判準備期日における証人尋問調書と同様に取り扱われる(321条2項)。

17.3.6. 鑑定

裁判所は審理のために必要があれば、学識経験者に対して鑑定を命ずることができる(165条)。鑑定は事実認定のために専門家の補助を必要とする場合に限らず、法令の解釈に関する事項を対象とすることもできる。鑑定人は鑑定の前に宣誓をさせなければならない(166条)。検察官及び弁護人は鑑定に立ち会うことができる(170条)。鑑定事項は鑑定の命令の際に示される。鑑定方法は基本的には鑑定人の判断に任されているが、特定の方法による鑑定を指示される場合もある。鑑定資料は捜査機関が収集した証拠を用いる場合や、鑑定人が専門的知見を用いて収集する場合がある。鑑定の資料、方法及び結果は鑑定書に記載される。鑑定書を作成した後も、鑑定の信用性が争われる場合に備えて、鑑定資料や具体的な鑑定の工程や結果に関する原記録は可能な限り廃棄せずに、保存させておくべきである。鑑定の経過及び結果は鑑定書又は口頭により報告させなければならない(規則129条1項)。口頭による場合は、公判期日に鑑定人の尋問が行われる。鑑定書を証拠とする場合も、証拠とすることに同意が得られなければ、321条4項の定めにより、鑑定人の証人尋問が行われることになる。公判で鑑定人を尋問する場合は証人尋問の規定が準用される（171条）。ただし、鑑定人は証人と異なり代替可能であることから、鑑定人が出頭を拒んだときであっても、勾引の手続は準用されていない。鑑定人には、国から旅費・日当の他、鑑定料及び鑑定費用が支払われる（173条1項）。通訳、手話通訳及び翻訳についても鑑定の規定が準用される（178条）。鑑定人による専門的知見の提供は代替性が効くのに対し、特定の人物が専門的知識によって知り得た過去の事実を証言する場合を「鑑定証人」と呼び、証人尋問の規定が適用される（174条）。

17.3.7. 被害者等の意見陳述

被害者や被害者の一定の親族（201条の2第1項1号ハ(1)参照）又は被害者の法定代理人は、公判期日において、被害に関する心情その他の被告事件に関する意見陳述権を有する（292条の2第1項）。意見陳述の申出は検察官に対して行われ、検察官が意見を付して、裁判所に通知される（同条2項）。裁判官や訴訟関係人は、意見陳述者に対して質問することができる（同条3項及び4項）。証人ではないので質問事項に対する供述義務はない。裁判長は相当でない陳述及び質問を制限することができる（同条5項）。審理の状況等を考慮して、意見陳述が相当でないと認めるときは、意見陳述に変えて意見を記載した書面を提出させ、又は意見を陳述させないことができる（同条7項）。陳述の中に犯罪事実に関する陳述が含まれていたとしても、犯罪事実の認定のための証拠にすることはできない（同条9項）これに対し、被害者等の現在の心情を犯罪結果の重大性に関わる情状に含めて量刑を行うことは禁止されていない。

17.4. 弁論

証拠調べが終了した後、弁論が行われる。まず、検察官が事実及び法律の適用について意見を陳述しなければならない（293条1項）。意見には量刑に関する意見も含まれており、論告求刑と呼ばれている。被害者参加人がいる場合は、検察官の論告求刑の後、被害者参加人にも弁論の機会が与えられる（316条の38第1項）。被告人には、最終の意見陳述（最終弁論）を行う機会が与えられる（293条2項、規則211条）。ただし、被告人が陳述をせず、許可を受けないで退廷し、又は退廷を命ぜられたときは、被告人の陳述を聴かずに判決できる（341条）。弁論手続は証拠調べの結果を踏まえた意見陳述の場であって、証拠との関係を具体的に明示して行わなければならない（規則211条の3）。公判は最終弁論により結審する。結審した後、評議を経て、公判期日において判決が言い渡される（342条）。判決の言渡しまでに新たに証拠調べや弁論をやり直す必要が生じた場合、公判審理を再開することは可能である。

17.5. 変則的な手続

(1) 弁論の分離・併合・再開

裁判所は適当と認めるときは、当事者の請求又は職権により、弁論（ここでは43条1項のいう口頭弁論（＝公判）の意味）を分離若しくは併合し、又は証拠調べが終結（＝結審）した弁論を再開することができる（313条1項）。弁論の分離・併合には同一被告人が複数の事件で起訴された場合の分離併合（客観的分離・併合）と、複数被告人の事件の分離・併合（主観的分離・併合）がある。客観的併合には、証拠を兼ねられる他、複数事件を併合罪処理することで適切な量刑が可能になるメリットがある。主観的併合には、共犯事件において証拠が共通する場合に証拠調べを一回で終わらせることができ、証人の負担を軽くできることや、共犯者間で事実認定や量刑の齟齬や不平等が生じることを回避できるメリットがある。被告人の権利の保護のために弁論の分離が必要であるときは、弁論を分離しなければならない（313条2項、規則210条）。なお、客観的併合が行われた場合、弁護人の選任の効力は原則として併合事件に対しても及ぶ（313条の2第1項、規則18条の2）。

(2) 公判手続の停止

被告人が心神喪失の状態に在るときは、検察官及び弁護人の意見を聞き、その間、決定により公判手続を停止しなければならない（314条1項）。この場合の心神喪失は訴訟能力を欠く状態を指し、「被告人としての重要な利害を弁別し、それに従って相当な防御をすることのできる能力」を欠く状態を意味すると解されている（参照、最決平7・2・28刑集49巻2号481頁）。重度の聴覚障害及びこれに伴う二次的精神遅滞により、被告人としての重要な利害を弁別し、それに従って相当な防御をする能力が著しく制限されていた事案において、弁護人及び通訳人からの適切な援助を受け、かつ、裁判所が後見的役割を果たすことにより、これらの能力をなお保持していると認められることを理由に、訴訟能力が肯定された事例がある（参照、最判平10・3・12刑集52巻2号17頁）。公判手続を停止しても訴訟能力が回復する見込みがない場合、検察官がいったん公訴を取り消して（257条）、被告人の回復を待つべきである。回復する見込みがないにもかかわらず検察官が公訴を取り消さないときは、裁判所は338条4項を準用して公訴を棄却することができると解されている（参照、最判平28・12・19刑集70巻8号865頁）。被告人が病気のため出頭することができないときは、被告人の出頭義務が免除されている事件において代理人を出頭させた場合を除き、検察官及び弁護人の意見を聞き、出頭することができるまで公判手続を停止しなければならない（314条2項）。さらに、犯罪事実の存否の証明に欠くことのできない証人が病気のため公判期日に出頭することができないときも、公判期日外においてその取調べをすることを適当と認める場合の外、決定で、出頭することができるまで公判手続を停止しなければならない（同条3項）。公判手続を停止するためには、いずれの場合も医師の意見を聴かなければならない（同条4項）。

(3) 公判手続の更新

公判手続の更新は、裁判所が一度、済ませた証拠調べをやり直す必要が生じたときに行われる。公判審理開始後、裁判官がかわったとき（315条）、簡易公判手続の決定が取り消されたとき（315条の2）、被告人の心神喪失により公判手続を停止後に再開するとき（規則213条1項）は、公判手続を更新しなければならない。さらに、裁判所は開廷後長期間にわたり開廷しなかった場合において必要があると認めるときも、心証を取りなおすために公判手続を更新することができる（同条2項）。その他、明文規定はないが、上訴審により原判決を破棄差し戻されたときも、公判手続を更新する必要があると解されている。公判手続を更新する場合は冒頭手続からやり直す必要があるが、手続は簡略化できる（規則213条の2）。

17.6. 被害者参加制度

被害者参加制度は、被害者に「被害者参加人」という特別の地位を付与し、被害者が単なる証人としてではなく、真実を追求する立場から公判に関与することを可能にする目的で、2007年改正により導入された。被害者参加が可能な対象犯罪は特に犯罪被害者の関心の高い犯罪類型に限定されており、①故意犯罪により人を死傷させた罪、②不同意わいせつ、不同意性交等、業務上過失致死傷、逮捕・監禁若しくは略取・誘拐、人身売買等の罪、③②号の犯罪行為を含む罪、又は④自動車運転死傷行為処罰法の過失運転致死傷等の罪が対象となる。被害者参加人となるためには裁判所の許可が必要である。裁判所は被害者等からの申出を受け、被告人又は弁護人の意見を聴き、犯罪の性質、被告人との関係その他の事情を考慮し、相当と認めるときは、決定で参加を許可することになる（316条の33第1項）。被害者参加人は、被害者参加弁護士を代理人に委託できる。資力がないときは国選の被害者参加弁護士を請求できる（犯被保護11条）。被害者参加人が公判期日等へ出席する場合において被害者を保護するための必要があれば、付添人をつけることや遮蔽措置をとることができる（316条の39）。

被害者参加人は、①公判期日・公判準備期日への出席（316条の34）、②検察官の権限行使に対する意見陳述（316条の35）、③情状に関する事項の証人尋問（316条の36）、④被告人質問（316条の37）、⑤事実・法律の適用に関する意見陳述（316条の38）を行うことができる。③〜⑤は裁判所の許可が必要であり、権利として認められているわけではない。③及び④の尋問ないし質問は、質問事項を明らかにして検察官に申出を行い、検察官が当該事項につき自ら質問を行わない場合にのみ、意見を付して、裁判所に申出を通知するものとされている（316条の36第2項、316条の37第2項）。⑤の意見陳述は、検察官の論告・求刑の後に行われる（規則217条の38）。被害者参加人の意見に検察官の論告と矛盾する内容が含まれることが考えられることから、意見の趣旨を明らかにして検察官に申出を行い、検察官が意見を付して、裁判所に通知するものとされている（316条の38第2項）。このように被害者参加人の訴訟行為を全面的に検察官によるチェックと裁判所の許可の下におくことで、被害者参加人の訴訟行為が証拠と法律から乖離してしまわないよう担保する仕組みが取られている。

17.7. 協議・合意制度

アメリカでは、捜査機関が被疑者・被告人本人の自白や被疑者・被告人以外の者の捜査協力を得る手段として、自白や捜査協力を得る代わりにその者らの刑事責任を軽くする、いわゆる司法取引が活発である。これに対し、日本では司法取引を制度化してこなかったが、2016年改正により協議・合意制度（350条の2以下）が新設された。当該制度は他者の事件の捜査や有罪立証の協力を得る替わりに協力者の刑事責任を軽くする、捜査協力型司法取引に当たる。これに対し、自らの罪を認めることにより刑を軽くしてもらう、自己負罪型司法取引は制度化されていない。ただし、科刑制限のある即決裁判手続（17.8.参照）や略式手続（461条以下）は自己負罪型司法取引制度として利用できる。協議・合成制度の概要は以下のとおりである。

(1) 合意の内容

検察官は、被疑者・被告人が特定犯罪に係る他人の刑事事件（標的事件）につき、真実を供述することや、その他の証拠の収集に協力することの見返りとして、特定犯罪に係る被疑者・被告人の刑事事件（合意事件）につき、不起訴や公訴の取消し、特定の訴因及び罰条の記載、特定の求刑、即決裁判手続の申立又は略式請求の恩典を与えることにつき合意を行うことができる（350条の2第1項）。標的事件及び合意事件の対象となる特定犯罪としては、犯罪を抑止する上で組織の上位者の処罰が重要であったり、供述によらなければ真相解明が難しいとされる犯罪であり、かつ司法取引の対象にしても国民の正義感情を損なわないであろう凶悪事件以外の犯罪が列挙されている（同条2項）。

(2) 合意の必要性

検察官は、合意によって得られる証拠の重要性、関係犯罪（標的事件及び合意事件）の軽重及び情状、関係犯罪の関連性の程度その他の事情を考慮して、必要と認めるときに合意を行うことができる（350条の2第1項）。「関係犯罪の軽重及び情状」が考慮されるのは、合意事件に対する何らかの恩典の付与が標的犯罪の処罰の実現に比べてバランスの取れたものでなければならないためである。また「関係犯罪の関連性の程度」が考慮事情に加えられているのは、たまたま他人の犯罪の詳細を知るに至った被疑者・被告人のために当該制度を利用することで、刑事処分に不公平が生じることを防止するためである。

(3) 合意の手続

350条の2の合意をするには、合意事件の弁護人の同意が条件となっている（350条の3第1項）。合意内容は書面化し、検察官、被疑者・被告人及び弁護人が連署することで、最終的に合意が確定する（同条2項）。弁護人の同意を条件としているのは、合意成立後に被疑者・被告人の行う供述が虚偽であり又は提供証拠の偽造若しくは変造が判明すれば、検察官は合意から離脱でき、被疑者・被告人は合意の恩典を受けられない一方、被疑者・被告人は虚偽供述等罪（350条15）で処罰される危険が生じることから、被疑者・被告人本人の利益のためにも合意の判断に慎重を期するためである。

(4) 合意のための協議

検察官は合意によって得られる証拠の価値を吟味する上でも、恩典の内容を決める上でも、被疑者・被告人との協議が不可欠となる。協議には弁護人が全過程に参加しなければならない（350条の4）。合意のための協議において、被疑者・被告人に標的事件についての供述を求めるときは、黙秘権告知の規定が準用されている（350条の5第1項）。これは、標的事件に関する質問は被疑者・被告人としての取調べではないものの、そこで得られた供述が合意事件の証拠にもなり得ることを踏まえたものである。合意が成立しなかった場合に、協議の過程で被疑者・被告人が行った供述を標的事件及び合意事件の証拠とすることはできない（同条2項）。ただし、協議の過程で被疑者・被告人の行った虚偽の供述が犯罪を構成する場合は、当該犯罪の証拠として用いることはできる（同条3項）。なお、合意不成立の場合に証拠として使用できないのは、協議の過程で被疑者・被告人が行った供述のみであり、供述以外の証拠や供述に基づいて得られた証拠は含まない。この点は後述の合意が失効した場合の効果より限定的である。

(5) 司法警察員との協議

検察官は、司法警察員から送致・送付を受けた事件又は司法警察員が捜査中の事件を合意事件としようとするときは、あらかじめ捜査に係わった司法警察員と協議しなければならない（350条の6第1項）。また、司法警察員が捜査中の事件を標的事件とする場合等において、標的事件の捜査のために必要があれば、司法警察員に、標的事件に関する質問を含め、合意のための協議における必要な行為をさせることができる。この場合は、司法警察員が検察官からの個別の授権の範囲内で見返り措置を提案できる（同条2項）。

(6) 合意内容書面等の取調べ

合意事件について公訴を提起したとき、あるいは公訴提起した後に合意に至ったときは、判決に合意内容を反映させるために、冒頭手続終了後、遅滞なく、合意内容書面を訴訟法上の事実に関する証拠として取調べ請求しなければならない（350条の7第1項）。また、標的事件の公判において合意に基づいて作成された供述録取書等を証拠として取り調べることにした場合や、合意に基づき証人尋問を行うことにした場合も、検察官は遅滞なく、合意内容書面を訴訟法上の事実に関する証拠として取調べ請求しなければならない（350条の8）。後者は、裁判所に合意によって得られた供述等の証拠が真実か否かの評価に慎重を期させることを目的としている。

(7) 合意の終了

合意は、合意からの離脱又は合意の失効により終了する。合意からの離脱は、①合意の当事者が合意に違反したとき（350条の10第1項1号）の他、②被告人の離脱については、合意に基づく検察官の意見又は請求が裁判所に認められなかった場合（同項2号イから二）、③検察官の離脱については、被疑者・被告人が協議の過程又は合意に基づき行った供述が虚偽であることや、合意に基づき提供した証拠が偽造・変造であることが判明した場合（同項3号イ、ロ）に認められる。合意の離脱は書面を合意相手に告知することによって行わなければならない（同条2項）。

合意事件を不起訴とする合意が検察審査会の起訴議決により無効となった場合、合意は失効する（350条の11）。合意が失効した場合、被告人が協議過程においてした供述、合意に基づいてした供述及び当該合意に基づく被告人の協力により得られた証拠並びにこれらの証拠に基づいて得られた派生証拠は、原則として合意事件の証拠とすることはできない（350条の12条1項、ただし同条2項1号から3号に掲げる場合を除く）。

(8) 合意の履行の確保

合意の履行を確保するために、当事者が合意に違反することのメリットをなくし、あるいは一定の違反行為に対する制裁規定が設けられている。検察官が合意に違反する形式で公訴の提起や維持を行った場合は、裁判所は判決で公訴を棄却しなければならない（350条の13第1項）。また、検察官が合意に違反して訴因変更請求を行った場合は、訴因変更請求を却下しなければならない（同条2項）。さらに、検察官が合意に違反したときは、協議の過程で得られた被告人の供述や、当該合意に基づく被告人の協力行為によって得られた証拠の証拠能力は、異議がない場合を除き、認められない（350条の14）。被疑者・被告人が合意に違反して捜査機関に対して虚偽の供述を行い、又は偽造・変造証拠を提出することは、特別に犯罪となる（350条の15）。

17.8. 即決裁判手続

即決裁判手続は、既存の簡易公判手続の利用が活発でなかったことから、2004年改正により、裁判員法の制定と合わせて、争いのない事件について一層の手続の合理化・効率化を図り、限られた資源を争いのある事件に集中することにより、訴訟全体を迅速化させることをねらいとして導入された。対象事件が死刑又は無期若しくは短期1年以上の拘禁に当たる罪以外の罪に限定されている点（350条の16第1項）、証拠調べの方式や伝聞法則に関する証拠法規定の適用が緩和される点（350条の24、350条の27）は、簡易公判手続と共通する。これに対し、①起訴と同時に申立てがおこなわれる点（350条の16第1項）、②被疑者の同意（350条の16第2項）だけでなく弁護人の同意（350条の16第4項、350条の20）が条件である点、③被疑者の同意確認のために国選弁護制度を利用でき（350条の17）、また被告事件は必要的弁護事件となる点（350条の13）、④早期の公判期日指定（350条の21）、⑤即日判決の原則（350条の28）、⑥拘禁刑の場合の科刑制限（必ず刑の全部執行猶予が付く）（350条の29）の点で、被告人にとって利用するメリットを簡易公判手続よりも高めている。他方で、⑦事実誤認を理由とする上訴を制限（403条の2、413条の2）することで、検察官の公判維持の負担の軽減を図っている。上訴制限が憲法32条の裁判を受ける権利の保障に反するか否かが争われた事案において、最判平21・7・14刑集63巻6号623頁は、当該規定は即決裁判手続の制度を実効あらしめるため、被告人に対する手続保障と科刑の制限を前提に、同手続による判決において示された「罪となるべき事実」の誤認を理由とする控訴の申立てを制限しているものと解されることを理由に、その合憲性を肯定している。

裁判所は、即決裁判手続の申立てがあった事件につき、350条の22各号の定める同手続によることを不適法又は不相当とする事由が認められる場合は、公判を開くことなく決定で申立てを却下できる（規則222条の14）。他方、いずれの事由にも該当しない場合は、公判期日の冒頭手続において被告人が有罪である旨の陳述を行った後に、即決裁判手続による審判にする旨の決定が行われる（350条の22）。審判決定後、判決までの間に即決裁判手続によることを不適法又は不相当とする事由が生じた場合も、当該決定を取り消さなければならない（350条の25）。即決裁判手続の申立てが却下あるいは審判決定が取り消された場合、そのままであれば通常の公判手続を進めることになる。もっとも、即決裁判手続を予定して公訴提起する事件は、被告人が裁判で罪を争わないことを前提に捜査が迅速に処理されている場合も考えられる。そこで、被告人又は弁護人の同意の撤回により即決裁判手続による審判の決定が行われず、あるいは被告人側の同意又は有罪である旨の陳述の撤回若しくは実質的な陳述の変更により審判決定が取り消された場合は、一旦、公訴を取り消し、補充の捜査をしたうえで再起訴することを可能にするため、340条による再起訴の制限が外されている（350条の26）。

18. 裁判員裁判

日本では1923年に陪審法が公布され1928年から施行されたが、1943年に停止されて以来、長い間、刑事裁判に国民が参加する制度はなかった。ようやく2004年に司法に対する国民の信頼を向上させるための司法制度改革の方策の一つとして裁判員法が成立し、2009年から施行され、現在に至っている。一般国民が司法権の行使に直接関与することの合憲性が争われた事案において、最大判平23・11・16刑集65巻8号1285頁は、憲法は、一般的には国民の司法参加を許容しており、これを採用する場合には、適正な刑事裁判を実現するための諸原則が確保されている限り、陪審制とするか参審制とするかを含め、その内容を立法政策に委ねているとの理由から、合憲性を肯定している。裁判員裁判の概要は以下のとおりである。（以下、本節の法律名の記載のない条文番号は裁判員法の条文。）

(1) 対象事件

裁判員裁判の対象事件は、①死刑又は無期拘禁刑に当たる罪又は②地裁法定合議事件のうち故意の犯罪により被害者を死亡させた罪に限定されている

(2条1項)。対象事件であっても、裁判員候補者、裁判員若しくは裁判員であった者等の生命、身体若しくは財産に危害が加えられるおそれ又はこれらの者の生活の平穏が著しく侵害されるおそれがあり、そのため裁判員候補者又は裁判員が畏怖し、裁判員候補者の出頭確保又は裁判員の職務遂行・補充が困難な状況にあるときは、裁判所の決定により対象から除外しなければならない(3条1項)。また、審理に要すると見込まれる期間が著しく長期にわたること又は裁判員の出頭回数が著しく多数に上ることが回避できない事件において、裁判員の選任、審理期間中の確保又は補充が困難であるときも、対象から除外しなければならない(3条の2第1項)。

(2) 裁判体の構成

裁判員裁判のための合議体は、原則として裁判官3人及び裁判員6人によって構成される。ただし、公判前整理手続において公訴事実について争いがなかった事件は、裁判官1人及び裁判員4人で構成することも可能である(2条2項、3項)。審理の期間その他の事情から審理の途中から出頭できなくなる裁判員が生じる可能性がある場合、裁判員の数を超えない範囲で、あらかじめ補充裁判員を選任しておくことができる(10条1項)。補充裁判員は、裁判員に欠員が生じたときに直ぐに交代できるよう、裁判員の関与する判断をするための審理に立ち会わなければならない(同条2項)。また、訴訟に関する書類及び証拠物を閲覧することができる(同条3項)。

①事実の認定、②法令の適用及び③量刑は、裁判体を構成する裁判官及び裁判員の合議で行われる(6条1項)。ここでいう「事実の認定」とは、有罪・無罪、刑の言渡し・免除又は少年法55条による移送決定の判断の前提となる事実の認定である。最後の少年法55条による移送決定は訴訟手続上の判断ではあるが、実質上は量刑上の判断に当たるため、裁判官及び裁判員の合議事項とされている。また、裁判員法のいう「法令の適用」とは、認定事実の法令へのあてはめの意味であり、法令の解釈は含まない。④法令の解釈、⑤訴訟手続上の判断(少年法55条による移送決定を除く)及び⑥上記①から③以外の判断は、法律の専門知識を必要とするため、裁判体を構成する裁判官だけの合議により判断が行われる(同条2項)。構成裁判官と裁判員の合議事項の審理は構成裁判官及び裁判員で行い、構成裁判官だけの合議事項の審理は構成裁判官のみで行われる(6条3項)。もっとも、構成裁判官の合議事項

について裁判員の意見を聴くことはできる（68条3項）。この場合の審理は裁判員の参加する法廷において行われることになる。裁判官の意見を聴いた方がよい場合として、違法収集証拠の証拠能力や自白の任意性が争点となっているときが考えられる。

(3) 裁判員等の選任

(i) 資格・辞退

裁判員となる資格のある者は、①衆議員議員選挙権者であり（13条）、かつ、②欠格事由（14条各号）及び③就職禁止事由（15条各号）に該当しない者である。欠格事由は、教育、品格、健康の観点から、裁判員となる能力や資質等に問題がある者を除外する趣旨である。就職禁止事由は、一般国民の意見を司法に反映するという裁判員制度の本旨に則り、特定の公務についている職員や法律専門職を裁判員から除外する趣旨である。裁判員となる資格があっても、不適格事由（17条）に該当する者は裁判員から除外される。不適格事由は、事件と一定の関係があり不公正な裁判をするおそれがある者について、当該事件に限り裁判員から除外するものであり、裁判官の除斥及び忌避（刑訴20条、21条）に相当するが、不適格事由のある者が判決に関与しても377条2号の絶対的控訴理由には当たらない。裁判員となる資格を有する国民は原則として裁判員を引き受ける義務を負うが、裁判員16条各号の定める辞退事由があれば辞退の申立てをすることができる。辞退事由は、裁判員の職務を行うことが過度の負担となる者を類型化したものである。同条8号は法律の定める事由以外の辞退事由の定めを政令[10]に委ねている。

(ii) 選任手続

裁判員及び補充裁判員（以下、「裁判員等」と記す。）の選任は、①地方裁判所による裁判員候補者員数の算定及び割当（20条）、②市町村選挙管理委員会による裁判員候補者予定者名簿の調製（21条）・送付（22条）、③裁判員候補者名簿の調製（23条）、④呼び出すべき裁判員候補者の選定（26条）・呼出し（27条）、⑤裁判員等選任手続（32条乃至37条）の手順で行われる。裁判員候補者名簿の調整は、なるべく国民の負担を平等にする観点から行う仕組みがとられている。裁判員候補者が選定されると、あらかじめそれらの者

10　裁判員の参加する刑事裁判に関する法律第16条第8号に規定するやむを得ない事由を定める政令（平成20年1月17日政令第3号）

に対し、裁判員等の選任・不選任の判断に必要な質問票を送付することができる。質問票を受け取った候補者は真実を回答する義務を負う（30条）。裁判員等の選任は、裁判員等選任手続期日に裁判所に裁判員候補者を呼び出して行われる（27条）。呼び出された裁判員候補者は出頭義務を負う（29条）。選任手続期日は裁判官及び裁判所書記官が列席し、検察官及び弁護人が出席して開かれる。被告人の出席は必要なときにのみ認められる（32条）。選任手続期日に出頭した候補者に対して、まず裁判所が、欠格事由、就職禁止事由及び不適格事由の該当者か否かの判断や辞退の申立て（16条）を認めるか否かの判断を行うために必要な質問をし、該当者については不選任の決定を行う（34条）。次に、当事者が、条文の定める上限数内で理由を示さない不選任の請求（36条）を行う。以上の手続を通じて不選任の決定を受けなかった候補者の員数が法定の裁判員の員数を超えている場合は、無作為な方法により裁判員等を選任する（37条）。選任された裁判員等は裁判長からその権限、義務その他必要事項の説明を受けた後、法令に従い公平誠実に職務をおこなうことの宣誓をしなければならない（39条）。宣誓に応じなければ解任事由となる（41条1項1号）。

(iii) 裁判員等の義務及び保護

裁判員等は、①宣誓義務（39条）、②公判期日等への出頭義務（52条）、③評議の秘密その他職務上知り得た秘密に対する守秘義務（9条1項2号、10条4項）等を負っており、義務違反に対して過料（112条3号、4号）や罰則（108条）の制裁規定が設けられている。守秘義務の範囲には、裁判員が参加又は傍聴を許された評議の経過並びに各裁判官及び裁判員の意見及びその多少の数が含まれる（70条1項）。守秘義務は職務遂行中だけでなく、職務終了後も負う（108条2項、3項）。守秘義務は評議における自由な意見交換や裁判体の構成員の保護を目的としており、どの論点が議論になったかは評議の秘密に当たらないというべきである。裁判員等、選任予定裁判員（90条1項参照）又は裁判員候補者がその義務を果たすために必要な保護措置が設けられている。まず、労働者が裁判員の職務を行うために休暇を取得したこと等を理由として、解雇その他不利益な取り扱いをしてはならない（100条）。また、裁判員等又は裁判員候補者予定者の氏名、住所その他の個人特定情報は公にしてはならない（101条）。さらに、裁判員等又は選任予定裁判員に接触してはならず、あるいは裁判員等が職務上知り得た秘密を知る目的で、過去に裁判員等であった者に接触してはならない（102条）。

(4) 裁判員裁判の公判

(i) 公判手続の特則

裁判員裁判は、全事件とも継続的計画的審理が不可欠となることから、必ず公判前整理手続に付される（49条）。また、公判審理開始後、直ちに鑑定の経過及び結果を報告できるようにするため、第一回公判期日前にこれを除く鑑定の手続を行うことができる（50条）。裁判官、検察官及び弁護人は、裁判員の負担過重にならず、かつその職責を十分果たせるよう、審理を迅速で分かり易いものとすることに努めなければならない（51条）。裁判員の関与する判断をするための審理には、裁判員のみならず補充裁判員も出頭する義務を負うが（52条）、補充裁判員が欠席したまま審理を行うことはできる（54条）。裁判員裁判の冒頭陳述においては、証拠によって証明すべき事実と証拠との関係を具体的に明示しなければならない（55条）。裁判員も裁判長に告げて証人等に対する尋問（56条）や被告人に対する質問（59条）等を行うことができる。公判審理の途中で裁判員の構成が変わった場合は公判手続の更新が必要である（61条）。

裁判長は、評議を裁判員に分かりやすいものとなるよう整理し、裁判員が発言する機会を十分に設けるなどの配慮をしなければならない（66条5項）。一般の裁判の評決は単純な過半数の意見によるが（裁77条）、裁判員の関与する裁判の評決の場合、過半数を超える意見に必ず構成裁判官及び裁判員が含まれていなければならない（67条1項）。その結果、過半数が有罪意見であっても、その中に裁判官が一人も含まれていなければ有罪判決は成立しない。67条1項は被告人に不利な判決の条件を一般の評決ルールより過重する趣旨の規定であり、裁判員のみの多数で無罪判決を言い渡すことはできる。有罪意見が過半数を占めるが評決の成立条件を満たさなかったときは、少数意見に従って無罪判決が言い渡されることになる。有罪判決を言い渡す場合の量刑意見が複数に分かれたときは、構成裁判官及び裁判員の双方の意見を含む過半数になるまで、被告人に最も不利益な意見の数を順次利益な意見の数に加え、その中で被告人に最も利益な意見によって刑が決まる（67条2項）。

(ii) 区分審理決定

数個の裁判員裁判対象事件の併合又は対象事件と非対象事件との併合により審理が長期に及ぶことが予想される場合、対象事件を含む併合事件の一部を一つ又は複数の被告事件ごとに区分して、それぞれの事件を審理する裁判員を交替させて審理することができる（71条）。区分審理決定が行われた場合、区分事件毎に順次、裁判員を交代して罪となるべき事実に関する審理及び裁判（部分判決）を行い（78条）、最後に区分事件以外の被告事件を審理する裁判体が、①区分事件以外の被告事件の審理、②部分判決で示された事項に係るものを除く区分事件の審理、及び③併合事件全体についての裁判を行う（86条）。犯行の動機、態様及び結果その他罪となるべき事実に関連する情状（いわゆる犯情）については、区分事件の裁判体が審理し（78条3項1号）、併合事件全体の審理を担当する裁判体が、さらに一般情状に関する審理を重ね、併合事件全体につき最終的な量刑判断を行うことになる。区分事件の裁判体が認定した事実を前提に、別の裁判体が併合事件全体の判決を言い渡すことになる点で、直接審理主義の例外ということになる。

第6編 証拠

19. 証拠法の基本原則

19.1. 序説

訴訟における証明とは、証明を要する事実（要証事実）を証拠から推認できる状態又はそのための立証活動を意味する。訴訟上の証明は、数学的証明のように反証可能性を完全に排除する証明ではなく、要証事実が存在する蓋然性の証明である。証明の成否は裁判官の心証により判断される。狭義の証明は裁判官が要証事実の存在を確信できる状態を意味する。これに対し、疎明は裁判官が一応確からしいとの心証を得られる状態を意味する。証拠は、事実認定の基礎となる情報（証拠資料）を意味する場合と、証拠資料を法廷に持ち込む媒体（証拠方法）を意味する場合がある。例えば、人の供述や物の存否・状態は証拠資料の意味における証拠であり、証人、証拠書類、証拠物は証拠方法の意味における証拠である。なお、被告人の供述は証拠資料であるが、被告人は訴訟当事者として法廷に召喚されるので証拠方法とは呼ばない。

要証事実のうち判決の直接的な基礎となる事実を主要事実という。刑事訴訟における主要事実は「罪となるべき事実」(335条1項) である。これに対し、主要事実の存否を推認させる事実を間接事実という。主要事実の存在を推認させる積極的間接事実、主要事実の不存在を推認させる消極的間接事実がある。間接事実は主要事実の推認に至るまでの階層に応じて、1次的、2次的、3次的間接事実という形に分類できる。犯行の動機や準備、犯行機会の存否、犯行後の逃走や犯行隠ぺい工作等、様々なものが間接事実となる。主要事実の存在を直接証明するための証拠を直接証拠、間接事実を証明するための証拠を間接証拠という。自白や犯行の目撃証言あるいは犯行映像は直接証拠である。間接証拠と間接事実をまとめて情況証拠ともいう。要証事実の認定に用いるための証拠を実質証拠、証拠の証明力を争うために用いる証拠を補助証拠という。

証拠の分類

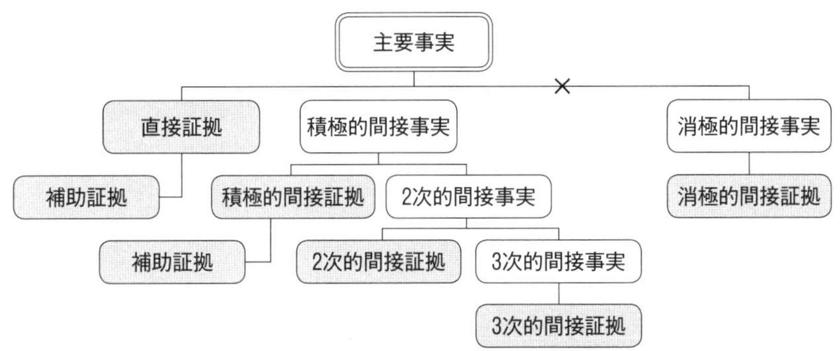

19.2. 証拠裁判主義

(1) 証明の対象

刑訴法317条は「事実の認定は証拠による」と定めている。この当然と思われることを定めている条文は、1873年の改定律例318条の「凡ソ罪ヲ断スルハ口供結案ニ依ル」という定めが、1876年に「凡ソ罪ヲ断スルハ証ニ依ル」という定めに改正されたことをその沿革としており、自白裁判からの決別という歴史的な意義が含まれている。自白も証拠の一種に過ぎず、他の証拠から区別された特別の価値が認められているわけではない。法令は証明の対象ではない。法令の調査は裁判所が自らの責任で適当な方法により行ってよい。当事者が法令解釈の参考資料を裁判所に提出しても、それを証拠として取り扱う必要はない。事実認定の前提として外国法規や慣習法の内容が問題になる場合は証拠によって認定すべきである。刑罰規定の合憲性が争われる場合に、法律を制定する理由となった「立法事実」の有無や変遷が主張されることがある。立法事実は法解釈の前提となる事実であり、317条のいう事実ではない。証拠から帰納的に事実を推認する際の拠り所となる事象の法則性を「経験則」という。何をもって経験則とするかは事実認定の合理性の問題に帰着し、証明の対象ではない。もっとも、専門分野における経験則は証拠によって認定する必要がある。

(2) 証明形式

(i) 厳格な証明と自由な証明

刑事訴訟法は証拠能力の制限や証拠調べの方式に関する種々の規定を設けている。法律の定める証拠能力を有する証拠の適式な証拠調べによる証明を「厳格な証明」という。これに対し、厳格な証明形式によらない証明を「自由な証明」という。厳格な証明によらなければ有罪とされない権利は、憲法31条による適正手続の保障及び憲法37条が趣旨とする公正な裁判を受ける権利の保障からの要請と解されている（参照、最大判昭31・7・18刑集10巻7号1147頁）。被告人が厳格な証明によらなければ有罪とされない権利を放棄することはできる。簡易公判手続（291条の2）や即決裁判手続（350条の16）においては、伝聞法則の適用を原則として免除した上で、当事者の異議があれば伝聞法則を適用することとしている（320条2項、350条の27）。また、適式な証拠調べによる必要もない（307条の2、340条の24）。さらに、略式手続（461条以下）においては、書面審査だけで有罪を認定し、罰金を言い渡すことができる。

証明形式を「厳格な証明」と「自由な証明」に分ける考え方はドイツの学説が起源であり、日本では旧法時代に小野清一郎によって唱えられた。小野は、317条（旧法336条）のいう証明を要する「事実」と335条（旧法360条）における有罪判決の理由として記載が要求されている「罪となるべき事実」を統一的に理解する前提に立ち、317条は「罪となるべき事実」の認定につき厳格な証明を要求する趣旨の規定であり、それ以外の事実は自由な証明で足りると唱えた（小野450頁）。その後、小野が317条を厳格な証明と自由な証明を区別する根拠規定とした点は多数説を形成しつつも、厳格な証明の対象については、「罪となるべき事実」と同等の重要性を有する事実にまで広げる見解が通説化する（団藤229頁、平野180頁、平場162-163頁、高田198頁）。

厳格な証明の対象は、単に事実認定を誤らなければよいというだけではなく、証明手続が法令に違反してはならない。これに対し、自由な証明の対象であれば、裁判所は基本的に事実認定を誤らないことだけに注意すればよい。それゆえ、事実認定に慎重を期したいときは厳格な証明形式によってもよいし、厳格な証明によらずとも正確に認定できる事実は、適当な方法で職権的に認定して終わらせることもできる。このように証明手続の適法性を問わない点に「自由な証明」の本質を認めるならば、簡易公判手続や即決裁判手続における証明形式は、当事者の異議があれば伝聞法則が適用されるため、「自由な証明」とはいえない。そこで簡易公判手続における証明形式を「適正な証明」と呼ぶ見解もある（平野180頁）。

「自由な証明」であっても、訴訟における証明としての最低限の形式は守る必要がある。例えば、公判において認定すべき事実は自由な証明の対象であっても証拠を公判に顕出し、当事者が証拠の証明力を争う機会を設けるべきである。また、公判を開かず認定してよい事実であっても、事実の認定に用いた証拠を訴訟記録に編綴し、全ての訴訟関係者に分かるようにし、証拠に対して意見を述べる機会も与えるべきである。さらに、証拠能力の制限規定については、厳格な証明の対象となる事実か否かによって一律に適用の有無が決まると解するべきではなく、各証拠法則の目的に応じてどの事実に対する適用を免除するのが合理的かを決めるべきである。このように考えるならば、証明形式は証明手続の適法性が問われる「厳格な証明」とそれが問われない意味での「自由な証明」に二分できるわけではなく、上記の「適正な証明」も含め、何等かの観点から証明手続の適法性が問われる幾種類かの形式があることになる。現在はこのような理解に基づき、「自由な証明」を「厳格な証明」までは要しない証明形式の総称として用いている。

(ii) 厳格な証明の対象

厳格な証明によらなければ有罪とされない権利が、憲法31条及び37条からの要請であることを踏まえるならば、刑罰権の存否及び範囲を根拠付ける事実は原則として厳格な証明の対象にすべきである。したがって、①罪となるべき事実（構成要件該当事実）、②犯罪阻却事由（正当行為、正当防衛、緊急避難等の違法性阻却事由、心神喪失等の責任阻却事由）、③親族相盗例等の一身的刑罰阻却事由、④刑の加重減免事由（累犯、併合罪、過剰防衛、過剰緊急非難、違法性の錯誤、心神耗弱、自首、未遂、従犯）は厳格な証明の対象である。その他、⑤付加刑（没収、追徴）を言い渡すために認定を要する事実についても、刑罰権の範囲を確定する事実であることから、厳格な証明の対象と解するべきであろう。最大決昭33・2・26刑集12巻2号316

頁は、累犯加重の理由となる前科の事実は、実質において犯罪構成事実に準ずるものであることを理由に刑訴305条による取調べが必要と判示した。当該決定は、適式な証拠調べにしか言及していないが、累犯加重要件を実質において犯罪構成要件に準ずると位置づけているのであるから、厳格な証明を必要とする趣旨と解するべきである。

量刑の理由となる情状も刑罰権の範囲を確定する事実である。情状のうち、犯行の動機、態様及び結果といった罪となるべき事実に関連する犯情については、犯罪事実と不可分の関係にあることから、犯罪事実の立証の際に厳格な証明が行われている。これに対し、犯情以外の情状（一般情状）である犯人の性格や境遇は多様な資料を用いて認定する必要があることから、自由な証明で足りるとの説も有力であり（白取347頁）、判例も自由な証明で足りるとする立場をとっている（参照、最判昭24・2・22刑集3巻2号221頁、最判昭31・4・25裁判集113号411頁）。これに対し、量刑は刑の加重減免に劣らず当事者にとって重要な関心事であること、情状立証も公判における証拠調べを通じて行われる以上、直接主義・口頭主義の要請が働くこと、犯罪事実の立証と情状立証の手続が区別されているわけではないのに、立証趣旨を情状とすることで大量の書証が提出されれば、犯罪事実の立証を厳格に行う意味が失われかねないことを理由に、情状も厳格な証明の対象にすべきとの説も有力である（三井Ⅲ32頁、光藤Ⅱ108頁）。実際には情状事実は厳格な証明によらなければ正確に認定できないものが多く、実務運用としては厳格な証明によることが一般的とされる（条解885頁、逐条実務839頁）。

訴訟法上の事実には訴訟条件、訴訟能力、証拠能力など多種多様なものがある。まず、決定や命令の基礎となる事実は書面審査だけでも可能であることから（43条2項）、自由な証明の対象と考えてよい。もっとも、決定や命令のために「事実の取調べ」（同条3項）を行う場合、事実認定を誤らないためには厳格な証明形式によった方が望ましいことはある。訴訟法上の事実であっても、終局判決である管轄違いの判決、免訴判決、公訴棄却判決の基礎となる事実は厳格な証明によるべきとの説も有力であるが（松尾下14頁、光藤Ⅱ108頁）、判例は訴訟法上の事実は原則として厳格な証明の対象ではないとの立場をとっている（参照、最決昭58・12・19刑集37巻10号1753頁、最決平23・10・26刑集65巻7号1107頁。ただし、最判平18・11・7刑集60巻9号561頁）。

(iii) 権利論としての自由な証明論

通説は犯罪事実の存否のいずれの認定にも厳格な証明が必要との立場をとっている。これに対し、犯罪事実に対する反証は有罪証拠の証明力を争う証拠（328条）としての性格を持つことを理由に、自由な証明で足りるとする学説もある（田宮291頁、白取347頁）。判例にも、検察官が被告人側証人の証言の信用性を争うための補助証拠として提出した伝聞証拠を、謀議や実行行為に対する合理的疑いを肯定するための資料に用いたことを判例違反とする検察官の上告に対し、検察官の指摘する判例は証拠能力を欠く伝聞証拠を犯罪事実を否定する方向で使用したものではないことを理由に、判例違反の主張を退けたものがある（参照、最判昭38・9・12刑集17巻7号661頁〔松川事件〕）。もっとも、「犯罪事実を否定する事実」を自由の証明の対象にするだけでは、裁判所が被告人の請求する証拠能力を欠く証拠まで取り調べなければならないことにはならない。そこで、犯罪事実を否定する事実についても厳格な証明の対象とした上で、憲法37条2項後段の強制的証人喚問権を根拠に、判決に影響を及ぼす可能性のある被告人に有利な伝聞証拠を提出する権利を肯定する見解もある（光藤Ⅱ104頁）。

(3) 不要証事実

317条の例外として、証拠による認定を要しない事実（不要証事実）が肯定されている。民訴法179条は、「裁判所において当事者が自白した事実及び顕著な事実は証明することを要しない。」と定めている。これに対し、刑事訴訟においては自白した事実も証明を要することは明らかである。他方、「顕著な事実」については、それを「公知の事実」と「裁判上顕著な事実」に分けた上で、少なくとも前者については証明を要しないと解するのが通説である。また、後者についても証明を要しないと解するのが判例の立場である。

公知の事実とは、ある出来事が多数人によって直接知覚されることにより、あるいは広く真実として伝播することにより、一般人にとって顕著になった事実のことである。既に一般人にとって顕著である以上、証拠により認定する必要はないと解するのが通説である。特定の団体の内部で顕著であるだけでは「公知」とはいえないが、全国的に顕著である必要はなく、裁判地における人々にとって顕著であれば足りる（参照、最判昭31・5・17刑集10巻5号685頁、最決昭41・6・10刑集20巻5号365頁）。一般人の記憶に残るような抽象的な事実である必要はなく、公報、地図、暦、電話帳、時刻表、辞書等一般人が容易に入手できる信頼のおける資料から、専門知識を要することなく確実に知り得る事実（一般人にとって確証容易な事実）は、公知の事実に含めてよかろう。

裁判上顕著な事実は、手続上顕著な事実と職務上顕著な事実との二つの類型に分けることができる。前者は、法廷内の出来事のように裁判所及び訴訟関係人にとって手続上自明の事実である。手続の中で起きた出来事が裁判所にとっても訴訟当事者にとっても顕著であれば、証拠に基づき認定する必要はなかろう。後者は、裁判官としての職務を通じて認定を繰り返すことにより顕著となった事実である。職務上繰り返し認定されることにより正確性が担保されるのであり、裁判官が職務と無関係に個人的に知ることになった事実（裁判官の私知）や職務上単発的に認定した事実は、「職務上顕著」とは言えない（参照、東京高判昭62・1・28判時1228号136頁＝判タ647号222頁）。したがって、職務上顕著な事実は自ずと複数の事件に共通する一般的な性質を持つ事実に限られることになる。判例は職務上顕著な事実も証明は不要との立場をとってきた（参照、大判大13・7・22刑集3巻594頁、大判昭9・10・9刑集13巻1432頁、最判昭30・9・13刑集9巻10号2059頁）。

裁判所にとっては顕著であっても、当事者にとってはそうではない場合はあるし、あるいは公知ないし顕著とされる事実が真実でない可能性を完全に否定することはできないから、当事者が証拠によって証明しようとする事実の重要性を肯定できる場合は、それとは反対の事実が公知ないし裁判上顕著であることを理由に、証拠調べ請求を却下することは許されないというべきである。なお、判決は証拠調べの結果に基づき言い渡さなければならないから、たとえ衆目の集まるところで公然と実行された犯罪であっても、犯罪事実自体を証拠によらずに認定することは許されない。

19.3. 自由心証主義

(1) 意義

証拠が要証事実の存否を推認させる力を証明力という。証拠の証明力は、証拠の信用性ないし信憑性と当該証拠が要証事実を推認させる力に区別できる。直接証拠の証明力は特に前者が問われる。これに対し間接証拠の証明力は推認力も重要になる。刑訴法318条は「証拠の証明力は裁判官の自由な判断による」と定めている。これを自由心証主義という。自由心証主義に対して、証拠の証明力を法定する考え方を法定証拠主義という。中世から近世に至るヨーロッパにおいては、神判や決闘、雪冤宣誓といった儀礼的裁判を改め、真実に基づく裁判であってこそ正義を実現できると考えられるようになった。そのための制度として、一二世紀以降の中世ローマ法学において法定証拠主義の考え方が登場し、ヨーロッパ大陸諸国に普及する。法定証拠主義を取り入れ法典化したものとして、神聖ローマ帝国のカロリーナ法典（1532年）が有名である。法定証拠主義の下では、自白又は二人の有力な証人の存在といった「完全証明」のための証拠の類型化が行われた。そして、罪を疑わしめる「徴憑」があるにもかかわらず、被告人が自白も信用できる弁解もできないときは、裁判官が被告人を拷問にかけて自白を追及することの正当化にもつながった。また、半証明にとどまった場合は「嫌疑刑」と呼ばれる非正規刑を科すことができた。当時は刑法原則として責任主義が確立しておらず、刑罰は犯罪に対する責任を問うだけでなく、犯罪の嫌疑を受けたことの責任を問うためにも科された。責任主義が確立し嫌疑刑が廃止されてからも、嫌疑が残る者を無罪にせず「仮放免」にして監視を続け、新たな有罪証拠が見つかれば再起訴することができた。一事不再理の原則は「仮放免」の廃止によって確立する。近代に至り、人権思想の興隆により拷問は廃止される。拷問廃止後は法定証拠主義を維持することが困難になり、自由心証主義へと置き換わっていく。これに対し、イギリスの陪審制度は当初より法定証拠主義とは無縁であり、ヨーロッパ大陸諸国が刑事訴訟を糺問主義から弾劾主義に変革するためのモデルとなった。日本においても治罪法以来、自由心証主義の考え方が採用され、現行法の318条に継受されている。

自由心証主義は事実認定者の理性に信頼を置く考え方であるが、事実認定を事実審裁判所の専権とする考え方ではない。刑訴法は事実認定の合理性を保つために厳格な証明のルールを定めているだけでなく、事実誤認を上訴による救済の対象としている。もっとも、何をもって合理的な事実認定とするかは難しい問題である。事実認定の過程は、各証拠の証明力の分析的評価の過程と各証拠からの総合評価の過程からなる。そして、分析的評価は論理的に行うべきであるが、総合評価の過程は、単純に各証拠の証明力の論理的な足し引きではなく、それを超えた直観的判断を含む過程であって、自由心証主義はそれを許す原理であるとの見解も有力である（参照、最大判昭26・8・1刑集5巻9号1684頁における沢田、井上、岩松裁判官の意見）。しかし、たとえ事実認定から直観的判断を完全に排除することができないとしても、裁判所における事実認定はできる限り当事者にとって予測可能なものでなければならない。事実認定を予測可能なものにするための方法として、主要事実を認定可能な重要な間接事実を抽出する実証研究や、供述の信用性評価のための注意則の研究が重ねられてきた。適正を欠く事実認定方法を抽出し、そうした事実認定方法を用いた場合を事実誤認とする考え方もある。適正を欠く事実認定方法としては、「証拠構造の組替え」（検察官の主張する証拠構造が崩れたときに、裁判所が勝手に証拠構造を組替え有罪の結論を維持すること）、「行きつ戻りつの判断」（間接事実の証明力を総合評価の過程で増強すること）、「心証のなだれ現象」（例えば、有力な物的証拠があることで他の証拠の信用性を十分に検討することなく肯定してしまうこと）、「可能性論」（証拠に基づく疑問を単なる可能性論で退けること）が指摘されている。

(2) 証明基準

(i) 犯罪事実の証明基準

自由心証主義の下では、裁判官が証明基準を超える証明があったと確信することにより証明の成否が決まる。訴訟における証明基準は蓋然性の程度の違いとして表現されてきた。一般に民事訴訟において必要な証明基準は「高度な蓋然性の証明」（参照、最判昭50・10・24民集29巻9号1417頁）や、それより蓋然性の程度の低い「証拠の優越」という言葉で表現されている。これに対し、刑事訴訟における有罪立証のための証明基準については、「合理的な疑いを超える証明」という表現が定着している。被告人が犯人である蓋然性が高くても、「合理的な疑い」が残れば無罪とすべき理由について、イギリスには「十人の真犯人を逃すことがあっても、一人の無実の者を罰するなかれ」という法格言がある[11]。すなわち、誤った有罪判決によって個人が被る不利益は、誤った無罪判決によって社会が被る不利益よりもはるかに大き

11　イギリスの法律家 William Blackstone が1765年に出版した“Commentaries on the laws of England”において用いた表現で、その後、英米法の思想を言い表す法格言として使用されるようになった。

いという思想が、刑事訴訟における高度な証明基準の根底にある。これまでに最高裁は、「合理的疑いを超える証明」の意義について、「反対事実の存在の可能性を許さないほどの確実性を志向したうえでの『犯罪の証明は十分』であるという確信的な判断」(最判昭48・12・13判時725号104頁)、「抽象的な可能性としては反対事実が存在するとの疑いをいれる余地があっても、健全な社会常識に照らして、その疑いに合理性がないと一般的に判断される場合には、有罪認定を可能とする趣旨」(最決平19・10・16刑集61巻7号677頁)といった説明をしてきた。

(ii) 間接事実の証明基準と証明力

間接事実による証明の場合、個々の間接事実についても合理的疑いを超える証明がなければ総合評価に参加させることはできないかが問題となる。当該問題を考える上で、間接事実は主要事実のように要件化されておらず、証明できた範囲の事実をもって間接事実にできる点に注意を要する。例えば、犯行時刻に犯行現場から逃走する人物が目撃されたが、目撃証言からその人物は被告人の人相と完全に一致するとまでは認定できなかったとする。この場合であっても、「被告人といくつかの特徴点が一致する人物が犯行現場から逃走した」ということを証明された間接事実と捉え直すことは可能である。このように理解すれば、間接事実の証明基準の問題は、犯罪事実を認定するための総合評価に参画するために間接事実に要求すべき証明力の問題に置き換えることが可能である。間接事実に求められるべき証明力の程度につき、最判昭48・12・13判時725号104頁は、証明力が十分でない情況証拠を量的に積み重ねるだけでは、それによって犯罪事実を認定するための証明力が質的に増大するものではない旨を判示している。他方、アリバイのように犯罪事実を否定する方向の消極的間接事実は、不確かなものであっても最終的に合理的疑いを生じさせる可能性があるため、総合評価に加えるべきである。また、最判平22・4・27刑集64巻3号233頁(大阪母子殺害放火事件)は、「情況証拠によって認められる間接事実中に、被告人が犯人でないとしたならば合理的に説明することができない(あるいは、少なくとも説明が極めて困難である)事実関係が含まれていること」を要求している。当該判例については、情況証拠による事実認定の検証の一つの手法を示したものに過ぎないとの理解もあるが(植村336頁)、情況証拠による事実認定が直感的な総合評価に陥らないために不可欠な事実認定の論理則を示したものというべきであろう。

(iii) 自由な証明の対象事実の証明基準

「合理的な疑いを超える証明」の有無は、反対仮説の可能性を打ち消すための審理を尽くすことで判断可能となる。ところが、略式手続においては書面審理しか行われないように、刑事訴訟におけるあらゆる事実につき、同程度に審理を尽くして認定することが求められているわけではない。そこで、自由な証明の対象については証明基準の緩和を肯定する説が有力である（松尾下23頁、三井Ⅲ36頁、酒巻487頁）。しかしながら、自由な証明の対象であっても、自由な証明形式によるときは正確な認定が難しいときは、厳格な証明形式によって認定してよいことを踏まえるならば、自由な証明の対象であることが証明の基準を下げるべき理由とはならないだろう。そして、訴訟条件はそれを欠けば刑罰権を行使できない意味において犯罪事実と同じ重要性を持つのであるから、自由な証明の対象であっても、合理的な疑いを超える証明が必要というべきである。これに対し、個々の証拠の証拠能力は判決の正当性に直ちに影響するわけではないため、原則として「証拠の優越」による証明で足りよう。ただし、有罪認定を支える決定的な証拠は判決の正当性を左右するため、証拠能力の有無が争点となったときは合理的な疑いを残さない証明を行うべきである。

19.4. 挙証責任

(1) 意義

要証事実が真偽不明の状態になったときに主張が退けられる側の法的地位を、実質的（ないし客観的）挙証責任と呼んでいる。民事訴訟においては要件事実の種類（法律効果の発生・消滅・変更事由）に応じて主張する側に証明責任が分配されるが、刑事訴訟においては被告人の無罪が推定されており、構成要件該当事実の存在のみならず、犯罪阻却事由や刑の減免事由といった被告人にとって利益な事実の不存在についても、原則として検察官が実質的挙証責任を負っている。これを「疑わしきは被告人の利益に」（in dubio pro reo）の原則（以下、「利益原則」と記す）という。情状についても罪責の程度を基礎付ける事実であるから、有利不利を問わず検察官が挙証責任を負うべきとする説が多数説である（田宮 302 頁、上口 355 頁）。ただし、一般情状は証明できた事実の範囲で考慮すれば足りよう。訴訟法上の事実のうち訴訟条件については、公訴提起をした検察官が挙証責任を負うと解するのが通説である（参照、最判昭 32・12・10 刑集 11 巻 13 号 3197 頁）。訴訟能力等の公判停止事由も疑いがあれば公判を停止すべきという意味において、検察官が挙証責任を負うといってよかろう。証拠能力の挙証責任は証拠調べ請求をした側が負う（参照、最判令 3・7・30 刑集 75 巻 7 号 930 頁〔違法収集証拠事例〕）。

実質的挙証責任の概念に対し、裁判所による不利益な認定が予想される側がそれを避けるために負うべき立証の負担、あるいは裁判所の職権解明事項でないことから当事者が負うべき立証責任を、形式的（ないし主観的）挙証責任という。裁判所による不利益な判断を避けるためにはいずれの当事者が立証しなければならないかは、訴訟の進行に応じて変化する。通常は、まず実質的挙証責任を負う側による本証が行われ、次に相手側に反証の機会が与えられる。犯罪事実については検察官がその責任を果たし得るだけの「一応の立証」（prima facie case）に成功しなければ、被告人側の反証を待たずに主張は退けられる。これに対し、犯罪阻却事由や刑の減免事由は、検察官が最初から犯罪阻却事由等の不存在を立証する必要はなく、まず被告人側が一定の主張責任を負うと解するのが通説である。この場合に被告人側が負うべき主張責任の程度については、その存在を疑わせる一応の証拠提出責任とする見解もあるが（平野 184 頁）、証拠提出までは不要で、検察官が証明すべき事実を明確にするための争点形成責任と理解すべきだろう（松尾下 19 頁）。

(2) 推定規定と挙証責任の転換

検察官の立証の負担を軽減するために法律により推定規定が設けられていることがある。推定規定とは、法律の定める前提事実の証明によって主要事実を推定する規定である。例えば、公害罪法 5 条は「公衆の生命又は身体に危険が生じうる程度に人の健康を害する物質の排出」と「そのような危険が生じうる地域内の同種の物質による公衆の生命又は身体の危険の発生」の証明により、両者の因果関係を推定している。また、麻薬特例法 14 条は、「犯罪行為を業とした期間内に犯人が取得した財産であって、その価額が当該期間内における犯人の稼働の状況又は法令に基づく給付の受給の状況に照らし不相当に高額であると認められる」ことの証明によって、同法 5 条の罪に係る麻薬犯罪収益と推定している。推定規定には反証を許さない「みなし規定」(法律上の擬制) もあるが (例えば、刑230条の2第2項)、そうでなければ、前提事実を認定できる場合であっても推定事実に対する反証は許される。

推定事実に対して必要な反証の程度は推定規定の効果をどう捉えるかによって異なる。(a) 推定規定を挙証責任の転換規定と解するならば、検察官が前提事実の証明に成功したときは、被告人が推定事実の不存在を証明しない限り、推定事実を認定すべきことになる。もっとも、犯罪の成立を否定する方向の証明であることから、合理的疑いを超える証明ではなく、証拠の優越で足りるとの説が有力である (団藤236頁、平場149頁、高田204頁)。これに対し、(b) 推定規定は挙証責任の転換規定ではなく、前提事実が証明されたときに推定事実を認定することを許容する規定に過ぎないとの見解が、現在の多数説といってよい (田宮308頁、鈴木201頁、田口355頁、光藤Ⅱ120頁、三井Ⅲ69頁、白取358頁、池田＝笹倉196頁)。許容的推定であるとすれば、被告人は推定事実につき合理的疑いを抱かせる程度の証拠を提出すれば足りることになる。

推定規定の効果をどう理解するべきかの学説は一致しないが、いずれにせよ現行法には明らかな挙証責任の転換規定もある。例えば、①刑法230条の2第1項における「名誉棄損における摘示事実の真実性の証明」、②爆発物取締罰則6条における「犯罪目的の不存在の証明」、③児童福祉法60条4項における「児童の年齢の不知に関する無過失の証明」が、これに当たる。また、④事業主の過失要件の定めのない両罰規定は、無過失責任を定めたものではなく、「使用人等に対する選任、監督等の義務違反に関する過失の不存在」の挙証責任を被告人に転換したものと解するのが判例の立場である (参照、最大判昭32・11・27刑集11巻12号3113頁、最判昭33・2・7刑集12巻2号117頁、最判昭37・3・16刑集16巻3号280頁、最判昭38・2・26刑集17巻1号15頁)。さらに、⑤刑法207条の同時傷害の特例も、同時傷害を共犯とみなす規定ではなく、「因果関係の不存在」の挙証責任を被告人に転換した規定と解するのが判例の立場である (参照、最決平28・3・24刑集70巻3号1頁)。挙証責任の転換規定は厳格な合憲性の審査基準を設けることで、利益原則との整合性を保つ必要がある。

挙証責任の転換規定の合憲性基準については、(1) 便宜性基準 (検察官が要証事実の存在を証明するよりも、被告人が要証事実の不存在を証明する方が立証が容易であること)、(2) 包摂基準(検察官の挙証事項だけでも可罰性があること)及び(3) 合理性基準(検察官の挙証事項から被告人が反証すべき事実を合理的に推認できること)が唱えられてきた。もっとも、これらの基準の全てを満たさなければ合憲とは言えないと理解されているわけではない。上記の①から⑤についていえば、便宜性基準を満たすといえるものとしては①②③④、包摂基準を満たすものとしては①⑤、事案によって合理性基準を満たし得るものとしては②③④⑤ということになろう。なお、⑤の同時傷害の特例について、判例は傷害致死罪にも刑法207条の適用を肯定しているが(参照、最判昭26・9・20刑集5巻10号1937頁、最決平28・3・24刑集70巻3号1頁)、暴行罪と傷害致死罪とでは法定刑の重なりが全くなく、もはや包摂基準によっては挙証責任の転換を正当化することは困難であり、暴行しか加えていない合理的疑いが残るにもかかわらず傷害致死罪に問うことは、憲法31条の適正手続の保障に反すると言うべきである。

20. 証拠能力総論

20.1. 証拠能力の分類

証拠として使用することの許容性を証拠能力という。講学上、証拠能力はそれが制限される理由の違いにより、①必要最小限の証明力を欠く場合(自然的関連性なし)、②必要最小限の証明力はあるが、それ以上に事実認定を誤らせる危険が大きい場合(法律的関連性なし)、③証明力とは関係しない政策的理由から証拠としての使用が禁止される場合(証拠禁止)に区別するのが一般的である(平野192頁)。そして、伝聞法則(320条)や悪性格証拠の排除法則(20.4.参照)は法律的関連性の問題に、違法収集証拠の排除法則や証言拒絶権の行使は証拠禁止に分類されてきた。通説的な分類については以下の二点に注意を要する。第一に、科学的証拠の証拠能力論にみられるように、証拠の関連性を肯定するために必要な最小限の証明力の水準自体が事実認定を誤る危険の評価と無関係ではないことである。第二に、法律的関連性の観点と証拠禁止の観点は並存してよいことである。自白法則(319条)は、法律的関連性と証拠禁止の両方の観点から理解されている。これに対し、伝聞法則（320条）はもっぱら法律的関連性の観点から説明されてきた。しかし、どんなに証明力の高い伝聞証拠であっても、伝聞例外要件を満たさなければ証拠能力は認められない。この意味では、伝聞法則も反対尋問の機会の付与による公正な裁判の実現という政策的理由と無関係ではない。そこで、上記の三つの観点は証拠能力を制限すべき実質的根拠を示したものと理解し、証拠能力の分類としては、①証拠として許容するための必要最小限の証明力基準である証拠の関連性と、②関連性のある証拠であっても、その他の理由から証拠能力が制限される証拠排除法則に二分すれば足りよう。なお、証拠排除法則は法律の定めがなければ認められないわけではなく、悪性格証拠の排除法則や違法収集証拠の排除法則のように判例法理として形成されたものもある。

20.2. 証拠の関連性

証拠の関連性を肯定するためには、以下の要素を満たす必要がある。

(1) 論理的関連性

証拠は、立証命題が真実である蓋然性を、当該証拠が存在することによってそれが存在しないときに比べて実質的に変化させるものでなければ、必要最小限の証明力を肯定することはできない。この意味での関連性を「論理的関連性」という。なお、自然的関連性を「論理的関連性」の言葉に置き換える教科書が増えている（田宮325頁、光藤Ⅱ136頁、福井348頁、白取386頁、酒巻498頁）。論理的関連性が特に問題になるのは、間接証拠による証明の場合である。間接事実は主要事実との論理的関連性を肯定できる重要な事実でなければならない。例えば、「犯行時に犯行現場から男性が逃走した」という間接事実によって、逃走したのは男性である被告人であることを証明しようとする場合、一般的状況であれば当該証拠が加わることにより被告人が犯人である蓋然性が実質的に変化するとはいえず、間接事実の重要性は肯定できない。しかし、既に他の証拠から犯人の可能性のある人物が被告人を含む数名の男女に絞られているならば、同じ目撃証言であっても犯人の可能性を男性のみに絞る証拠として十分な論理的関連性を肯定できる。このように証拠の論理的関連性を肯定できるかどうかは、証拠自体によって決まるのではなく、立証状況によって変化する。

ある事実の論理的関連性が他の事実の存否に依存する場合を、「条件付き関連性」という。例えば、被告人がＶを殺害したとして起訴された事件において、検察官が、被告人にはＶを死亡させる動機があることを証明するために、Ｖは被告人を受取人とする生命保険契約をしていたという間接事実(a)を立証しようとしたとする。この場合、同時に、当該事実を被告人が認識していたこと(b)を証明しなければ、被告人の殺人の動機を推認させるだけの証明力は持たない。したがって、a事実はb事実の存在を条件にしか論理的関連性を肯定できず、後者の証明を欠いたまま事実認定の基礎に加えるべきではない。こうした条件付き関連性の概念は、証明力の乏しい間接事実を総合評価から排除するための仕組みとして有用である。

(2) 証拠方法の適格性

証拠が必要最小限度の証明力を持つためには、証拠方法に証拠資料の媒体としての適格性がなければならない。例えば、押収した証拠物と法廷に提出された証拠物の同一性を証明できていなければ、証拠方法の適格性は肯定できない。証拠物の同一性は、当該証拠物の収集から使用に至るまでの各保管過程（保管の連鎖）を記録しておくことで確実に証明できる。また、証拠書類は真正に作成されたものでなければ証拠方法の適格性を肯定できない。一般に書証の作成の真正は文書の筆跡、作成者による署名の有無等によって証明できるが、作成者の証人尋問が必要になる場合もある。原本の謄本、抄本、コピー等の複製物を証拠として用いようとする場合、複製の過程で改ざんされる危険がある。そこで、原本の複製物を証拠とする場合は、複製が正確であることが証明されなければ証拠方法の適格性を肯定することはできない。証人の証言能力や鑑定人の資格・能力も証拠方法の適格性に分類できる。

なお、英米証拠法は、文書や録音物・写真の内容自体の証明は原則として原本・原物によって行うことを要求しており（ただし、原本の真正性に疑義がないときにその正確な複製で代替することは可能）、当該証拠法則はオリジナル・ドキュメント・ルールないしベスト・エビデンス・ルールと呼ばれている。それゆえ、例えば文書作成者の証人尋問により文書内容を証明することは例外的にしか許容されない。原本・原物以外の証拠方法が直ちに適格性を欠くわけではないが（参照、最判昭31・7・17刑集10巻8号1193頁、東京高判昭58・7・13高刑集36巻2号86頁）、要証事実との関係で原本・原物が最良証拠であるときは、原本・原物による証明を原則とすべきだろう。

(3) 利益衡量審査

証拠には、事実認定者に無意識のうちに、「被告人は有罪になってもしかたない」とか「被告人が犯人であってほしい」というバイアスを植え付ける危険を伴うものがある。あるいは、争点の混乱や集中力の低下を招くことで事実認定を誤らせる危険を高める場合もある。そこで、証明力の低い証拠は、当該証拠が事実認定を誤らせる危険との利益衡量を行いながら、証拠として許容してよいかを判断すべきである。利益衡量審査による証拠の関連性審査を明記している規定として、アメリカの連邦証拠規則403条がある。同規定によれば、裁判所は、関連性を有する証拠であっても、その証明力より、不当な偏見、争点の混乱、陪審員の誤導、不当な遅延、時間の浪費又は重複的証拠の必要のない提出のいずれか一つ以上の危険が実質的に上回るときは、証拠から排除することが認められている。これに対し、日本の実務においては、こうしたバランシング・テストは証拠調べの広義の必要性（相当性）の枠組みの中で行われているとされる（17.3.2.(8)参照）。実質証拠として取調べ請求された取調べの録音・録画記録媒体につき、利益衡量を行った上でその必要性がないことを理由に請求却下したことが適法とされた事例として、東京高判平28・8・10判時2329号98頁＝判タ1429号132頁がある。また、やはり利益衡量によって録音・録画記録媒体の録画映像部分の取調べは相当でないとして音声のみを再生して取り調べた事例として、東京地決令1・7・4判時2430号150頁がある。しかし、証明力よりも事実認定を誤らせる危険の方が明らかに大きい証拠はそもそも許容すべきでないから、証拠の関連性の審査基準に組み込む方がよかろう。

20.3. 科学的証拠の証拠能力

現代の裁判においては、自然科学や行動科学分野における知識や技術を証拠の発見、採取、分析等に応用し、法的問題の解決に役立てるための研究の発展に伴い、数多くの科学的証拠が使用されるようになっている。科学的証拠の開発や実用のための学問領域は、「法科学」（forensic science）と総称されている。科学的証拠は客観的指標によって表現された証拠であるがゆえに、事実認定において結論を導き出すための確たる拠り所とすることができる。他方で、科学的証拠は一般人が直接知覚できない事実を科学技術を利用して解明しようとするものだけに、証明力の評価は専門家の意見に強く影響されることは避けられない。また、相手側には再鑑定などの方法により科学的証拠の信用性を争う機会を与えなければならないが、信頼性の評価が確立していない新規的な科学的証拠の使用を認めた場合、法廷が科学論争の場と化し、いずれの言うことが正しいのか判断を困難にしてしまうこともある。そこで、科学的証拠には正確な結論を安定的に示すことができるだけの信頼性ないし有効性が要求されてしかるべきである。過去には、ポリグラフ検査、声紋鑑定、毛髪鑑定、DNA型鑑定等の新たな技術が犯罪捜査に導入される都度、このような意味での信頼性を肯定できるか否かが議論されてきた。

科学的証拠の信頼性の判断方法には、当該科学的証拠が依拠する原理の属する専門分野における一般的承認に委ねる方法と、裁判官が直接判断する方法がある。前者は、1923年にワシントン特別区連邦控訴裁判所が示したフライ判決（Frye v. U.S., 293 F. 1013）が採用した方法である。フライ事件では、当時アメリカで開発されて日が浅かったライ・ディテクター（嘘発見器）の証拠としての許容性が争点となった。これに対して裁判所は、「どの時点で科学的な原理や発見が実験段階と実証段階の境界を超えるかを定義することは難しい。このトワイライトゾーン（境界地帯）のどこかにおいて科学的原理の証拠としての力が承認されなければならない。」と述べた上で、そのための条件として、「専門家の証言がその結論を導き出すために用いた科学的原理や発見が、それが属する特定分野における一般的承認を得ていること」を要求した。しかし、一般的承認の有無の立証の困難性や基準の硬直性から、当該基準に対する批判もあった。その後、アメリカ連邦最高裁は、1993年のドーバート判決（Daubert v. Merrell Dow Pharmaceuticals Inc., 509 U.S. 579）においてフライ・ルールを破棄し、新たな審査基準を打ちたてた。ドーバート判決は、「専門家の証言が依拠する理論と方法が科学的に有効であり、かつ適切に争点事実に対して適用できるか否か」の判断を、当該専門分野における一般的承認に任せるのではなく、裁判官がゲートキーパーとして判断することを求めた。そしてその際の重要な考慮事情として、①証拠が依拠する理論や技術の検証が可能か（又は検証を経たものであるか）、②証拠が依拠する理論や技術のピア・レビューと公表、③技術のエラー率及び運用管理基準の存在と更新、④関連する科学コミュニティにおける一般的承認の有無を列挙した。当該基準は、フライ基準と比べ、裁判が科学技術の発展の利益を早期に享受することを可能にするメリットがある。

日本の学説においては、①基礎にある科学的原理と方法の一般的信頼性と②具体的な検査工程の信頼性を科学的証拠の許容性の要件とする立場が多数説である（三井Ⅲ253-254頁、光藤Ⅱ139-140頁、福井352頁、酒巻505頁、上口338頁)。これに対し、実務は、①いわゆる「似非科学」(junk science）には当たらず、一応の科学的根拠に基づく証拠であって、②具体的な検査工程にも特に重大な問題がなければ、証拠として取り調べた上で証明力を慎重に評価することで、誤判を回避することは可能との立場をとってきた（参照、司法研修所『科学的証拠とこれを用いた裁判の在り方』〔法曹会、2013年〕)。例えば、ポリグラフ検査の証拠能力が争われた事案では、当時、ポリグラフ検査の確実性が科学的に承認されたものということはできず、その正確性に対する第三者の判定もまた困難であることを認めつつも、「検査者が自ら実施した検査の経過及び結果を忠実に記載したものであって、検査者が技術・経験を有する適格者であったこと、検査器具の性能及び操作技術からみて検査結果は信頼性のあること」を理由に証拠能力を肯定した（東京高判昭42・7・26高刑集20巻4号471頁。上告審〔最決昭43・2・8刑集22巻2号55頁〕も結論支持)。また、声紋鑑定の証拠能力が争点となった事案においても、当時、声紋による個人識別方法は結果の確実性について未だ科学的に承認されたとまではいえないから、これに証拠能力を認めることは慎重でなければならないとしつつも、「その検査の実施者が必要な技術と経験を有する適格者であり、使用した器具の性能、作動も正確でその検定結果は信頼性あるものと認められるときは、その検査の経過及び結果についての忠実な報告にはその証明力の程度は別として、証拠能力を認めることを妨げない」とされた（東京高判昭55・2・1刑集35巻8号854頁)。

ポリグラフ検査や声紋鑑定は一応の科学的根拠を有するが、常に正解を出せる程の信頼性は確立できておらず、鑑定人しだいで判断が相当違ってくる可能性がある。現在は技術的な信頼性が確立されたと評価されているDNA型鑑定も、当初は信頼性の評価が確立していない手法が用いられていた。科警研が開発した初期のDNA型鑑定の証拠能力が争点となった事案において、最決平12・7・17刑集54巻6号550頁は、「その科学的原理が理論的正確性を有し、具体的な実施の方法も、その技術を習得した者により、科学的に信頼される方法で行われたと認められる」との理由から、証拠能力を肯定した。ところが、当該事件のDNA型鑑定は、後のDNA型鑑定技術の向上により、再審で鑑定が間違っていたことが判明し、結果的に、旧DNA型鑑定の具体的な実施の方法は科学的に信頼される方法で行われたと認められないとして、その証拠能力が否定された（参照、宇都宮地判平22・3・26判時2084号157頁）。信頼性が確立されていない科学的証拠の証明力評価は鑑定人の判断に大きく依存することになり、また法廷が科学論争の場と化す危険もあることは陪審制か否かによって異なるわけではなく、日本においてもドーバート基準に沿い信頼性を肯定できる科学的証拠であることを、その関連性を肯定するための条件とすべきだろう。

なお、科学的証拠とは異なるが、警察犬による臭気選別結果報告書の証拠能力が争われた事案において、最決昭62・3・3刑集41巻2号60頁は、「各臭気選別は、右選別につき専門的な知識と経験を有する指導手が、臭気選別能力が優れ、選別時において体調等も良好でその能力がよく保持されている警察犬を使用して実施したものであるとともに、臭気の採取、保管の過程や臭気選別の方法に不適切な点のないことが認められるから、本件各臭気選別の結果を有罪認定の用に供しうるとした原判断は正当である」と述べ、その証拠能力を肯定している。しかし、警察犬による臭気選別の場合、検査の信頼性に問題があったときに、それが結果の正確性に及ぼす影響の有無・程度を正しく評価することは困難である。そこで、証拠能力を肯定しつつも、検査方法に何らかの問題があったことを理由に証明力が否定された事例もある（参照、東京地判昭62・12・16判時1275号35頁＝判タ664号252頁、京都地判平10・10・22判時1685号126頁）。

また、伝統的筆跡鑑定の証拠能力が争われた事案において、最決昭40・2・21裁判集158号321頁は、「伝統的筆跡鑑定方法は、多分に鑑定人の経験と感に頼るところがあり、ことの性質上、その証明力には自ら限界があるとしても、そのことから直ちに、この鑑定方法が非科学的で、不合理であるということはできないのであって、筆跡鑑定におけるこれまでの経験の集積と、その経験によって裏付けられた判断は、鑑定人の単なる主観にすぎないもの、といえないことはもちろんである。」との理由から証拠能力を肯定している（同旨、最決昭41・2・21判時450号60頁）。本決定が、伝統的筆跡鑑定は鑑定人の経験と勘に頼る部分が大きいことを認めつつも証拠能力を肯定したのは、伝統的筆跡鑑定の証明力評価には科学的証拠に特有の困難性を伴わないことから、「非科学的で不合理か否か」という緩やかな基準で証拠能力を肯定したものと理解することができる。

20.4. 悪性格証拠の排除法則

被告人の前科や余罪などの悪性格を被告人が犯人であることの証拠として用いることを原則として許容しないルールを、悪性格証拠の排除法則という。悪性格証拠の排除法則はイギリスのコモン・ロー上のルールであり、その理由は、不当な偏見による誤った心証形成の危険や、被告人に対する不意打ち、あるいは防御範囲の拡大に伴う争点の拡散を防止する等の理由に基づいている。日本においても、旧法の時代から、前科は犯罪行為と何ら関渉するところをないことを理由に犯罪認定に用いたことを違法とした判例（参照、大判大7・5・24刑録24輯15巻647頁）や、犯人の性向経歴と犯罪行為との間に何らかの交渉を有する限度において犯罪行為の認定に用いることも許容されるとした判例（参照、大判昭4・11・16刑集8巻568頁）がみられた。さらに、最高裁の判例にも、悪性格ないし同種事実による犯罪事実の立証は原則として許されないことを前提とした判断を示すものがみられた（参照、最判昭28・5・12刑集7巻5号981頁、最決昭41・11・22刑集20巻9号1035頁）。その後、最判平24・9・7刑集66巻9号907頁は、放火事件における同種前科を被告人と犯人の同一性を証明するための証拠として使用することの許容性が争点となった事案において、「前科証拠は、単に証拠としての価値があるかどうか、言い換えれば自然的関連性があるかどうかのみによって証拠能力の有無が決せられるものではなく、前科証拠によって証明しようとする事実について、実証的根拠の乏しい人格評価によって誤った事実認定に至るおそれがないと認められるときに初めて証拠とすることが許されると解するべきである。」と判示し、悪性格証拠の排除法則の採用を明言するに至っている（同旨、最判平25・2・20刑集67巻2号1頁）。

被告人の悪性格を示す証拠であっても、証拠としての価値が高ければ排除すべきではない。(1) 前科を構成要件として常習性や加重要件である累犯性の立証に用いる場合、(2) 悪性格に関する事実が起訴事実と密接不可分に関係している場合（例えば、起訴事実の遂行手段として用いられた場合や同一機会に発生した一連の犯罪の一部である場合）、(3) 過去の同種犯罪との手口の類似性から犯人と被告人との同一性を証明する場合、(4) 過去の同種犯罪から犯行の動機、故意、計画、企図等、犯罪の主観的要素を証明する場合は、例外を認めてよかろう。その他に、(5) 被告人側が善性格証拠を使用したことに対して弾劾する目的で悪性格を立証することは、悪性格証拠の不公正な使用には当たらず許容してよかろう。なお、(3) 類型につき、最判平24・9・7刑集66巻9号907頁は、「前科に係る犯罪事実が顕著な特徴を有し、かつ、それが起訴に係る犯罪事実と相当程度類似することから、それ自体で両者の犯人が同一であることを合理的に推認させるようなものであること」を要求している。また、(4) 類型に関しては、被告人の詐欺の故意を被告人の同種前科によって認定することが適法とされた事例がある（参照、最決昭41・11・22刑集20巻9号1035頁）。

悪性格証拠を証拠として許容してよい場合であっても、それが事実認定者に不当な心理的影響を及ぼし、罪責に関する事実認定を誤る危険がないわけではない。そこで、悪性格証拠を証拠採用する際は、そこから認定してよい事実の範囲を明確にし、予断・偏見による不当な事実の推認につながらないよう注意すべきである。なお、悪性格証拠を情状立証に用いることは制限を受けない。そこで、情状立証が犯罪事実の認定に不当な影響を及ぼさないようにする必要がある。特に短期のうちに集中的な審理が行われる裁判員裁判においては、証拠調べによって生じたバイアス効果の影響も残り易いことから、冒頭陳述においては悪性格に関する具体的事実には触れず、情状立証の段階で改めて具体的主張を行うことや、情状立証の前に被告人の罪責につき中間評議を終えておくことなどの工夫をすべきだろう。

20.5. 違法収集証拠の排除法則

(1) 排除の根拠

刑事訴訟法に違法に収集された証拠を事実認定に用いることを禁止する規定はない。しかし、違法収集証拠であっても証拠にできるのであれば、捜査機関に法に反してでも証拠を収集することを誘発することになり、ひいては憲法31条が法定手続によらなければ処罰されない権利を保障している意義が損なわれてしまう。そこで違法収集証拠の証拠能力を否定すべき場合があることが肯定されてきた。当該問題につきアメリカにおいては、1961年の連邦最高裁マップ判決（Mapp v. Ohio, 367 U.S. 643）が、将来における違法捜査の抑止と司法の廉潔性の維持を根拠に、不合理な捜索・押収を禁止する連邦憲法修正4条に違反して収集された証拠を排除するルールが、修正14条の適正手続条項を介して州法域の事件にも適用されるべき旨を判示していた。しかし、マップ判決は排除法則自体を憲法上のルールとして位置づけ違法収集証拠を絶対的に排除する立場ではなかったことから、排除法則を憲法上の権利を保障するための予防的ルールに位置づけて政策的考慮からの例外を許容する相対的排除の理解が定着し、現在に至っている。これを受け、日本でも違法収集証拠排除法則を唱える議論が活発化し、最判昭53・9・7刑集32巻6号1672頁は、捜査機関が違法な所持品検査によって証拠物を獲得した事案において、次のとおり違法収集証拠の排除法則を肯定するに至る。

「刑罰法令を適正に適用実現し、公の秩序を維持することは、刑事訴訟の重要な任務であり、そのためには事案の真相をできる限り明らかにすることが必要であることはいうまでもないところ、証拠物は押収手続が違法であっても、物それ自体の性質・形状に変異をきたすことはなく、その存在・形状等に関する価値に変りのないことなど証拠物の証拠としての性格にかんがみると、その押収手続に違法があるとして直ちにその証拠能力を否定することは、事案の真相の究明に資するゆえんではなく、相当でないというべきである。しかし、他面において、事案の真相の究明も、個人の基本的人権の保障を全うしつつ、適正な手続のもとでされなければならないものであり、ことに憲法35条が、憲法33条の場合及び令状による場合を除き、住所の不可侵、捜査及び押収を受けることのない権利を保障し、これを受けて刑訴法が捜査及び押収等につき厳格な規定を設けていること、また、憲法31条が法の適正な手続を保障していること等にかんがみると、証拠物の押収等の手続に憲法35条及びこれを受けた刑訴法218条1項等の所期する令状主義の精神を没却するような重大な違法があり、これを証拠として許容することが、将来における違法な捜査の抑制の見地からして相当でないと認められる場合においては、その証拠能力は否定されるものと解すべきである。」

本判決は、刑訴法1条が事案の真相究明は適正手続を保障しつつ行わなければならない旨を定めていることと、憲法35条が令状主義を保障していることを理由に、令状主義の精神を没却するような重大な違法があり、これを証拠として許容することが将来における違法な捜査の抑制の見地からして相当でない場合に限定して証拠能力を否定する、相対的排除説の立場をとった。アメリカにおいては違法収集証拠の排除の根拠として、①適正手続によらなければ処罰されない憲法上の権利を侵害された者の救済（違法収集証拠を排除することで適正手続が保障されている状態に回復させること）、②裁判所が違法収集証拠を利用しないことによる司法の廉潔性ないし無瑕性の保持（違法収集証拠を利用すれば裁判所も違法に証拠を収集した者と同じ非難を受けるに値すること）、③将来の違法捜査の抑止（排除により違法捜査の目的を果たせなくすることが最も有効な違法捜査の抑止となること）が指摘されてきた（井上〔1985〕98頁、田宮398-399頁）。①は絶対的に排除すべき場合の根拠となる。これに対し、②と③は相対的排除になじむ根拠ということができる。最高裁昭和53年判決は②の根拠には言及していないが、その後の判例には司法の廉潔性の保持も排除の根拠として示しつつ、証拠能力を否定したものがみられる（参照、大阪高判昭56・1・23判時998号126頁、大阪高判昭59・4・19高刑集37巻1号98頁、福岡高判昭61・4・28刑月18巻4号294頁）。

(2) 排除の基準

最高裁昭和53年判決は違法収集証拠の排除基準として、①違法の重大性と②排除相当性を掲げた。両基準の関係について、(a) 違法収集証拠が排除されるのは、重大な違法がありかつ排除が相当な場合でなければならない趣旨に理解する重畳説（田宮402頁、光藤Ⅱ157頁、高田昭255頁）と、(b) 重大な違法がある場合は排除相当であり、それ以外にも排除相当性を肯定できる場合はあるとする競合説（井上〔1985〕557頁、田口399頁、宇藤ほか419頁、酒巻515頁）に分かれている。重畳説に従えば、判例は①と②を合わせて全体として相対的排除の基準を示したことになる。その上で、①を原則的な排除基準とし、②を違法が重大であっても例外的に排除を不相当とする余地を残すために設けた基準に位置付けることができる。これに対し、競合説に従えば、①は絶対的排除のための基準を示したものであり、②は相対的排除のための基準を示したものと理解することができる。

いずれの説によるにせよ、違法収集証拠の証拠能力を判断する際、違法の

違法収集証拠の排除法則の判断構造

<table>
<tr><th colspan="2" rowspan="2">実質的根拠と根拠規定</th><th colspan="2">排除の基準
①違法の重大性、②排除相当性</th><th rowspan="2">考慮事情</th></tr>
<tr><th>競合説</th><th>重畳説</th></tr>
<tr><td>絶対的排除の根拠</td><td>適正手続の保障ないし憲法上の権利救済
（憲31条、35条等）</td><td>①による審査</td><td rowspan="2">①及び②による二重の審査
〈原則〉
①肯定→②肯定
〈例外〉
①肯定→②否定</td><td rowspan="2">違法の重大性と関係する事情
違反した規範の種類、規範からの逸脱の程度、法益侵害の程度、捜査官の主観的意図、違法行為と証拠との関連性の程度等
排除相当性と関係するその他の事情
事件の重大性、証拠の重要性、違法行為の頻発性、違法捜査を防止しようとする捜査機関の姿勢、他の方法による権利救済の困難性等</td></tr>
<tr><td>相対的排除の根拠</td><td>司法の廉潔性の保持
将来の違法捜査の抑止
（刑訴1条）</td><td>②による審査</td></tr>
</table>

重大性又は排除相当性を評価するための要素としてどのような事情を考慮するかが重要になる。違法の重大性の考慮事情としては、①違反した規範ないし侵害された権利の種類（憲法違反か単なる法律違反か）、②規範からの逸脱の程度（全体的違法か、部分的違法か）、③違法行為による法益侵害の程度、④捜査官の主観的意図（意図的な違反か否か、適法と判断したことの過失の有無・程度）、⑤違法行為と証拠との関連性の程度（違法行為が直接的に証拠の獲得に向けられたものか否か）等を挙げることができる。なお、違法捜査と証拠の獲得との因果関係が否定されれば違法捜査によって収集された証拠とはいえない（参照、最判平8・10・29刑集50巻9号683頁）。

排除相当性の考慮事情としては、上記の①から⑤に加えて、⑥事件の重大性、⑦証拠の重要性、⑧違法行為の頻発性やこれを防止しようとする捜査機関の姿勢、⑨他の手段による違法捜査の抑止あるいは被告人の権利救済の困難性といった、違法行為とは直接関係しない諸事情も加えることができる。もっとも、事件が重大であり証拠が重要であるからこそ、違法な手段を用いても証拠を収集しようとする動機につながることから、重大事件や重要証拠であれば直ちに排除相当性を否定してよいということにはならない。したがって、これらの事情は、違法捜査と証拠との関連性が密接でない場合において、なおも排除相当性を審査する限度において考慮すべきである。ところで、最判平15・2・14刑集57巻2号121頁においては、違法捜査後の捜査機関の違法捜査を糊塗しようとする態度を考慮に加えて、捜査の違法の重大性が肯定された。この点、競合説の立場からは、違法捜査の糊塗といった捜査終了後の事情は、端的に将来の違法捜査の抑止の見地から排除を相当とする事情として考慮すればよいことになろう。

(3) 違法の承継、派生証拠の証拠能力

直接の証拠収集手続は適法であっても、それに先行する行為に違法がある場合、先行行為の違法性が後行行為に承継され、違法と評価されることがある。例えば、警察署への違法な任意同行後の任意の採尿手続の適法性が争われた事案において、最決昭61・4・25刑集40巻3号215頁は、任意同行と同行後の留置きの一連の手続と採尿手続は、被告人に対する覚せい剤事犯の捜査という同一目的に向けられたものであるうえ、採尿手続は右一連の手続によりもたらされた状態を直接利用して行われたことを理由に、任意同行及び留置きが違法であれば、その後の採尿手続も違法性を帯びるとした。他方、最決昭58・7・12刑集37巻6号791頁は、違法な別件逮捕・勾留中に行われた勾留質問や消防法に基づく質問調査につき、両者の手続の目的が全く異なることを理由に違法の承継を否定した。同一人物に対する一連の捜査遂行過程であれば、具体的な捜査の目的に変化が生じても、直接利用の関係にある限り先行行為の違法の承継を肯定すべきだろう。

また、違法収集証拠の証拠能力を否定したときに、当該証拠から派生した証拠（「毒樹の果実」と呼ばれている。）についても証拠能力を否定すべきかが問題となる。例えば、違法に収集した薬物や尿の証拠能力を否定しても、これを鑑定資料に用いた鑑定書の証拠能力を肯定してよいのであれば、薬物や尿を証拠排除する意味は失われる。しかしながら、違法収集証拠から派生するあらゆる証拠の証拠能力を否定すべきことになれば、捜査の途中で重大な違法があれば当該事件の刑事責任の追及はおよそ困難になってしまう。そこで派生証拠の証拠能力の判断にあたっては、違法収集証拠と派生証拠との関連性の程度を踏まえ、反復自白や尿と鑑定書といった密接に関連するものは排除するが、関連性が密接ではない派生証拠については、証拠の重要性や事件の重大性も踏まえた相対的判断を認める見解が有力である（参照、最決昭58・7・12刑集37巻6号791頁伊藤正巳裁判官補足意見、大阪高判平4・1・30高刑集45巻1号1頁）。

違法収集証拠と派生証拠の関連性の程度を低下させる事情としては、稀釈法理（違法収集証拠と派生証拠の発見との間に適法な捜査が介在することで違法性が希釈化された場合）、独立入手源の法理（そもそも違法収集証拠とは独立した適法捜査によって派生証拠が判明していた場合）、不可避的発見の法理（たとえ違法捜査がなくても、適法な捜査によって不可避的に派生証拠を発見できていたであろう場合）が唱えられている（光藤Ⅱ159頁以下）。このうち、不可避的発見の例外については仮定的な判断であって、発見の可能性を抽象的にとらえるほど例外を広げることが可能になることから、少なくとも確実に発見されていたような場合に限定すべきである。違法収集証拠の証拠能力を否定しつつ、派生証拠の証拠能力を肯定した事例として、最判平15・2・14刑集57巻2号121頁がある。本件では、違法に収集した尿の鑑定書を疎明資料に用いて発付を得た捜索差押許可状に基づき捜索し、発見した覚せい剤の証拠能力が争点となった。本判決はこの点につき、(1) 本件覚せい剤の差押えは、司法審査を経て発付された捜索差押許可状によってされたものであること、(2) 逮捕前に適法に発付されていた被告人に対する窃盗事件についての捜索差押許可状の執行と併せて行われたものであること、などの諸事情を考慮し、本件覚せい剤の差押えと尿の鑑定書との関連性は密接なものではないとの理由から、証拠能力を肯定した。違法収集証拠を疎明資料として令状を得た場合、令状審査を得たというだけで違法性が希釈するとは言い難いことから（参照、最判平21・9・28刑集63巻7号868頁）、不可避的発見も考慮に加え、一次的証拠と派生証拠との密接関連性を否定したものということができる。違法の承継論や毒樹の果実論は、違法捜査と証拠との関連性の程度の分析枠組みとして有益である。

(4) その他の問題

私人により違法に収集された証拠を有罪認定の資料に用いてよいかが問題となる。この点、私人による違法収集証拠であっても、それが重大な権利侵害を伴う場合、司法の廉潔性の保持の観点から相対的に排除が相当な場合を肯定することはできるだろう。また、被告人以外の者に対する重大な違法捜査が行われ収集された証拠を被告人に対して使用する場合に、被告人に排除の申立適格があるかも問題となる。この点、証拠を排除すれば憲法上の権利を侵害された第三者が救済される関係にはないから、権利救済という意味で被告人のために証拠排除する必要はないことになる。しかし、司法の廉潔性の保持や将来の違法捜査の抑止の観点から相対的に排除すべき場合はあるだろう。さらに、被告人が違法収集証拠に同意したとき裁判所は証拠能力を肯定してよいかが問題となる。この点、まず裁判所は当事者の同意があっても証拠とすることが相当でないものを採用しないことはできる（326条参照）。そして、被告人の同意があれば被告人の権利を救済する必要はなくなるが、やはり司法の廉潔性の保持や将来の違法捜査の抑止の観点から相対的に排除すべき場合はあるだろう。

21. 自白

21.1. 自白法則

自白とは犯罪事実の全部又は重要部分を自ら認める供述のことである。構成要件該当事実を認めれば、犯罪阻却事由の存在を主張しても自白にあたると解するのが通説である。これに対し、故意を争うなど構成要件該当事実の一部を否認している場合は自白ではなく、不利益事実の承認（322条1項）にとどまる。公訴事実につき有罪であることを自認する被告人の陳述（291条の2及び350条の22）は自白と同様に取り扱われる（319条3項）。

(1) 自白法則の実質的根拠

憲法38条2項は「強制、拷問若しくは脅迫による自白又は不当に長く抑留若しくは拘禁された後の自白は、これを証拠とすることができない」と定めている。これを受けて刑訴法319条1項は、「強制、拷問若しくは脅迫による自白又は不当に長く抑留若しくは拘禁された後の自白その他任意にされたものでない疑のある自白は、これを証拠とすることができない」と定めている。これらの規定は自白法則と呼ばれている。憲法38条2項に対し、刑訴法319条1項は「任意にされたものでない疑いのある自白」を加えている。これは憲法38条2項の趣旨を敷衍したものであって、不任意自白の排除は憲法上の要請である。

自白法則の実質的根拠については、①虚偽排除説、②人権擁護説、③違法排除説の三つの考え方がある。虚偽排除説は英米法において自白法則が形成された当初の考え方である。任意の自白であっても虚偽である可能性はあるが、自白の内容と補強証拠を踏まえて、真実がどうかを評価することはできる。これに対し、不任意自白であれば、それが真実であるから自白したという推論が成り立たず、補強証拠を踏まえても、真実を述べたかどうかを正しく判断することは困難で、事実認定を誤らせる危険性を高める。そこで、不任意自白は証拠として使用すべきでないとの証拠法則が形成された。しかし、不任意自白が事実認定を誤らせる危険を防止することを実質的根拠とするのであれば、他の証拠によって不任意自白が真実であることが裏付けられている場合は、不任意自白を排除しなくてよいことになりかねない。もっとも、現在の虚偽排除説は、不任意自白の個別具体的な証明力を問題にするのではなく、類型的に見て虚偽自白を誘発する危険の高い取調べ方法を用いたことを、不任意自白の排除の実質的根拠とする考え方に変化している。

人権擁護説は現在のアメリカにおける自白法則の一般的な理解であり、自白法則を人権侵害的な取調べを禁止することを目的とした証拠法則として位置付け、不任意自白が真実であるとしても証拠として使用することを明確に否定する。すなわち、拷問、脅迫等の取調べ方法を用いて被疑者・被告人に身体的又は精神的苦痛を加え、あるいは自白の勧奨に応じざるを得ないような利益誘導により自白させることは、被疑者・被告人を訴訟における防御主体と認め、黙秘権を保障している法の立場と相容れないから排除されるとする。日本国憲法が38条1項において黙秘権を保障し、2項において自白法則を定めていることも、人権擁護説と整合的である。もっとも、黙秘権の行使を困難にし、供述を余儀なくするような自白獲得手段は、類型的に虚偽自白を誘発するおそれが高い取調べ方法とも重なる。そこで、現在は虚偽排除説と人権擁護説を対立的にとらえるのではなく、両者を合わせて自白法則の実質的根拠とする考え方（任意性説）が一般化している。

これに対し、違法排除説は自白法則を違法収集自白の排除法則と理解する。自白法則を証拠禁止の視点から説明する点では人権擁護説と共通するが、後者が自白獲得手段が供述者の心理に及ぼす影響を問題にしているのに対し、違法排除説は自白獲得手段が違法かどうかに焦点をあてることで、心理的因果関係の認定の不確実性を除去し、判断基準の客観化を図ろうとする点に狙いがある（田宮349頁）。前述のミランダ・ルール（6.1.(2)参照）は、被疑者がミランダ警告を受けた上で任意に黙秘権を放棄して供述したことが立証されなければ、任意性の有無に関係なく、証拠としての使用を禁止している。これは違法排除説がモデルとする典型的な自白の証拠能力の判断方法である。違法排除説に対しては、319条1項が「その他任意にされたものでない疑いのある自白」という文言になっていることとの整合性や、自白獲得手段が違法かどうかを判断する明確な基準があるわけでなく、多くの場合は供述の自由の侵害をもって自白獲得方法が違法であったと評価せざるを得ないという問題がある。また、既に違法収集証拠の排除法則が確立しており、違法収集自白の排除基準も統一的に理解した方がよかろう。

判例は任意性説をとっており、実際に、取調べが被疑者・被告人の心理にどのような影響を及ぼしたかを、取調べ時の情況を総合して判断している。例えば、被疑者に両手錠を施したまま取調べを行った事案において、最判昭38・9・13刑集17巻8号1703頁は、「勾留されている被疑者が、捜査官から取り調べられるさいに、さらに手錠を施されたままであるときは、その心身になんらかの圧迫を受け、任意の供述は期待できないものと推定せられ、反証のない限りその供述の任意性につき一応の疑いをさしはさむべきであると解するのが相当である。」と述べつつも、結論においては、終始おだやかな雰囲気のうちに取調べが進められていたことを理由に、任意性を肯定した（同旨、最判昭41・12・9刑集20巻10号1107頁）。しかし、現在は形式的には任意性説によりつつも、取調べが被告人の心理に及ぼした影響について具体的に言及することなく任意性を否定しているものが増えており（例えば、東京高判平25・7・23判時2201号141頁）、外形的事情の重視という点では違法排除説との共通性がみられる。任意性説の立場からも、自白獲得手段の違法性は供述の自由の侵害の有無を判断する際に重視されてしかるべきであろう。任意性説と違法排除説の双方の観点から不適切自白を排除すべきとする総合説も唱えられている（渡辺修208頁）。

(2) 違法収集証拠の排除法則との関係

違法収集証拠の排除法則を肯定した最判昭53・9・7刑集32巻6号1672頁は、証拠収集過程に違法があっても証拠物の証拠価値には影響がないことを前提に排除の基準を導き出した。しかしながら、排除根拠からすれば違法収集証拠の排除法則は供述証拠にも適用することができ、実際に違法な身柄拘束を利用して行われた取調べによって獲得した自白は、違法収集証拠として証拠能力が否定されてきた。任意捜査として許容される限度を越えた違法な取調べによって獲得した自白についても、違法収集証拠の排除法則を適用して証拠能力を否定した事例がある（参照、東京高判平14・9・4判時1808号144頁）。違法収集自白といえるためには、違法捜査と自白との心理的因果関係は不要であり、違法捜査を利用して獲得した自白であれば足りる。

自白も違法収集証拠の排除法則の対象となる場合、当該排除法則と自白法則の適用関係が問題となる。この点、違法排除説によればそもそも自白法則は違法収集証拠排除法則の特別法ということになるため、自白採取過程に重大な違法がある場合を含め、自白法則を適用すべきことになる（一元説）。例えば、違法な身体拘束を利用した取調べや、弁護人の援助を受ける権利を違法に制限した状態での取調べにより自白を獲得した場合も、自白法則により証拠排除すべきことになる。これに対し、任意性説によれば、違法収集証拠の排除法則と自白法則とは一般法と特別法の関係にはないため、両法則を競合的に適用可能な場合が生じる（二元説）。競合する場合の適用順序として、違法収集証拠の排除法則を優先すべきか、明文規定のある自白法則を優先すべきかにつき、自白採取過程に重大な違法があるにもかかわらずその判断を回避し、自白法則の適用に留めることは適切ではなかろう（違法収集証拠の排除法則を優先適用すべきとした判例として、東京高判平14・9・4判時1808号144頁）。もっとも、憲法38条2項の列挙する強制・拷問・脅迫による自白及び不当に長い抑留・拘禁後の自白は、端的に自白法則を適用して証拠能力を否定すれば足りる。

(3) 不許容自白の類型

(i) 強制、拷問又は脅迫による自白

拷問は憲法36条によって絶対的に禁止されているだけでなく、自白を得るために強制、拷問又は脅迫を用いることは、特別公務員暴行陵虐罪（刑195条）や強要罪（刑223条）に該当する犯罪行為であり、それが取調べを受けた者に及ぼした心理的影響の程度を問うことなく、自白の証拠能力を否定すべきである（拷問事例として、最大判昭26・8・1刑集5巻9号1684頁、最判昭32・7・19刑集11巻7号1882頁、最判昭33・6・13刑集12巻9号2009頁）。

(ii) 不当に長い抑留又は拘禁後の自白

自白が得られるまで逮捕・勾留を繰り返し、あるいは起訴後、被告人が自

白するまで勾留を継続することは、その間の取調べ方法に特に問題がなくても、長期の身体拘束からの解放と引き換えに自白を強いることになる。「不当に長い抑留・拘禁」と「自白」との間にも因果関係は必要であるが、不当に長い身体拘束後に行われた自白であれば、両者の因果関係を推定するのが判例の立場である（参照、最大判昭23・6・23刑集2巻7号715頁）。なお、裁判所は勾留期間が不当に長くなった場合は職権による「勾留の取消し又は保釈」が義務付けられている（91条）。ところで、違法ないし不当な身体拘束を利用して自白を獲得した場合は、身体拘束期間は長期とはいえなくても、違法収集自白として証拠能力が否定され得る。起訴後勾留中も代用刑事施設を利用して連日長時間の取調べを行い、被告人を精神的にも肉体的にも厳しい状態に追い込んで得た自白の証拠能力が否定された事例がある（参照、東京高判平3・4・23高刑集44巻1号66頁）。

(iii) 違法な取調べ手続によって得た自白

被疑者・被告人の取調べや質問にあたっては黙秘権告知が義務付けられており、また、身体拘束中の取調べについては録音・録画が義務付けられる場合もある。違法排除説からは、これらの手続法規に違反して行われた取調べにより自白を獲得した場合、違法な取調べと自白との間に因果関係が認められる限り、自白の証拠能力を否定すべきことになる。これに対し、任意性説によれば、黙秘権告知義務違反があっても、直ちに自白の任意性に疑いが生じることにはならない（参照、最判昭25・11・21刑集4巻11号2359頁）。もっとも、警察官による取調べの間、一度も黙秘権の告知が行われなかった事案において、取調べにあたった警察官に黙秘権を尊重しようとする基本的態度がなかったことを象徴するものとして、また、黙秘権の不告知は心理的圧迫の開放がなかったことを推認させる事情として、供述の任意性判断に重大な影響を及ぼすものといわなければならないとの理由から、自白の証拠能力を否定した事例がある（参照、浦和地判平3・3・25判タ760号261頁）。また、録音・録画義務違反についても、それによって直ちに自白の任意性に影響を及ぼすような取調べが行われたことにはならない。しかし、そもそも取調べの録音・録画を義務付ける目的は、自白の任意性をめぐる争いが生じた場合の任意性の判断を容易にすることにあるから、故意に録音・録画義務に違反して取り調べて自白を獲得することは、違法収集自白として証拠能力を否定すべき場合に該当するというべきである。

(iv) 弁護人依頼権を侵害して得た自白

捜査官が逮捕・勾留中の被疑者が弁護人から黙秘等の助言を受けることを避けるため、弁護人の選任手続を妨害し、あるいは弁護人との接見の機会を制限することは、憲法34条が弁護人の実質的な援助を受ける権利を保障している趣旨を損なう捜査手法であり、その間の取調べによって獲得した自白は違法収集自白として証拠能力を否定すべきである。初期の判例には、被疑者として警察に留置されている間に弁護人との面接時間を二分ないし三分と指定し、しかも右面接に当り警察官が立ち会っていた事案において、被疑者の検事に対する自白に任意性があるか否かは、それらの事由と関係なく自白当時の情況に照らして判断すべきであると判示したものがみられたが（参照、最判昭28・7・10刑集7巻7号1474頁）、現在は先例としての価値を失っているというべきである。これに対し、大阪高判昭35・5・26下刑集2巻5=6号676頁は、逮捕後の取調べにあたり捜査機関が被疑者の弁護人選任の申出を弁護人に通知することを怠った事案において、供述調書は被告人の憲法により保障された権利を侵害し、かつ被告人の自白を得ることを唯一の目的とする身体の拘束の下に作成されたものであって、その取調べの過程において被告人が不当に心理的な影響を受けるおそれのあったことが十分に推察されるという理由から、自白の任意性を否定した。他方で、起訴後の勾留と起訴前の勾留が競合していた被告人に対する弁護人の接見の申し入れが余罪の取調べの必要を理由に違法に拒否され、その直後に余罪の自白が獲得された事案において、自白は別の弁護人が接見した直後になされたものであるうえ、同日以前には弁護人4名が相前後して同被告人と接見し、違法に接見を拒否された弁護人も前日に接見していたことを理由に、接見交通権の制限を含めて検討しても自白の任意性に疑いがないとされた事例もある（参照、最判平1・1・23判時1301号155頁）。

(v) 約束による自白

自白の見返りに利益供与を約束することは、自白による不利益よりも約束が実行されることにより得られる対価が大きいがゆえに、真実か否かに関わらず自白をさせることになる。そこで、最判昭41・7・1刑集20巻6号537頁は、弁護人との接見の際に、検察官は自白すれば起訴猶予にできる事案だと述べているとの説明を受け、被告人が一方的に不起訴処分を期待して自白した事案において、「自白をすれば起訴猶予にするとの検察官のことばを信じ、起訴猶予になることを期待してなした自白は、任意性に疑いがあるものとして証拠能力を欠くものというべきである」と判示している。ところで、協議・合意制度（350条の2以下）は、捜査機関が取引的手段による被疑者・被告人からの供述を獲得することを認めている。当該手続によって獲得した供述であれば証拠能力は肯定されることとの比較からすれば、約束による自白の任意性が否定されるべき理由は、利益供与の約束による自白の獲得が類型的に虚偽自白を誘発する危険が高い点のみにあるのではなく、対等な立場で約束に応じるべきかどうかを判断できない被疑者・被告人に約束を持ち掛けて自白を得ることの不当性も理由になっているといわなければならない。判例の中には、警察官が一部の事件を検察官に送致しないことを約束し余罪の自白を獲得した事案において、被告人の弱みにつけこんだもので、到底許容される捜査方法ではないことを理由に自白の任意性を否定した事例（参照、福岡高判平5・3・18判時1489号159頁）がある。

(vi) 偽計による自白

取調べの実務においては、証拠の有無に関して虚偽の情報を与え、相手の反応をうかがうやり方がとられることがある。虚偽情報が提示されたとしても、被疑者・被告人はそれを否定することはできるから、直ちに自白を強いることにはならない。しかしながら、捜査官が確固たる証拠があるかのように装い、被疑者・被告人が取調官に対して否認しても通じないという心理状態に陥らせて自白させることは、不任意自白の獲得に当たると言わなければならない。この点、最大判昭45・11・25刑集24巻12号1670頁は、検察官が被疑者から自白を獲得するために、妻が自供しているという虚偽の事実を告げた上で、もし被告人が共謀の点を認めれば被告人のみが処罰され妻は処罰を免れることがあるかも知れない旨を暗示した疑いのある事案において、「もしも偽計によって被疑者が心理的強制を受け、虚偽の自白が誘発されるおそれのある疑いが濃厚である場合」には、自白は任意性に疑いがあるものとして証拠能力を否定すべきであると判示した。また、捜査官が被告人に対し、捜索・差押えや逮捕をしない旨の虚偽の約束をした上、覚せい剤のありかを自供させて逮捕した事案において、その取調べ自体、被告人の黙秘権を侵害する違法なものであることを理由に自白の任意性を否定した事例（参照、東京高判平25・7・23判時2201号141頁）がある。なお、捜査官が提示した証拠が結果的に誤っていた場合であっても、被疑者が誤った証拠により混乱に陥ってしまうことは起こり得る。そこで、たとえ捜査官が偽計を用いなくても、証拠が誤っている可能性を考慮せず、犯人と決めつけた質問を行うことで被疑者が混乱し、もはや否認しても通じないという心境に陥り自白した場合は、やはり不任意自白に当たるというべきである。

(4) 不任意自白からの派生証拠

不任意に自白した後、任意に繰り返された自白を反復自白という。反復自白は、一度不任意に自白させられてしまったことの影響を免れないから、不任意自白の影響を遮断する特別の措置が施されない限り、証拠能力を肯定できない（参照、最判昭27・3・7刑集6巻3号387頁、最判昭32・7・19刑集11巻7号1882頁）。不任意自白を獲得した後、取調官を変えて適法な取調べを行うだけでは、不任意自白の影響を遮断したことにはならない。検察官が、警察官とは立場が異なることを説明して取調べをやり直したとしても、先行自白は証拠にできないことを説明した上でやり直すのでなければ、影響を遮断するための措置としては不十分というべきである。不任意自白後の公判自白については、裁判官から黙秘権を告知され弁護人も立ち会っていることを踏まえれば、原則的には不任意自白の影響は遮断されていると考えてよかろう。

不任意自白に基づき捜査を進め、自白とは別の証拠の獲得に至った場合の派生証拠の証拠能力については、どのように考えればよいかが問題となる。この点、不任意自白が違法収集自白にも該当する場合は、違法収集証拠からの派生証拠の証拠能力の問題として処理することができる。しかし、不任意自白の獲得自体が抑止されるべきであるから、自白獲得手段の違法の重大性を問うことなく、不任意自白と密接に関連する派生証拠の証拠能力を否定すべきだろう。これに対し、自白法則の根拠として虚偽排除説をとるならば、不任意自白が違法収集証拠にあたらない場合、派生証拠の証拠能力まで否定すべき理由はないことになる。過去の判例においては、自白獲得手段の違法性と事件の重大性を比較衡量して派生証拠の排除相当性を肯定しなかった事例（参照、大阪高判昭52・6・28刑月9巻5=6号334頁）や、捜査官が利益誘導的かつ虚偽の約束をしたことの違法の重大性を理由に不任意自白と密接に関連する派生証拠の証拠能力を否定した事例（参照、東京高判平25・7・23判時2201号141頁）がある。

(5) 任意性の立証

自白の任意性の挙証責任は検察官が負う。被告人が自白の任意性を争う場合は、検察官が立証すべき事項を特定できる程度に任意性を否定すべき理由の具体的な主張を行う必要がある。被告人の主張が真実かどうかの心証を得る目的で被告人質問を先行させることは、被告人に自白の任意性を争うための高度な立証の負担を課すことになり、妥当でなかろう。取調べ過程の立証のためには、取調べ時の状況を客観的な記録に残しておくことが有益である。かつては留置人出入簿等の原簿を取り調べていたが、現在は原簿に基づき時系列的に取調べの日時、開始・終了時刻、供述調書作成の有無等の客観情報を統合して一覧化した取調べ状況報告書が用いられている。また、かつては供述の変遷過程を明らかにするために全ての供述調書や供述書を証拠として提出させていたが、裁判員制度の導入を機に、現在は供述の変遷部分の要旨をまとめた供述経過一覧表が作成されるようになった。被告人が自白調書に同意するときは、裁判所が適当な方法により自白調書の作成過程に問題がないことを確認すれば足りる。

裁判員裁判対象事件及び検察官の独自捜査事件については、原則として逮捕・勾留中の被疑者の取調べの全過程を録音・録画することが義務付けられている（301条の2第4項）。録音・録画が義務付けられている取調べ又は弁解録取の際に作成された自白や不利益事実の承認を内容とする被告人の供述調書の任意性が争われた場合は、検察官は当該調書が作成された取調べ又は弁解の機会の開始から終了に至るまでの間における録音・録画記録媒体を証拠調べ請求しなければならない（同条1項）。検察官が当該義務に違反したときは、裁判所は、被告人の供述調書の取調べ請求を却下しなければならない（同条2項）。本条の適用がない取調べであっても、自白の任意性の挙証責任は検察官が負っているのであるから、後に自白の任意性が争われたときに備えて可能な限り取調べを録音・録画すべきである。

21.2. 自白の補強法則

憲法38条3項は、「何人も、自己に不利益な唯一の証拠が本人の自白である場合には、有罪とされ、又は刑罰を科せられない」と定めている。これを受けて刑訴法319条2項は、「被告人は、公判廷における自白であると否とを問わず、その自白が自己に不利益な唯一の証拠である場合には、有罪とされない」と定めている。法が自白に補強証拠を要求している理由は、(1) 任意になされた自白の証明力は過信されがちであることから、自白から独立した補強証拠を要求することで、自白評価の誤りを防止すること、及び (2) 補強証拠を要求することで、捜査においても自白の獲得に偏ることを防止することの二点に集約できる。自白の補強法則は英米法に由来する証拠法則であるが、英米法諸国においては、被告人が有罪答弁を行った場合は、公判審理を省略して量刑手続のみが行われる（アレインメント制度)。これに対し、刑訴法319条3項は、被告人が公判で有罪であることを自認した場合も補強法則を準用しており、公判における証拠調べを省略することを認めていない。もっとも、憲法38条3項のいう自白には公判廷の自白は含まれないと解されているため（参照、最大判昭23・7・29刑集2巻9号1012頁、最大判昭24・6・29刑集3巻7号1150頁)、319条3項を改正すれば、日本においてもアレインメント制度を採用することは可能である。

(1) 補強の範囲と程度

自白の補強が必要な範囲については、罪体説と実質説の対立がある。罪体説は「罪体」(corpus delicti) につき補強証拠が必要であるとする考え方である。英米法においては、有罪判決を言い渡すための証明を要する客観的事実を、①被害の発生、②それが犯罪に該当すること、③被告人が犯人であること（犯人性）に関する事実に分類した上で、罪体は①及び②に当たる事実を指すとの理解が一般的である。日本においても、①及び②にあたる狭義の罪体につき補強証拠を要するという考え方が多数説といってよい（団藤288頁、松尾下37頁、田宮357頁、田口414頁、酒巻530頁)。これに対し、自白は自ら犯罪を行ったことを認める部分にこそ自白が偏重される最大の理由があることから、③も含めた広義の罪体につき補強証拠を要求するべきという意味での罪体説も有力である（高田261頁、光藤Ⅱ191-192頁、白取420頁)。いずれにせよ、故意等の主観的犯罪成立要件は罪体からは除かれる。

罪体説に対し、特にどの範囲で補強が必要かを決めず、実質的に自白の真実性を担保する補強証拠が必要とする考え方を実質説という。判例は実質説の立場をとっている（参照、最判昭24・4・30刑集3巻5号691頁、最決昭26・1・26刑集5巻1号101頁）。実質説によれば、自白は信用できると判断したときは補強証拠は形だけで足りることになり、自白の過信を防ぐことを目的とする補強証拠の意義が損なわれてしまう。そこで実質説を支持しつつも、自白の真実性を実質的に担保するためには、犯罪に起因する法益侵害結果の発生について補強証拠が必要とする説もみられる（平野234頁、石井465頁）。判例の中にも、無免許運転の罪においては、運転行為のみならず、運転免許を受けていなかった事実についても補強証拠を要するとされた事例がある（参照、最判昭42・12・21刑集21巻10号1476頁）。

補強証拠の証明力の程度については、補強証拠だけで当該証拠により証明しようとする事実を認定できるだけの証明力が必要とする絶対説と、自白と合わせて要証事実を認定できるだけの証明力があればよいとする相対説がある。実質説は自白の信用性を裏付ける補強証拠を要求する考え方であるため、補強の程度についても、自白と補強証拠があいまって全体として犯罪事実を認定できればよいことになる（参照、最判昭24・4・7刑集3巻4号489頁、最大判昭30・6・22刑集9巻8号1189頁）。これに対し、罪体説の立場から、少なくとも罪体とされる部分については補強証拠によって証明できるだけの証明力を要求すべきとの見解もある（田宮357頁、酒巻531頁）。もっとも、犯人性を含む広義の罪体につき補強証拠が必要とする立場をとるならば、補強法則の趣旨を踏まえ、被告人の犯人性に関しては、補強証拠の証明力は相対的なもので足りると理解するのが妥当である（光藤Ⅱ196頁）。

(2) 補強適格

自白の補強証拠は、証拠能力のある、被告人の自白から独立した証拠でなければならない。最決昭32・11・2刑集11巻12号3047頁は、闇米を販売していた被告人が作成した未収金控帳が闇米の売買に関する自白の補強証拠になるかが争点となった事案において、当該未収金控帳は被告人が犯罪の嫌疑を受ける前にこれと関係なく、自らその販売未収金関係を備忘のため、闇米と配給米とを問わず、その都度記入したものであることを理由に、補強適格を肯定した。犯罪の嫌疑を受ける前であっても、被告人が犯罪を告白する意図で行った会話や日記は自白そのものであり、補強証拠としての適格性を認めるべきではない。共犯者の自白は被告人の自白から独立した証拠であるから、補強証拠としての適格性を肯定することはできる。共犯者間において自白の相互補強を認めることも可能と解するのが判例の立場である（参照、最決昭51・10・28刑集30巻9号1859頁）。

(3) 共犯者自白と補強法則

被告人の自白のみで有罪とすることはできないが、共犯者の自白のみで被告人を有罪とすることができるかについては学説の対立がある。補強証拠必要説は、(1) 共犯者は自己の刑事責任を軽くするために他人を巻き込む危険があり、自白は必ずしも共犯者本人にとっての不利益供述とはいえず、任意に行われても信用できるとは限らないこと、(2) 共犯者本人との関係では補強証拠がなければ自白のみで有罪にできないのに、他の共犯者の有罪を立証するためであれば補強証拠が不要になるのは不合理であることを理由とする（団藤285頁、光藤Ⅱ274頁、白取417頁）。これに対し、補強証拠不要説は、(1) 被告人の自白とは異なり、共犯者に対しては反対尋問を行うことでその供述の信用性を吟味できること、(2) 共犯者自白は被告人との関係では警戒をもって見られるので、被告人の自白のような偏重の危険はないことなどを理由に、被告人の自白と同様に扱う必要はないとする（平野233頁、酒巻585頁）。折衷説として、共犯者の公判自白の評価は裁判所の合理的心証に委ねてよいが、公判外の共犯者自白については補強証拠を必要とする見解もある（田宮361頁、田口420頁）。この点、最大判昭33・5・28刑集12巻8号1718頁の法廷意見は、(1) 補強法則は法律で設けられた自由心証主義の例外であるから、その適用範囲は厳格に解釈すべきであり、共犯者の自白は、あくまでも被告人にとっては第三者による供述に過ぎないことや、(2) 自白の偏重による誤判の防止という憲法38条3項の趣旨は被告人とは独立した共犯者の自白にまでは当てはまらないことを理由に、不要説の立場をとった（同旨、最判昭51・2・19刑集30巻1号25頁、最決昭51・10・28刑集30巻9号1859頁）。

ところで、不要説は、共犯者に対しては反対尋問を通じた信用性の吟味が可能であることを、補強証拠を不要とする第一の理由にしているが、共犯者が共同被告人であるときは黙秘権が保障される関係で、必ずしも有効な反対質問を行えるとは限らない。そこで、共同被告人が黙秘権を行使する場合は、公判を分離し、共犯者を被告人の公判において証人尋問することが必要になる。しかし、形式的に公判を分離してもそこでの証言内容を共同被告人自身の不利益証拠に使用してよいのであれば、公判分離は共同被告人にとって黙秘権を奪い供述義務を課す意味しかなくなる。この点、最高裁は、共同被告人の公判を分離し、被告人の公判において証人尋問しても、証言拒絶権（146条）は保障されていることを理由に、そこでの供述を共同被告人自身の不利益証拠として使用しても憲法38条1項には違反しないと判示している（参照、最判昭35・9・9刑集14巻11号1477頁）。しかし、同一の裁判官が形式的に手続を分離して審理を担当しているときは、自己が有罪判決を受ける虞を理由に証言拒絶権を行使しづらく、虚偽供述を強いることになりかねないという問題はなおも残る。そこで、共同被告人の同意がないまま形式的に公判を分離することはせず、共同被告人に対する被告人質問の形式で反対質問の機会を設け、もし共同被告人が被告人に不利益な供述を行っているのに、十分に反対質問に答えない場合は、供述の信用性を否定すべきだろう。

22. 伝聞法則

22.1. 伝聞証拠の意義

人の供述は事象を細部まで描写できる反面、知覚、記憶、表現・叙述という複雑な過程をたどる。それゆえ、人の供述をその供述内容が真実であることを証明するための証拠として用いようとするときは、供述過程において何らかの過誤が生じていないか、その信用性の吟味が欠かせない。証人尋問が裁判官の面前で宣誓させた上で交互尋問形式により行われるのは、そのため

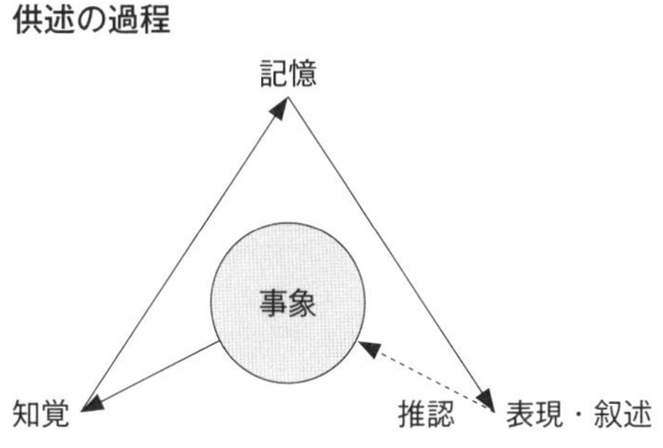

である。主尋問は予定している供述を引き出すことを目的として行われるため、反対尋問の機会を設けることが供述の信用性を吟味する上で特に重要な意味を持つ。そこで、刑訴法320条は、「反対尋問の機会が与えられていない公判外供述」（伝聞証拠）の証拠能力を原則として否定している。これを伝聞法則と呼んでいる。

320条は伝聞証拠を、「公判期日における供述に代わる書面」（以下、「供述書面」と記す。）又は「公判期日外における他の供述を内容とする供述」（以下、「伝聞供述」と記す。）と定義している。当該定義によれば、原供述者の公判供述であれば反対尋問の機会を与えなくても証拠能力を肯定できるようにも読める。しかし、伝聞法則の目的は、原供述者に対する反対尋問を通じた信用性の吟味の機会の確保にあることから、主尋問の機会のみを与え反対尋問の機会を与えなかった公判供述も、320条の適用対象としての伝聞証拠に該当するといわなければならない（平野概説165頁）。また、伝聞法則は、法廷において主尋問に引き続き反対尋問の機会を与えることで、有効な反対尋問を可能にするためのルールであるから、以前の供述に対し事後的に公判で反対尋問の機会を与えれば、以前の供述が320条の定義する伝聞証拠でなくなるわけではない。

伝聞法則は、供述証拠に関する証拠法則である。「供述証拠」とは、要証事実との関係で供述内容が真実でなければ証明力を持たない証拠のことを指す。人の供述を含む証拠であっても、供述が行われた事実を証拠とする場合は、非供述証拠に該当する。例えば、「Xは私を殺そうとした。」というV供述をXの犯人性の証拠として用いるときは、供述証拠としての使用に当たる。これに対し、同じV供述を、Vが偽証やXに対する名誉棄損を行ったことの証拠として用いるときは、そうした供述を行った事実自体が問題となるため、非供述証拠に該当する。また、供述の有無を他の要証事実を推認するための間接事実として用いる場合も非供述証拠に該当する。例えば、人の発言内容から発言者の精神異常の有無や発言時の状況（例えば口論に当たる発言から発言者が喧嘩をしていたという状況）を推認する場合は非供述証拠にあたる。いずれにせよ供述証拠に当たるか否かは供述内容によって決まるのではなく、その供述をいかなる事実を証明するための証拠として用いるかによって決まることに注意を要する。最判昭38・10・17刑集17巻10号

1795 頁は、被告人が共犯者の前で「V はもう殺してもいいやつだ。一緒にやろう」という発言を行った事実を、被告人を含む共犯者間で謀議が行われた事実を推認する証拠として用いる場合は非伝聞証拠に当たるとしたが、これも非供述証拠として扱ったものということができる（後藤〔2023〕48 頁、吉開Ⅱ 268 頁）。これに対し、被害者から生前に、「X につけられていけない」「あの人はすかんわ、いやらしいことばっかりする人だ」等と告白された旨の証人の公判供述を、被告人はかねて被害者某女と情を通じたいとの野心をもっていたという事実を認定する証拠として用いる場合は、伝聞証拠に当たる（最判昭 30・12・9 刑集 9 巻 13 号 2699 頁）。

公判外供述の供述証拠としての使用であっても伝聞法則の趣旨に照らして、320 条のいう伝聞証拠に当たらない場合があることが肯定されている。

(1) 精神状態の供述

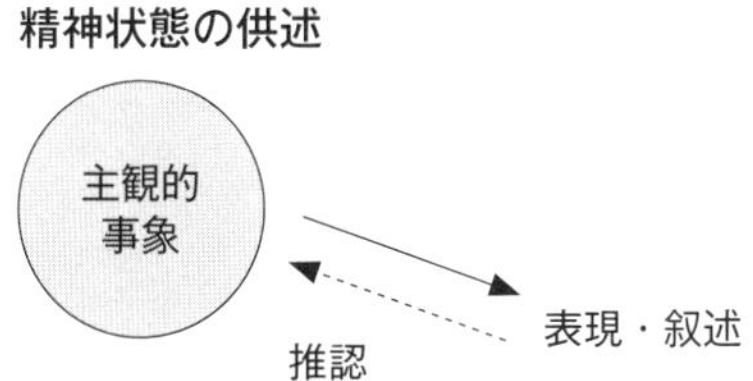

供述者の意図、認識、感情等の主観的事象を表現・叙述した供述を、精神状態（ないし心理状態）の供述という。例えば、「X は乱暴なので嫌いだ。」という W の供述は、W が X を乱暴者と認識していることや、W が X に嫌悪感を抱いていることを表現した精神状態の供述にあたる。また、犯行計画メモはメモ作成者の犯行意図を表現・叙述した精神状態の供述にあたる。こうした精神状態の供述を供述者の主観的事象を証明するために用いるときは、当該供述が真実を語ったものでなければ証明力を伴わないから供述証拠に該当する。しかしながら、精神状態の供述は主観的事象を表現・叙述するという単純な過程しか経ておらず、かつ、表現・叙述過程における過誤の有無は、必ずしも原供述者に対する反対尋問によらなくても、供述時の状況や供述が記載された書面の作成・保管・発見時の状況からも判断可能である。そこで、証拠の関連性の問題として表現・叙述の真し性を肯定できる限り、320 条を適用せずに証拠能力を肯定してよいと解するのが判例の立場である（参照、

大阪高判昭57・3・16判時1046号146頁＝判タ467号172頁、東京高判昭58・1・27判時1097号146頁＝判タ496号163頁)。これに対し、精神状態そのものが要証事実であるときは、表現・叙述の過程しか問題にならないとしても、原供述者に対する反対尋問の機会を与えることを原則とした上で、伝聞例外規定により対応すべきことを説く見解も有力である(白取431頁、宇藤ほか383頁、後藤〔2001〕44頁)。逆に、精神状態の供述の存在を供述者の認識・意図・動機に関する情況証拠として理解し、表現・叙述の真摯性は証明力の問題として扱えば足りるとの指摘もある(池田＝前田425-426頁)。しかし、精神状態の供述から供述者の主観的事象を推認しようとする場合、その精神状態を表現した供述が真摯になされたものであってこそ最小限度の証明力を肯定できるのであるから、供述の存在だけで関連性を肯定してよいことにはならないだろう。

共謀メモは、メモ作成者の共謀の認識に関する精神状態の供述に当たる。そこで、共謀メモを共犯者間で共謀が成立していたことの証拠とする場合は、320条の適用対象となるかが問題となる。この点、(1) 共謀メモを、犯罪の謀議が行われた事実の証拠とするのか、共犯者間で共同犯罪の意思が形成されていた事実の証拠とするのか、(2) 共謀メモを供述証拠として使用するのか、証拠物として使用するのかの組合せにより、場合分けして考える必要がある。例えば、(a) 謀議メモを、謀議の際に誰がどのような発言をしたかを証明するための証拠として使用する場合は、知覚・記憶の過程を含む通常の供述証拠に当たる。これに対し、(b) 共謀の形成手段としてメモの回覧や受渡しが行われた事案において、当該メモをメモの回覧・受渡しを行った者の間で共謀が成立したことの証拠として使用する場合は、非供述証拠(証拠物)としての使用にあたる。また、(c) 犯行計画メモが実際に起きた犯罪のメモであることが確認できているとき、当該犯行計画メモの所持の事実をもって、所持者が共謀者であることを証明する場合も証拠物としての使用にあたる(参照、大阪高判昭57・3・16判時1046号146頁＝判タ467号172頁)。意見が分かれるのは、(d) 共謀メモを、メモ作成者以外の共犯者の共謀の認識を示す精神状態の供述として使用する場合である。この点、東京高判昭58・1・27判時1097号146頁は、犯罪を謀議した後、謀議に参加した者から聞き取って作成された共謀メモの証拠能力が争われた事案において、共謀メモは精神状態の供述であり320条の適用対象とならないとした上で、しかし当該メモが共謀参加者全員の精神状態の供述と言えるためには、それが共犯者全員の共謀の意思の合致するところとして確認されたものであることを求めた。供述者の共謀の認識が他の共謀参加者の認識と一致しているとは限らないことを踏まえれば、妥当な結論ということができよう。

(2) 反射的発言

通常の供述過程を経ない供述には、精神状態の供述の他にも、知覚した事象に対する反射的発言（「とっさの発言」とも呼ばれている）がある。例えば、WがAに対する危険を察知して、思わず「Aさん危ない」という声を発した場合がその典型である。こうした反射的に口を衝く言葉は、発言時の状況を示す非供述証拠として使用できることが多いが、供述証拠として使用する場合であっても、記憶を再構成して表現・叙述する過程を辿っていないから、320条のいう伝聞証拠には当たらないと解してよいという考え方と、この場合も知覚の誤りの可能性は残る他、とっさの発言に当たるか否かの判断も難しいことから、やはり反対尋問による吟味の機会を与えることを原則とすべきとの考え方が対立する（詳しくは、争点〔旧3版〕182頁〔大澤〕、争点168頁〔堀江〕）。なお、強制わいせつの被害を受けた六歳児の被害直後からその後の二、三日後までの言動につき、再構成を得た観念の伝達ではなく被害に対する原始的身体的反応の持続であることを理由に非伝聞証拠とした事例がある（参照、山口地萩支判昭41・10・19下刑集8巻10号1386頁）。再構成を経た観念の伝達でないことを非伝聞証拠である理由としており、反射的発言につき320条の適用を否定する立場と共通することになる。もっとも、本件は被害に対する身体的反応として行われた言動を、被害者が負った被害状況を推認させる情況証拠（非供述証拠）として取り扱った事例と見る方がよかろう。

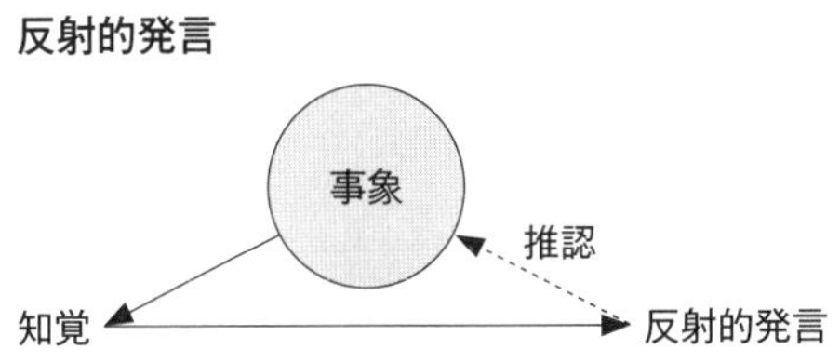

22.2. 伝聞例外

22.2.1. 伝聞例外の体系

伝聞法則は、伝聞証拠の信用性判断を誤ることで事実を誤認することを防ぐために設けられた証拠法則である。しかし、反対尋問を経なくても信用性判断を誤る危険の低い伝聞証拠がないわけではない。そこで、刑訴法は321条から328条において、①真相究明のために伝聞証拠を証拠として使用する必要性と、②反対尋問を経なくても信用性判断を誤るおそれの低い、特別の情況の下で行われた供述であるか（信用性の情況的保障）の観点から、伝聞例外規定を設けている。憲法37条2項による証人審問権の保障と伝聞例外規定の関係につき、最高裁は、憲法37条2項が刑事被告人はすべての証人に対し審問の機会を充分に与えられると規定しているのは、喚問した証人につき反対尋問の機会を充分に与えなければならない趣旨であり、反対尋問の機会を与えない証人の供述を録取した書面は絶対に証拠とすることを許さない旨を規定したものではないと解している（参照、最大判昭24・5・18刑集3巻6号789頁、最大決昭25・10・4刑集4巻10号1866頁、最大判昭27・4・9刑集6巻4号584頁）。したがって、伝聞法則自体は自白法則のように憲法上の根拠に基づくルールと解されているわけではない。

当該問題を比較法的に見るならば、アメリカでは合衆国憲法第6修正の「証人対面条項」を伝聞例外規定の合憲性の審査基準として用いてきた。すなわち、連邦最高裁は当初、伝聞証拠の許容性は合衆国憲法第6修正とは関係しないとの立場をとっていた。しかし、1965年には、証人対面条項は第14修正の適正手続条項を介して、各州への適用があるとの立場に変化した（Pointer v. Texas, 380 U.S. 400; Douglas v. Alabama, 380 U.S. 415）。そこからさらに判例が展開し、2004年のクロフォード判決（Crawford v. Washington 541 U.S. 36）では、供述を①ある事実を証明する目的で手続（捜査機関の取調べを含む）に従って行われる「証言的供述」と、②そうではない「非証言的供述」に区別し、後者の伝聞例外については州における伝聞法則の発展の柔軟性に委ねられてよいが、前者を公判で証人尋問することが不可能であることを理由に証拠として使用するためには、証人対面条項の要請として、事前に被告人側に反対尋問の機会を与えなければならないと解するに至っている[12]。

日本の刑事訴訟法の伝聞例外規定を証人審問権との関係の視点から分類す

伝聞例外規定と証人審問権の関係

条文				種類	証人審問権との関係
321条				被告人以外の者の供述書面	
	1項	1号	前段	裁判官面前調書／供述不能	行使不要型／一部行使済み型
			後段	裁判官面前調書／不一致供述	事後行使型
		2号	前段	検察官面前調書／供述不能	その他
			後段	検察官面前調書／相反供述	事後行使型
		3号		その他の供述書面	行使不要型
	2項			裁判所の証人尋問調書・検証調書	行使済み型
	3項			捜査機関の検証調書	事後行使型
	4項			鑑定書	事後行使型
321条の2				ビデオリンク方式による証人尋問調書	事後行使型
321条の3				司法面接の録音・録画記録媒体	事後行使型
322条				被告人の供述書面	
	1項	前段		公判外供述書面／不利益事実の承認	対象外型
		後段		公判外供述書面／被告人のための使用	
	2項			裁判所の被告人供述調書	
323条				特信情況下で作成された書面	
	1号			公務上の書面	行使不要型
	2号			業務上の書面	
	3号			その他の書面	
324条				被告人以外の者の伝聞供述	
	1項			被告人からの伝聞供述	322条と同じ
	2項			第三者からの伝聞供述	321条1項3号と同じ
325条				任意性の調査	手続規定
326条				同意書面	権利放棄型
327条				合意書面	
328条				証明力を争うための証拠	非伝聞証拠的使用

るならば、①特に信用できる情況の下になされた供述であり、反対尋問の機会を与えなくても信用性評価を誤る危険の低い供述（行使不要型）、②既に被告人に反対尋問の機会を与えた上で採取した供述証拠を、再度、伝聞証拠として使用する場合（行使済み型）、③伝聞証拠を公判で使用する際に、事後的ながら原供述者に対する反対尋問の機会を与える場合（事後行使型）、④原供述者が被告人であり反対尋問権の行使が問題にならない場合（対象外型）、⑤被告人が証拠とすることに同意している場合（権利放棄型）の五つのタイプに整理することができる。このように整理すれば、伝聞例外規定が決して証人審問権の保障と無関係ではないことが分かる。もっとも、321条

12　アメリカの証人対面条項に関わる重要判例は小早川義則『デュー・プロセスと合衆国最高裁Ⅱ：証人対面権・強制的証人喚問権』（成文堂、2012年）が詳しい。

1項2号前段はいずれに分類することも難しい。なお、325条については伝聞例外要件を定めたものではなく、手続規定と解するのが通説である。また、328条は自己矛盾供述の弾劾的使用（非伝聞証拠的使用）に限ると解するのが判例の立場であり、伝聞法則が適用されないことの確認規定に過ぎないと解されている。

22.2.2. 被告人以外の者の供述書面

321条は、被告人以外の者の供述書面の伝聞例外要件を定めている。1項は一般的な供述書面、2項は当該事件の裁判所による証人尋問調書及び検証調書、3項は捜査機関による検証調書、4項は鑑定書についての伝聞例外要件を定めている。1項はさらに、裁判官の面前における供述録取書（1号）、検察官の面前における供述録取書（2号）、それ以外の供述録取書及び供述書（3号）に分けて伝聞例外要件を定めている。「供述書」とは供述者自らが作成した書面であり、「供述録取書」とは供述者から聞き取った供述を録取した書面を指す。供述録取書には、録取の正確性を担保するため供述者の署名又は押印が要求されている。裁判官や捜査官が尋問や取調べ手続の中で作成した供述録取書を、特に「供述調書」という。1項が誰の面前の供述録取書かによって例外要件を区別しているのは、供述録取書の作成過程の違いが特信性に影響するためである。一般に、裁判官の面前の供述録取は司法手続に則り中立的立場から行われるのに対し、当事者は自己に有利な事実のみを録取すると考えてよいから、録取過程における信用性の情況的保障は低下する。刑訴法が検察官の作成する供述録取書を特別に扱っているのは、立法者が、捜査の適正を図る立場（193条1項参照）にある検察官の供述録取は、司法警察職員のそれよりも客観的に行われることを期待したからと考えられる。供述の録音・録画記録は、321条1項及び322条のいう供述録取書に相当するものとして取り扱われている。この場合、供述は機械的に記録されるため、録音・録画記録に対する供述者の署名・押印は不要と解するのが判例の立場である（参照、最決平17・9・27刑集59巻7号753頁）。

(1) 裁判官面前調書（1項1号書面）

被告人以外の者が公判準備又は公判期日以外の場において裁判官の面前で行った供述の録取書がこれに該当する。証拠保全手続における裁判官による証人尋問調書（179 条）、第一回公判期日前の裁判官による証人尋問調書（226 条、227 条）だけでなく、他事件の公判審理における証人尋問調書や被告人質問調書も１号書面にあたると解されている（参照、最決昭 29・11・11 刑集 8 巻 11 号 1834 頁、最決昭 57・12・17 刑集 36 巻 12 号 1022 頁）。裁判官面前調書は、①供述者が公判準備若しくは公判期日において供述することができないとき（供述不能）、又は②供述者が公判準備若しくは公判期日において前の供述と異なった供述をしたとき（不一致供述）のいずれかの場合に、伝聞例外が認められる。

(i) １号前段

１号前段は「公判期日又は公判準備」において供述できないことを要件としている。公判準備として証人尋問を行うことが可能であれば供述不能には該当しない。「原供述者が、死亡、精神若しくは身体の故障、所在不明若しくは国外にいるため」という文言は供述不能の原因の例示と解されている。証人が証言拒絶権を行使した場合だけでなく（参照、最大判昭 27・4・9 刑集 6 巻 4 号 584 頁）、事実上供述を拒否した場合も供述不能に当たるとされた事例がある（参照、東京高判昭 63・11・10 東高時報 39 巻 9～12 号 36 頁）。もっとも、「供述不能」といえるためには、原因が一時的なものでは足りず、その状態が相当程度継続して存続しなければならないと解されており、証人が証言を拒絶している場合、その証言拒絶の決意が固く、期日を改めたり、尋問場所や方法を配慮したりしても翻意して証言する見通しが少ないときに、ようやく供述不能の要件を満たすことになる（参照、東京高判平 22・5・27 高刑集 63 巻 1 号 8 頁）。なお、第一回公判期日前から供述不能が予想される場合は、事前に証人尋問しておくことが可能であれば、憲法 37 条 2 項の要請として、できる限り被告人に反対尋問の機会を与えるよう配慮する義務があるかが問題となる。この点は２号前段のところでまとめて説明する。

(ii) １号後段

１号後段の不一致供述は、公判供述と以前の供述が証拠としての重要性が認められる部分において矛盾していれば肯定できる。後段の場合、公判における証人尋問の際に以前の供述を含めて反対尋問を行うことは可能である。

(iii) １号の特別規定

１号の対象となる証人尋問調書がビデオリンク方式によるものであるときは、

1号の例外要件に関係なく、録音・録画記録媒体の再生による取調べ後に、訴訟関係人に供述者に対する証人尋問の機会を与えることを条件に証拠能力が認められる（321条の2第1項）。これは、ビデオリンク方式による尋問の必要な証人が繰り返し証人尋問を受けることの負担をなるべく減らすことを目的に設けられた規定である。

(2) 検察官面前調書（1項2号書面）

被告人以外の者が検察官の取調べの際に行った供述の録取書は、①供述不能、又は②供述者が公判準備若しくは公判期日において前の供述と相反するか若しくは実質的に異なった供述（相反供述）をしたときで、かつ公判供述よりも前の供述を信用すべき特別の情況（相対的特信性）の存するとき、のいずれかの場合に伝聞例外が認められる。

(i) 2号前段

2号前段は1号前段と同じ要件となっているが、検察官による参考人取調べに裁判官による証人尋問と同程度の信用性の情況的保障が伴っているとは言い難い。そこで、2号前段については、憲法37条2項に反するとの学説（江家98頁、井戸田219頁、平場195頁）や、あるいは「特信情況に欠けないこと」を解釈によって補う学説（平野209頁、鈴木207頁、田宮381頁、光藤II 218頁、田口431頁、後藤〔2023〕75頁）が有力である。これに対し、判例は特に要件を補うことなく合憲との立場をとっている（参照、最大判昭27・4・9刑集6巻4号584頁、最判昭36・3・9刑集15巻3号500頁）。検察官の準司法官としての役割や客観義務を理由に判例を支持する見解もある（平良木II 186頁）。

伝聞法則自体は憲法上の原則ではなく、検察官面前調書を証拠とする必要性が高い場合に特信性の要件を課すかどうかは立法政策の問題であったとしても、伝聞例外規定が証人審問権を不当に侵害するものであってはならない。例えば、検察官が公判において被告人側に反対尋問の機会を与えないことを目的に意図的に供述不能状態を作出し、2号前段により証拠調べ請求することが、憲法37条2項の証人審問権の侵害に当たることは明らかである。この点、最判平7・6・20刑集49巻6号741頁は、「検察官において当該外国人がいずれ国外に退去させられ公判準備又は公判期日に供述することができなくなることを認識しながら殊更そのような事態を利用しようとした場合はもちろん、裁判官又は裁判所が当該外国人について証人尋問の決定をしているにもかかわらず強制送還が行われた場合など、当該外国人の検察官面前調書を証拠請求することが手続的正義の観点から公正さを欠くと認められるときは、これを事実認定の証拠とすることが許容されないこともあり得るといわなければならない」との重要な判断を示した（同旨、大阪高判昭60・3・19判タ562号197頁）。当該最高裁判例を引用して、検察官が、被告人又は弁護人に対し、不起訴後に退去強制になった検面調書の供述者を直接尋問する機会を与えるための最低限の配慮をしたとは認められないとの理由から、検面調書の証拠能力を認めなかった事例もある（参照、東京地判平26・3・18判タ1401号373頁）。

最高裁平成7年判決の趣旨は、227条1項に基づく証人尋問調書（1号前段書面）にも当てはまると述べている判例もある（参照、東京高判平21・12・1判タ1324号277頁）。第一回公判期日前の裁判官による証人尋問手続を定めた228条2項は、捜査に支障を生ずる虞がないと認めるときは、被疑者・被告人側を立ち会わせることができる旨しか規定していない。第一回公判期日前の証人尋問は捜査手段でもあることを踏まえれば、228条自体を憲法違反とはいえないだろう（参照、最大決昭25・10・4刑集4巻10号1866頁）。しかし、228条2項は捜査上の必要性との調整規定というべきであって、少なくとも227条1項による証人尋問につき、被告人側に反対尋問の機会を与えることが可能であるにもかかわらず、単に被告人側に反対尋問させないことを目的としてその機会を与えないことは、憲法37条2項前段の趣旨に反するというべきである。また、被告人は証拠保全のために第一回公判期日前に裁判官に証人尋問請求を行う権利を有することから（179条1項）、検察側の証人予定者が供述不能となることが予想される場合は、検察官は被告人側に証人予定者の氏名、住所や証言予定事項に関する証拠開示をした上で、弁護人が当該証人との事前面接を行い、必要な場合は証拠保全請求としての証人尋問請求が可能になるよう配慮する義務があるというべきである。したがって、これらの機会を不当に奪った場合も、1号前段又は2号前段の伝聞例外を肯定することは憲法37条2項後段との関係において手続的公正に反するというべきである。

(ii) 2号後段

2号後段のいう「相反する供述」とは、不一致部分だけから事実認定の結論が相反する供述のことであり、「実質的に異なる供述」とは、不一致部分だけからは直ちに結論が相反するとまではいえないが、他の証拠と合わせて判断したときは、結論が相反することになる不一致供述を指す。2号後段のいう「前の供述」の意義につき、公判で証人尋問を行った後に検察官が取調べを行い獲得した供述は、その後で再度公判において証人尋問を行うならば、たとえ供述内容が一回目の証人尋問の時と同じであっても、二回目の公判供述を基準にすれば「前の供述」に該当すると解されている（参照、最決昭58・6・30刑集37巻5号592頁）。形式的に「前の供述」には当たるとしても、公判における供述内容を踏まえて、取調べをやり直して公判供述を覆させた場合の相対的特信性の認定は厳しくなるというべきだろう。

2号後段但書の相対的特信情況については、供述内容を比較していずれがより信用できるかを判断するのではなく、供述時の外部的付随事情を基に虚偽の供述を行うような情況にあったか否かを判断すべきとの説が通説である。なお、最判昭30・1・11刑集9巻1号14頁は、「必ずしも外部的な特別の事情でなくても、その供述の内容自体も信用性ある情況の存在を推知せしめる事由となる」と判示している。当該判例は、供述内容についても供述時の外部的付随事情を推知する資料として用いることはできるという趣旨に理解されている。2号後段の場合、公判供述との比較において特信情況を肯定できれば足り、公判供述に信用性を低下させる特別の情況が認められるならば、前の供述が特に信用できる情況の下でなされたとまでは言えなくても相対的特信性を肯定しうる。しかし、公判供述の信用性を低下させるような特別の情況がなければ、前の供述がより信用できる情況の下でなされたということはできない。また、前の供述にも信用性を低下させる情況が認められるときは、公判供述に信用性を低下させる特別の情況が認められても、やはり後者より前者がより信用できる情況の下でなされたとはいえない。

(3) それ以外の供述書面（1項3号書面）

被告人以外の者が作成した供述書及び裁判官又は検察官以外の面前における供述録取書は、①供述不能であり、かつ②その供述が犯罪事実の存否の証明に欠くことができないものであり（証拠としての不可欠性）、さらに③特に信用すべき情況の下でなされたものであるときに（絶対的特信性）、伝聞例外が認められる。司法警察職員の面前における供述調書（員面調書）や弁護人が聴取した供述録取書は3号書面にあたる。供述書が一律に3号書面とされているのは、供述書は供述者によって一方的に作成されるため、誰の面前で作成したかは重要でないことによる。

絶対的特信性は、虚偽の供述を誘発するような外部的事情がない情況下での供述でなければ肯定できない。過去の判例においては、日本の裁判官からの嘱託によりアメリカの連邦民事手続規則に従い作成された証言録取書（参照、東京地決昭53・9・21刑月10巻9=10号1256頁、東京地決昭54・10・30刑月11巻10号1269頁）、アメリカの大陪審証言調書（参照、東京高判昭59・4・27高刑集37巻2号153頁）、国際捜査共助の要請を受けてアメリカの公証人の下で作成された宣誓供述書（参照、最決平12・10・31刑集54巻8号735頁）、韓国で起訴された共犯者の公判供述調書（参照、最決平15・11・26刑集57巻10号1057頁）の絶対的特信性が肯定された。さらに、国際捜査共助の要請を受け、中国の捜査官が日本の捜査官の立会いの下に作成した共犯者の供述調書の絶対的特信性が肯定された事例もある（参照、最判平23・10・20刑集65巻7号990頁）。いずれにせよ、3号の絶対的特信性は供述時の具体的状況に基づき事案毎に判断する必要がある。

(4) 司法面接の録音・録画記録媒体

2023年改正により、性犯罪被害児童等の証人尋問の負担を減らすことを目的に、いわゆる「司法面接」によって得た供述及び録音・録画記録媒体に関する特別の伝聞例外規定が設けられた。司法面接とは、虐待を受けたとされる子どもやその他の供述弱者を対象に、訓練を受けた者により、対象者の特性に配慮し、誘導や迎合により虚偽の供述を引き出すことのないよう工夫したプロトコルに沿って行われる面接のことである。早期のうちに司法面接により良質の供述を保全しておくことで、対象者の後の事情聴取の繰り返しや、証人尋問の負担を軽減するという、証人保護の目的も含まれている。従来、司法面接の録音・録画記録は、同意書面あるいは321条1項2号又は3号書面として採用されてきたことから、無理に検察官が面接者になることも多かった。そこで、司法面接による供述保全の必要性が特に高い被害者に限定し、かつ特信情況を肯定できるための面接条件を明記することで、321条1項の特別規定を設けたのが、321条の3である。

321条の3の適用が可能な司法面接は、① 321条の3第1項1号の定める犯罪の被害者を対象に、②同項2号が定める措置が特に採られた情況の下、③面接の状況を録音及び録画を同時に行う方法により記録する形式で、行われたものに限られる。1号ハは、供述するときは精神の平穏を著しく害されるおそれがあると認められる者を広く対象に含めているが、司法面接が、周囲の者から暗示・誘導を受けやすく、できる限り早期の段階で供述を保全しておくのでなければ、公判において記憶の正確な再現が困難になる者を対象に行われることを前提に解釈すべきである。2号の特別の措置は、司法面接の十分な訓練を受けた者が、プロトコルに従って実施したときでなければ該当しないというべきである。これらの要件を満たす司法面接であって、④裁判所が、聴取に至るまでの情況その他の事情を考慮し相当と認めるときは、主尋問に代えて、⑤司法面接の録音・録画記録媒体（その供述がされた聴取の開始から終了に至るまでの間における供述及びその状況を記録したものに限る。）を、証拠として取り調べることができる。その場合、⑥訴訟関係人に対し、その供述者を証人として尋問する機会を与えなければならない。証人が供述不能の状態にあるときは、尋問の機会を与えたことにはならないため、321条1項の例外規定を満たす必要がある。尋問を行うにあたり、面接時との重複的質問は裁判長の判断で制限できる（同条2項、295条1項）。

(5) 裁判所の証人尋問調書及び検証調書（2項）

起訴事件の公判準備若しくは公判期日における証人尋問調書（受命・受託裁判官による証人尋問調書を含む。）又は裁判所若しくは受命・受託裁判官作成の検証調書が本項の対象となる。証人尋問調書については当該証人尋問の際に両当事者に尋問の機会が与えられ、また、検証調書については当該検証時に両当事者に立会いの機会が与えられている。それゆえ、公判においてこれらの調書を取り調べる必要がある場合は、無条件に伝聞例外としている。

(6) 捜査機関作成の検証調書（3項）

捜査機関による検証の際には被告人側の立会権はないため、検証調書が検証結果の正確な記録かどうかは被告人にとって不明である。そこで、捜査機関が作成した検証調書については、検証調書の作成者が公判期日において証人として尋問を受け、真正に作成されたものであることを供述することを条件に、伝聞例外を認めている。したがって、作成者は単に自分が作成した書面であることを証言するだけでは足りず、検証の結果を正確に記載した書面であることを証言する必要がある。実際には、作成者に対する尋問は、検証自体の正確性に関する事項にまで及ぶことが通常である。検証調書が正確な検証結果の記録である場合、単に検証を実施した者が法廷で口頭により検証の結果を証言するより、検証調書を証拠に用いる方がより正確に伝えることができる。そこで、1項書面とは異なり必要性の要件は課されていない。

実況見分は強制処分でない点を除き検証と性質は異ならないため、実況見分調書にも3項の準用を肯定するのが判例の立場である（参照、最判昭35・9・8刑集14巻11号1437頁）。3項の検証調書の作成主体は捜査機関であるが、税務署職員が反則調査の際に作成した写真撮影報告書に321条3項を準用した事例がある（参照、東京高判平26・3・13判タ1406号281頁）。これに対し、私人が作成した燃焼実験報告書には3項の準用は認められなかった（参照、最決平20・8・27刑集62巻7号2702頁）。

検証調書には検証結果だけでなく、検証の際の立会人の供述が記載されていることがある。立会人の供述が単に検証を実施するための契機を示したもの（現場指示）であれば、立会人の供述は検証調書の一部に過ぎない。これに対し、検証の現場において立会人が行った事件に関する供述（現場供述）を録取したものであり、独立の供述証拠として使用するときは、当該供述録取部分について別途321条1項の例外要件を満たす必要がある。

検証は、実験を行いその結果を記録するために実施する場合もある。犯行再現実験が犯行可能性を調べるために正確な条件設定をした上で行われる実験であれば、その再現結果の報告書は検証にあたる。これに対し、捜査機関が供述の信用性を高める目的で被疑者や被害者に動作で犯行を再現させ、撮影や録画をすることがある。このような目的から作成された再現結果報告書は、動作による供述調書に他ならず、321条3項の他、321条1項各号や322条1項の要件を満たす必要がある（参照、最決平17・9・27刑集59巻7号753頁、最決平27・2・2裁判集316号133頁）。

検証時の録音・録画物が検証調書の一部であるときは、検証調書全体として伝聞例外要件を満たせばよい。これに対し、録音・録画物が独立の証拠として証拠調べ請求されることもある。この場合であっても、撮影・録音、編集・複製、現像・印刷等の過程で人の作為は加わることから、321条3項の検証調書に準じて、録音・録画物が真正に作成されたものであることにつき、作成者を証人尋問すべきとの説も有力である（白取434頁、百選8版195頁〔山名〕）。しかし、最決昭59・12・21刑集38巻12号3071頁は、犯行の状況等を撮影したいわゆる現場写真は非供述証拠に属し、当該写真自体又はその他の証拠により事件との関連性を認めうる限り証拠能力を具備するものであって、これを証拠として採用するためには、必ずしも撮影者らに現場写真の作成過程や写真と事件との関連性を証言させることを要しないとの立場をとっている。3項を準用しないとしても、実際に写真・ビデオ等の作成の真正が争点となった場合は、作成者を証人尋問する形で真正立証させる必要が生じることはある。

(7) 鑑定書（4項）

鑑定書にも3項が準用されており、鑑定人が公判期日において証人として尋問を受け、鑑定書が真正に作成されたものであることを供述することを条件に、伝聞例外とされる。この場合も、単に鑑定人が作成した書面であるというだけでなく、鑑定の経過及び結果を正確に記載した書面であることが証明される必要がある。実際には記載の正確性だけでなく、鑑定書の信用性に関する事項についても尋問が行われることが一般的である。鑑定書は専門的で複雑な事実が記載されることから、検証調書同様、書面による方が内容をより正確に伝えることが可能になるため、必要性の要件は課されていない。鑑定人が鑑定の基礎として用いた鑑定資料は証拠ではないので、証拠能力の有無は問わない。逆に、証拠として取り調べていない以上、鑑定書や鑑定人の証言に鑑定資料が引用されていたとしても、当該引用部分を独立の証拠として用いることはできない。

4項は「鑑定人」の作成した鑑定書についてのみ定めており、鑑定受託者による鑑定書には321条4項を準用してよいかが問題となる。この点、裁判所の命令によって鑑定を行う鑑定人は鑑定の際に宣誓は行う義務を負う他（166条）、また検察官及び弁護人に鑑定への立会権が認められており（170条）、外形的には中立的な立場にある。これに対し、鑑定受託者は捜査機関によって直接的に人選されること、鑑定に際しての宣誓義務（166条）がなく、虚偽鑑定罪（刑171条）の対象にならないこと、鑑定受託者による鑑定の際は被告人の立会権は認められていないことなど、鑑定人による鑑定書と鑑定受託者による鑑定書では、鑑定の中立性や信用性を担保するための手続面で違いがある。とりわけ、各都道府県警察の内部組織である科捜研は捜査部門からの独立性があるとはいえない。そこで、鑑定受託者の作成した鑑定書については、321条1項3号書面として扱うべきとの説もある（白取449頁）。これに対し、鑑定受託者による鑑定書、私人の作成した燃焼実験報告書、さらには結論しか記載していない医師の診断書にも4項の準用を認めるのが判例の立場である（参照、最判昭28・10・15刑集7巻10号1934頁、最判昭32・7・25刑集11巻7号2025頁、最決平20・8・27刑集62巻7号2702頁）。

22.2.3. 被告人の供述書面

(1) 被告人の公判外供述書面

322条1項は、被告人の供述書又は供述録取書で被告人の署名若しくは押印のあるものの伝聞例外を定めている。前段は、被告人の不利益事実の承認を内容とする供述書面につき、自白に該当しなくても319条に準じて取り扱うこととしている。後段は、それ以外の供述を内容とする被告人の供述書面につき、絶対的特信性を要件としている。通説は、1項前段は検察官が被告人の供述書面を被告人に対する証拠として使用する場合の規定であり、1項後段は被告人側が自分の供述書面を自己のために使用する場合の規定と解している。322条1項は必要性の要件を定めていないが、直接主義からの要請として、被告人質問を通じて証拠として顕出することが優先されるべきである。

被告人の供述録取書は誰の面前の供述かを問わず、一律に伝聞例外要件が定められている。これは322条1項前段が、321条1項とは異なる原理に依拠した伝聞例外規定であることによる。322条1項前段は英米法の「アドミッション（admission）」（相手当事者の自認）の法理に由来している（団藤264頁、平野213頁）。アドミッションの法理とは、訴訟当事者の発言を相手当事者が証拠として使用する場合は伝聞法則を適用しないという法理である（参照、アメリカ連邦証拠規則801条（d）（2））。当事者は自分の行った発言の責任を問われても仕方ないという考え方がその基礎にある。アドミッションにとって重要であるのは、相手当事者が過去にその事実を認めていたことであって、誰の面前の供述かは重要でない。また、自ら直接体験していない事実を語ったとしても、相手当事者がそれを事実と認めたことにより伝聞例外として正当化される。ただし、アドミッションであっても任意性を欠く供述まで証拠として使用することは認められていない。また供述証拠としての使用である以上、事実的基礎を欠く供述の関連性は肯定できない。

322条1項前段がアドミッションの法理に由来しているとしたとき、1号前段は、供述内容がどのようなものであれ、被告人に対する不利益証拠として使用することを許す趣旨に理解するのが正しい。例えば、被告人に利益な弁解供述であっても、それを公判における被告人の弁解を弾劾するために用いるときはアドミッションとして使用することはできる。その意味で、1項前段が「不利益な事実の承認」という表現を用いているのは少し分かりにくいところがある。かつては当該要件を、「利益に反する供述」の伝聞例外法理に基づき説明するものもあった（江家80頁）。すなわち、通常人が任意に自己の利益に反する事実を供述するときはそれを一応真実と捉えてよいというのが、伝聞例外を認める理由とされる。しかし、「利益に反する供述」は相手当事者以外の者の供述を対象にした、アドミッションとは異なる伝聞例外ルールである。例えば、第三者が自己の刑事責任を示唆する発言を行ったことを、被告人が自己に有利な証拠として用いる場合は、伝聞例外として許容される（参照、アメリカ連邦証拠規則804条（b）（3））。これに対し、アドミッションの場合は相手当事者がそれを自認したという事実が重要なのであって、供述者が自らの利益に反する供述を行ったことが重要であるわけではない。したがって、1号前段のいう「不利益な事実」とは、供述内容自体を指すのではなく、「被告人の不利益に用いることができる事実」の意味に理解しておけばよかろう。

(2) 裁判所の被告人供述調書

322条2項は、公判期日又は公判準備における被告人の供述調書の伝聞例外要件を定めている。その趣旨は321条2項と同じであるが、被告人には黙秘権が認められていることから、前の公判供述が任意に黙秘権を放棄して供述されたものでなければならないことが、確認的に定められている。

22.2.4. 特信情況下で作成された書面

323条は、①戸籍謄本、公正証書謄本その他公務員がその職務上証明することができる事実についてその公務員の作成した書面（1号）、②商業帳簿、航海日誌その他業務の通常の過程において作成された書面（2号）、③その他、1号又は2号に準じるような特に信用すべき情況のもと作成された書面（3号）を、伝聞例外としている。

(1) 公務上の書面（1号）

1号書面は、戸籍謄本、公正証書謄本のように、公務員が職務として作成した事実証明のための書面でなければならず、職務とは無関係に任意に作成した文書はもちろん、公務員が職務として作成した文書であっても、「事実証明のための書面」として通用していない文書は含まれない。捜査報告書は個別に信用性を検討することにより初めて事実証明に用いることが可能になるため、1号書面には該当しない（参照、最決昭24・4・25裁判集9号447頁）。1号書面は、後に証明書として使用することを目的に正確に作成されることから高度な特信性があり、また謄本の作成の真正が問題になる場合を除けば作成者が誰かは重要でないため、作成者の証人尋問を行う意味も乏しいという特徴がある。

(2) 業務上の書面（2号）

2号書面は、商業帳簿や航海日誌のように、「業務の通常の過程」において作成された文書でなければならない。業務において規則的、機械的かつ継続的に作成される文書がこれに該当する。公務員が業務の通常の過程で作成した文書は、1号に該当しなくても2号に該当する。過去に、小売販売業者の作成した未収金控帳（参照、最決昭32・11・2刑集11巻12号3047頁）、漁船乗組員が通信業務担当者として定時通信を受信した都度その内容を機械的に記入した受信用紙（参照、最決昭61・3・3刑集40巻2号175頁）、留置人名簿、留置人出入簿及び留置人出入要請書中の留置場からの出し入れ時刻に関する部分（参照、浦和地判平1・10・3判時1337号150頁＝判タ717号244頁）、速度違反の取締りを行った警察官が作成した速度測定通報（受理）記録用紙（参照、東京高判平9・12・18東高時報48巻1～12号91頁）、警察情報管理システムを使用した前歴照会一覧表（参照、東京高判平24・1・30判タ1404号360頁）等の2号該当性が肯定された。2号書面にも、業務上の出来事を正確に記録に残すために作成された文書としての特信性を肯定することができ、また文書の作成の真正が問題になる場合を除けば作成者が誰であるかは重要でなく、作成者の証人尋問を行う意味も乏しいという特徴がある。

(3) その他の書面（3号）

3号書面は、1号又は2号に準じるような特に信用すべき情況の下で作成された文書が対象となる。業務の通常の過程以外で作成した業務上の文書や業務とは無関係に作成された文書であって、文書に事実を正確に記載する性質が類型的、定型的に備わっていることを要求するのが通説である。したがって、単に作成時の具体的状況から特信性を肯定できるだけでは本号には該当しない。過去に、金融機関からの捜査関係事項照会に対する回答書（参照、最決昭47・4・11裁判集184号27頁）、銀行支店次長が業務上の個人的な備忘録としてその日の業務の要点を主観抜きに箇条書き式に記載していた日誌（参照、東京地決昭53・6・29判時893号8頁）、会社員がその業務遂行の必要上、日常業務の過程で作成された関係資料等をも参酌して作成し、上司の決裁も経た支店の正式文書としての体裁を備えたメモ（参照、東京高判平11・10・8東高時報50巻1～12号112頁）、勤務会社へのいやがらせ電話の被害者作成の架電状況一覧表（参照、東京地判平15・1・22判タ1129号264頁）、実験に立ち会った複数の者が観察や計測の結果をその都度行ったメモを集約して作成した文書（参照、東京高判平20・3・27東高時報59巻1～12号22頁）等の3号該当性が肯定された。

22.2.5. 伝聞供述

324条は伝聞供述の伝聞例外要件につき供述書面のそれを準用した規定である。被告人以外の者が被告人から聞いた供述を法廷で供述する場合は322条が準用される（1項）。また、被告人以外の者が被告人以外の者から聞いた供述を法廷で供述する場合は321条1項3号が準用される（2項）。2項が、誰の面前の供述かに関わらず321条1項3号を準用しているのは、他人の供述を聞き留めただけの場合、誰の面前の供述かによって特信性に差異は生じないことによる。

(1) 取調べ内容の伝聞供述

供述録取書への署名・押印を拒否された場合、供述録取書を証拠として使用する代わりに、録取者が法廷で録取した内容を伝聞供述の形で証言できるかが問題となる。この点、捜査官が取り調べにより聴取した内容を法廷で証言することは、供述調書の作成手続を無意味にしてしまうことや、当事者的立場からの伝聞供述となることから、324条を適用すべきでないとする見解もある（白取457頁）。これに対して判例は324条の適用を肯定している（参照、東京高判平3・6・18判タ777号240頁、東京地判平7・9・29判タ920号259頁）。取調官が取調べ時に聴取した供述を法廷で証言する場合に、記憶喚起のために供述調書の呈示を受けることはできない（規則199条の11第1項）。

(2) 伝聞証拠中の伝聞供述（再伝聞）

伝聞証拠の中に伝聞供述が含まれる再伝聞証拠に対しても、324条の類推適用を認めてよいかが問題となる。この点、最判昭32・1・22刑集11巻1号103頁は、被告人の供述を内容とする被告人以外の者の供述書面の証拠能力が争われた事案において、供述書面が321条1項の伝聞例外要件を満たしていれば、次に、そこに記載されている伝聞供述に対して324条1項を類推適用し、324条1項が準用する322条に基づき、証拠能力の有無を判断してよいとした。供述書面に記載された伝聞供述にまで324条を類推適用した場合、伝聞供述者が法廷で証言できない供述不能事案においては、本当に伝聞供述部分に該当する原供述が行われたのかを確認する手段が全くなくなる。そこで、原供述者が被告人である場合は、被告人に法廷で供述書面に記載されている伝聞供述を行ったか否かを確認すべきとの学説も有力である（松尾下68頁、寺崎454頁、光藤Ⅱ258頁、田口445頁）。もっとも、被告人が法廷で過去の自らの発言を肯定すれば、検察側証拠に用いる場合はアドミッションと考えてよく、324条1項の準用は不要である。これに対し、原供述者が被告人以外の者であるときは、本当に原供述が行われたか否かを法廷で確認することはできない。伝聞供述が原供述を正確に再現したものかどうか確認できないときに、原供述の信用性を正確に評価することは困難であるから、そのような場合にまで、供述書面に記載の伝聞供述に324条2項の類推適用を認めるべきではなかろう（同旨、白取458頁、上口387頁、酒巻572頁）。

(3) 被告人の伝聞供述

ところで、324条は被告人以外の者の公判供述に伝聞が含まれている場合の伝聞例外規定であり、被告人の公判供述に伝聞が含まれる場合の伝聞例外規定は設けられていない。しかし、刑訴法が被告人の公判供述に伝聞が含まれているときには証拠として許容しない立場をとっているとは解し難い。この点、かりに被告人の公判供述に伝聞が含まれていても、それを被告人に不利な事実認定に用いるときはアドミッションに当たり、伝聞性を問題にする必要はなくなる。問題は、被告人の公判供述に被告人に有利な内容の第三者からの伝聞が含まれている場合である。この場合は、(a) 322条1項後段を準用し、絶対的特信性を条件に証拠能力を肯定してよいとする説（江家142頁、岸176頁、高田241頁）と、(b) 324条2項を類推適用し、321条1項3項を準用する説（平野225頁、田宮390頁、後藤〔2023〕151頁）がある。この問題は次のように考えることができるだろう。伝聞法則の趣旨は反対尋問の機会を与えることで供述の信用性を吟味することを原則とする点にある。ところが、被告人は公判において黙秘権が保障されており、公判で供述する場合であっても個々の質問に答えないことができる。さらに、宣誓をしないので真実供述義務も負っていない。したがって、そもそも被告人の公判供述に対して検察官は反対質問の機会が保障されているわけではないのであるから、そこに伝聞が含まれていても伝聞法則の趣旨を妥当させることはできない。現行法が被告人の供述に伝聞供述が含まれている場合の例外規定を設けなかったのは、こうした被告人の公判供述の特殊性に鑑み、そもそも伝聞法則の適用対象とはせず、その信用性を慎重に評価することで対処させる趣旨と理解しておけば足りるだろう。

22.2.6. 任意性の調査

321条から324条までの伝聞例外要件を満たす証拠であっても、あらかじめ伝聞書面や伝聞供述の任意性を調査しなければ、証拠とすることができない（325条）。本条は、(a) 321条から324条の定める伝聞例外要件とは別に、任意性を証拠の許容性要件とする趣旨とする説（高田227頁）と、(b) 供述の任意性の有無はその信用性にも影響を及ぼすことから、伝聞例外要件を満たす場合であっても加えて任意性の調査を行うことを要求する趣旨とする説（団藤287頁）の対立がみられる。前説によれば、任意性の調査は証拠決定に際して行うべきことになるが、後説によれば事実認定の用に供するかどうかを判断する前までに調査すれば足りることになる。この点、最決昭54・10・16刑集33巻6号633頁は、325条による任意性の調査は、必ずしも証拠調べの前にされなければならないわけではなく、裁判所が右書面又は供述の証拠調べ後にその証明力を評価するにあたってその調査をしたとしても差し支えないと述べており、後説をとっている。

22.2.7. 同意書面・合意書面

(1) 同意書面（326条）

321条から324条の伝聞例外要件を満たさなくても、相手当事者（職権による証拠調べの場合は検察官と被告人の双方）が証拠とすることに同意したときは、裁判所がその書面が作成され、又は供述されたときの情況を考慮し相当と認めるときは、証拠とすることができる（326条1項）。同意の主体は検察官及び被告人である。弁護人は被告人の訴訟行為を包括的に代理することができ、基本的には弁護人の同意を被告人の同意と同視してよい。しかし、包括的代理権は被告人の意思に基づいて行使されなければならないから、被告人の意思に反する弁護人の同意は無効である。被告人において全面的に公訴事実を否認し、弁護人のみがこれを認め、その主張を完全に異にしている場合においては、検察官の証拠調べ請求に対して異議がないとする弁護人の意見のみをもって、被告人が書証を証拠とすることに同意したものとはいえず、裁判所は弁護人とは別に被告人に対し、証拠調べ請求に対する意見及び書証を証拠とすることについての同意の有無を確かめなければならない（参照、最判昭27・12・19刑集6巻11号1329頁）。被告人が出頭義務を免除されている公判に出頭しないときは、同意があったものと擬制される（326条2項）。判例には、裁判所が被告人に退廷を命じて341条により審理を進める場合にも、同意の犠牲ができるとしたものがある（参照、最決昭53・6・28刑集32巻4号724頁）。しかし、被告人側の同意意思が推定できないような場合にまで、制裁的に326条2項を準用するのは妥当でない（平野220頁、渥美451頁、光藤Ⅱ248頁、白取456頁、後藤〔2023〕162頁）。同意は、伝聞証拠の一部に対して行うこともできる。共同被告人間で同意・不同意が分かれた場合、同意の効果は共同被告人にまでは及ばない。

被告人に伝聞証拠に同意し、取り調べたうえで、それを踏まえて供述者の証人尋問を請求することができるかが問題になる。この点、(a) 同意の効果を反対尋問を通じて供述の信用性を吟味する権利の放棄と理解すれば（平野219頁、田宮388頁、鈴木214頁、松尾下70頁）、同意後に供述の信用性を争う目的で証人尋問請求することは認められないことになる（反対尋問権放棄説）。

これに対し、(b) 326条の同意は単に証拠能力を争わない意思表示に過ぎないと理解すれば（白取452頁）、同意をすることと、反対尋問権を行使して信用性を争うことは別問題ということになる（証拠能力付与説）。したがって、同意書面を取調べた上で、当該供述に対する反対尋問のために供述者の証人尋問を請求することは認められることになる。もっとも、326条の同意を証拠能力を付与する当事者の処分行為と解釈した場合、違法収集証拠や任意性を欠く自白調書に該当しても、その証拠能力を不問に付すことになってしまう。この点、328条の同意があれば、違法収集証拠であるか否かに関わらず証拠能力を肯定してよいと述べている判例がある一方（参照、最大判昭36・6・7刑集15巻6号915頁）、同意書面が後に違法収集証拠であることが判明したときは、証拠排除決定を行うべきであると判示しているものもある（参照、福岡高判平7・8・30判時1551号44頁＝判タ907号281頁）。そもそも、326条は伝聞例外規定であり、法律の文言も、裁判所がその書面が作成され又は供述されたときの情況を考慮し相当と認めることを条件としている。そこで、326条の同意は全面的に証拠能力を付与する処分行為ではなく、伝聞証拠の証拠能力を責問する権利の放棄と理解しておけばよかろう（大澤裕「刑訴法326条の同意について」曹時56巻11号2565頁）。

(2) 合意書面（327条）

両当事者が合意の上、文書の内容又は公判で供述することが予想される供述内容をまとめて一つの書面に記載したものを合意書面という。重複する複数の供述書面を要約して一つに統合したり、あるいは供述書面の中の争いのない事実のみを書き出し、合意書面とすることで、証拠調べを簡略化できるメリットがある。刑事訴訟規則は争いのない事実の取調べ方法として、同意書面や合意書面の活用を検討することを勧めているが（規則198条の2)、合意書面の方は実務においてはあまり利用されていない。合意書面のもととなる「文書」や「公判で予想される供述」は、取調べを予定している証拠である必要はなく、したがって証拠能力の有無も問わない。しかし、証拠としての価値のないものを原資料として合意書面を作成しても、合意書面に証明力が生じるわけではない。合意書面の証明力評価を可能にするためには、原資料が特定されておく必要がある（逐条実務917頁）。英米法においては当事者間による「事実の合意」（stipulation）の制度があり、この場合、合意された事実はそのまま事実認定の基礎に用いることができる。これに対し、327条の合意書面は証拠に過ぎず、証明力を争うこともできる。なお、合意書面は原資料を取り調べずに済ませることで、証拠調べを簡略化するために作成されるのであるから、合意書面を取り調べた後に、原資料を重複的に取調べ請求することはできないというべきである。

22.2.8. 証明力を争うための証拠

(1) 328条の意義

328条は、伝聞例外要件を満たさない書面又は供述であっても、被告人、証人その他の者の公判供述の証明力を争うための証拠として用いることを許容している。要証事実の認定資料とする証拠を実質証拠、要証事実の認定資料とはせず、単に実質証拠の証明力を争うためにのみ使用する証拠を補助証拠という。補助証拠には、証明力を減殺する方向の弾劾証拠と、証明力を増強する方向の増強証拠がある。また、減殺された証明力を回復するための補助証拠は回復証拠と呼ばれている。かつては328条の意義につき、文字通り補助証拠としての使用であれば、増強証拠を含めて広く伝聞証拠の使用を認める趣旨と解する判例もみられた。しかし、このような理解に立つと、立証趣旨を補助証拠としての使用に限定することで、あらゆる伝聞証拠の提出が可能になってしまう。そこで、実質証拠にも転じ得るものを排除するために、純粋補助事実（専ら供述の信用性評価にのみ影響する事実）の証明であれば伝聞証拠の使用も認める趣旨と解する説（江家179頁、平場490頁、松尾下75頁）や、英米法に倣い、自己矛盾供述をした事実により証明力を弾劾する場合に限定する説（平野252頁、鈴木216頁）が唱えられてきた。限定説による場合、公判供述と自己矛盾供述のいずれが真実かは問題にならないから、自己矛盾供述はそもそも320条の定義する伝聞証拠には該当せず、328条は伝聞法則が適用されないことの確認規定と理解すべきことになる。その他、(a) 証明力を争うための全ての証拠が328条に該当するが、検察官側の証拠については憲法37条2項前段の証人審問権の保障との整合性から限定説をとるべきとする見解（田宮395頁）、限定説を原則としつつも、(b) 証人審問権には伝聞証拠を使用して検察側証人を弾劾する権利も含まれるとする説（堀江慎司「刑法37条2項と刑訴328条」法学論叢146巻2号18頁）、(c) 憲法37条2項後段には自己に有利な証人に限らず、自己に有利な供述証拠を取調べてもらう権利が含まれるとの理由から、弾劾的な使用であれば自己矛盾供述に限定しなくてよいとする見解（光藤Ⅱ 251頁）などの片面的構成説も有力である。判例は非限定説をとるものと限定説をとるものに分かれていたが、最判平18・11・7刑集60巻9号561頁は、「刑訴法328条は、公判準備又は公判期日における被告人、証人その他の者の供述が、別の機会にしたその者の供述と矛盾する場合に、矛盾する供述をしたこと自体の立証を許すことにより、公判準備又は公判期日におけるその者の供述の信用性の減殺を図ることを許容する趣旨のものであ」ると述べ、限定説の立場をとることを明確にした。

(2) 自己矛盾供述の立証

自己矛盾供述によって公判供述を弾劾するためには、まず、自己矛盾供述の存在が立証される必要がある。そこで自己矛盾供述の立証方法が問題となる。この点、一般に訴訟法上の事実は自由な証明で足りると解されているにもかかわらず、上記の最判平18・11・7刑集60巻9号561頁は、別の機会に矛盾する供述をしたという事実の立証については厳格な証明を要するとした。そして、328条により使用が許される証拠は、「信用性を争う供述をした者のそれと矛盾する内容の供述が、同人の供述書、供述を録取した書面（刑訴法が定める要件を満たすものに限る）、同人の供述を聞いたとする者の公判期日の供述又はこれらと同視し得る証拠の中に現れている部分に限られる」として、自己矛盾供述が記載された「聞込み状況書」を証拠とすることを許さなかった。自己矛盾供述の弾劾的用法は供述の信用性の有無を問題にすることなく、当該供述が公判供述と矛盾している事実をもって証明力を弾劾しようとするものである。この場合、公判外供述が公判供述と本当に矛盾しているのか、あるいはどの程度矛盾しているのかを正確に認定しなければ、弾劾効果の有無及び程度を評価することは難しい。そこで、最高裁平成18年判決は、自己矛盾供述の内容を正確に認定することが可能な証拠方法に限定するために、厳格な証明によることを求めたものと理解することができる。

なお、証人が過去に自己矛盾供述を行った事実があるときは、自己矛盾供述を含む証拠を328条によって採用するまでもなく、証人に対する反対尋問の際に自己矛盾供述を行った事実を摘示して弾劾することによっても、その目的を果たすことができる。この場合、反対尋問の際に刑訴規則199条の

10により自己矛盾供述を含む供述調書を提示しながら、弾劾することも許されてよかろう（光藤Ⅱ256頁）。なお、そうした供述調書を提示しながらの反対尋問を通じた弾劾を行っていなくても、316条の32第1項のいうやむを得ない事由があるとして自己矛盾供述の使用が許容された事例がある（参照、名古屋高金沢支判平20・6・5判タ1275号342頁）。

(3) 一致供述の回復証拠としての使用

公判供述と一致する公判外供述を回復証拠として使用する場合も、非供述証拠としての使用に当たる場合は考えられる。例えば、公判供述の信用性を減殺する事実を証明するための証拠が提出されたとき、当該事実が発生する以前から公判供述と一致する供述が行われていた事実を証明するために供述証拠を用いることは非供述証拠としての使用に当たるから、328条により回復証拠としての使用を認めてよかろう（田宮395頁、昭54重要判解236頁〔小早川〕）。その他に、公判供述を弾劾する目的で不一致供述が提出されたときに、さらに公判供述の不一致供述とも一致しない供述によって不一致供述を弾劾することも非供述的用法に該当するので、328条により許容してよいとする学説もある（井戸田229頁、高田263頁）。しかし、供述が二転、三転した事実を明らかにするだけでは公判供述との不一致供述が行われた事実に変わりはなく、不一致供述により弾劾された証明力を回復させる力は乏しいと言わなければならない（昭54重要判解236頁〔小早川〕、川出〔2022〕477頁）。

第７編　裁判と救済手続

23. 公判の裁判

23.1. 裁判の種類

裁判とは、裁判所（又は裁判官）が認定した事実に法律を適用して得た結論を告知する訴訟行為である。裁判はその形式により判決、決定又は命令に区別されている。判決は裁判所が口頭弁論に基づいて行う必要があるのに対し、決定及び命令はその必要はない（43条1項、2項）。ただし、公判廷において決定を行う場合は原則として訴訟関係人の陳述を聴かなければならない（規則33条1項）。決定と命令は主体が裁判所か裁判官かで区別されている。もっとも、裁判所の行う決定であっても命令と呼ばれているものがある（例えば、訴因変更命令〔312条2項〕、証拠開示命令〔316条の26〕、略式命令〔461条〕）。決定又は命令のために必要があれば「事実の取調べ」を行うことができる（43条3項、規則33条3項）。判決は必ず「裁判書」を作成しなければならないのに対し、決定又は命令は調書に記載することで代替させることができる（規則53条）。原則として裁判には理由を付さなければならないが、上訴又は抗告に代わる異議を許さない決定又は命令は理由を付さなくてもよい（44条）。裁判はその機能の観点から終局裁判と非終局裁判に分類できる。終局裁判は当該審級における訴訟係属を終局させるための裁判である。刑事訴訟法第二篇第三章第五節の定める「公判の裁判」は第一審の終局裁判の意味である。終局裁判は裁判の内容に応じて、実体裁判と形式裁判に分類できる。実体裁判は公訴理由の有無についての裁判であり、有罪判決（333条、334条）、無罪判決（336条）、略式命令（461条）が該当する。形式裁判は公訴提起が無効であるときの裁判であり、管轄違い判決（329条）、免訴判決（337条）、公訴棄却判決（338条）、公訴棄却決定（339条）がある。非終局裁判には、終局前の裁判（勾留に関する裁判、押収に関する裁判、証拠調べに関する裁判、簡易公判手続の決定〔291条の2〕、公判の分離・併合・停止の裁判〔313条、314条〕、公判前整理手続に付する決定〔316条の2〕、即決裁判手続による審判の決定〔350条の22〕等）と終局後の裁判（訴訟費用の補償の裁判〔188条の3、188条の5〕、訴訟費用の執行免除の申立てに対する決定〔500条〕、裁判の解釈の申立てに対する決定〔501条〕、裁判の執行に関する異議の申立てに対する決定〔502条〕等）がある。

23.2. 有罪判決の構成

有罪判決は主文と理由からなる。主文には、刑の言渡し（333条1項）と「刑の免除」の言渡し（334条）がある。刑の言渡しを行う場合は、同時に主文の中で刑の付随処分（刑の執行の減軽又は免除〔刑5条〕、労役場留置〔刑18条〕、未決勾留日数の算入〔刑21条〕、刑の執行猶予〔刑25条、同27条の2〕、保護観察〔刑25条の2〕、訴訟費用の負担〔181条1項〕、罰金・過料・追徴の仮納付〔348条〕等）も言い渡される。有罪判決の理由には、①罪となるべき事実、②証拠の標目及び③法令の適用を記載しなければならない（335条1項）。さらに、犯罪阻却事由や刑の（必要的）加重減免事由の主張が行われた場合は、主張に対する判断を示さなければならない（同条2項）。これら以外にも、事実上及び法律上の争点に対する説明や量刑の理由を記載することが一般的である。旧法は判決理由として証拠によって罪となるべき事実を認めた理由の説明（証拠説明）を要求していたが、現行法は判決書作成の手間を省くために証拠の標目の記載だけを求めることとした。証拠の標目にはどの証拠によってどの犯罪事実を認定したかが分かる程度の記載があれば足り（参照、最判昭25・9・19刑集4巻9号1695頁）、証拠を取捨した理由の説明は不要である（参照、最決昭34・11・24刑集13巻12号3089頁）。もっとも、争点となった事実については、事実認定の合理性を担保するために、判決理由の中で証拠を取捨した理由や心証形成の過程につき何等かの説明が行われることが一般的である。335条1項のいう法令は、罪となるべき事実に適用した罰条及びその法定刑から処断刑を導き出すために適用した法令を意味する。その他にも、主文において刑の付随処分を言い渡したときは、便宜上、刑の付随処分に関する法令が列挙されている。判決の理由に不備や齟齬がある場合は絶対的控訴理由となる（378条4号）。

23.3. 択一的認定

訴因は択一的に記載できるのに対し（256条5項）、有罪判決の理由については択一的記載に関する定めがない。そこで、有罪判決の理由である「罪となるべき事実」を択一的に認定すること、あるいは、利益原則に従い、択一的にしか認定できない事実のうち被告人に有利な事実を認定すること（「秘められた択一的認定」）の適法性が問題となる。訴因制度との関係で、択一的認定の問題は論者によって概念の用い方や問題の把握の仕方が必ずしも統一していない。本書においては択一的認定の許容性の問題を、一個の訴因内の択一的認定と、数個の訴因間の択一的認定の問題に区別して検討する。

(1) 一個の訴因内の択一的認定

一個の訴因がその特定性を害しない程度に択一的ないし概括的に記載されている場合に、訴因の記載の範囲内で択一的認定を行うことは可能である。訴因事実と訴因に記載のない事実との択一的認定であっても、それが訴因変更を要しない範囲の択一的認定に止まるならば問題はない（参照、最判昭58・5・6刑集37巻4号375頁）。これに対し、択一的認定が訴因変更を要する範囲に広がる場合にそのまま択一的認定をすることは許されないが、これは訴因変更の要否の問題であって、本来の択一的認定の許容性の問題ではない。そして、訴因変更により予備的・択一的訴因が追加されたときは、数個の訴因間の択一的認定の許容性が問題となる。なお、一個の訴因内の択一的認定であっても、いずれの事実かにより犯情に違いが生じることはある。この場合、いずれの事実も認定できないことを前提に量刑しなければならないとすれば不当な結果になるので、利益原則に従い被告人に有利な情状の範囲で量刑を行うべきである。

(2) 数個の訴因間の択一的認定

予備的・択一的訴因のいずれか一方であることまでは認定できるが、いずれと断定するにも合理的疑いが残る場合、判決理由の「罪となるべき事実」を択一的に認定すること、あるいは罪の軽い訴因につき秘められた択一的認定を行うことは許されるであろうか。当該論点につき、犯罪の証明は訴因単位で行う必要があることを理由に、数個の訴因を融合させた択一的認定は許されないとの説がみられる（松尾下128頁）。しかし、訴因を融合させて認定しても審判対象の逸脱ではないことや、訴因不特定と判断されるリスクを避けるために、一個の訴因の択一的・概括的記載にとどめず、択一的訴因として分けて記載することも考えられるから、単に複数の訴因間であるから択一的認定は許されないというのは形式的過ぎるだろう。これに対し、裁判所が訴因の特定を欠くような概括的認定しかできないときは、「罪となるべき事実」につき合理的疑いを超える証明があったとはいえない。そこで以下では、複数訴因間にまたがる択一的認定であっても許容される場合があることを前提に、同一構成要件内の択一的認定（概括的認定）と異なる構成要件間の択一的認定（狭義の択一的認定）に分けて検討する。

(i) 同一構成要件内の択一的認定

同一構成要件内の択一的認定は構成要件の犯罪個別化機能を害することにはならないから、原則として択一的認定を許容する見解が支配的である。もっとも、過失犯は「開かれた構成要件」であって、前提となる注意義務の内容に応じて過失態様は様々である。そこで、同一構成要件内であっても異なる過失態様間の択一的認定は許すべきでないとする説も有力である（光藤Ⅱ 286 頁、白取 474 頁）。これに対し、判例には、異なる過失態様間の択一的認定を許容した事例（参照、秋田地判昭 37・4・24 判タ 131 号 166 頁）と、許容しなかった事例がある。後者の例として、東京高判平 28・8・25 判時 2422 号 115 頁＝判タ 1440 号 174 頁がある。本件はトラックが左折する際、過失により横断歩道を直進してきた自転車を跳ねて死亡させた事件であるところ、第一審の途中で、①左折時の安全確認を怠ったか、あるいは②左折時の死角に人がいないか注意深く安全確認をすることを怠ったことが、過失にあたることを、択一的に記載する訴因変更が行われた。第一審は両訴因を択一的に認定して有罪としたのに対し、控訴審は、過失犯の構成要件が開かれた構成要件であり、その適用にあたり、注意義務の前提となる具体的事実関係、その事実関係における具体的注意義務、具体的な注意義務違反の内容が異なり、犯情的にも違いがあるのに、罪となるべき事実として、証拠調べを経てもなお確信に達しなかった犯情の重い過失を認定するのは利益原則に照らして許されないとの理由から、原判決を破棄した。もっとも、本件控訴審は結論として、上記の二つの過失態様の前提となるそれぞれの注意義務を、一つの注意義務としてより概括的に記載した予備的訴因の追加を認めた上で、過失を認定して有罪の自判をしている。

正犯と共犯のような同一構成要件の基本形式と修正形式との間の択一的認定が許されるかも問題となる。この点、単独犯と共同正犯間の択一的認定を許容したものとして、東京高判平4・10・14高刑集45巻3号66頁がある。本件においては、検察官が実行行為者を被告人とする強盗の共謀共同正犯の訴因で共犯者と共に起訴したところ、第一審が、単独犯としても強盗の罪を問える一方、共謀の成否が不明であることを理由に、単独又はAとの共謀により強盗を実行した旨を認定したことの適法性が争点となった。控訴審は、より犯情の軽くなる共同正犯の可能性が残る以上、利益原則から単独犯と共同正犯の択一的認定を認めるべきであるとした上で、共同正犯と単独犯はその実質においては、同一の犯罪構成要件に当る行為態様に関する択一的認定に類似し、かつ、「罪となるべき事実」の基本的な法的評価に差異を来たしこれを不明確にするおそれがないことを理由に、罪となるべき事実につき単独犯か共同正犯かにつき明示的な択一的記載を行うことを適法とした。これに対し、窃盗事件の単独犯の訴因で起訴され、証拠中に共犯者の存在を認定できる証拠が存在していたにもかかわらず、単独犯と認定して有罪としたことの適法性が争われた事案において、最決平21・7・21刑集63巻6号762頁は、訴因が単独犯のときは、他に共犯者がいる可能性があったとしてもそのまま単独犯を認定すればよいから、択一的認定の問題は生じないとの立場をとっている。罪となるべき事実を単独犯として認定してよいとしても、共犯者が存在する可能性が被告人にとって有利な情状となるときは、それを量刑上考慮することはあってしかるべきであろう。

(ii) 異なる構成要件間の択一的認定

殺人の故意に合理的疑いが残った結果、傷害致死の認定に留めるような縮小認定は、証明できた範囲の事実認定であって秘められた択一的認定の問題ではない。問題は、数個の訴因が包摂関係にはない構成要件にまたがる場合の択一的認定の可否である。例えば、「被告人が窃取したか横領したかのいずれかである」ことまでは認定できるが、いずれとも特定できない場合はどのように処理すべきか。この点、(a) 異なる構成要件間の事実を択一的に認定して有罪とすることは合成的構成要件を作り出すに等しく、罪刑法定主義に反することを理由に、択一的認定を認めない見解が多数説である（団藤303頁、平野280頁、松尾下128頁、光藤Ⅱ289頁、田口458頁、白取477頁、酒巻

473頁)。これに対し、(b) 利益原則に従いより重い罪を認定できないときは、その可能性が排除されたことを前提に、より軽い罪につき秘められた択一的認定をして有罪とすることは許されるべきとの説も見られる（中野・百選5版206頁、古田・百選8版199頁、甲斐・百選10版211頁)。しかし、いずれが重い罪であるかが判断できないこともあり、どちらから利益原則を適用するのかが問題になる他、利益原則により軽い罪の成立を前提にすることを許す規範的意味まで含めることには無理がある。この点、(c) 心理的択一関係（証拠上いずれか一方の事実しかないとの心証を形成した場合）と論理的択一関係（論理的にいずれか一方の事実しかありえない場合）を区別し、後者の場合に限定して、利益原則により論理的択一関係にある被告人に有利な事実につき秘められた択一的認定を行うことを許容する見解も有力である（田宮424頁、上口458頁)。

論理的択一性が問題となった事例として、大阪地判昭46・9・9判時662号101頁＝判タ272号309頁は、子供に傷害を負わせ、遺棄して致死させたが、遺棄時に死亡していたか、遺棄後に死亡したかが証拠上不明であったため、傷害致死の罪に加え、本意的訴因を死体遺棄、予備的訴因を保護責任者遺棄として起訴された事件において、死体遺棄及び保護責任者遺棄のいずれも証明がないことを理由に、傷害致死のみを認定し有罪とした。これに対し、札幌高判昭61・3・24高刑集39巻1号8頁は、除雪作業中に誤って妻を轢いて雪に埋没させ、妻を発見したが既に死亡しているものと思い、妻を別の場所に運んで遺棄した事件において、死体の解剖によっても死亡時刻が遺棄前か遺棄後か確定できなかったことから、道路交通法違反及び死体遺棄の訴因により起訴された事案において、論理的に考えて、遺棄の前には被害者は生存していたか死亡していたかのいずれかでしかないから、この点も踏まえて、証拠上より罪の重い生存者遺棄の事実を認定できないならば、死体を遺棄したと認定することが合理的であるとの理由から、死体遺棄罪を認定して有罪とした。本件は、法医学的には遺棄時に死亡していた可能性が極めて高かったところ、これに被告人は保護責任者遺棄致死というより重い罪を犯した可能性があるという法的観点も踏まえて、死体を遺棄したと認定した事例であり、証拠もないのに、単に論理的択一性が認められる被告人に有利な事実であることを理由に、秘められた択一的認定を行った事例ではないことに注意を要する。論理的択一関係であれ心理的択一関係であれ、二つのうちのいずれか一方の罪を犯した可能性しか残らないときに、証拠上、より軽い罪が成立していた高度な蓋然性を認定できるのであれば、秘められた択一的認定を行うまでもなく、規範的意味において「合理的疑いを超える証明」はあったと判断してよかろう。

23.4. 量刑

犯罪の証明があったときは、刑の免除に該当する場合を除いて、判決で刑を言い渡さなければならない（333条1項）。そして、刑を言い渡すためには、処断刑（法定刑に対し刑の加重減軽を行ったもの）の範囲内でどの種類及び程度の刑を宣告するか（宣告刑）を決めなければならない。これを「刑の量定」（＝量刑）という。量刑の際に情状として考慮してよい事実は法律には明示されていないが、起訴猶予の際の情状（248条）と異ならない。情状のうち、「犯罪の動機、態様及び結果その他の罪となるべき事実に関連する情状」（裁判員78条3項1号参照）を「犯情」と呼び、それ以外の情状を「一般情状」と呼んでいる。

前科・前歴を被告人の犯罪性向を示す情状証拠として使用することはできる。これに対し、起訴されていない余罪を被告人にとって不利な情状に加えることには問題がある。この点、最大判昭41・7・13刑集20巻6号609頁は、無条件に余罪を考慮してよいことになれば、それは起訴されていない事件を実質上処罰するに等しい結果となり、不告不理の原則に反し、憲法31条が要求する適正手続の保障に反すること、また、量刑上考慮された余罪が再び起訴されれば二重処罰の禁止（憲法39条）にも抵触することになることを理由に、余罪を実質上処罰する趣旨で考慮することは許されないが、情状を推知するための一資料としての限度で考慮することは許されると判示した。余罪を実質上処罰する趣旨で考慮したか否かは、判決理由の記載だけから明確に判断できるとは限らず、余罪がどの程度具体的に認定されたかや、実際に宣告された刑罰の重さも考慮に加えて判断せざるを得ないだろう。余罪を具体的に認定し、実質上処罰する意味で考慮したと理解できる判決がそのまま確定したときは、当該余罪についても一事不再理効が生じるというべきである（参照、大阪高判昭50・8・27高刑集28巻3号321頁）。余罪を量刑資料として用いた場合は、実質的に処罰する趣旨でなくてもその余罪を後に起訴することはできないと解するべきとの学説もみられる（安冨 286 頁）。

裁判員制度導入後は行為責任を重視する傾向にあり、犯情に基づき共通する過去の事例から量刑の幅を決めた上、一般情状を考慮に加えて、最終的な量刑が行われている。量刑幅を決める上での参考にするため量刑検索システムも構築されている。傷害致死の事案につき、懲役 10 年の求刑を超えて懲役 15 年の刑を言い渡したことが量刑不当にあたるかが争点となった事案において、最判平 26・7・24 刑集 68 巻 6 号 925 頁は、量刑判断が公平性の観点からも是認できるものであるためには、従来の量刑の傾向を前提とすべきではない事情の存在について、裁判体の判断が具体的、説得的に判示されることを要求し、そのような説明を欠いていることを理由に、量刑不当を肯定した。

特に死刑事件は量刑不当が争われることが多い。死刑の量刑基準として、最判昭 58・7・8 刑集 37 巻 6 号 609 頁が犯行当時少年による四人に対する連続射殺事件の量刑が争点となった事案において示した、いわゆる永山基準がある。当該判決において最高裁は、「死刑制度を存置する現行法制の下では、犯行の罪質、動機、態様ことに殺害の手段方法の執拗性・残虐性、結果の重大性ことに殺害された被害者の数、遺族の被害感情、社会的影響、犯人の年齢、前科、犯行後の情状等各般の情状を併せ考察したとき、その罪責が誠に重大であって、罪刑の均衡の見地からも一般予防の見地からも極刑がやむを得ないと認められる場合には、死刑の選択も許されるものといわなければならない。」という基準を示した。また、最決平 27・2・3 刑集 69 巻 1 号 1 頁及び同 99 頁は、上記 58 年判決の基準に加えて、死刑の適用に当たっては、「公平性の確保」にも十分に意を払うことを要求している。なお、殺害された被害者は一名であっても、被告人の罪責が誠に重大であることを理由に、無期懲役を破棄した事例がいくつかある（参照、最判平 11・12・10 刑集 53 巻 9 号 1160 頁、東京高判平 12・2・28 判タ 1027 号 284 頁＝判時 1705 号 173 頁、東京高判平 17・3・29 判時 1891 号 166 頁、東京高判平 19・4・25 高刑速（平 19）212 頁）。他方、被告人の更生可能性は死刑を回避すべき決定的事情とまではいえないと解されている（参照、最判平 18・6・20 判時 1941 号 38 頁＝判タ 1213 号 89 頁）。

23.5. 無罪判決

無罪判決は被告事件が罪とならないとき、又は被告事件について犯罪の証明がないときに、言い渡さなければならない（336条）。「罪とならないとき」とは、訴因の証明があっても構成要件該当性を欠くとの結論に至った場合や、犯罪阻却事由が認定された結果、犯罪が成立しない場合を意味する。なお、訴因の記載だけから何ら罪となるべき事実が記載されていないことが明らかであるときは、決定により公訴を棄却しなければならない（339条2号）。「犯罪の証明がないとき」とは、構成要件該当事実につき合理的疑いを超えた証明がなされておらず、あるいは犯罪阻却事由が存在する合理的疑いが残った場合のことを意味する。併合罪の一部につき無罪とする場合は判決主文において有罪と無罪の二つの言渡しをしなければならない。科刑上一罪の関係にある一部事実が認定できないときは、理由中で一部事実を認定できないことを示さなければならない。予備的・択一的訴因につき、主位的訴因を排斥して予備的訴因で有罪とした場合や択一的訴因の一方で有罪とした場合、有罪認定の理由を示せば、他方の訴因が排斥されたことは明らかであり、排斥した理由をことさら説明する必要はないと解されている（参照、最判昭25・10・3刑集4巻10号1861頁、最決昭29・3・23刑集8巻3号305頁）。これに対し、予備的訴因についてのみ無罪を言渡し、主位的訴因につき何等判断を示さないことは、判断の遺漏（378条3号）に当たる（参照、名古屋高判昭28・1・21高刑集6巻2号165頁）。無罪判決の理由の記載については特別の定めはないが、44条の趣旨からすれば検察官が上訴すべきか否かを判断できる程度の理由の記載は必要である。個々の証拠を採用しなかった理由を逐一説明する必要はない（参照、最判昭35・12・16刑集14巻14号1947頁）。なお、無罪判決が確定すれば国から逮捕・勾留日数に応じた刑事補償を受けることができる（憲39条、刑事補償1条及び4条）。また、訴訟費用の補償も受けられる（188条の2）。

23.6. 裁判の成立

裁判は、裁判所による意思決定により内部的に成立し、裁判の告知（規則34条）により外部的に成立する。外部的に成立した時点で、上訴によらない限り裁判内容を変更することはできなくなる。合議体の場合、裁判所の意思決定は多数決による評決により行われる（裁77条1項、ただし、裁判員67条1

項、2項)。合議体の意見が三説以上に分かれた場合、被告人に最も不利な意見を順次利益な意見に加え、過半数に達した意見の中で最も利益な意見による(同条2項2号)。無罪意見が多数であっても、裁判官毎に無罪とすべき理由が異なるとき(例えば、一人が有罪、一人が正当防衛、一人が責任無能力との意見であった場合)、理由毎に多数決をとると、いずれの理由も少数意見で否定され、有罪になってしまうのは不合理である。そこで、理由について十分に評議した上で、結論についてのみ多数決をとるべきである。裁判の告知は、判決、その他の公判廷における裁判の場合は、公判廷における宣告により行われる(342条)。公判廷外の裁判の場合は、裁判書謄本の送達により行われる(規則34条)。

裁判の告知に伴う効力として、禁錮以上の刑に処する判決の宣告があったときは、保釈又は勾留の執行停止は失効し(343条1項)、新たに保釈又は勾留の執行停止の決定がない限り、刑事施設に収容される(同条2項)。収容後は勾留更新回数の制限を受けない他、必要的保釈の対象とならない(344条1項)。裁量保釈も、被告人が逃亡するおそれが高くない場合を除き、勾留が被告人に及ぼす不利益の程度が著しく高い場合にしか許されない(同条2項)。なお、2023年改正により刑の執行確保策が強化され、拘禁刑以上の刑を宣告された被告人は出国が制限されることとなった(342条の2乃至342条の8)。罰金の実刑裁判の告知を受けた被告人が罰金を完納できないおそれがある場合も、裁判所の決定により出国が制限される(345条の2乃至345条の4)。出国制限は、控訴審で原判決が破棄され又は公訴が棄却されるまで継続する(参照、403条の3、403条の4)。

これに対し、無罪、免訴、刑の免除、刑の全部の執行猶予、公訴棄却(338条4号除く)、罰金又は科料の裁判の告知があったときは、勾留状が失効し、直ちに釈放手続がとられる(345条)。無罪判決により勾留状が失効した場合であっても、第一審判決に対して上訴の申立てが行われた場合、控訴裁判所が右無罪判決の理由の検討を経た上でもなお罪を犯したことを疑うに足りる相当な理由があると認めるときは、再勾留は可能と解されている(参照、最決平12・6・27刑集54巻5号461頁)。もっとも、最決平19・12・13刑集61巻9号843頁は、第一審が無罪判決であった場合の「罪を犯したと疑うに足りる相当な理由」の判断は、無罪判決の存在を十分に踏まえて慎重になされなければならず、嫌疑の程度としては、第一審段階におけるものよりも強いものが要求されると判示している。第一審判決に対して控訴が行われた場合、訴訟記録が控訴審に送致されるまでは第一審裁判所が勾留の裁判を行わなければならない（97条1項、2項）。無罪判決を言い渡した第一審裁判所が勾留を言い渡すことの可否につき、「一審裁判所が再勾留できるのは、一審の無罪判決に、決定的な誤りを発見したときとか、それに匹敵するほどの特段の事情がある場合でなければならない。」との理由から、原審の勾留決定を取り消した事例がある（参照、東京高決平19・9・5判タ1258号346頁）。

23.7. 裁判の確定に伴う効力

裁判が上訴等の通常の不服申立手段によっては争えなくなった状態を「裁判の確定」という。裁判が確定すると、①内容的確定力（後の裁判所の判断を拘束する力）と②執行力（471条）が生じる。また、有罪・無罪判決、略式命令又は免訴判決が確定すると、③一事不再理効（ne bis in idem）が生じ、再起訴できなくなる（337条1号、470条）。一事不再理効は、かつては実体判決の内容的確定力（既判力）の外部的効力と理解されていた（団藤312頁）。しかし、審判対象を訴因と解したとき、既判力は訴因の範囲でしか生じない。そこで、現在では、一事不再理効は憲法39条の定める二重の危険の禁止（double jeopardy）に由来する法原理であり、被告人が一度裁判で有罪になる危険を負担したことから生じる手続的効力と理解する考え方が通説化している（田宮445頁、田口474頁、白取486頁）。検察官による不利益上訴が憲法39条に違反しないかが争点となった事案において、最大判昭25・9・27刑集4巻9号1805頁は、一事不再理の原則が二重の危険の禁止の思想に基づくものであることを肯定した上で、同一事件においては訴訟手続の開始から終結に至るまでが継続する一つの危険であるとの理由から、検察官による不利益上訴を合憲とした。

一事不再理効は、被告人本人にしか及ばない（主観的範囲）。したがって、有罪判決確定後に真犯人が現れた場合に、真犯人を起訴することはできる。もっとも、一つの事件につき内容の矛盾する二つの有罪判決が確定することにならないよう、有罪確定後に真犯人が現れた場合は、必ず再審手続により誤っていた確定判決の効力を消滅させるべきである。次に、一事不再理効は、確定事件の訴因と公訴事実の同一性が認められる範囲に及ぶと解するのが通説である（客観的範囲）。検察官は公訴事実の同一性が認められる範囲において同時訴追が可能であるから、公訴事実の同一性の範囲内で二重の危険が生じるというのがその理由である。確定事件と起訴事件に公訴事実の同一性が認められるか否かの判断は、前訴と公訴の各訴因を比較して行われる。最判平15・10・7刑集57巻9号1002頁は、単純窃盗罪で起訴された場合、たとえそれが既に判決が確定している別の単純窃盗罪と実体的には常習一罪の関係にあり、一回の手続で処理できていたとしても、裁判所が両事件の相互関係を検討するに当たって、いずれの訴因にも現れていない「常習一罪」の観点を持ち込むことは相当でないとした。判決宣告後に発生した犯罪には一事不再理効は及ばない（時間的範囲）。したがって、常習窃盗の有罪判決の確定後、常習性の発露としてさらに窃盗が繰り返されたとしても、後者の事件には確定判決の一事不再理効は及ばない（参照、最決令3・6・28刑集75巻7号909頁）。

刑訴法は免訴後の再起訴を想定しておらず、一事不再理効は有罪・無罪の実体判決だけでなく、免訴判決にも生じると解されている。したがって、公訴時効を理由に免訴判決が確定した後、確定事件が公訴時効の成立していないより重い罪であることが判明したり、あるいは新たに時効の停止事由が発見されても、再起訴はできない。これに対し、管轄違いや公訴棄却の裁判は確定後の再起訴が想定されている（254条1項参照）。公訴取消し後の再起訴は、あらたに重要な証拠を発見した場合でなければできない（340条）。

形式裁判にも内容的確定力は生じるから、後の裁判所が前の裁判内容を変更することはできない。例えば、訴因不特定で公訴棄却になった後、検察官が再び同じ記載のまま公訴提起したときは、後の裁判所は訴因不特定に当たらないと判断することはできない。これに対し、被告人の死亡を理由に公訴が棄却された後、被告人の生存が判明して再起訴したときは、事実的基礎が変化しているため、後の裁判所が審理を進めても、公訴棄却裁判の内容的確定力に反することにはならない（参照、大阪地判昭49・5・2刑月6巻5号583頁）。最決昭56・7・14刑集35巻5号497頁は、形式裁判の内容的確定力が生じるのは判断の部分であって、判断に至った理由の部分は後の裁判所の判断を拘束しないと述べている。本件は、公正証書原本不実記載、同行使の公訴事実の記載が、「保存登記」の不実記載か「表示登記」の不実記載か明確でなかったため（両者は併合罪の関係にある）、訴因不特定を理由に公訴棄却となったことから、検察官が公訴事実を「表示登記」の不実記載と「保存登記」の不実記載の二つに分けて再起訴したところ、今度は、両事実につき前の公訴時に時効の進行が停止していたか否かが問題となった事案である。第一審が、前の公訴につき、検察官は「表示登記」を訴追する意図であったと認定し、表示登記の不実記載については前の公訴による公訴時効の進行が停止していたので時効は成立していないと結論付けたことから、公訴棄却判決の内容的確定力に抵触しないかが争点となった。そもそも、公訴提起の手続に違法があり公訴が棄却される場合であっても、訴訟係属中は時効の進行が停止するから（254条1項）、再起訴を受けた裁判所が、先の起訴の訴訟係属中、検察官が訴追する意図であった事件の時効の進行は停止していたと判断することが、訴因不特定を理由に公訴を棄却した前の確定判決の内容と矛盾するとはいえない。この意味で、本件は公訴棄却判決の内容的確定力との抵触は生じない事案であった。

24. 上訴

24.1. 総論

上訴とは、裁判所の裁判に対する上級裁判所への不服申立である。地裁又は簡裁の第一審判決に対しては高裁に控訴できる（372条）。高裁の第一審又は第二審判決に対しては最高裁に上告できる（405条）。地裁又は簡裁の第一審判決に法令等の合憲性判断や条例等の法律適合性判断が含まれているときは、直接最高裁に跳躍上告ができる場合がある（規則254条）。地裁又は簡裁の決定に対しては、特別の定めにより制限される場合を除き、高裁に抗告（一般抗告）することができる（419条）。高裁が一般抗告の対象となる決定を行った場合は、上級審への抗告ではなく、同じ高裁に抗告に代わる異議申立をすることができる（428条1項及び2項）。規定はないが、最高裁が一般抗告の対象となる決定を行った場合も、最高裁に抗告に代わる異議申立を認めてよかろう。抗告審・異議審決定に対する再抗告はできない（427条）。裁判官の裁判のうち法律の定めるものは管轄裁判所に裁判の取消又は変更を請求す

刑事訴訟における上訴制度

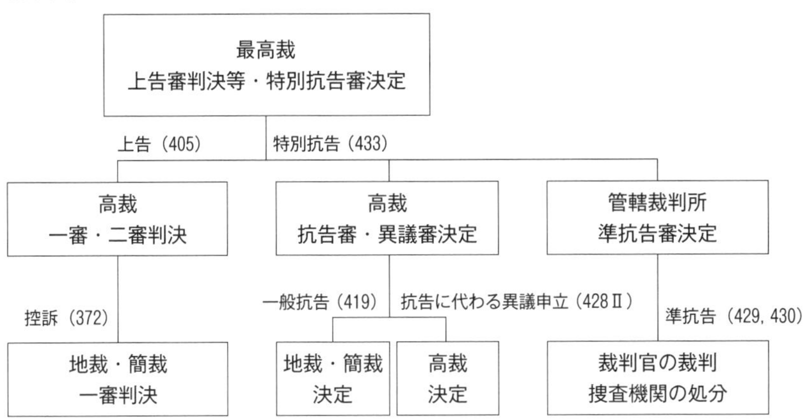

ることができる（429条）。また、検察官、検察事務官又は司法警察職員のした法律の定める処分に対しても、それぞれの管轄裁判所に処分の取り消し又は変更を請求することができる（430条）。裁判官の裁判及び捜査機関の処分に対する不服申立には抗告の手続が準用されており、「準抗告」と呼ばれている。準抗告審の決定に対する抗告はできない（432条、427条）。抗告審・異議審決定や準抗告審決定等の法律上抗告が許されない決定又は命令であっても、405条に規定する憲法違反又は判例違反があるときは、最高裁に特別抗告できる（433条1項）。

(1) 上訴権者

上訴権者は、①検察官又は被告人（351条1項）、②決定を受けた者（352条）、③法定代理人又は保佐人（353条）、④勾留理由開示請求者（354条）、⑤原審における代理人又は弁護人（355条）である。③～⑤による上訴は、被告人の明示の意思に反しないことが条件となる（356条）。検察官にとって上訴権は誤判の是正手段であり、被告人の利益にも不利益にも行使できる。被告人にとって上訴は単なる誤判是正手段ではなく救済手段であり、自己に不利益な上訴はできないと解されている（上訴の利益）。それゆえ、無罪判決が不当であることや、刑が不当に軽いことを理由に、被告人が上訴することはできない。免訴や公訴棄却に対する被告人の上訴についても、上訴の利益は認められない（参照、最決昭23・5・26刑集2巻6号529頁、最大決昭29・11・10刑集8巻11号1816頁、最大決昭30・12・14刑集9巻13号2775頁、最決昭53・10・31刑集32巻7号1793頁）。これに対し、被告人が訴訟条件の具備と無罪であることの二つを理由に上訴することは認めてよいとする説もある（団藤506頁、白取500頁）。しかし、この場合も被告人側から訴追維持を求めることになる点は訴訟条件を欠くことに争いがない場合と同じであること、また、被告人のみが上訴したときは不利益変更が禁止されるところ（402条参照）、上訴審が訴訟条件は具備しており、有罪であるとの判断に至ったときに、有罪判決を言い渡すこと自体が不利益変更に当たるというべきだから、言い渡せる実体判決がなくなってしまう点で、上訴の利益を認めることには問題がある。

(2) 上訴権の発生と消滅

上訴権は、裁判の告知により発生し、上訴期間の満了、上訴の放棄又は取下げ（359条）によって消滅する。死刑又は無期判決に対する上訴の放棄はできない（360条の2）。また、上訴の放棄は書面によって行わなければならない（360条の3）。上訴期間は、控訴及び上告については14日（373条、414条）、通常抗告については決定を取り消す実益のある期間（421条）、即時抗告については3日（422条）と定められている。判決訂正の申立期間は10日である（415条2項）。自己又は代理人の責に帰すことができない事由により上訴期間内に上訴できなかった場合は、上訴の申立てと同時に上訴権回復請求ができる（362条）。被告人が上訴を放棄又は取り下げると被告人の上訴権は消滅するため、他の上訴権者が被告人のために上訴することはできない。被告人の法定代理人・保佐人又は勾留理由開示請求者が申し立てた上訴を放棄又は取り下げるときは、同時に被告人の同意書を差し出す必要がある（360条、規則224条の2）。上訴の放棄又は取下げを行った者及び上訴の放棄又は取下げに同意した被告人は、それ以後は上訴できない（361条）。

(3) 一部上訴

上訴は原則的に裁判単位で行われる。ただし、数個の罪が併合罪処理（刑45条）された結果一つの刑が言い渡された場合で、併合罪中の一部の罪の認定に不服があるときは、不服のある罪についてのみ上訴し、不服がない罪については早期に確定させることもできる（一部上訴）。これに対し、一罪の関係にある数個の犯罪事実の一部に対する不服を理由に上訴したときは、事件全体につき移審の効果が生じる。もっとも、公訴事実の単一性が認められる数個の犯罪事実のうち、いずれの当事者からも不服がなかった部分については、もはや控訴裁判所が第一審と異なる判断を示すことはできないと解されている（参照、最大決昭46・3・24刑集25巻2号293頁〔新島ミサイル事件〕、最判昭47・3・9刑集26巻2号102頁）。これを「攻防対象論」という。例えば、検察官がA事実とB事実を一罪として起訴し、裁判所が、A事実につき有罪、B事実につき無罪と認定したのに対し、被告人がA事実の有罪認定に対して控訴を行い、検察官はB事実の無罪認定につき控訴しなかった場合、B事実については控訴審の攻防対象から外れるので、控訴審が原判決の当否を審判することはできない。同様に、裁判所が主位的訴因を認めず、予備的訴因で有罪としたのに対し、被告人のみが控訴した場合、主位的訴因につき検察官の訴訟追行の断念があったと認められるときは、やはり主位的訴因は控訴審の攻防対象から外れると解されている（参照、最決平25・3・5刑集67巻3号267頁）。裁判所が予備的訴因で有罪としたことにつき検察官が上訴しなかったが、予備的訴因につき有罪とできない場合にまで検察官が主位的訴因による訴訟追行を断念したとは認められないときは、検察官が上訴しなかったことにより主位的訴因が攻防対象から外れたとはいえない（参照、最決平1・5・1刑集43巻5号323頁）。

24.2. 控訴

控訴審の構造は、第一審との関係により、覆審、事後審（事後審査審ともいう）及び続審の三つの形態に分類できる。覆審は、控訴審が事実審理をやり直した上で、第一審の判決内容に瑕疵が認められればこれを破棄し、新たに判決を言い渡す形態である。旧法における控訴審は覆審型であった。事後審は、第一審判決の瑕疵の有無を審査し、その結果、判決に影響を及ぼす瑕疵が認められれば、原判決を破棄し、審理をやり直させるために、事件を原裁判所に差し戻す形態である。両当事者に第一審において集中的に主張立証させるために、原判決の瑕疵の有無は第一審判決時の証拠を基準に審査することが原則とされる（第一審集中主義）。続審は、覆審と事後審の中間形態であり、第一審の審理結果に控訴裁判所が自ら行った事実審理の結果も加え、控訴理由の有無を判断し、控訴理由が認められれば原判決を破棄し、自判することを原則とし、特に原裁判所に審理をやり直させる必要があるときは、事件を原審に差し戻す形態である。民事訴訟法における控訴審は続審型とされる。現行法は、控訴趣意書に訴訟記録及び原裁判所において取り調べた証拠に現れている事実の援用を要求し（378条、379条、381条、382条）、控訴審における新たな事実の取調べを例外と位置付け（382条の2、393条1項但書、2項）、控訴理由が認められるときは破棄差戻しを原則としており（400条本文）、事後審型を採用している。もっとも、控訴裁判所は、控訴理由の有無を調査する上で必要な範囲で職権的に事実の取調べを行うことが許されている（393条1項本文）。また、控訴理由が認められるときは原判決を破棄した上で、訴訟記録並びに原裁判所及び控訴裁判所において取り調べた証拠に基づき自判することもできる（400条但書）。そこで、職権による事実の取調べと破棄自判を活用することで、続審的運用も可能になっている。控訴審の続審的運用は事実誤認の救済につながる反面、控訴審において新たに行われた証拠調べや事実認定を争うためには上告しかなく、審級の利益を失う点に問題がある。

(1) 控訴理由

控訴理由は、訴訟手続の法令違反を理由とするものと、判決内容の瑕疵を理由とするものに大別できる。前者には、その存在自体により判決の有効性が失われる絶対的控訴理由としての訴訟手続の法令違反（377条及び378条）と、それ以外の手続違反で判決に影響を及ぼすことを要件とする相対的控訴理由としての訴訟手続の法令違反（379条）がある。訴訟手続の法令違反には、手続法令の解釈適用を過った場合だけでなく、訴訟法上の事実を誤認した結果、手続法令の適用を誤った場合も含まれる。判決内容の瑕疵を理由とする控訴理由には、法令適用の誤り（380条）、量刑不当（381条）、事実誤認（382条）がある。さらに、再審理由及び第一審判決後の刑の廃止変更・大赦（383条）も控訴理由に加えられている。

(i) 絶対的控訴理由としての訴訟手続の法令違反（377条、378条）

377条は、訴訟手続の法令違反のうち、法律による裁判所の構成や裁判の公平性、公開性という裁判の基礎に関わる違反を、絶対的控訴理由として類型化したものである。法律によらない判決裁判所の構成（1号）、法令上関与できない裁判官の判決への関与（2号）及び公開原則違反（3号）が対象となる。控訴趣意書には、その事由があることの充分な証明をすることができる旨の検察官又は弁護人の保証書を添付しなければならない。

378条は、公訴と判決という基本的訴訟行為の有効性に関わる法令違反を、絶対的控訴理由として類型化したものである。管轄判断の誤り（1号）、免訴・公訴棄却判断の誤り（2号）、判断遺漏・不告不理違反（3号）、理由不備・理由齟齬（4号）が対象となる。控訴趣意書には、訴訟記録及び原裁判所において取り調べた証拠に現われている事実であって、列挙された違反事由があることを信ずるに足りるものを援用しなければならない。

(ii) 相対的控訴理由としての訴訟手続の法令違反（379条）

379条は、377条及び378条以外の訴訟手続の法令違反については、「判決に影響を及ぼすことが明らか」であることを条件に控訴理由としたものである。判決への影響は、(1) その法令違反がなかったならば現になされた判決と異なる内容の判決がなされていた蓋然性がある場合、すなわち手続違反と判決内容との間に因果関係が認められる場合の他、(2) 絶対的控訴理由以外で手続違反が判決の宣告を無効にするほど重大である場合に肯定できる。後者に該当する訴訟手続は必ずしも判決宣告前の訴訟手続に限られず、判決宣告手続自体の法令違反や、判決宣告後に判決書を適法に作成しなかった場合も含まれる。慣習的に審理不尽も379条の控訴理由とすることが認められてきた。「審理不尽」とは裁判所が必要な審理を尽くさなかったことを意味する。しかし、当事者主義が採用されている現在、裁判所が当事者の証拠調べ請求や訴因変更請求に応じなかったことが審理不尽の原因である場合は、端的にこれらの法令違反を控訴理由とし、訴訟手続のどこに違法があったかを明確にすべきである。

控訴趣意書には、訴訟記録及び原裁判所において取り調べた証拠に現れている事実であって、明らかに判決に影響を及ぼすものを援用しなければならない。本条との関係で、訴訟法上の事実の認定に用いた資料も訴訟記録に編綴しておく必要がある。なお、訴訟手続のうち原審の公判調書に記載されている事実は、明確な誤記でない限り、そのまま行われたものとみなされる（52条）。公判調書の記載の正確性につき異議があるときは、当該審級の最終の公判期日後14日以内、または判決宣告後に整理された公判調書については整理ができた日から14日以内に、異議の申立てをすることができる（51条）。公判調書に記載のない事実や有効な公判調書が作成されなかったときは、原審における手続の証明が問題になる。最終的に、訴訟手続の法令違反の有無がいずれとも判明しないときは、利益原則に従って解決すべきである。

(iii) 法令適用の誤り（380条）

380条は、刑罰法令の解釈・適用の誤りを控訴理由としたものである。法令適用の誤りのみを対象としており、事実誤認の結果として法令適用に誤りが生じた場合は、382条の控訴理由に該当する。本条のいう「法令」は、「罪となるべき事実」に適用した罰条及び法定刑から処断刑を導くにあたり適用した刑の加重減免規定だけでなく、付加刑や刑罰に付随する処分に関する法令も含む。これらの刑罰法令の適用があれば判決書に記載されるため（23.2.参照）、控訴趣意書に訴訟記録及び原裁判所において取り調べた証拠に現れている事実を援用することは要求されていない。

(iv) 量刑不当（381条）

381条は、処断刑から宣告刑を導き出すにあたっての刑の量定（量刑）の不当を控訴理由としたものである。量刑には、主刑の選択及び量定と、付加刑や刑罰付随処分の判断が含まれる。なお、酌量減刑（刑66条）は情状評価の結果であるから、その適用の誤りは本条の量刑不当に該当する。量刑不当には、量刑評価の誤り（量刑基準自体の不当性又は量刑基準からの逸脱）だけでなく、情状に関する事実誤認も含まれる。情状証拠の取調べ手続に瑕疵があった場合は、379条に該当する。量刑不当の控訴趣意書には、訴訟記録及び原裁判所において取り調べた証拠に現われている事実であって、刑の量定が不当であることを信ずるに足りるものを援用しなければならない（但し、382条の2）。死刑にすべきであるのに死刑にしなかったことを量刑不当とするためには、原審裁判所の量刑判断が、明らかに、かつ著しく不当であって、死刑に処するのが相当であるとの高度の確信に到達しえた場合に限られるものといわなければならない（参照、東京高判昭56・6・10判時1021号137頁＝判タ455号166頁）。

(v) 事実誤認（382条）

382条は、罪となるべき事実その他刑罰法令の適用要件となる事実の誤認を控訴理由としたものである。罪となるべき事実、犯罪阻却事由、刑の加重減免事由（刑法66条の酌量減刑を除く）に関する事実が対象となる。事実誤認は判決内容に影響するものでなければならない。犯罪の成立要件となる事実の誤認が有罪無罪の結論を左右するときは、判決内容に影響を及ぼすことが明らかである。刑の加重減免事由に関する事実の誤認は、それがなくても処断刑の枠組みは変わらないときは認められない。犯罪事実に関する事実誤認が犯情に差異をもたらし量刑に影響する場合は、381条の控訴理由と競合することになる。

事実誤認の判断は、(a) 事実に関する控訴審の心証を優越させてよいとする説（心証優越説)、(b) 第一審の事実認定が論理則又は経験則に違反しているといえるような明らかに不合理な場合に限定すべきという説（論理則・経験則違反説)、(c) 無罪判決の破棄は後説によるべきであるが、有罪判決の破棄は控訴裁判所が犯罪事実に合理的疑いを抱いたか否かによって決まるから、前説によるべきとする説（片面的構成説）がある。この点、最判平24・2・13刑集66巻4号482頁は、「刑訴法382条の事実誤認とは、第一審判決の事実認定が論理則、経験則等に照らして不合理であることをいうものと解するのが相当である。したがって、控訴審が第一審判決に事実誤認があるというためには、第一審判決の事実認定が論理則、経験則等に照らして不合理であることを具体的に示すことが必要である」と判示しており、論理則・経験則違反説を採っているということができる（同旨、最判平25・4・16刑集67巻4号549頁)。破棄する場合の具体的説明については、有罪判決の破棄と無罪判決の破棄を区別し、前者は無罪仮説が残ることを論証すれば足り、後者はあらゆる無罪仮説を完全に消去できることを論証する必要があるだろう（中川261頁)。

事実誤認の控訴趣意書には、訴訟記録及び原裁判所において取り調べた証拠に現われている事実であって、明らかに判決に影響を及ぼすべき誤認があることを信ずるに足りるものを援用しなければならない。ただし、「やむを得ない事由」によって第一審の弁論終結前に取調べ請求することのできなかった証拠によって証明することのできる事実、及び第一審の弁論終結後判決前に生じた事実は、控訴趣意書に援用することができる（382条の2第1項、第2項)。いずれの場合も控訴審において新たに取調べを求める事実を疎明する資料の添付が必要であり、かつ382条の2第1項による場合は、「やむを得ない事由」の存在を疎明する資料の添付も必要である（同条3項)。「やむを得ない事由」の有無は、物理的な可能性の有無を基準にするのではなく、物理的に可能であっても、第一審で取調べ請求しなかったことにつき、当事者に責任を問えるか（答責性）の観点から判断すべきものと解されている。「必要と考えなかった」、「不利になると思った」といった当事者の主観的ないし個人的事情は、そう判断した理由が合理的根拠に基づくものでなければ、「やむを得ない事由」に当たらない。なお、即決裁判手続によってした判決に対する控訴は、事実誤認を理由としては行うことができない（403条の2第1項）。

(vi) 再審事由、判決宣告後の刑の廃止変更・大赦（383条）

1号は、控訴期間内に再審事由（435条各号）の存在が明らかになった場合、事件を確定させて再審請求を行わせるよりも、事件を確定させず控訴審で救済する方が合理的であることから、控訴理由に加えたものである。2号は、重大な刑罰権の変更事由が原判決宣告後確定前に生じたときは、事後審制度の例外として控訴による救済の対象としたものである。控訴趣意書には、本条各号の事由があることを疎明する資料を添付しなければならない。

(2) 控訴審の手続

(i) 申立手続

控訴の提起は、申立書を第一審裁判所に差し出すことにより行わなければならない（374条）。控訴の申立てが明らかに控訴権の消滅後にされたものであるときは、第一審裁判所は、決定でこれを棄却しなければならない（375条）。刑事施設に収容中の被告人は、刑事施設から裁判所に上訴申立書を送付する時間を要することから、収容中の被告人に不利益にならないよう、上訴の提起期間内に上訴の申立書を刑事施設の長又はその代理者に差し出せば足りる（366条1項、規則227条、228条）。第一審裁判所は控訴申立書に理由があることを認めるときであっても、自ら判決を更正することはできない（423条2項）。控訴理由の記載には時間を要することから、控訴申立書とは区別して、別途定められた期間内に控訴趣意書を差し出すこととされている（376条）。期間内に控訴趣意書を差し出さなければ、決定により控訴は棄却される（386条1号）。控訴趣意書の差出しが期間経過後であっても、その遅延がやむを得ない事情に基づくものと認められるときは、控訴裁判所は、控訴趣意書が期間内に差し出されたものとして手続を進めることができる（規則238条）。控訴趣意書には、控訴理由を簡潔に明示しなければならない（規則240条）。控訴趣意書に必要な疎明資料又は保証書が添付されてないときは、控訴裁判所は決定で控訴を棄却できる（386条1項2号）。

(ii) 控訴審の公判手続

公判に関する規定は、特別の定のある場合を除いては、控訴の審判に準用される（404条）。特別の定めとして、控訴審では弁護士以外の者を弁護人に選任することはできない（387条）。また、控訴審においては被告人の弁論能力は認められていない（388条）。制限されるのは弁論能力だけであり、控訴趣意書の提出、証拠に対する意見陳述、証人尋問、証拠調べに関する異議申立等の訴訟行為を行うことはできる。したがって、被告人が訴訟能力を欠く場合の公判手続の停止の規定も準用される（参照、最判昭53・2・28刑集32巻1号83頁、最決平5・5・31刑集47巻6号1頁〔上告審事例〕）。控訴審においては被告人の出頭義務は免除されているが（390条本文）、公判に出席する権利はある。そこで、被告人に公判期日の通知をすることなく、被告人が出頭していない状態で公判を開くことは違法である（参照、最大決昭44・10・1刑集23巻10号1161頁、最判昭44・10・3判時570号79頁＝判タ239号216頁）。勾留中の被告人は控訴裁判所の所在地の刑事施設に移送しなければならない（規則244条）。軽微事件を除き、裁判所が被告人の出頭がその権利の保護のため重要であると認めるときは、被告人に出頭を命ずることができる（390条但書）。また、2023年改正により、控訴審判決後の刑事施設収容を確実にするために、拘禁刑以上の刑に当たる罪で起訴されている被告人であって、保釈又は勾留の執行停止中のものについては、実刑の際の刑事施設収容に備えて、判決を宣告する公判期日への出頭を命ずることができることとなった（390条の2）。被告人が出頭しないときは、刑事施設への収容が必要になる判決を宣告することが制限される（402条の2）。

控訴裁判所は、控訴趣意書に包含された事項については調査義務を負う（392条1項）。控訴趣意書に包含されない事項であっても、控訴理由の有無につき職権で調査をすることができる（同条2項）。調査は、裁判所が、控訴申立書（374条）、控訴趣意書（376条）及び答弁書（規則243条）を閲読の上、第一審裁判所から送付された訴訟記録や証拠を精査して行われる。控訴理由の判断には優先順序がある。法令適用の誤りは事実誤認がないことが前提となり、また事実誤認は訴訟手続の法令違反がないことが前提となることから、①訴訟手続の法令違反（377条、378条、379条の順）、②事実誤認（382条）、③法令適用の誤り（380条）、④量刑不当（381条）の順に控訴理由の有無を判断すべきであり、先の順位の控訴理由が認められるときは、後順位の控訴理由については判断の必要はないとされている。もっとも、控訴理由の判断順序は、控訴趣意書の構成の仕方によって決まる側面もあり、上記の順序が絶対的なわけではない。

控訴理由の調査を行うに当たり必要があるときは、検察官、被告人若しくは弁護人の請求により又は職権で事実の取調べをすることができる（393条１項本文）。事実の取調べには証拠調べの他、被告人質問が含まれる。382条の２の疎明があったものについては、刑の量定の不当又は判決に影響を及ぼすべき事実の誤認を証明するために欠くことのできない場合、これを取り調べる義務がある（同項但書）。１項本文と但書の関係につき、判例は、１項但書は事実の取調べ義務が生じる場合の規定であり、但書に該当しなくても、１項本文により裁量的に第一審で取り調べなかった証拠を取り調べることはできると解している（参照、最判昭25・12・24刑集4巻12号2621頁、最決昭27・1・17刑集6巻1号101頁）。量刑に影響を及ぼす情状は常に変化しうるため、第一審判決後の情状も職権で取り調べることができる（393条２項）。第一審で取り調べた証拠は、控訴審においてそのまま証拠とすることができる（394条）。

(3)　控訴審の裁判

控訴審の裁判には、①控訴の棄却決定・判決、②破棄差戻し・移送判決、③破棄自判及び④公訴棄却決定がある。第一審の数個の判決に対して控訴があり、その全部又は一部を棄却する場合は、対象となる判決毎に主文と理由を記載する必要がある。当事者双方から控訴があり、一方の控訴には理由がないが、他方の控訴に理由があるときは、対象となる判決はひとつであることから、主文においては原判決破棄の判決のみを行い、理由中で控訴理由がないと判断した側の主張に対する判断が示される（参照、最決昭42・11・28刑集21巻9号1299頁）。控訴趣意書に複数の控訴理由が記載されている場合は、棄却判決の中で、それぞれにつき判断を示さなければならない。控訴趣意書に記載されていない事項につき、職権により控訴理由の有無を審査したときは、その結果も判決理由に記載すべきである。

(i)　控訴棄却

控訴の申立てが法令上の方式に違反し、又は控訴権の消滅後にされたものであることが明らかであるときは、弁論期日を設けることなく決定で控訴を棄却できる（385条）。口頭弁論の結果、上記のことが明らかになったときは、控訴棄却判決が言い渡される（395条）。控訴理由が認められないときも、控訴棄却判決が言い渡される（396条）。検察官の控訴を棄却する場合は、原判決宣告日以降の未決勾留日数は全部本刑に通算しなければならない（495条1項及び2項1号）。被告人側の控訴を棄却する場合は、控訴申立後の未決勾留日数は裁定通算の対象である（刑21条）。訴訟費用については、検察官のみが控訴を申し立て、これが棄却されたときは、原則として被告人に負担させることはできない（181条3項本文）。被告人側の控訴の棄却が、「刑の言渡しをしたとき」（181条1項）と「刑の言渡しをしない場合」（181条2項）のいずれに該当するかは、原判決が基準となる。

(ii) 破棄差戻し・移送

控訴理由が認められるときは原判決を破棄しなければならず（397条1項）、また、刑訴393条2項の定める職権破棄事由が存在するときも原判決を破棄できる（同条2項）。第一審の訴因を基準にすれば何ら原判決に瑕疵がないにもかかわらず、控訴審において訴因変更を行い、新訴因を基に控訴理由の有無を判断することは許されない（参照、最判昭42・5・25刑集21巻4号705頁）。第一審裁判所が不法に管轄違いを言渡し、又は公訴を棄却したことを理由として原判決を破棄する場合は、第一審において実体審理を尽くさせるために、原裁判所に事件を差し戻すことを義務付けている（398条）。もっとも、実体審理の結果に基づいて訴訟条件の有無が判断された特別の事案においては、必ずしも一審に差し戻して、審理をやり直させる理由に乏しいことから、本条に関わらず破棄自判することも可能と解されている（参照、最決平19・3・19刑集61巻2号25頁）。不法に管轄を認めたことを理由として原判決を破棄するときは、判決で事件の管轄を有する第一審裁判所に移送しなければならない。但し、控訴裁判所がその事件について第一審の管轄権を有するときは、第一審として審判をしなければならない（399条）。管轄の有無の判断は、控訴審において認定した事実が基準となる（参照、仙台高秋田支判昭30・5・17家月7巻8号94頁、大阪高判昭31・2・13高刑特3巻4号121頁）。

398条及び399条の規定する理由以外の理由によって原判決を破棄するときも、審理をやり直させるため、事件を原裁判所に差し戻し、又は原裁判所と同等の他の裁判所に移送することが原則である（400条本文）。被告人の利益のため原判決を破棄する場合において、破棄の理由が控訴をした共同被告人に共通であるときは、その共同被告人のためにも原判決を破棄しなければならない（401条）。本条は、共同被告人間で画一的な判決の確定を図ることをねらいとしており、共同破棄の対象となる共同被告人が控訴していることが前提である。

(iii) 破棄自判

400条により原判決を破棄する場合、原裁判所及び控訴裁判所において取り調べた証拠によって、直ちに判決をすることができるものと認めるときは、自ら判決することができる（同条但書）。「直ちに判決をすることができる」というのは訴因変更を認めない趣旨ではなく、事実の取調べに応じて、公訴事実の同一性の範囲内で訴因変更を行い自判することは許される（参照、最決昭29・9・30刑集8巻9号1565頁、最判昭30・12・26刑集9巻14号3011頁）。有罪判決を破棄して無罪の自判を行う場合は、必ずしも事実の取調べは必要でない。原判決を破棄してより重い量刑にする場合も同様に解されている（参照、最大判昭30・6・22刑集9巻8号1189頁、最大決昭32・2・15刑集11巻2号756頁）。これに対し、控訴裁判所が、訴訟記録ならびに第一審裁判所において取り調べた証拠のみによって第一審の無罪判決を破棄し、記録の調査から形成した心証のみに依拠して有罪の自判を行うことは、憲法31条、37条の保障する被告人の権利や直接・口頭主義の原則を害することになるから許されないと解するのが、一貫した判例の立場である（参照、最大判昭31・7・18刑集10巻7号1147頁、最大判昭31・9・26刑集10巻9号1391頁、最判令2・1・23刑集74巻1号1頁）。第一審において証明がないと判断された事実とは無関係な事実につき事実の取調べを行っても、やはり有罪の自判は許されない（参照、最判昭43・12・19判時544号93頁＝判タ229号257頁）。なお、被告人質問を行ったが被告人が黙秘して何も答えなかった場合に、無罪を破棄し有罪の自判をしたことが適法とされた事例がある（参照、最決令3・5・12刑集75巻6号583頁）。控訴審が自判する場合は、第一審が判決を言い渡すのとは異なり、破棄された部分に関わる範囲で理由を示せば足りる（参照、最判昭29・4・13刑集8巻4号462頁）。

(iv) 公訴棄却

原裁判所が不法に公訴棄却決定をしなかったときは、原判決を破棄するまでもなく、決定で公訴を棄却しなければならない（403条）。

(4) 不利益変更の禁止

被告人が控訴をし、又は被告人のため控訴をした事件については、原判決の刑より重い刑を言い渡すことはできない（402条）。当該規定は、被告人が第一審判決に不服を有していても控訴審判決が第一審判決よりも不利な結果になることを怖れ控訴しないことを防ぐという、政策的意図から設けられている。被告人と検察官の双方が控訴し、検察官の控訴に理由がないとして退けられた場合も、被告人の控訴のみが残るため、不利益変更は禁止される（参照、高松高判昭42・7・10下刑集9巻7号857頁）。なお、402条のいう被告人のための控訴とは、353条及び355条の控訴権者による控訴を指し、検察官が被告人の利益に控訴する場合は含まないと解するのが判例の立場である（参照、大判昭5・4・9刑集9巻245頁、名古屋高判昭30・7・30高刑特2巻16=17号841頁）。

何が不利益変更に当たるかは、主刑の種類や量を形式的に比較するのではなく、執行猶予の有無・期間（刑25条）、労役場留置換算日数（刑18条4項）、未決拘留日数の算入（刑21条）等の刑罰に付随する処分も含め、総合的に比較考慮し判断されている。(1) 刑期を長期化の上で執行猶予を付加した場合（参照、最決昭55・12・4刑集34巻7号499頁）、(2) 禁錮から懲役に変更の上で刑期を短期化した場合（参照、最決昭39・5・7刑集18巻4号136頁、最決昭43・11・14刑集22巻12号1343頁）、(3) 刑期を短期化の上で執行猶予期間を長期化した場合（参照、最判昭28・12・25刑集7巻13号2749頁）、(4) 自由刑を利益変更の上で罰金を付加・増額した場合（参照、最判昭31・10・9刑集10巻10号1436頁、最決昭40・2・26刑集19巻1号59頁、最決平18・2・27刑集60巻2号240頁）、(5) 罰金を減額の上で労役場留置換算額を小額化した場合（参照、最決昭28・3・26刑集7巻3号636頁）、(6) 未決勾留日数の裁定通算の短縮が刑期全体に影響しない場合（参照、大阪高判昭33・2・27高刑集11巻2号61頁、東京高判平7・1・30東高時報46巻1～12号3頁）は必ずしも不利益変更にあたらない。(7) 付加刑である没収（刑19条）が不利益変更か否かは、主刑や没収に代わる処分である追徴額（刑19条の2）と合わせて総合的に判断される。(8) 少年刑事事件において不定期刑を定期刑に変更する場合は、不定期刑の中間位を標準として不利益変更に当たるか否かを比較すべきとされる（参照、最判昭32・9・20刑集11巻9号2353頁）。訴訟費用の負担（181条）や贓物の被害者還付（347条）は刑罰に付随する処分ではないので、不利益変更の禁止の対象ではない。不利益変更の禁止は、控訴裁判所が自判するときだけではなく、差戻し後の第一審判決やその後の上訴審の判決にも妥当する（参照、最決昭39・11・24刑集18巻9号639頁）。禁止されるのは刑の不利益変更であり、法定刑がより重い犯罪事実の認定や刑の加重規定の適用自体ではない。その結果、法定刑外の刑を言い渡さなければならない場合も生じうる。

(5) 差戻・移送後の手続（破棄判決の拘束力）

400条により破棄差戻し・移送を受けた裁判所は、公判手続の更新（規則213条の2）に準じた形で原審を引き継ぐ。差戻裁判所に予断排除の原則に基づく制限規定の適用はない（規則217条）。法令違反を理由とする破棄の場合、法令に違反した手続及びそれが有効であることを前提に行った手続をやり直さなければならない。事実誤認を理由に破棄された場合、必要に応じて誤認があったとされる事実に関する証拠調べを重ね、認定をやり直さなければならない。破棄差戻し・移送を受けた裁判所は破棄判決に拘束される（裁4条）。法令適用の誤りを理由に破棄された場合、破棄理由に従って行った法令適用の誤りを理由とする上訴は不適法である（参照、最決昭39・11・24刑集18巻9号639頁）。ただし、上告審は控訴審による破棄判決の法令解釈には拘束されないので、破棄差戻し後に破棄判決の法令解釈の誤りを理由に上告することは許されると解されている（参照、最大判昭32・10・9刑集11巻10号2520頁、最判昭34・12・11刑集13巻13号3195頁）。事実誤認による破棄の場合、新たに証拠調べの結果、事実誤認の理由とされた縁由的事由とは別の事由から破棄前と同じ結論に至ることは、破棄判決の拘束力に反しない（参照、最判昭43・10・25刑集22巻11号961頁）。

24.3. 上告

上告の場合、権利である上告申立理由と職権による破棄理由の範囲が異なる。上告申立理由は、最高裁が合憲性審査や法令の統一的解釈を図るための役割に集中できるよう、原判決に憲法違反又は判例違反の事実がある場合に限定されている（405条）。加えて、過去の判例がなく判例違反に該当しなくても、法令の解釈に関する重要な事項を含むと認められる事件については、上告受理の申立てができる（406条）。さらに、上告裁判所は、上告が上告申立理由に該当しない場合であっても、上告された事件に著しく正義に反するような法令違反、量刑不当、事実誤認等があれば、職権により原判決を破棄することができる（411条）。なお、即決裁判手続による判決に対しては、上告裁判所も事実誤認を理由に職権破棄することはできない（413条の2）。

上告の申立後、規則の定める期間内に上告理由を明示した上告趣意書を差し出さなければならない（407条、規則252条）。上告審の手続は特別の定めがある場合を除いて控訴審の規定が準用される（414条）。特別の定めとして、上告審においては被告人の召喚を要しない（409条）。また、公判期日への出頭を可能にするため、刑事施設に収容中の被告人を移送する必要もない（規則265条）。上告審は純粋な法律審であって、公判期日に事実の取調べを行うことは行われていない。もっとも、職権破棄事由の調査のために必要な証拠を提出させ、自由な証明方式で取り調べることはできる（参照、最大判昭34・8・10刑集13巻9号1419頁、最判昭41・12・9刑集20巻10号1107頁）。

上告審の裁判は、①上告棄却決定（414条、385条、386条）、②上告棄却判決（414条、395条、396条）及び③破棄差戻し・破棄移送・破棄自判の判決（410条～413条）の三種類がある。なお、最高裁判所の手続的負担を軽減するために、上告趣意書その他の書類によって上告申立理由がないことが明らかであるときは、43条1項の例外として、弁論を経ないで上告棄却の判決を言い渡すことができる（408条）。ただし、死刑事件については上告を棄却する場合であっても口頭弁論を開くことが慣例となっている。他方、原判決を破棄する場合に口頭弁論を省略してよい旨を定めた規定はない。もっとも、裁判所法18条等の法律に従って判決裁判所を構成しなかったり、原審の公判審理に関与していない裁判官が原審の判決書に判決をした裁判官として署名・押印したといった、明白かつ重大な法令違反がある事案においては、408条を準用し口頭弁論を経ることなく破棄差戻しを行っている（参照、最判平19・7・10刑集61巻5号436頁、最判令2・1・31刑集74巻1号257頁）。上告審は最終審であるが、判決内容に誤りのあるときは、さらに上告裁判所に判決訂正の申立てができる（415条1項）。申立期間は10日間である（同条2項）。したがって、上告審が上告棄却や破棄自判の判決をした場合であっても、判決訂正申立期間の経過又は判決訂正申立棄却決定により判決が確定する（418条）。

24.4. 抗告・準抗告

(1) 抗告

一般抗告は、即時抗告をすることができる旨の規定がある場合の外、裁判所のした決定に対して行うことができる（通常抗告）。ただし、抗告を許さない特別の定めがある場合は許されない（419条）。抗告を許さない特別の定めとして、裁判所が管轄又は訴訟手続に関し判決前にした決定に対しては、即時抗告をすることができる旨の規定がある場合を除いて、抗告はできない（420条1項）。ただし、勾留、保釈、押収又は押収物の還付に関する決定、鑑定留置に関する決定は、本案の裁判とは別に決着させる必要があるため、判決前の決定であっても抗告できる（同条2項）。もっとも、勾留に関する決定につき、勾留に対し犯罪の嫌疑がないことを理由とする抗告はできない（同条3項）。これは、嫌疑の有無を本案の審理において争わせる趣旨から設けられた規定である。なお、明文規定はないが、被告人が上訴を取り下げた場合の訴訟終了宣言や、控訴取下げが無効であることを理由とする訴訟手続の再開決定が行われてきた。これらの決定もその性質に照らして即時抗告の対象と解されている（前者につき最決昭61・6・27刑集40巻4号389頁、後者につき最決令2・2・25刑集74巻1号257頁）。通常抗告は原決定を取り消す実益のある間、行うことができる（421条）。勾留決定後に釈放された場合は抗告の実益は失われる。また、起訴前勾留が起訴後勾留に切り替わった場合も、起訴前の勾留決定に対する抗告の実益は失われる。

抗告申立書は原裁判所に差し出さなければならない（423条1項）。原裁判所は抗告に理由があると判断したときは自らが決定を更正することができ、更正しないときのみ、記録を抗告裁判所に送付しなければならない（同条2項）。通常抗告には自動的に裁判の執行を停止する効力はない。通常抗告の申立てを受けた原裁判所及び抗告裁判所は、決定で裁判の執行を停止することができる（424条）。これに対し、即時抗告があったときは、自動的に裁判の失効が停止される（425条）。抗告裁判所は、抗告手続が不適法又は抗告に理由がないときは決定で抗告を棄却し、抗告に理由があるときは決定で原決定を取り消し、必要に応じて更に裁判をしなければならない（426条）。ここでいう裁判には自判だけでなく、差戻しも含まれる。抗告審決定に対する再抗告はできない（427条）。抗告に関する規定は、抗告に代わる異議の申立てにも準用されている（428条3項）。また、抗告の手続（423条）、通常抗告と執行停止（424条）及び抗告に対する決定（426条）は、特別抗告にも準用されている（434条）。

(2) 準抗告

準抗告は、429条各号の定める裁判官の裁判（①忌避申立却下裁判、②勾留、保釈、押収又は押収物の還付に関する裁判、③鑑定留置命令、④証人等に対する過料又は費用賠償命令、⑤身体検査対象者に対する過料又は費用賠償命令）又は430条の定める捜査機関の処分（39条3項による接見指定又は押収若しくは押収物の還付に関する処分）に対して行うことができる。429条は、裁判官による裁判（命令）に基づく執行が行われた場合に、執行の処分ではなく、裁判に対して不服申立により救済を図ることとしている。これに対し、430条は捜査権限に基づく強制処分に対する不服申立を定めている。そこで、令状に基づく差押えの処分に不服がある場合に、429条により差押え令状の発付の裁判に対して不服申立を行うことも、430条により差押えの処分に対して不服申立を行うこともできるかが問題となる。この点、判例は、差押え令状の発付に対する準抗告を許容したものと（参照、最大決昭33・7・29刑集12巻12号2776頁）、差押令状は「命令状」ではなく「許可状」に過ぎず、対象者に直接の効力を及ぼさないため「裁判」に当たらないことを理由に、429条による準抗告を認めなかったものがある（参照、最大決昭44・12・3刑集23巻12号1525頁〔犯則調査事例〕、大阪地決昭54・5・29刑月11巻5号508頁）。捜索や検証に関する処分は、処分が終了した時点で法益侵害状態が終了し、取り消す実益が失われることから、430条の準抗告の対象になっていない。捜索の違法を理由に押収に関する処分に対する準抗告を行うことはできる。捜索・差押えに付随して行われる写真撮影が違法であることを理由に準抗告を行うことの可否につき、最決平2・6・27刑集44巻4号385頁は、捜索・差押え時の写真撮影はそれ自体としては検証としての性質を有しており、「押収に関する処分」に当たらないことを理由に、これを否定した。しかし、当該決定の補足意見が留意するように、同事件のような「物の外形」のみの写真撮影にとどまらず、メモや日記帳等の内容を撮影した場合の準抗告の可能性については、本決定の射程外と解するべきである。本来ならば差押え手続によるべきところ、差押えに代えて写真撮影を行った場合も、準抗告により記録の破棄や変換を求める実益は存在することから、実質的な押収として、準抗告を認めるべきである（井上〔2014〕370、460頁、白取146頁、酒巻124頁）。

準抗告の請求書は、直接、管轄裁判所に差し出さなければならない（431条）。429条の準抗告は、簡易裁判所の裁判官がした裁判は管轄地方裁判所、その他の裁判官がした裁判はその裁判官が所属する裁判所に管轄がある。430条の準抗告は、処分を行った検察官若しくは検察事務官が所属する検察庁に対応する裁判所又は司法警察職員の職務執行地を管轄する地方裁判所又は簡易裁判所に管轄がある。通常抗告と執行停止（424条）、抗告に対する決定（426条）及び再抗告の禁止（427条）は、準抗告にも準用されている（432条）。

25. 非常救済手続

25.1. 再審

再審は判決確定後に事実認定の公正性を失わせる事実が判明したり、あるいは事実認定が誤っていたことを示す新証拠が発見された場合の、誤判救済制度である。旧刑訴法は被告人の利益再審だけでなく、不利益再審も認めていたが、憲法39条が二重の危険を禁止したことを受け、現行法は不利益再審を廃止した。

(1) 再審理由

再審請求は、確定した有罪判決（435条）又は控訴・上告の棄却判決（436条）に対して行うことができる。435条の定める再審理由には、原判決における証拠の偽造・変造（1号）、偽証等（2号）、誣告（3号）の確定判決による証明、証拠となった裁判の確定判決による変更（4号）、特許権侵害等を理由とする罪における権利無効審判等の確定（5号）、無罪等を言い渡すべき新証拠の発見（6号）、原判決に関与した裁判官や捜査機関の職務犯罪の確定判決による証明（7号）がある。控訴・上告の棄却判決に対しては435条1号、2号、7号のみが再審理由となる（436条1項）。原判決に対する再審の判決後は、上訴審による棄却判決に対する再審請求はできない（同条2項、3項）。確定判決により犯罪が証明されたことが再審理由とされている場合において、証拠がないという理由以外の理由でその確定判決を得ることができないときは、その事実を証明して再審の請求をすることができる（437条）。再審理由は、原判決の事実認定の正当性を失わせる重大な瑕疵を理由とするもの（ファルサ型）と、新証拠の発見を理由とするもの（ノバ型）に分類できる。435条6号はノバ型、それ以外はファルサ型である。

435条6号は、「有罪の言渡を受けた者に対して無罪若しくは免訴を言い渡し、刑の言渡を受けた者に対して刑の免除を言い渡し、又は原判決において認めた罪より軽い罪を認めるべき明らかな証拠をあらたに発見したとき」が要件とされている（証拠の新規性及び明白性）。「軽い罪」とは「その法定刑の軽い他の犯罪」を意味するものと解するのが判例である（参照、最大決昭25・4・21刑集4巻4号666頁）。心神耗弱の主張はこれに該当しない（最決昭28・10・15刑集7巻10号1921頁、最決昭33・5・27刑集12巻8号1683頁）。公訴棄却にすべきであったことや量刑不当を理由とする再審は認められていない。確定判決の基礎となった証拠の証拠能力を否定する新証拠が435条6号のいう無罪を言い渡すべき明らかな証拠に該当するかにつき、6号は手続的瑕疵を再審理由とするものではないことを理由に消極的立場をとった判例がある（参照、札幌高決平28・10・26判タ1436号133頁〔7号による再審開始事例〕）。しかし、訴訟法上の事実に誤認があったことが判明しても、非常上告による救済は現実性がない。そこで、証拠能力の判断の誤りであれ、その結果、有罪認定を維持できなくなるときは、6号に該当すると解するべきだろう。

証拠の新規性は、確定判決以前に存在が分かっていたかどうかではなく、確定判決が証拠評価の対象に用いたかどうかが基準となる。上告趣意書等に添付して提出された証拠であっても、当該証拠が上告審において職権調査の対象となっていなければ証拠の新規性を失わない（参照、札幌高決昭44・6・18判時558号14頁＝判タ237号89頁、福岡高決平12・2・29高刑集53巻1号34頁）。確定判決が評価の対象とした証拠資料を、証拠方法を変えて提出しても新たな証拠には該当しない。鑑定は代替性が利く証拠であり、別の鑑定人が異なる結論を出したというだけでは新規性は肯定できないが、鑑定資料又は鑑定方法のいずれかが異なれば新規性は肯定されている。

新証拠の明白性については、その判断方法につき様々な考え方がある。新証拠のみで確定判決に対する合理的疑いを生じさせることを要求する考え方を孤立評価説、新証拠と旧積極・消極証拠を総合評価して確定判決に合理的疑いを生じさせればよいとする考え方を総合評価説という。孤立評価説によれば審査は単純になるが、明白性の要件を満たすことのできる新証拠はかなり限定されてしまう。これに対し、総合評価説によれば、旧積極証拠の証明力を弾劾又は旧消極証拠の証明力を補強する証拠であっても明白性を肯定することが可能になる反面、総合評価の在り方によっては審査に時間を要することになる。この点、最決昭50・5・20刑集29巻5号177頁（白鳥決定）は、証拠の明白性につき、新証拠のみから明白性の有無を判断する孤立評価説を否定し、(1) 新旧証拠の総合評価により新証拠の明白性を判断すべきであり、(2) その判断の際にも「疑わしきは被告人の利益」の原則が適用され、確定判決の事実認定に合理的疑いが生じれば足りるとした。当該決定は再審による救済の可能性を広げる役割を果たした。

総合評価の方法については、原裁判所の心証を引き継いだ上で新証拠と合わせて総合評価を行うべきとする心証引継説と、再審請求を受けた裁判所が旧積極・消極証拠の評価をやり直した上で新旧証拠の総合評価を行うべきであるとする再評価説の対立がある。心証引継説は実質的に孤立評価説と異ならない。現在の実務は総合評価説・再評価説によって運用されている。しかし、さらに再評価説の中にも、(a) 旧証拠全体の再評価を行った上で新証拠が旧証拠に及ぼす影響を判断すべきと考える、全面的再評価説（参照、最決昭51・10・12刑集30巻9号1673頁〔財田川決定〕）、(b) 再評価は新証拠の立証命題と関連する旧証拠の範囲にとどめるべきであると考える、限定的再評価説（参照、最決平10・10・27刑集52巻7号363頁）、(c) 新証拠により旧証拠の証明力が減殺されたか否かは限定的再評価によって行うべきであるが、減殺が認められたときは、さらに全面的再評価により新証拠の明白性を判断すべきと考える、二段階説が唱えられている（詳しくは、大コンメ10巻12-16頁〔光藤〕）。旧証拠の再評価は、単に再審請求があった場合に確定記録を全部読んで心証を取り直すだけでなく、旧証拠の評価に対する具体的な疑問が生じたときに、当該疑問の解消のために必要な事実の取調べを行うことで可能になる。それゆえ全面的再評価説をとれば、再審請求審が行うべき事実審理の範囲も広がることになる。実際の再審事例においては、再審請求審においてかなり膨大な事実審理が行われたものが少なくない。こうした実情に対しては、再審請求審は決定手続であって防御権保障が十分でないことを理由に、新証拠が無罪を言い渡すべき証拠になり得ることが確認できれば再審を開始すべきであり、旧証拠の再評価を含む実体審理は再審公判で行うべきとする批判もある（中川281頁）。

確定判決が認定した「罪となるべき事実」には合理的疑いが生じたが、それと公訴事実の同一性が認められる範囲の異なる事実を認定できるときは、明白性を否定してよいと述べている判例もみられる（参照、福岡高決平7・3・28高刑集48巻1号28頁）。再審請求審が公訴事実の同一性の範囲で異なる犯罪事実を認定することが許容されることを前提に、その場合は再審請求人に対して不意打ち防止の措置を講ずるべきと述べている判例もある（参照、大阪高決平38・3・15判時2330号102頁）。しかし、再審手続は再審請求手続と再審公判手続の二段階に分かれており、再審請求審は新たな犯罪事実を認定する場ではないから、請求審の段階で公訴事実の同一性の範囲で新たな犯罪事実を認定し直し、新証拠の明白性を否定することは、許されないというべきである。

(2) 再審請求手続

再審請求審は原判決をした裁判所が管轄を有する（438条）。再審を請求できるのは、検察官、有罪の言渡しを受けた本人、本人の法定代理人、保佐人並びに本人の配偶者、直系の親族及び兄弟姉妹である（439条）。再審の目的は、間違った確定判決の効力を失わせることだけでなく、誤って有罪とされた者の名誉の回復が含まれることから、本人が刑の執行を終えたり死亡した後も再審請求はできる（441条）。検察官以外の者が再審請求する場合は弁護人の選任が認められる（440条1項）。弁護人選任の効力は再審判決があるまで継続する（同条2項）。再審請求のための国選弁護制度はない。なお、刑訴法は、再審請求のための弁護人と拘禁中の受刑者又は死刑確定者との接見交通権については何も定めていない。当該問題につき、最判平25・12・10民集67巻9号1761頁は、死刑確定者が再審請求をするためには、再審請求弁護人から援助を受ける機会を実質的に保障する必要があることを理由に、「死刑確定者は、再審請求前の打合せの段階にあっても、刑事収容施設法121条ただし書にいう「正当な利益」として、再審請求弁護人と秘密面会をする利益を有する。」と判示している（同旨、東京高判平26・9・10判時2241号67頁＝判タ1409号176頁、名古屋地判平27・3・12LEX/DB25540703）。

再審の請求をするには請求趣意書に、原判決の謄本、証拠書類及び証拠物を添えて管轄裁判所に提出しなければならない（規則283条）。確定記録に含まれる証拠書類や証拠物は、請求を受けた裁判所が職権で確定記録を取り寄せることになるため、引用で足りると解されている。なお、過去の再審請求と同一の理由による再審請求はできない（447条2項）。ここでいう理由とは、435条及び436条各号に該当するとされる具体的事実を意味する。再審請求に刑の執行を停止させる効力はない（442条1項本文）。ただし、検察官は再審の請求についての裁判があるまで、刑の執行を停止することができる（同項但書）。死刑の執行を停止する場合は、合わせて拘置（刑11条2項）も停止しなければ釈放されない。刑訴法475条2項は再審請求中を死刑の執行までの期間から除いているものの、再審請求中に死刑を執行されない法的地位を保障する趣旨ではないと解するのが実務の立場である（参照、大阪地判令2・2・20LEX/DB25570779）。

再審請求審は裁判所と請求人の二面構造をとる。もっとも、裁判所は再審の請求に対する決定をする場合に、請求者及びその相手方からの意見聴取が義務づけられている（規則286条）。有罪の言渡しを受けた本人が再審請求したときは、検察官が「相手方」として手続に参加する。旧証拠の再評価のための証拠開示規定はなく、すべてが裁判所の訴訟指揮権に委ねられてきた。裁判所は記録の審査だけでなく、必要があれば事実の取調べを行うことができる（43条3項、445条）。再審手続が再審請求手続と再審公判の二段階に分かれていることを踏まえ、事実の取調べの範囲は、①新証拠の取調べ、②新証拠の証明力評価のために必要な証拠の取調べ、③新証拠によって証明力に変動が生じる旧証拠の再評価のための取調べに限定し、新たな有罪証拠は再審公判において厳格な証明により取り調べるべきである。

(3) 再審請求に対する裁判

再審の請求が形式要件を満たしていない場合または理由のない場合は、決定で請求を棄却しなければならない（446条、447条1項）。再審請求に理由があるときは、再審開始の決定をしなければならない（448条1項）。裁判所は、再審開始決定をしたときは刑の執行を停止することができる（448条2項）。

死刑事件の再審開始決定をしたときに死刑の執行停止をしなければ開始決定が無意味となる危険があるから、必ず刑の執行を停止すべきである（新・コンメ1188頁〔水谷〕）。その場合は、必要に応じて死刑のための拘置（刑法11条2項）の執行を停止し釈放することもできる（参照、静岡地裁平26・3・27判時2235号113頁〔袴田事件再審開始決定〕）。請求棄却又は再審開始の決定に対しては即時抗告ができる（450条）。刑の執行停止決定に不服があるときは、再審開始決定に対する即時抗告とは別に、419条による通常抗告ができると解されている（参照、最決平24・9・18刑集66巻9号963頁）。なお、即時抗告審が再審開始決定を取り消しながらも、開始決定の取消しが確定したわけではないことを理由に、原審が行った刑の執行停止を取り消さなかった事例がある（東京高決平30・6・11東高時報69巻1〜12号45頁〔袴田事件〕）。

(4) 再審公判

再審開始決定が確定した事件は、その審級に従い、更に審判をしなければならない（451条1項）。すでに被告人が死亡し、又は回復の見込みのない心神喪失状態にあるときは、被告人欠席のまま審判できる（同条2項）。この場合には弁護人が出頭しなければ開廷することはできず（同条3項）、再審請求人が弁護人を選任しないときは職権で弁護人を選任しなければならない（同条4項）。この場合、弁護人は代理人としてではなく、誤って有罪判決を言い渡された者の利益を擁護するための公益的立場から、訴訟に参加することになる。被告人の死亡以外は通常審と同様に訴訟条件を満たす必要があるかが問題となる。この点、最判平20・3・14刑集62巻3号185頁（横浜事件）は、451条1項の規定しかないことを根拠に、無罪を言い渡すべき明らかな証拠があることを理由に開始された再審の審判が、刑の廃止及び大赦を理由に免訴によって手続を終結させたことを適法とした。しかし、本来無罪判決を言い渡すべきであった事件につき、確定判決後に生じた免訴事由を理由に免訴にすることは、誤った有罪確定判決からの救済を図るという再審目的に沿わない結果になることから、判旨には疑問がある。

再審公判は、起訴状一本主義の状態に復元して手続をやり直す必要はないと解されている。冒頭手続や証拠調べ請求から全くやり直すか、あるいは公判手続の更新の方式（規則213条の2）によるかの運用は統一していない。旧証拠につき証拠調べ請求からやり直すこととした上で、かつ再審開始決定によって信用性が否定された全ての自白調書の請求を却下した事例がある（参照、熊本地判平31・3・28判時2481号93頁〔松橋事件〕）。公判手続の更新の方式による場合、確定前の旧証拠は全て職権で採用し、取り調べてよいことになるが、この場合も、再審請求の審理を通じて証拠価値が失われた旧証拠を、「証拠とすることができないと認められる書面又は物」として、更新の対象から除外することは可能である（規則213条の2第3号）。再審開始決定の基礎となった新証拠を、再審公判において証拠能力を欠くことを理由に取り調べないことができるかが問題となる。再審請求審は自由な証明で足りることから、再審開始決定で用いた新証拠が再審公判で証拠能力を欠くことは起こり得る。もっとも、実際には再審開始の決定的な新証拠は、請求審においても厳格な証明によっていることが多いとされる。また、再審請求審で検察官の同意を得て取り調べた供述書面を、再審公判において不同意にすることは、権利濫用（規則1条2項）に当たり許されないというべきである。

再審の判決は再審開始決定に拘束されるかについて、(a) 拘束力を肯定し、435条6号による再審開始決定の場合、再審公判は追加の有罪証拠がない限り、確定判決に対する合理的疑いを認定し、無罪とすべきとする説（平野343頁、鈴木328頁、田宮511頁、光藤口述110頁）と、(b) 再審開始決定はいずれも有罪・無罪の実体判断ではないことを理由に、破棄判決に認められるような法的拘束力を否定する説（参照、青森地判昭53・7・31判時905号15頁、水戸地土浦支判平23・5・24LEX/DB25471410）がある。再審公判は再審開始決定を受けて開かれるのであるから、前説が妥当というべきであるが、追加の証拠調べの結果、合理的疑いの有無の結論が変わることはあり得る。再審において有罪判決を言い渡す場合、原判決より重い刑を言い渡すことはできない（452条）。再審において無罪の言渡しをしたときは、官報及び新聞紙に掲載して、その判決を公示しなければならない（453条）。

25.2. 非常上告

非常上告は、原判決の内容又は原判決の訴訟手続に関する法令違反が是正されないまま確定した場合に、確定後に原判決を是正することで、法令適用の統一を図ることを目的とした制度である。申立は検事総長が最高裁に行わなければならない（454条）。法令違反の内容が被告人に有利か不利かを問わず是正できる。このことが、憲法39条の二重の危険の禁止に抵触しないようにするために、非常上告においては、法令違反部分や違反した訴訟手続のみを破棄し、被告人に有利な原判決自体の効力は失わせない仕組みになっている（459条）。ただし、原判決が被告人に不利な内容であるときは、原判決の法令違反部分を破棄するだけでなく、被告人に利益な方向の判決を言い直さなければならない（458条1号但書）。これに対し、原判決の訴訟手続が法令に違反している場合は、法令に違反した訴訟手続の部分のみが破棄される（同条2号）。458条1号但書は、法令解釈を誤って被告人に不利な判決が確定した場合にも、被告人の救済を図るために設けられた規定である。それゆえ、原判決の内容及び有効性に影響する訴訟手続の法令違反も1号に該当し、それ以外の訴訟手続の法令違反のみが2号に該当すると解されている。例えば、訴訟条件の解釈を誤り有罪判決が確定したケースにおいて、判決を言い直すことで被告人を救済する必要がある場合は、免訴や公訴棄却の判決を言い直すことで救済が図られてきた（免訴が言い渡された事例として、最判昭24・2・8刑集3巻2号124頁、最判昭28・12・18刑集7巻12号2578頁、最判昭43・10・15刑集22巻10号940頁。公訴棄却が言い渡された事例として、最判昭40・7・1刑集19巻5号503頁、最判昭42・6・20刑集21巻6号741頁、最判平24・9・18刑集66巻9号958頁、最判平26・1・20刑集68巻1号79頁）。これに対し、管轄が違っていた場合は違反部分の破棄判決に留めている（参照、最判昭32・2・5刑集11巻2号498頁）。

事項索引

あ〜お

か

こ

さ

す・せ

そ

た

ち・つ・て

と

な～の

は

ひ

ま〜も

や〜よ

ら〜わ

判例索引

大審院・最高裁判所

高等裁判所

地方・簡易裁判所

【著者紹介】
田淵 浩二（たぶち こうじ）

〔略歴〕
1964年香川県坂出市に生まれる。1987年香川大学法学部卒業、1992年大阪市立大学大学院法学研究科単位取得退学。博士（法学）。静岡大学人文学部法学科助教授、香川大学大学院連合法務研究科教授を経て、2008年より九州大学大学院法学研究院教授として着任し現在に至る。
〔主な研究業績〕
ドイツ対案クループ著／光藤景皎ほか訳『犯罪被害の回復―対案・損害回復』（成文堂、2002年）、庭山英雄・岡部泰昌編『現代青林講義・刑事訴訟法〔新版〕』（青林書院、2002年）、日本弁護士連合会人権擁護委員会編『DNA鑑定と刑事弁護』（現代人文社、1998年）、ゲラルド・グリュンバルト著／福井厚監訳『ドイツ刑事証拠法』（成文堂、1999年）、『証拠調べ請求権』（成文堂、2004年）、川崎英明ほか編集代表『美奈川成章・上田國廣先生古稀祝賀記念論文集・刑事弁護の原理と実践』（現代人文社、2016年）、ロクシン＝アッヘンバッハ著／光藤景皎・吉田宣之編訳『ドイツ刑事訴訟法演習―君の知識を試そう』（成文堂、2017年）、後藤昭・白取祐司編『新・コンメンタール刑事訴訟法〔第3版〕』（日本評論社、2018年）ほか
〔連絡先〕
E-mail：tabuchi@kyudai.jp

基礎刑事訴訟法（きそけいじそしょうほう） 第2版

2022年2月25日 第1版第1刷発行
2024年3月31日 第2版第1刷発行

著　者　田淵浩二
発行所　株式会社日本評論社
〒170-8474 東京都豊島区南大塚3-12-4
電話 03-3987-8621（販売） -8592（編集）
FAX 03-3987-8590（販売） -8596（編集）
振替 00100-3-16 https://www.nippyo.co.jp/
印刷所　平文社
製本所　井上製本所
装　幀　有田睦美
検印省略

ISBN 978-4-535-52759-1 Printed in Japan